Xosé Tarrío González

HUYE, HOMBRE, HUYE
Diario de un preso FIES

Prólogo de
Iñaki Rivera Beiras

VIRUS
panóptico

Título:
Huye, hombre, huye
Diario de un preso FIES

Diseño de la cubierta:
Álex Ruiz Izquierdo

Fotocomposición:
Juantxo Estebaranz

Segunda edición: febrero de 1999

Impreso en:
Imprenta LUNA
Muelle de la Merced, 3, 2º izq.
48003 BILBO
Tel./Fax.: 94/ 416 75 18

ISBN: 84-88455-45-3
Depósito Legal: BI-2147-97

Índice

Prólogo

Normalmente, cuando se escribe el Prólogo de una obra se pretende comentar la misma e introducir a los posibles lectores en dos cuestiones principales: en lo relativo al contenido de aquélla y en lo que hace a la persona del autor del libro. En el presente caso, sin embargo, la segunda de las cuestiones mencionadas ofrece ciertas peculiaridades. En efecto, no me es posible aquí presentar directa y personalmente al autor de esta obra debido a que el mismo hace muchos años que se encuentra en la cárcel y en una situación de aislamiento y separación del mundo exterior que adquiere rasgos de excepción, tal y como se irá viendo posteriormente.

Quiero señalar con ello que, cuando escribo este Prólogo, lo hago sobre la base de haber leído detenidamente el manuscrito del autor y de conocer su historia de vida por diversos compañeros del mismo; pero no he podido conocer a Xosé Tarrío González. Es más, he intentado comunicarme con él a través de la correspondencia, del envío de paquetes que contenían libros a la cárcel (concretamente, a la de Soto del Real en junio de 1997), pero todo ha sido infructuoso. Nada ha recibido él, mis envíos han sido devueltos alegándose por parte del Centro Penitenciario, tras innumerables llamadas telefónicas y contactos con su propio Director, que «*no se admiten paquetes*» (pese a permitirlo expresamente el art. 50 del Reglamento Penitenciario). Pese a todo ello, la actividad de algunos grupos de apoyo a presos y la solidaridad mostrada por algunas personas, hacen que él sepa lo que escribo y que, de alguna manera, mantengamos una cierta «comunicación» por encima de los muros y las barreras carcelarias (a veces hay que tejer muchas redes que permitan introducir información, mensajes, afecto, ¡AIRE!..., en el interior de una institución asfixiante como la cárcel).

El relato que constituye el núcleo central de este libro es una narración autobiográfica de un preso del archipiélago carcelario español que viene padeciendo los perniciosos efectos de un sistema penitenciario aquejado de una insalvable crisis de legitimación. Xosé Tarrío González, habitante de las penumbras carcelarias, nos arroja una luz que pretende ilustrar al mundo «libre» en torno a las prácticas que la segregación institucional ha sido capaz de producir en la intimidad del aislamiento carcelario.

Si el lector fuese capaz de abstraerse de la época y del país donde fue escrita esta obra, muy posiblemente pensaría que los sucesos que en la misma se narran sólo podrían tener lugar en un sistema dictatorial, autoritario y nada respetuoso de las reglas de juego que habrían de ser propias de un «Estado social y democrático de derecho» (art. 1 de la Constitución Española). En efecto, la práctica de malos tratos y torturas, la reducción de la vida cotidiana a mínimos espacios de constante aislamiento celular durante tantas horas de tantos años, los permanentes traslados de cárceles a lo largo de la geografía del sufrimiento legal, la intervención de la correspondencia, los abusos de autoridad, etc. —acontecimientos todos ellos que el autor describe en tantas ocasiones—, nos retrotraen a otras épocas (o a otros escenarios) que toda persona normal y ajena al conocimiento de lo que la cárcel significa, supondría superada, lejana y, en cualquier caso, nada propia de un sistema democrático, de un Estado de Derecho.

Pero no es así. Semejantes prácticas, a todas luces vejatorias de los más elementales derechos fundamentales de cualquier individuo, han de situarse en tiempos contemporáneos, en España y en el marco de aquella precisa forma-Estado. ¿Cómo es posible, pensaría el imaginario lector antes mencionado, que semejantes prácticas sucedan ahora y en un sistema político que proclama el respeto a los derechos humanos? Este interrogante, tal vez, constituya el primer paso hacia una reflexión que es cada vez más necesaria: no puede ya, por más tiempo, seguir silenciándose el universo penitenciario, es preciso sacarlo a la luz, denunciar su brutalidad, acercarlo al público, contribuir a que desaparezca esa sensación de «lejanía» y de «ajenidad» con la que es siempre percibida la institución carcelaria. Y a todo ello, me parece, puede contribuir decididamente la obra que nos ofrece Xosé Tarrío González.

Volviendo a la pregunta que el lector profano se planteaba, conviene detenerse un momento a reflexionar acerca de las prácticas carcelarias antes mencionadas: ¿por qué semejante dureza?; ¿por qué tantos años de aislamiento celular?; ¿desde cuándo la cárcel utiliza semejantes técnicas? Tales interrogantes nos remontan, necesariamente, a la historia de la institución segregativa para comprender que, en realidad, poco hay de nuevo. En el cambio operado entre la desarticulación del Antiguo Régimen y el advenimiento de la Modernidad, es decir, cuando la privación de la libertad pasó a ocupar el centro de las sanciones penales, se encuentran ya los rasgos característicos de los incipientes sistemas penitenciarios: reducción de alimentos, disciplina severísima, culto al trabajo y aislamiento diurno y nocturno. ¿Cómo se edificó un sistema semejante que, por sustituir a los suplicios corporales y las ejecuciones públicas, fue calificado de «humanitario»? El repaso historiográfico sirve, entre otras cosas, para saber que ciertas instituciones y prácticas actuales no son en absoluto novedosas ni modernas, sino que fueron adoptadas en épocas y en sitios muy precisos. Refrescar la memoria es el primer paso para el desarrollo de una cultura crítica. Podemos intentar ese ejercicio antes de acercarnos a leer la obra presentada pues, tal vez, el lector encuentre un hilo conductor en ciertas prácticas del dolor institucional.

Es sabido que, desde la segunda mitad del siglo XVI en adelante, comenzaron a florecer en Europa (tras haber sido inauguradas en Gran Bretaña) todo un entramado de «*work-houses*» que se difundió ampliamente hasta los primeros decenios del siglo XVIII, tal y como Spitzer y Scull han demostrado hace tiempo. Si bien es cierto que ya puede hablarse de algunas prácticas punitivas en el mundo clásico (frente a ciertas conductas transgresivas de los esclavos quienes podían llegar a ser internados), también es verdad que la utilización del «gran encierro» constituye un fenómeno que no puede ser apreciado hasta el periodo indicado, esto es, al que se sitúa entre el final de la Edad Media y la paulatina aparición del capitalismo.

Fue, en efecto, en dicha época cuando surgieron en Europa las primeras prácticas de segregación masiva de individuos, a través de instituciones diversas: manicomios, hospicios, casas de corrección, lazaretos, cárceles... Numerosa literatura puede hallarse en torno a esas nuevas prácticas. Foucault, por ejemplo, señala las «prácticas de profilaxis social» propias de la Baja Edad Media, encaminadas a luchar contra las amenazas del contagio de la lepra, como origen de la edificación de los grandes lazaretos. Asimismo, Spitzer y Scull dan fe de la aparición de las «*work-houses*» británicas. Rusche y Kirchheimer, por su parte y, asimismo, Melossi y Pavarini acreditan la aparición de los primeros «*hopital general*» franceses, «*rasp-huis*» y «*spin-huis*» holandeses o «*casas di lavoro*» italianas. También, otra literatura pone de manifiesto el decisivo rol desempeñado por la experiencia religiosa en la producción de una cultura de «domesticación» de los hombres, para ser más útiles para la explotación del trabajo, y de la afinidad de la disciplina conventual con la todavía entonces lejana de la fábrica.

La «opción custodial» fue tomando cada vez más cuerpo en la política de la disciplina social. Como destaca Pavarini, nació así la idea de que la respuesta más adecuada frente a los problemas representados por enfermedades, disturbios y peligros fuese la de secuestrar a sus protagonistas en espacios restringidos y separados de la sociedad. El «gran encierro», el «secuestro institucional», quedaba de este modo inaugurado.

Sin duda, el perfeccionamiento de tales prácticas segregacionistas no llegaría hasta la invención «panoptista». Concebir un espacio cerrado apto para la vigilancia de sus habitantes (el «principio de inspección» benthamita) podía ser útil para construir hospicios, fábricas, orfanatos, cárceles... El principio del aislamiento (el «*solitary confinment*») se edificó así como piedra angular de la nueva forma de gestión del sufrimiento legal. Sin embargo, el «panoptismo» representó algo más que esa simple aspiración de gobierno interior de la institución: como ha señalado Pietro Costa, en la particular metáfora político-jurídica del Panóptico de Bentham se está diseñando un «lugar externo», «diverso del proyecto jurídico»; un lugar donde puede ensayarse un Poder desvinculado de los límites formales del Contrato Social, los cuales venían imponiéndose en la sociedad civil. La idea de habilitar un espacio apto para «secuestrar del mercado de trabajo» a quienes no se disciplinaran de acuerdo a las nuevas reglas de juego, se iba así delineando. Una nueva pedagogía de la subordinación del hombre por el hombre podía comenzar a ser practicada en estos nuevos lugares «externos» al proyecto jurídico hegemónico. He ahí el verdadero sentido de lo que se conoce como «panoptismo».

¿Por qué triunfó la nueva ideología segregacionista en el campo del control social y provocó el rápido desuso de otras prácticas punitivas? Dos son las respuestas que más se han acercado a tan inquietante pregunta. Una es la de Foucault, para quien «la forma-prisión» preexiste a su utilización sistemática en las leyes penales. Se ha constituido en el exterior del aparato judicial, cuando se elaboraron, a través de todo el cuerpo social, los procedimientos para repartir a los individuos, fijarlos y distribuirlos espacialmente, clasificarlos, obtener de ellos el máximo de tiempo y el máximo de fuerzas, educar su cuerpo, codificar su comportamiento continuo, mantenerlos en una visibilidad sin lagunas, formar en torno de ellos todo un aparato de observación, de registro y de anotaciones, constituir sobre ellos un saber que se acumula y se centraliza. «La forma general de un equipo para volver a los individuos dóciles y útiles, por un trabajo preciso sobre su cuerpo, ha diseñado la institución-prisión, antes de que la ley la definiera como la pena por excelencia. Hay, en el viraje decisivo de los siglos XVIII y XIX, el paso a una penalidad de detención, es cierto; y ello era algo nuevo. Pero se trataba de hecho de la apertura de la penalidad a unos mecanismos de coerción elaborados ya en otra parte» (1986, p. 233).

La otra aproximación al estudio de los secuestros institucionales proviene de autores tales como Rusche y Kirchheimer (de la Escuela de Frankfurt), primero, y de la posterior continuación de tales estudios por parte de Melossi y Pavarini. En dicha línea de estudio, se llegó a establecer una clara conexión entre el surgimiento del modo capitalista de producción y el origen de la institución carcelaria moderna. En efecto, los mencionados estudiosos destacan que en un sistema de producción pre-capitalista la cárcel —como pena— no existe. «Esta afirmación es históricamente verificable con la advertencia de que no se refiere tanto a la cárcel como institución ignorada en el sistema feudal cuanto a *la pena* de la internación como privación de la libertad (...). En efecto, respecto de la naturaleza de la equivalencia, 'para que pudiese aflorar la idea de la posibilidad de expiar el delito con un *quantum* de libertad abstractamente predeterminado era necesario que todas las formas de la riqueza fueran reducidas a la forma más simple y abstracta del trabajo humano medido por el tiempo'. El modo capitalista de producción y la institución carcelaria (y otras 'instituciones subalternas') surgieron al mismo tiempo en una relación determinada» (1987, pp. 18-23).

Profundas modificaciones en las formas de acumulación del capital, proliferación de los atentados contra la propiedad privada (junto a su reconocimiento normativo), nueva importancia atribuida al valor «tiempo» (como unidad de cambio que el trabajador «vende» en el nuevo mercado de trabajo), reabsorción de los ociosos en períodos de desempleo..., son razones que explican no sólo el nacimiento de la cárcel punitiva sino, también, su rápida difusión en el mundo occidental del siglo XIX.

Inventada ya la «cárcel punitiva», comenzó su andadura decimonónica. Si ella nació en el marco de la Ilustración (Foucault recuerda aquello de que «las Luces que han descubierto las libertades inventaron también las disciplinas»), será con el Positivismo cuando alcance su mayoría de edad. En efecto, el Positivismo tuvo desde sus orígenes una profunda influencia en la denominada «criminología». La nueva corriente de pensamiento se centró de inmediato en el análisis de la personalidad de los infractores a la ley penal, buscando una explicación «científica» de la criminalidad. Para ello se partió del presupuesto básico del carácter singular y distinto del comportamiento delincuente con relación al comportamiento adaptado a las normas sociales y jurídicas. Y, como destaca Bergalli, en este origen singular del comportamiento delincuente está implícita una base patológica del individuo que lo lleva a cabo. En esa preocupación «científica» por el fenómeno de la desviación criminal, el análisis del «por qué» los sujetos delinquen centrará toda la atención del Positivismo en la búsqueda de las causas de esa criminalidad. En este sentido, Lombroso centraba su análisis en un rígido «determinismo biológico» como causa principal del comportamiento criminal, aunque tampoco descuidaba otros factores como los psicológicos y sociales. Garofalo, por su parte, amplió la visión de Lombroso en sus aspectos psicológicos, y Ferri en los de carácter sociológico. Las causas del comportamiento delictivo estaban así pretendidamente determinadas: biológicas, psicológicas y sociológicas.

Con todos los antecedentes citados, puede entenderse que el Positivismo encontrara en las instituciones de secuestro perfectos laboratorios donde poner a prueba sus hipótesis. Así, ya avanzado el siglo XIX, se puso en funcionamiento un nuevo sistema penitenciario: el «progresivo», consistente en la posibilidad del recluso de mejorar su situación penitenciaria e, incluso, obtener anticipadamente su libertad (condicional), si su conducta era juzgada favorablemente por las autoridades penitenciarias. El orden, el control y la vigilancia de los internos tenía que ser, en consecuencia, logrado y, para ello, se va a recurrir a tres instrumentos fundamentales. Uno ya se ha mencionado: la arquitectura pone sus conocimientos al servicio de la vigilancia de la población encarcelada (recuérdese el torreón central del Panóptico). El segundo instrumento destinado al control de los reclusos lo proporciona la ciencia jurídica: cuando el acto de indisciplina sea detectado (o la desidia del interno para el trabajo sea percibida) los reglamentos disciplinarios de estas instituciones se pondrán en funcionamiento para «encauzar» al rebelde o para «estimular» al perezoso. El tercer instrumento destinado también a esta vigilancia está representado por la posibilidad de que el recluso mejore su situación, o acorte su condena, mediante una evaluación que se efectúa de su comportamiento en el interior de la institución. El conductismo psicológico penetrará así, con todos sus perniciosos experimentos, también en la gestión punitiva.

España ha sido también receptora de esta ideología carcelaria que se está aquí rápidamente describiendo. Puede decirse de modo muy sintético que, tanto durante la II República (la cual produjo notables reformas positivas), cuanto a lo largo de la dictadura de Franco (con el obscurantismo que particularmente le caracterizó en los ámbitos de los secuestros institucionales) y, asimismo, durante la llamada «transición política a la democracia» (en la cual se verificó la reforma penitenciaria democrática que desatendió los reclamos de los presos sociales), el sistema penitenciario «progresivo» subsistió siempre con ligeras variaciones. Pese a las notables diferencias que en todos los órdenes de la vida social, política y cultural pueden indicarse respecto de los periodos que acabo de mencionar, en ninguno de ellos se alteró substancialmente aquel sistema idóneo para el gobierno disciplinario de la cárcel. Como es sabido, el art. 25.2 de la Constitución Española de 1978 estableció la finalidad resocializadora de las penas privativas de libertad y estableció que los penados gozarán de los principales derechos fundamentales constitucionalmente previstos. Sin embargo, el posterior desarrollo legislativo y reglamentario de los mandatos constitucionales y las prácticas ejercidas por la Administración Penitenciaria han ido paulatinamente deslegitimando las bases sobre las cuales habría de asentarse el nuevo sistema penitenciario del «Estado social y democrático de derecho».

En lo que aquí más interesa, conviene no perder de vista que es ya la propia Ley Orgánica General Penitenciaria (que lleva el número 1, fue la primera ley de desarrollo constitucional) la que permite la articulación de un llamado «primer grado» de clasificación —régimen cerrado que nos retrotrae a los tiempos de los primeros sistemas penitenciarios de hace dos siglos—, y que el autor de la ley, Carlos García Valdés, justificó como una «amarga necesidad». Unos años más tarde, ese régimen de aislamiento celular fue sofisticándose a través de algunas Circulares de la Administración Penitenciaria central. La articulación del primer Fichero de Internos de Especial Seguimiento (el tristemente célebre FIES, del que habla Xosé Tarrío González a lo largo de su obra) supuso la definitiva penetración española de lo que en otros países se ha denominado la «cultura de la emergencia» o de la «excepcionalidad», ahora, en el ámbito de la política penitenciaria. El régimen FIES, tantas veces denunciado por abogados, por colectivos de apoyo a presos, por familiares de éstos, etc., supone la aplicación de una precisa y brutal tecnología carcelaria que reduce a un aislamiento larguísimo a quienes son incluidos en el «Fichero» con una práctica reducción absoluta de todas sus condiciones de vida.

No hace falta que aquí sea yo quien describa los detalles de semejante práctica vejatoria; es el propio autor de la obra quien lo hace mejor que nadie por venir padeciendo sus efectos desde hace tantos años. Sólo me interesa señalar este último (hasta la fecha) eslabón en la larga cadena histórica que une la cárcel actual con la los tiempos que antes fueron mencionados. Como podrá observarse, muchas son las similitudes con aquellos primeros sistemas penitenciarios en lo que hace fundamentalmente a las prácticas de aislamiento. Frente a ello, surge el interrogante inevitable: ¿en qué sitio ha quedado el paradigma resocializador que la Constitución atribuye a las penas privativas de libertad? O dicho de otro modo, ¿cómo puede legitimarse un sistema penitenciario que atenta contra los más elementales derechos fundamentales de sus habitantes? Conviene no contestar a tales preguntas hasta después de haber leído la obra que se presenta.

Para terminar, me gustaría solamente advertir a los posibles lectores que no se caiga en la tentación de leer este libro como un relato de aventuras. Se trata de la vida de un hombre que sobrevive en condiciones infrahumanas muy cerca de nosotros y que, en semejantes circunstancias, ha podido redactar un testimonio honesto y descarnado sobre la realidad del aislamiento carcelario en la actualidad. También me parece importante destacar que existen en España muchos otros presos que vienen soportando el régimen FIES desde hace años; algunos están muertos (el suicidio o los devastadores efectos del SIDA, en semejantes condiciones, les han aniquilado), otros malviven en similares circunstancias a las del autor del trabajo. Y aunque no sea grato finalizar con desesperanza, no adivino un horizonte más humano o unas políticas criminal y penitenciaria más respetuosas, simplemente porque la cárcel es el último contenedor de un proyecto político-económico muy preciso. En un contexto de dejación del Estado de muchas de sus competencias, de privatizaciones de importantes servicios públicos, de precarización del mercado laboral, de globalización económica, etc., no creo que queden demasiados espacios para producir un debate superador o que al menos restrinja el uso de la privación de la libertad. Pero ello no significa paralizarse, no hacer nada, antes al contrario, desde el mejor escepticismo puede comenzar una «cultura de la resistencia» que mantenga viva la conciencia crítica.

Por ello, la lucha de supervivencia de Xosé Tarrío González y lo que denuncia en esta obra pueden constituir un revulsivo que provoque en todos nosotros la necesidad de movilizarnos contra semejante estado de cosas. Como afirma Pavarini, probablemente muy pocos hoy resistirían presenciar el antiguo rito de los suplicios a los condenados; pero también hoy, parece que la sensibilidad se detiene en los umbrales de la cárcel como no hace mucho se detuvo la conciencia de la civilizada Europa frente al cartel «El trabajo os hará libres» de los campos nazis de concentración. Sólo en la medida en que comprendamos que todos estamos muy cerca de la cárcel, que ella no nos es ajena y que entre todos producimos la cárcel y los presos que tenemos, podremos empezar a actuar para modificar una realidad que produce verdadera vergüenza y espanto.

Iñaki Rivera Beiras
Profesor de Ejecución Penal
Universidad de Barcelona

«Quizás dentro de nosotros habita una fiera:
seguro que nació del sufrimiento que nos produjo
apartarnos de lo que más queríamos.»

A mi madre...
A Isabel Álvarez González... (*Isa*)
A Gabriel Pombo da Silva... (*Musta*)
A Eduardo Jean-Baptiste Álvarez... (*Chico*)
A Alexandra de Queirós Vaz Pinheiro... (*Xandra*)

A la Amistad
A la Esperanza
A la Libertad
A todas aquellas mujeres y hombres libres
del mundo en prisión

Xosé Tarrío González

Introducción

«Los perros salvajes quieren libertad;
ladran de placer cuando el espíritu
se dispone a abrir todas las cárceles.»
F. NIETZSCHE

La Coruña, 27 de agosto de 1987

Son las cuatro de una soleada tarde de verano en el barrio coruñés de Katanga. El buen tiempo invita a salir a la calle, y se respira un ambiente tranquilo y agradable. Quizás por ello nadie advierte la presencia policial. Camuflados con ropas de paisano y dirigidos tenazmente por el inspector de Policía de la Brigada Criminal, Peña, un grupo de policías toman posiciones en torno al domicilio del hombre que han venido a capturar. Especialistas en secuestros a mano armada, no darán ninguna oportunidad de huida a su presa. La caza del hombre está dispuesta.

Son las cinco cuando se advierte movimiento en el portal a vigilar. La puerta se abre y de ella emerge con paso apresurado un joven que se encamina hacia uno de los bares cercanos. No tiene nada que temer, por lo que camina confiado y desatento.

Identificado, el dispositivo policíaco se pone en marcha. Una pareja de novios se encamina hacia su posición y, una vez a su altura, ella, en un rápido movimiento, le encañona con su arma, mientras su compañero lo inmoviliza esposándole los brazos a la espalda. Ha sido sencillo. Otros policías surgen de sus escondrijos para apoyar la acción policial. En sus ojos brilla la satisfacción del trabajo bien hecho. Varios coches acuden entonces al lugar, y la presa es introducida dentro de uno de ellos, para posteriormente desaparecer camino de la Jefatura Superior de Policía.

Los vecinos han asistido, graves sus rostros, a la actuación de los protectores de la ley y el orden. Un gran silencio reina ahora sobre el barrio. No es la primera vez que asisten a una captura, y dan gracias a Dios de que esta vez no le haya tocado a ninguno de sus hijos. Aquí la mayoría de los jóvenes son delincuentes o drogadictos; en el peor de los casos, ambas cosas a la vez. Por eso nadie aplaude la acción de la ley. No aquí, al menos.

Un hombre acaba de ser borrado del mapa social, e irá, sin duda, a dar con sus huesos en alguna de las pútridas e infectas celdas de la cloaca carcelaria. Allí le aguarda una deuda contraída años atrás con la sociedad por un delito de robo. Para él comienza el camino de la podredumbre: un camino de ida al infierno de los hombres civilizados. Condenado a dos años, cuatro meses y un día de prisión por la Audiencia Provincial de La Coruña, ignoraba todavía lo que la injusta fortuna le deparaba.

Era el comienzo de una vindicta de los que, llenos la boca de las palabras democracia y justicia, no aceptaban la autonomía del individuo al margen del rebaño y sus normas, y predicaban su detención y posterior privación de libertad, no sin antes acallar sus conciencias con la legalización judicial de todo el proceso.

A sus diecinueve años, José Tarrío González, conocido por el sobrenombre de *Che*, iba a afrontar su etapa más dura. Desheredado del mundo por pertenecer a una familia económicamente humilde, recorrió el inexorable camino que lleva desde el internado al reformatorio y de éste a la cárcel. Él sabe mejor que nadie que, cuando comenzó la singladura de la vida, no partió con el mismo bagaje que el resto de niños de familias más acomodadas, ni tuvo las mismas oportunidades que ellos. Parte de su infancia y de su juventud ha transcurrido en diferentes establecimientos del Estado, quien lo educó. Demasiado a menudo ha sido brutalmente apaleado por aquellos que, hechos cargo de su tutela, se otorgaron el derecho a castigar. Él sabe que el sistema actual es injusto y que sólo beneficia a unos pocos, en detrimento del resto, que han sido convertidos en esclavos del reloj. Se ha negado a participar en ello, declarando su anarquía abiertamente, sin hipocresías. Él es su juez y su ley, y eso no se lo perdonarán nunca los «honrados» y los «justos».

Hoy, 15 de septiembre de 1994, siete años después, ocupa una celda dentro del módulo de Régimen Especial FIES, en la cárcel de máxima seguridad de Picassent, en Valencia. Este régimen, considerado con razón el más duro de España, fue creado en 1991 por la Administración Penitenciaría para poner coto a la avalancha de motines, secuestros y evasiones que asolaron aquel verano el panorama penitenciario español, y todavía perdura, pese a hallarse derogado por Real Decreto 787/84 de 26 de marzo. Allí, aislados del resto de la población reclusa de manera brutal, se encuentran una parte de los presos FIES, considerados por la Dirección General de Instituciones Penitenciarías como los reclusos más conflictivos o como especialistas en fugas. La condena de dos años, cuatro meses y un día, por la que se produjo su detención, se ha visto incrementada a un total de setenta y un años firmes de prisión, y se halla en vías de triplicarse por varios procedimientos judiciales que la justicia sigue contra él por diferentes delitos.

Ahora dedica su tiempo a estudiar, a leer y a practicar deporte en sus ratos de ocio. Como muchos otros antes, ha sido colocado ante dos caminos: someterse o rebelarse. El escogió la segunda de las dos opciones, y esto tampoco se lo perdonarán. Se enfrenta, en consecuencia, a una venganza que comenzó años atrás y de la que sólo podrá huir por medio de la fuga, el sometimiento o la muerte que, lenta y cruel, juega y se recrea con él en forma de SIDA. Lo sabe. Por eso ha comenzado las primeras líneas de un manuscrito en el cual tratará de plasmar en el papel el espectro carcelario, y poner boca arriba el fracaso del sistema penitenciario con sus castigos bárbaros y trasnochados, cuanto menos necesitados de una urgente revisión, con la consiguiente reforma de la ley que lo regula. Su experiencia es el mejor ejemplo de la aplicación de unos métodos sistemáticos que transforman a muchos hombres en auténticas fieras. En las presentes páginas hay un lugar para todos aquellos presos en cuyos corazones todavía brillan la amistad, la esperanza y la libertad, pese a los métodos salvajes a los que se les somete en su encierro y a sufrir en su mayoría la enfermedad del SIDA. A ellos dedica especialmente su manuscrito, porque ellos representan el valor de unos hombres que, enfrentados día a día con la muerte, a solas con sus orgullos, sus miedos, las gélidas celdas y su terrible soledad, todavía se mantienen leales a su más elevada esperanza. A esos valientes que luchan denodadamente por morir en brazos del único derecho indiscutible e incadenable del hombre: la Libertad.

Picassent, 15 de agosto de 1994

PRIMERA PARTE

El camino de la podredumbre

«¡Ser o no ser, he aquí la cuestión!;
¿Qué honra más al espíritu,
sufrir las consecuencias de la injusta fortuna
o coger las armas contra la adversidad,
combatirla y aniquilarla!
Morir es dormir, no mas...»
W. SHAKESPEARE

Prisión de La Coruña, 29 de agosto de 1987

A simple vista despierta cierta curiosidad, con su forma cuadrada y sus muros de vieja piedra, deteriorados por la humedad y el salitre del cercano mar. Sin embargo, su aspecto triste y el silencio sepulcral que la circunda, unidos al paseo lento de los guardias civiles que custodian su recinto armados de metralletas, permiten adivinar los largos años de sufrimientos que encierran aquellas paredes.

La cárcel de La Coruña, situada frente al monumento románico de la Torre de Hércules, es un edificio de corte antiguo en cuya entrada ondea, acariciada por la brisa del mar, una bandera de España. Así se me apareció una vez más, cuando el furgón policial giró en la última curva que daba acceso a la misma.

—Hemos llegado, Tarrío —me gritó uno de los polis.

En efecto, habíamos llegado. Di una última calada al cigarro y, tirándolo al suelo metálico del furgón, lo aplasté con el zapato. La puerta se abrió y, tras una revisión cautelar de los policías a las esposas que sujetaban mis manos por las muñecas, salí del furgón escoltado hasta la entrada de la prisión. Nos recibió un malhumorado carcelero, apodado *el Sapo* por su considerable papada. Me tomaron nuevas huellas dactilares de ingreso y me fueron retiradas las esposas. Posteriormente, tras los trámites ordinarios de papeleo, los agentes de la ley se fueron, dejándome definitivamente a cargo de Instituciones Penitenciarias. Mi vida, mi libertad y mis sentimientos quedaban a partir de ahora supeditados al capricho de los carceleros que dirigían y controlaban a los hombres en prisión. Ellos eran allí policía, ley y juez, y actuaban con total impunidad. Era la cárcel. Varios carceleros bajaron a buscarme.

—Hombre, Tarrío, ¿otra vez por aquí? —me dijo uno de ellos.

—Ya lo ves —le respondí serio, sin ánimo de entrar en conversación.

Me hicieron desnudar integralmente, lo cual era obligatorio y habitual para los ingresos a fin de cerciorarse de que no se traía nada ilegal del exterior. Conocía todo el proceso, no en vano era un cliente habitual de aquella prisión, la cual hacía tan sólo dos meses que había abandonado después de seis de reclusión. Una vez concluido el registro, fui conducido al Departamento de Menores, dada mi edad.

Me encontré con varios amigos que vinieron a saludarme.

—¿Qué te ha pasado, José? —me preguntaron mientras me dirigía hacia período.

—Nada grave. Una reclamación de dos años y pico. Enviadme después sábanas, algo de ropa, comida y algo de tabaco también, ¿vale? De lo demás ya tendremos tiempo de sobra de hablar.

Tenía que pasar tres días de período como mínimo en una celda solo. Aquel aislamiento no tenía ninguna utilidad, pero era común a todos los ingresos. Transcurridos los tres días podría salir al patio y trasladarme a una celda con mis amigos. Mientras tendría que permanecer allí.

Una vez en la celda, el carcelero que me escolta se dirige a mí:

—La celda está bastante sucia, por lo que luego le subirán una fregona y lejía para que la limpie.

—También me gustaría utilizar la ducha...

—Eso por la tarde. ¿Va a comer?

—No. Me van a enviar esta tarde algo de comida y ropa, espero que me lo den.

—De acuerdo —respondió, cerrando la puerta tras de sí.

Una sensación de vacío inundó la celda, y la soledad se apoderó de mí. Me tumbé boca arriba encima del mugriento colchón de la cama, con las manos bajo la cabeza, pensativo. Era la hora de pagar, pero, ¿hasta dónde tenía fuerza moral la sociedad para estipular aquello como justo? ¿Dos años, cuatro meses y un día de mi vida por un simple robo sin violencia? ¿Era realmente una pena justa o la sanción desmedida de un juez que pretendía darme a conocer el amargo sabor de un castigo ejemplar? Por otra parte, ¿dónde se encontraba el límite del derecho autootorgado del Estado a castigar?, ¿quién controlaba aquel castigo y hasta dónde era legal o humano prolongarlo?

Bellos recuerdos vinieron a aplacar mis cavilaciones; recuerdos que poco a poco, con el paso del tiempo, irían marchitándose algunos y afianzándose otros. Me sentía desolado.

Por la tarde me trajeron con la merienda ropa, comida y tabaco, de parte de mis amigos. También me dieron un cubo lleno de lejía, una fregona y una escoba. Bajé a ducharme; vestirme ropa limpia hizo que me sintiera mejor. Luego limpié la celda con la lejía y, después de hacer la cama con sábanas limpias, me dispuse a pasear por la celda hasta la hora de la cena. Era pequeña. Medía cerca de cuatro metros de ancha por tres y medio de larga. Como el resto de celdas, se hallaba pintada de blanco. Las paredes mostraban una suciedad acumulada durante años. Sin duda hacía mucho tiempo que no las pintaban. En ellas se podían leer frases como: «amor de madre», «carceleros hijos de puta», «nací para sufrir» o nombres con fechas. Habían sido el único confidente posible para muchos hombres confinados allí, lejos de todo calor humano. Y lo seguirían siendo.

La ventana había sido tapada por fuera con una chapa metálica para impedir que los presos pudiésemos ver el campo o el mar. La cama era metálica y se hallaba sujeta al suelo. Una bombilla, un lavabo y un servicio a ras del suelo concluían el conjunto de elementos de los que se hallaba provista la celda. Era tan cutre como todas las celdas que había conocido.

Después de varios minutos paseando llegó la cena. Cené sentado en la cama, ya que carecía de silla o mesa. Luego encendí un cigarro, me desnudé y me metí en la cama. Estaba cansado. Al cabo de un rato me dormí.

Una vez concluidos los tres días de período, uno de los jefes de Servicios, vino a verme:

—Tarrío, traigo malas noticias para usted —me dijo—. El director ha ordenado que se le aplique el artículo 10. Tenemos que llevarle a aislamiento...

—¿A cuento de qué, si acabo de llegar? —pregunté alterado.

—No lo sé, Tarrío, pero creo que está relacionado con el plante que hicieron usted y su amigo Eduardo la última vez que estuvieron aquí. Usted se fue estando en artículo 10...

—Ya.

Así de sopetón me encontré de nuevo aislado. Era uno de los muchos abusos que se cometían a diario dentro de aquella prisión. Lo peor era que no podía hacer nada, así que me callé y, recogiendo mis pertenencias, me encaminé hacia la galería de aislamiento. Desde las ventanas me llamaron mis amigos:

—¡Eh, José!, ¿adónde vas?

—A que no os lo imagináis ninguno —les respondí con humor.

—¡No jodas! —expresó uno de los que se habían encaramado a la ventana.

—Premio.

Elegí la celda más amplia y me instalé en ella. Había ganado unos centímetros de espacio, una mesa, una silla y una ventana enrejada, pero sin chapa metálica, que me permitía ver el recinto y la garita de la Guardia Civil. Confiaba en que me sacaran de allí pronto. Para ellos tenerme aislado era sinónimo de tranquilidad, pues tenía un carácter muy violento en ocasiones; siempre estaba metido en peleas. Me tenían tachado de conflictivo. Así que me lo tomé con tranquilidad. A partir de ahora saldría sólo dos horas al día al patio en solitario.

Ese mes me permitieron comunicar. Mis tíos vinieron a verme; Isa les acompañaba. Me trajeron la noticia de la muerte de mi primo Lute. Me dolió aquella noticia pues era un buen amigo mío, con el que había convivido los últimos años. Sin embargo, su muerte no me sorprendió; su vida se resumía con la palabra droga, y todos sabíamos que perecería a causa de ella. Hablé con Isa:

—Hola, princesa, gracias por venir...

—Hola, Che. Sabes que siempre que estés preso vendré a verte. Hasta ahora nunca te he fallado, ¿no?

—¿Qué tal te va? —le pregunté.

—Bien. Deseando que te saquen de aquí. Te echo de menos...

Me encantaba su compañía. Huérfana de su querida madre, su padre se había casado de nuevo, y entre éste y su mujer acabaron haciéndole la vida imposible, sumergiéndola en un mundo de infelicidad, por lo que huyó de lo que debió haber constituido su hogar. Ahora vivía con sus amigas.

Un día, ignoro aún por qué, mi amigo Viqueira quiso pegarle tras una discusión, a lo que me opuse. Nunca me había fijado antes en ella; sin embargo, el hecho de que me hubiese enfrentado a mi amigo para defenderla nos unió para el futuro, naciendo entre nosotros una amistad con mayúsculas. Ahora conversábamos ajenos al duro porvenir que ni siquiera imaginábamos.

—Tienes que hacerte la prueba del SIDA, José —intervino mi tío Suso.

Aunque en un principio me opuse a la idea, finalmente acepté. Les prometí hacérmela.

Las dudas de mi familia se confirmaron: era portador de anticuerpos del SIDA: seropositivo. El significado crudo y real de aquella noticia me dio de lleno en la cara. Era un durísimo golpe a mi ánimo; muy duro para quien cuenta con tan sólo diecinueve años. Sin embargo, sabía que lamentarme no me serviría de nada y que debía tomar serias decisiones en torno a la droga y a mi vida. Decidí dejar las drogas y comenzar a cuidarme físicamente por medio de ejercicios físicos. Quería afrontar la enfermedad en condiciones y apurar el último trago, saboreando los últimos años de vida que la resistencia de mi organismo frente al virus me brindasen. Pelearía. De eso estaba seguro.

Prisión de Pereiro de Aguiar, noviembre de 1987

Un mes más tarde de aquella noticia que cambió el curso de mi vida, fui trasladado a la prisión de Orense. Efectué el viaje en un furgón pequeño, solo. Una vez en mi nuevo destino, me obligaron a desnudarme. Obedecí y, después de vestirme, me condujeron hasta el módulo de aislamiento, donde era el único inquilino. Me entregaron un par de sábanas y una manta, así como un lote de productos de higiene compuesto por dos rollos de papel higiénico, un cepillo de dientes, gel dentrífico y una pastilla de jabón. Lo agradecí; allí al menos cuidaban mucho más seriamente que en la prisión de La Coruña el aspecto higiénico y la limpieza.

La prisión de Orense, en Pereiro de Aguiar, era nueva y moderna. Por ello las celdas se hallaban todavía en buenas condiciones. Eran amplias y limpias. Las ventanas carecían de barrotes y se hallaban provistas de cristales antibalas de tres capas de grosor. Se pretendía con aquello dar a la cárcel un aspecto más humano, para intentar hacer creer a los presos que se encontraban menos encerrados, con más libertad. Nada más lejos de la realidad. Las camas eran de piedra y sobre ellas descansaba un colchón limpio y duro. El servicio se encontraba aparte del resto de la celda, y se hallaba provisto de una puerta. El lavabo era de acero inoxidable y estaba incrustado en un bloque de cemento; enfrente del mismo lucía un gran espejo pegado a la pared. Se había habilitado también una silla y una mesa, ambas de cemento. ¿Se pretendía acaso domesticar el espíritu del recluso a través de una comodidad relativa? Debía reconocer que en comparación a la mazmorra que acababa de dejar atrás, aquello era mucho más cómodo de habitar.

Al día siguiente me sacaron a pasear a un patio de tamaño mediano. Me sorprendí. En él había cuatro trozos de jardín, uno a cada esquina. Los pequeños arbolitos me produjeron pensamientos irónicos y cierta hilaridad. Era una fea broma de mal gusto. El sentido de la justicia de los honrados tenía a menudo aquellas frivolidades; ¿esperaban acaso que alguna de aquellas plantas me hablase o viceversa?

Era lícito tener a un hombre sometido a un constante silencio, pero eso sí, de manera elegante y civilizada.

Aquella prisión la dirigía entonces José Ignacio Bermúdez, un psicólogo que había ascendido recientemente al cargo de director. Yo entonces no lo sabía, pero aquel hombre años más adelante volvería a cruzarse en mi vida. Tendría la oportunidad de conocer todo su abanico de posibilidades psicológicas a través del ejercicio de su cargo como director de la prisión del Dueso, en Santander. Pero esa ya es otra historia.

Los días transcurrieron con normalidad, y me habitué a la soledad y al silencio. Comencé a aficionarme a la lectura. Fui trasladado a La Coruña de nuevo a celebrar un juicio en la Audiencia Provincial, junto con mi amigo Eduardo Jean-Baptiste Álvarez, por un delito de lesiones. *Chico* había caído preso días atrás acusado de varios robos a entidades bancarias. Allí me encontré con él:

—¿Qué te ha pasado? —le pregunté, después de abrazarlo camino del Juzgado.

—Me acusan de algún banco, pero no tienen pruebas...

—Bien, entonces es posible que en unos meses estés fuera.

—Eso espero, socio, eso espero.

El furgón se paró. Nos bajaron esposados uno al otro por las manos y, escoltados por un grupo de polis que parecían de buen humor, nos subieron al segundo piso y allí nos encerraron en una pequeña sala. Antes de entrar en ella, pude ver entre la gente a Isa, la cual había venido a verme. Le sonreí. La acompañaba su amiga Sandra, quién se convertiría años más tarde en la compañera de mi amigo. Conseguí que me dejasen estar un rato con ella.

—Hola, princesa, ¿cómo te va?

—Bien, ¿y a ti? A ver si te traen a La Coruña para poder ir a verte como antes.

—No sé si me traerán de nuevo aquí; con tal de verme lejos de La Coruña, éstos son capaces de cualquier cosa...

—Te mandé un montón de cartas, con varias fotos, ¿las recibiste?

—Sí, me gustaron mucho... gracias pequeña.

Ambos sonreímos. Considerábamos aquella relación como algo por encima de lo vulgar, muy por encima. A su lado cualquier cuestión se convertía en una alegría; era como recuperar la niñez perdida, actuar sin vergüenza, ser niño otra vez. Era una joven llena de vida, de ilusiones, de fantasías, cuya presencia me transformaba, sin lugar a dudas.

El juicio se celebró sin dilaciones, con normalidad. La pantomima de un grupo de adultos jugando a la justicia divina me dejó indiferente. Aquello era de un ridículo considerable. Las defensas de oficio una burla. Solamente el fiscal mostró cierta dosis de habilidad verbal, ávido de una dura sentencia contra nosotros y de subir escalones en su asquerosa carrera.

A la conclusión del mismo nos llevaron de regreso a prisión. A mi amigo también le habían aplicado el artículo 10, por lo que los dos fuimos trasladados al mismo departamento. Saludamos a los amigos que nos llamaban desde las ventanas de las celdas, al atravesar el patio que nos conducía a aislamiento. Reinaba una gran camaradería entre todos nosotros.

Al día siguiente me llevaron de nuevo a la prisión de Orense. Allí retomé la monotonía, esta vez acompañado de un par de presos que habían sido trasladados allí desde los módulos para cumplir varias sanciones de aislamiento. Me esforcé en portarme bien ante las promesas de la Dirección de retirarme el artículo 10 a mediados de diciembre. Asiduamente me llegaban cartas de Isabel y pasaba largas horas sentado frente a la mesa, redactando extensas misivas a modo de respuesta. Nos contábamos todos nuestros secretos, inquietudes y deseos. Sus cartas constantes llenaban aquel vacío existente en todos los módulos de aislamiento; me hacían un gran bien. Siempre solía pedirme consejo sobre aquellos temas que le parecían fundamentales en su vida. Era sencillamente encantadora. También me enviaba cartas de mi amigo Chico, ayudándonos a burlar así a la Administración, ya que entre presos la correspondencia tenía que entregarse en pliego abierto, pues la intervenían. Así me enteré de que próximamente sería trasladado al penal de Teruel, tristemente famoso por los apuñalamientos y asesinatos que se llevaban a cabo asiduamente entre presos. Le deseé suerte. Por su parte, la Dirección cumplió su palabra y a mediados de diciembre me fue retirado el artículo 10, con el consiguiente traslado a la cárcel de La Coruña.

Prisión de La Coruña, diciembre de 1987

En La Coruña me aguardaba una pequeña sorpresa por parte de la Dirección. Pese a que había sido excluido del artículo 10, se me aplicó, por medidas cautelares, el régimen de vida mixta. Ello suponía que saldría solamente por las tardes al patio con el resto de reclusos. El tiempo restante me lo pasaría encerrado en la celda. Una vez más la impunidad de los caciques carcelarios se hacía evidente, ante la pasividad total del Juzgado de Vigilancia encargado de controlar la aplicación correcta del reglamento. No me quedó otra opción que aceptarlo así; siempre sería mejor que regresar al artículo 10. Sin embargo, conseguí que me pusiesen en una celda con mi amigo Miguel Expósito, quien se hallaba en idéntica situación que yo.

Isabel y yo retomamos las comunicaciones. Venía sin falta a todas, y conversábamos sobre el futuro. Por su decimoséptimo cumpleaños le regalé una cadena de oro, con un anillo en forma de trébol de cuatro hojas para que le trajese suerte. Se había convertido en la persona más importante en mi vida. A veces también venía mi padre a verme. Nos tolerábamos, pero en nuestra relación subyacía el pasado constantemente. No había sabido ser un buen padre para mí ni un buen esposo para mi madre, y esto segundo no podía perdonárselo. Pero entonces lo único importante para mí era que el tiempo pasara rápido, veloz si era posible. Dos años y medio de cárcel no eran mucho, pese a todo. La idea del SIDA no me atormentaba sobremanera, aunque era consciente de que mi vida podía concluir cualquiera de los años venideros. No existía ningún medicamento eficaz y no se podía hacer nada, por lo que lo asumía como parte del precio por existir. Por ahora hacía planes para cuando obtuviese la libertad de nuevo; quería proponer a Isa que viniese a vivir conmigo al piso que tenía alquilado en el barrio de Labañou, y donde vivía con mi padre cuando éste regresaba del Gran Sol, donde trabajaba de contramaestre en un barco de pesca. Pretendía vivir rodeado de las personas que más quería: mis amigos.

Una tarde, mientras paseaba con Miguel, un preso al que conocíamos por el apodo de *Fito* vino a hablar conmigo para trasmitirme un mensaje: varios reclusos de El Ferrol querían hablar conmigo, para lo cual me citaban en su celda. Desconfié de aquello, ya que anteriormente había tenido enfrentamientos con varios de ellos y sabía que me guardaban rencor. Ahora se hallaban crecidos por el número, ya que yo contaba tan sólo con mi amigo Miguel, pero no me preocupaba. Subí acompañado de mi amigo y con un estilete dentro del bolsillo de mi chaqueta, como precaución. Me los encontré reunidos en su celda.

—Dice Fito que me llamáis — dije, preguntándoles.

—Bueno —dijo uno de ellos—, aquí el Vaca quiere hablar contigo.

—Sí —intervino el aludido—, es por lo que has dicho esta mañana sobre Amadeo.

—Mira, Vaca, Amadeo es amigo mío desde los diez años, ¿sabes? Por lo tanto, si tienes algún problema con él, soluciónalo ahora conmigo y zanjamos el asunto.

Entonces se levantó y sacó de su cintura un estilete mayor que el mío. Me retó:

—¿Cómo lo quieres, a puñetazos o a cuchillo?

—A cuchillo —le respondí fríamente, ocultando el miedo que sentía.

Bajamos al comedor y, una vez allí, nos metimos dentro. Al lado de éste había una pequeña sala a la que entramos.

Él eligió a uno de sus compinches para que le hiciese de guardaespaldas mientras peleaba; yo, a Miguel. El resto salió al patio a pasear; se encargarían de vigilar para que no se acercasen por allí los carceleros. Comenzó la pelea. Nos encaramos esgrimiendo los cuchillos ambos con la diestra y nos tanteamos lanzando algunas puñaladas sin mucho sentido. Los dos teníamos miedo; ganaría quien lo dominase mejor, o decidiría un golpe de suerte.

Intercambiamos nuevas cuchilladas y esta vez la hoja del cuchillo de mi adversario penetró en mi cuerpo entre el hombro y el pecho, produciéndome una punzada de dolor. Actué como si no me hubiese dado cuenta; lo contrario lo envalentonaría. Su cuchillo y su brazo eran más grandes que los míos, lo cual me ponía en desventaja; pero, sin embargo, sus ojos me advertían de que estaba mucho más asustado que yo, y me aproveché. Intercambiamos varias cuchilladas más, en las cuales toqué ligeramente su estómago con la punta de mi cuchillo. Aquello le obligó a retroceder asustado y, saliendo de la sala, subirse a una de las mesas del comedor. El miedo lo había invalidado totalmente. Lo invité a bajar y a continuar la pelea, pero no quiso. Acordamos entre todos dejarlo así, a lo cual accedí.

Aquella noche mi amigo Miguel me limpió la herida en la celda. No era muy profunda, pero sangraba abundantemente; tenía la camiseta llena de sangre. Habían querido probar mi hombría. Sucedía a menudo en prisión, sobre todo entre los más jóvenes. Si no eras capaz de hacerte valer por ti mismo, nadie, absolutamente nadie, te respetaría. Era la cárcel. Rehusar la pelea hubiese equivalido a admitir que era un cobarde a ojos de todos. Hubiera constituido un duro golpe a mi orgullo, que no estaba dispuesto a consentir. Prefería arriesgar mi vida ante unas frías cuchilladas, que sufrir el deshonor de que pudieran considerarme cobarde. La juventud es el peor enemigo del joven; yo no era la excepción. Carecía de la madurez suficiente para considerar aquello una estupidez. En aquel punto de mi vida, el orgullo y la arrogancia eran lo principal, unidos al valor: mostrar y mantener la hombría, lo único importante. Todos los jóvenes de aquella prisión soñábamos con ser duros, y la cárcel nos brindaba aquella posibilidad constantemente. Era la escuela del crimen coruñés. Allí aprenderíamos a ser buenos bandidos.

Pese a las precauciones que habíamos adoptado, la Dirección terminó enterándose de aquella pelea. Me erigieron en responsable. Fue el primer paso para mi inclusión dentro del régimen cerrado de primer grado. Me acosaban descaradamente, así que no tuve ningún reparo en retomar mi mal comportamiento en el mismo punto donde lo había dejado.

Las Navidades pasaron sin pena ni gloria. Las celebramos con licor de manzanas fermentadas de nuestra propia cosecha. Mi clasificación continuó adelante. Yo sabía que aprovecharían la ocasión para desembarazarse de mí, por lo que no me cogió de sorpresa cuando una mañana de febrero me despertaron varios carceleros.

—Tarrío, recoja sus pertenencias que se va de conducción.

—¿Adónde?

—A Zamora.

Me vestí, recogí todas mis cosas en varias bolsas de deportes y me despedí de mis amigos. Luego, sin más preámbulos, me encaminé hacia el rastrillo de la entrada, escoltado por varios carceleros, donde me esperaban algunos guardias civiles. Otros presos se encontraban allí esposados unos a otros, en parejas de a dos. Yo era el último en llegar. Me tomaron las huellas pertinentes, al igual que al resto de reclusos, y nos introdujeron de dos en dos, dentro del furgón celular de color verde que nos aguardaba a la entrada de la prisión. Una vez introducido el equipaje en el portamaletas del mismo, nos encaminamos hacia la cárcel de León, donde haríamos noche, para reemprender el camino al día siguiente.

Las condiciones del traslado eran una afrenta a los hombres que nos apiñábamos allí. Así lo interpreté. Quién había diseñado las jaulas de aquel transporte debía de tener el alma infectada de odio. Con jaulas metálicas de un metro de ancho por medio de largo, provistas cada una de dos sillas soldadas en el suelo, se hacían traslados de presos a cientos de kilómetros. Nos obligaban a permanecer todo el viaje sentados y encogidos, soportando el frío y los diferentes olores que se entremezclaban con el humo de los cigarros. La higiene brillaba por su ausencia, y los vómitos constantes viciaban más aún el cargado ambiente de miseria humana. Aquello se me antojaba desmedido, cruel; me rebelaba. ¡Que ningún honrado ciudadano se extrañe nunca de que personas conducidas en estas circunstancias de ignominia mañana respondan con violencia!

En León, tras seis horas de viaje, nos introdujeron dentro de las celdas de ingresos en grupos de cuatro. A pesar de que a la salida de la prisión de La Coruña nos habían proporcionado un bocadillo, nos encontrábamos hambrientos. Nos trajeron lentejas calientes, y mis compañeros y yo tomamos varios platos con buen apetito. Había que recuperar energías.

A las ocho de la mañana siguiente continuamos el trayecto. Yo me bajaría en Zamora; mis compañeros seguirían hasta la prisión de Carabanchel, en Madrid, según la ruta habitual.

Prisión de Zamora, febrero de 1988

Se hallaba emplazada en la carretera de Almaraz, a tres kilómetros de la ciudad. Sería mi lugar de cumplimiento dentro del régimen cerrado de primer grado.

—¡José Tarrío González! —gritó uno de los guardias.

—Yo soy —respondí, golpeando la puerta de la jaula.

Abrieron la puerta y, tras colocarme unas esposas, me condujeron afuera. Agradecí volver a respirar aíre puro y desentumecí un poco las piernas con varios estiramientos. Vigilado constantemente por un grupo de guardias civiles, algunos de ellos armados con fusiles Cetme, recogí mis pertenencias del portaequipajes y me encaminé con ellas hacía el interior de la prisión. Era un edificio de cemento armado y piedra, pintado de un color crema suave, de corte antiguo. Considerada de alta seguridad, encerraba en ella, en los módulos uno y dos, a los menores de veintiún años más conflictivos de España. El resto de la población reclusa lo conformaban presos de segundo grado, habilitados en módulos diferentes. Los módulos uno y dos, anteriormente habitados por los presos de la organización GRAPO, ahora dispersados, habían sido desalojados para meter en ellos a los menores de la recién cerrada cárcel de Teruel, con la pretensión de poner coto a los enfrentamientos de los reclusos por medio de la más feroz represión.

Crucé el largo recinto y observé la ubicación estratégica de las garitas de la Guardia Civil en el mismo. Subí unas escaleras con las bolsas todavía en la mano, hasta la oficina de ingresos.

Varias puertas electrónicas se abrieron y las traspasé. Un guardia civil me retiró las esposas y varios carceleros me condujeron hasta el módulo uno. Tuve que desnudarme y realizar varias flexiones en cuclillas para que se convencieran de que no llevaba nada oculto entre las nalgas. Me resultó doloroso por lo humillante, pero obedecí. Después de este atentado a mi orgullo, me asignaron una celda en aislamiento, llamada «tubo» por su forma cilíndrica. La misma constaba de un espacio mínimo para desplazarse. No podría pasear por ella. Vi una estufa de metal, pero por el tremendo frío que sentía supe que no funcionaba o que, por ahorrarse unas pesetas, nunca la encendían. No tardaría en comprobar que era debido a la segunda de mis tesis. Una cama de hierro se hallaba sujeta al suelo por medio de soldaduras. También existía una silla con su mesa, del mismo metal e igualmente soldada al suelo. Un lavabo, un servicio, un pequeño espejo y un par de ventanas concluían todo el mobiliario existente allí. No era mucho. Ni siquiera se habían acordado de poner un armario para la ropa.

Me puse inmediatamente en contacto con Chico. Sabía por mediación de mensajes recibidos a través de Isa que se encontraba allí. Su presencia me tranquilizaba; no eran muy agradables las noticias que había oído comentar sobre aquellos bandidos adolescentes que a partir de ahora se convertirían en mis compañeros de presidio. Me encontraba algo asustado, pero dispuesto a hacerme valer como el que más, ganarme el respeto de todos.

Mantuve el contacto con mi amigo, por medio de notas que enviaba por el encargado de la limpieza o a través de las ventanas, por mediación de hilos que arrojábamos de una a otra y así hasta su destino. En ello colaborábamos todos, pues siempre podrían enviarnos mensajes a nosotros, con la certeza de que todos colaborarían también. Chico me notificó que posiblemente podría quedar en libertad en los próximos días, según su abogado. Prometió visitarme.

Comencé a salir a un pequeño patio, situado detrás del módulo y frente al Departamento de Mujeres. Existían serias rivalidades entre varios grupos de presos de comunidades distintas.

La convivencia entre gallegos, andaluces, catalanes, valencianos, etcétera, era muy tensa, derivada de antiguas rivalidades ocurridas en Teruel. La Administración había dado órdenes expresas de que a la mínima evidencia de insubordinación se nos reprimiese sin contemplaciones de ningún tipo. Era el clima que me encontré los primeros días, a mi llegada a Zamora. La Administración pretendía evitar que lo ocurrido en Teruel se recrudeciera en Zamora, pero cometía, con su torpeza habitual, un grave error. Muchos eran los corazones infectados por el pus del odio más tenaz, a causa de los sucesos acontecidos en aquel penal. Se habían producido muertes, violaciones, apuñalamientos y abusos de todo tipo, como para que nadie olvidara. En los años 85, 86 y 87, concretamente, los presos vivieron agrupados por el paisanismo. Madrileños, catalanes, gallegos... todos defendían su terreno, agrupados por algo así como clanes. Este hecho dividía a los presos y se produjeron los primeros enfrentamientos por obtener el control del patio. Las uniones que en un principio se encaminaban a la defensa del grupo, frente a otros grupos, se transformaron en fuerza, y ésta, en abuso. La mitad de la población reclusa se protegía de la otra mitad, y tuvieron que ser apartados unos de otros. Llegó a respetarse sola y únicamente la ley del cuchillo. Los novatos se veían obligados a demostrar su hombría y los que fracasaban eran robados, apuñalados y marginados. Otros tuvieron que realizar prácticas de onanismo bucal a otros presos para salvar sus vidas, o fueron desflorados repetidamente por sus compañeros. Los que tuvieron peor suerte murieron acuchillados. Ahora se volvía a cometer el mismo error que en Teruel: reunirnos a todos de nuevo en una misma prisión. Aquello abriría viejas heridas. En vez de enviarnos a cada uno a cumplir a nuestra tierra, evitando así recrudecer el odio y el desarraigo familiar de los presos, con el consiguiente embrutecimiento, nos reunían de nuevo en aquella cárcel. ¡Cuántos hombres habrán muerto a causa de la torpeza de la Administración!

Así las cosas, el hecho inevitable de ser gallego me granjearía varios enemigos que, dañados seriamente por otros presos gallegos, verían en mí una víctima propicia para saciar su venganza.

Todo ello, mezclado con una serie de circunstancias personales, me conduciría más adelante a matar a un hombre accidentalmente. Pagaría un alto precio por mi inexperiencia.

Lo conocí una mañana que me encontraba paseando a solas por el patio pequeño de aislamiento. Se asomó por una ventana que daba a las duchas del patio general y me llamó:

—Oye, ¿eres tú el Che de La Coruña?

Su rostro era serio y su tez morena. Llevaba el pelo cortado a cepillo, y en su frente desnuda se adivinaba un pequeño trébol de cuatro hojas tatuado.

—Sí, yo soy —le respondí, acercándome a la ventana.

—Yo soy el Musta de Vigo —se presentó extendiéndome la mano.

Nos la estrechamos con fuerza. Luego continuó:

—Ándate con cuidado, por aquí que todo el mundo va armado de cuchillo y de malas intenciones. ¿Llevas cuchillo?

—No tengo problemas con nadie.

—Eso aquí es igual. Eres gallego y eso es más que suficiente para que te lleves un susto cualquier día. Y aquí los sustos normalmente no se cuentan, ¿entiendes?

Le entendía perfectamente. Continuamos hablando durante unos minutos y luego nos despedimos. Sus palabras me dejaron pensativo y decidí hacerme un cuchillo por lo que pudiera pasar. Sin saberlo, acababa de conocer el hombre que se convertiría en mi amigo del alma. A veces, en los momentos peores, se encuentra lo mejor.

Varios días después, Chico logró salir en libertad. A mí me trasladaron de celda y comenzaron a sacarme al patio general con el resto de presos, en grupos reducidos. Era un patio grande, provisto de una cancha de frontón, unos servicios y una cafetería. Las ventanas de la parte superior del módulo, el cual constaba de tres pisos, daban al patio. Encomendé a uno de los presos que ocupaba una de aquellas celdas la custodia de un cuchillo que había fabricado. Siempre que bajaba al patio, se encontraba en la ventana dispuesto a arrojármelo si surgían problemas.

De esta manera conseguíamos burlar los controles detectores de metales, a los que nos sometían al salir al patio, o usábamos otros trucos; el caso era estar armado. Poseer un arma era muy importante: evidenciaba a ojos de los demás que se estaba dispuesto a pelear. Vivíamos una auténtica guerra fría.

Gabriel Pombo da Silva

Continuó la relación con mi paisano Musta por medio de notas. De vez en cuando coincidíamos en el patio y hablábamos acerca de cuestiones personales, de ideología política o de futuro. En una ocasión me contó su vida. Se llamaba Gabriel Pombo Da Silva y, aunque se sentía gallego, había nacido en Alemania, donde se encontraban emigrados sus padres desde hacía años. Al igual que yo, era hijo de emigrantes. También a él lo habían trasladado al RETO (Reformatorio Especial de Tratamiento y Orientación) de Madrid, pero años antes de mi estancia allí. Nos reímos de las coincidencias. Lo habían detenido a los dieciséis años por varios robos a bancos. Era un atracador. Ahora cumplía una condena de cinco años de cárcel y llevaba en prisión cuatro. Me gustaba. Singulares lazos de afecto, forjados en el yunque de un pacto de fidelidad mutua, comenzaron a atarnos a ambos a un sentimiento común: la Amistad. Le eché mucho de menos cuando se lo llevaron a la Central de Observación de Madrid para su reclasificación de grado.

En el mes de agosto me surgieron los primeros problemas. Algunos presos, a los que no pude descubrir, enviaron a otro a probarme. Éste, necesitado de mostrar su valor a los demás, se enfrentó conmigo en el patio. El ambiente olía a pelea, como siempre que iba a ocurrir algo. No tardé en advertir de qué se trataba. Un preso se encaminó hacia mí.

—¡Oye! —me interpeló vivamente—, ¿tienes un cigarro?

Le ofrecí un paquete de Ducados y miré hacia las ventanas del módulo. Se encontraban llenas de presos, entre ellos uno de mis amigos preparado para tirarme el cuchillo al patio si lo pedía o necesitaba. No se lo pedí.

—Dame fuego —me pidió aquel preso, devolviéndome el tabaco.

Le ofrecí mi mechero, el cual se guardó en el bolsillo tras encender el cigarro. Me estaba provocando abiertamente, por lo que mi puño derecho voló hacia su cara. Se entabló una pelea en la que nos enzarzamos en un intercambio de golpes, para posteriormente rodar ambos por el suelo. Me costó mucho desembarazarme de él, pero cuando lo conseguí, me levanté rápido y puse punto final a la pelea con una patada que le asesté en la cabeza. Al mismo tiempo un grupo de carceleros salió al patio armados de porras para separarnos. Se llevaron primero a mi adversario, al que golpearon repetidamente con las porras. Luego subieron al resto de presos a sus celdas, dejándome a mí el último. Bajaron a buscarme. Lo hicieron en manada y las porras que portaban en las manos no parecían un buen augurio para mi integridad física, por la que comencé a temer. Uno de ellos se refirió a mí:

—A ver, usted, véngase para acá y saque las manos de los bolsillos. Quiero verlas lejos del cuerpo, ¡venga!

Extraje las manos de los bolsillos del pantalón de chándal y las separé del cuerpo. Después me encaminé hacia la sala donde se encontraban. Me rodearon.

—Desnúdese —me indicó uno de ellos.

Comencé a desnudarme por las zapatillas y el pantalón de chándal y, cuando procedía a quitarme la camiseta, comenzaron a lloverme golpes por todas partes. Caí al suelo atontado, donde varias patadas impactaron en mi cuerpo. Cuando se cansaron y les pareció suficiente, me dejaron.

—Recoge la ropa y vamos —me ordenaron.

Me erguí como pude, recobrando la verticalidad. Recogí mis cosas y me encaminé delante de ellos hacia aislamiento. La cabeza me zumbaba con un prolongado pitido que me impedía pensar. Sin duda la Administración justificaría aquella aplicación de medios coercitivos como imprescindible para mantener el orden. El Reglamento Penitenciario así lo contemplaba. La sociedad podía sentirse orgullosa de la rigurosa aplicación de las leyes que la regían y del espectáculo que ofrecen diez hombres golpeando a otro, desnudo e indefenso. Debía sentirse orgullosa, pues todo aquello se ejecutaba en su nombre.

Me metieron dentro de una de las celdas del módulo y, tras cerrar la cancela de barrotes que protege la puerta y la puerta tras ésta, se fueron. Ya solo, me miré en el espejo. Mis labios se encontraban inflamados y el roce de la suela de un zapato había dejado su marca en una de mis mejillas enrojecidas. Mi espalda y las piernas se encontraban llenas de golpes que, al día siguiente, la insuficiencia de plaquetas en mi organismo convertiría en tremendos hematomas. Me sentí humillado e impotente. La desnudez de mi cuerpo me producía una sensación de indefensión, por lo que me vestí. Me juré a mí mismo no olvidar jamás aquello. Por el momento no podía hacer otra cosa.

Un mes después de aquel suceso llegó a Zamora mi amigo Musta. Nos pusimos en contacto inmediatamente por medio de notas y nos contamos lo que nos había ocurrido en los últimos días. Le habían denegado la progresión de grado y lo habían enviado de regreso. Por lo demás, la rutina carcelaria continuaba devorándonos a diario. No existían ningún tipo de actividades ni otros entretenimientos que jugar al frontón. Era un régimen embrutecedor, como lo había sido Teruel. Hoy se convertía en una fotocopia de mañana, y mañana de pasado mañana y así siempre. Nos arrojaban dos horas al día al patio para que tomásemos un poco el aire, y después nos mantenían el resto del día aislados dentro de una celda. Se ejercía con nosotros la represión pura y dura.

Una tarde, varios presos, entre ellos mi amigo, comenzaron a golpear las puertas de sus celdas en protesta por algo que había ocurrido. Yo ignoraba lo que estaba sucediendo, ya que me encontraba todavía aislado en el tubo. Sin embargo, un preso me llamó a través de la ventana:

—Ese Che. Ese Che...

—Dime —le contesté, asomándome.

—Le están pegando al Musta.

No necesité saber más para adivinar lo que estaba ocurriendo. Comencé a romper los cristales de las ventanas e incité a gritos a los demás presos para que me secundaran. Pero nadie, salvo un par de hombres, se sumó a la protesta. El miedo los tenía aterrorizados, al igual que a mí. La idea de un grupo de carceleros entrando en la celda para apalearte impunemente no agradaba a nadie. Aquel miedo implantado era, junto con la porra, la herramienta de trabajo de aquellos matones. Desconocían otra manera de actuar. Una vez borrachos de abuso, dejaron a mi amigo y subieron a la celda que ocupaba. Abrieron la puerta.

—¿Qué es lo que te pasa a ti, maricón? —gritó uno de ellos.

—Abre la cancela —ordenó el jefe de Servicios a otro carcelero.

Más por miedo que por valor, me opuse a que entraran en la celda, para lo cual esgrimí sendos cristales en mis manos, con los que los amenacé.

—Al que pase de esa puerta me lo cargo.

La verdad era que no me hubiese atrevido. Estaba demasiado asustado.

—Tarrío —me habló el jefe del grupo—, deje usted los cristales y no empeore las cosas, que va a ser peor.

—Aquí no entra nadie —le afirmé rotundamente.

Se fueron. Cuando regresaron lo hicieron acompañados de material antidisturbios: cascos, porras, escudos, esprays y esposas.

—Tarrío, ¿va a salir por las buenas? —gritó alguien a través de la puerta.

—No.

Comenzaron a echarme gas por debajo de la puerta con el espray. Intenté contrarrestarlo tapándome con una manta en el servicio, pero no lo conseguí. El gas me quemaba los pulmones y la cara. Los ojos me ardían y derramaban copiosas lágrimas. Falto de experiencia en aquellas lides, ignoraba que la forma eficaz de contrarrestar aquel ataque lacrimógeno era tumbarse boca abajo en el suelo tapándose la boca con una toalla mojada. Se me hizo insoportable y después de cinco minutos me rendí:

—¡Está bien, está bien... me rindo!

—Desnúdate y echa los cristales por debajo de la puerta. Luego sal con las manos encima de la cabeza. ¿Entendido?

—Sí, pero abrid la puerta, que me asfixio...

Tiré los cristales por debajo de la puerta y comencé a desnudarme. A través de la mirilla de la misma un ojo me escrutaba. Una vez desnudo, la puerta se abrió. Un número amplio de carceleros me aguardaban en el pasillo. Abrieron la cancela de la celda y se apartaron de la puerta.

—Venga, sal...

Salí tal como me indicaron. Nada más atravesar la puerta, un carcelero oculto tras la misma me asestó un gomazo en la cabeza por la espalda. Aquella fue la señal y el resto de sus compañeros se sumaron a la fiesta. Me golpearon durante un minuto aproximadamente. Acto seguido, me introdujeron dentro de una celda vacía y me esposaron a la pata de la cama, con los brazos a la espalda y tumbado a ras del suelo. Era una posición incómoda. Después se fueron. Aunque me encontraba todavía atontado por los golpes, pude oír como los presos que habían tenido el valor de secundarme recibían la visita de los carceleros. Gritos, miedo... y un silencio doloroso inundando las galerías que gritaba su asco y su impotencia.

Llegó la noche y el frío de primeros de octubre la acompañaba. Los brazos comenzaron a dormirse, inmóviles y faltos de circulación por la presión de las esposas en las muñecas. Le siguieron los pies con un dolor doblemente insoportable. El frío castigaba mi cuerpo desnudo produciéndome agudos pinchazos de dolor en las extremidades. La imposibilidad de cambiar de posición me hacía comprender con cuánta pericia habían hecho los carceleros su trabajo. No pude contenerme y rompí a llorar. Fue la noche más larga de mi vida.

Nunca ninguna noche de las que me esperaban en prisión causó en mí tanto quebranto físico. Fue verdaderamente atroz. Algo inolvidable que clamaba a gritos el surgir del tirano del odio en mi corazón. Ya no me cabía ninguna duda después de aquello: era la venganza de una sociedad que, pusilánime, utilizaba intermediarios para su conclusión efectiva.

A la mañana siguiente, encogido sobre mí mismo en el suelo y haciendo un estoico esfuerzo final por no humillarme ante mis verdugos gritando por favor el cese de aquel castigo, fui reconocido por el médico.

—Hay que quitarle los grilletes. Dadle ropa y un desayuno caliente... —ordenó.

Se notaba que estaba habituado a aquellos sucesos, y que conocía perfectamente el proceso de recuperación que debía diagnosticar. Odié a aquel bastardo con toda mi alma. Odié a la sociedad. Odié al hombre en su conjunto. Odié porque había aprendido a odiar.

Cuando me soltaron, tardé un rato en recobrar la movilidad de mis miembros. Los tenía anquilosados. Me dejaron vestirme en mi celda y me trajeron leche y pan con mantequilla para desayunar. Desayuné despacio para ganar tiempo. Una vez terminé, volvieron a esposarme, pero ahora con las manos adelante y a un barrote de la cancela, lo que me permitía permanecer sentado en el suelo sin dolor. Se fueron.

Recibí una agradable visita. El encargado de la limpieza dio un par de golpes en la puerta y echó por debajo de la misma unos cigarrillos y una nota de mi amigo Musta.

—Échame uno encendido —le pedí.

Encendió un cigarro y me lo echó. Luego simuló fregar el pasillo y se fue. Le agradecí su gesto. Fumé los cigarrillos, uno detrás de otro, mientras leía la nota. Me enviaba saludos y ánimos. Aquel incidente nos uniría definitivamente. Varios días después a él se lo llevarían de conducción a la prisión de Daroca; yo regresaría a La Coruña, para asistir a la celebración de un juicio contra mí.

Prisión de La Coruña, noviembre de 1988

Mientras el furgón me conducía a La Coruña, me acompañaba la ilusión de ver de nuevo a Isa, a quien no veía desde hacía tiempo. Me extrañaba no haber recibido últimamente noticias de ella, y eso me tenía preocupado. Pensaba en aquello, mientras observaba, a través de la pequeña y enrejada ventana de la jaula que ocupaba, el bello paisaje de mi Galicia natal. El enorme contraste de la aridez de la llanura castellana con el verde de aquellas montañas era extraordinario.

En la prisión me metieron en aislamiento. Me encontré allí a Lolín y a Chafi, ambos amigos míos. Se hallaban en artículo 10. Se les había condenado recientemente a varios años de cárcel por un delito de detención ilegal, con robo a mano armada en un domicilio. Hablábamos a través de las ventanas de ello, cuando para mi sorpresa abrieron la puerta y me llevaron a comunicar. En una de las cabinas de comunicaciones se encontraba mi padre.

—Hola viejo, ¿qué tal vas?

—Bien José. Me enteré de que te traían hoy de conducción y llamé para que me dejaran venir a verte. Afuera están Viqueira y Chico.

—¿Por qué no han entrado?

—Mira hijo, tengo que darte una mala noticia y creímos que era mejor que te la diese a solas —me explicó mirando al suelo; luego subió su cabeza y, encarándome, me lo soltó—. Isabel ha muerto...

Me quedé inanimado incapaz de asimilar aquella noticia. Con la mirada fija en el suelo, le pregunté consternado.

—¿Cómo?

—En un accidente de moto. Un coche la atropelló al salir de un semáforo en rojo... estaba embarazada. ¡José!, no vayas a cometer ninguna tontería, ¿eh?

Yo ya no le oía. Me giré y me fui de allí sin mediar palabra. Necesitaba estar a solas para pensar en aquello, incapaz de sentir las miradas de los demás clavadas en mí. ¿Cómo expresar tanto dolor?, ¿cómo iba a entender nadie tanto amor? Me refugié en mí mismo, a solas en la celda. Allí lloré amargamente la muerte de mi amiga, brindándole pleitesía en un adiós a su presencia física. Hundido en mi dolor, dejé vagar mis pensamientos confusos, en un vano intento de regresarla del mundo de los muertos:

> Me desperté amor esta mañana, y no estabas;
> te busqué desesperado y perdido, y no te hallé.
> Entonces te llamé, pero no contestaste,
> y lloré tú ausencia, roto.
> ¿Quién, como yo, lanza sus gritos desgarrados
> que chocan contra el cemento en amaneceres fríos?
> Escuché entonces un grito
> que me hablaba de la humedad de la losa hecha grillete.
> Sé, compañera, de ese odio asesino,
> de esa rabia homicida que se siente al saber
> que nos han hecho vivir un ayer-mañana,
> despojándonos del presente.
> Ahora, caminando hacia ninguna parte que no sea la muerte,
> estudiante de la gloria roja en universidades de sangre,
> espero mi momento para reunirme contigo en el asalto final,
> unidos por la tragicomedia de la vida y de la nada...
> definitivamente.

Esa noche no dormí. Una enorme sensación de vacío inundaba mi celda; un vacío mayor que nunca. Tenía que salir de allí de alguna manera. Tenía que huir, lo necesitaba.

A la mañana siguiente los carceleros de guardia tuvieron el buen gusto de dejarme abierto por el pasillo de la galería de aislamiento, para que realizase la limpieza de la celda y charlase un poco con mis amigos. Lo hicimos a través de una cancela enrejada.

Recibí el ánimo de todos y sus condolencias; conocían la importancia de aquella chiquilla en mi vida. Después fui a hablar con Lolín y con Chafi. Les expliqué mis deseos de fugarme y les pedí que viniesen conmigo, pero se negaron a participar. Sin embargo, Lolín me proporcionó unas sierras nuevas, lo cual le agradecí. No hablé con nadie más de aquello y comencé los preparativos. Si no querían venirse conmigo, me las piraría solo.

La ventana de la celda que ocupaba daba al recinto, por la zona frontal del mismo, a la entrada de la prisión. A varios metros se encontraba el cuerpo de guardia de la Guardia Civil, desde donde salían los relevos para los que vigilaban en las garitas. Pero aquello no sería ningún problema. El auténtico problema lo constituirían las dos garitas que vigilaban aquella zona del recinto, emplazadas en las esquinas, una a cada lado. Habría que arriesgarse y contar con el factor suerte.

Me llevaron a juicio con otros presos. Era por una utilización ilegítima de un vehículo de motor, por lo que se celebró sin problemas. Me impusieron una multa, pero me traía sin cuidado. Así se lo hice saber al juez. Sus leyes no eran las mías.

El 26 de noviembre terminé de serrar el barrote de la ventana. Había confeccionado también una cuerda, trenzando varias tiras de sábanas. Enfrente de la celda, una farola sobresalía del muro; mi idea era pasar la cuerda por encima de la misma y, cogiendo el otro extremo, escalar el muro. Afuera me esperarían Chico y Viqueira dentro de un coche. En cuanto a los guardias civiles, un trozo de espejo me serviría para vigilarlos sin ser visto.

Esa noche, a las cuatro y media pasé de la teoría a la acción. Me vestí con un chándal de color oscuro y me preparé para abandonar la celda, enroscándome la cuerda alrededor de la cintura. Luego me subí a la ventana y arranqué el barrote. Miré ambos lados del recinto con el espejo: estaba solo; salí a través del hueco de la ventana y salté al recinto de un ágil salto, sin ruido. Traspasé posteriormente el recinto y me situé debajo de la farola, pegado al muro. No me habían advertido; mi corazón latía acelerado. Desenrollé la cuerda de la cintura y me dispuse a arrojarla, cuando uno de los guardias civiles me vio.

—Ni se te ocurra moverte, chaval —me gritó, tirando del carro de su arma. Avisó a sus compañeros a través de un transmisor, y éstos salieron al tropel del cuerpo de guardia dirigiéndose hacia mi posición.

—Tírate al suelo —me ordenó el guardia de la garita.

Me tiré. No se discute con alguien que te apunta al pecho con un subfusil Z. Varios guardias más me rodearon y, esposándome, me condujeron al cuerpo de guardia. Allí me interrogaron. No tenía nada que decir que no fuera maldecir mi mala suerte: había jugado y había perdido, eso era todo.

Al alba me devolvieron a la prisión. En el rastrillo me esperaba un grupo de carceleros, capitaneados por un jefe de servicios. Me quitaron las esposas, para trasladarme posteriormente a una sala contigua donde me hicieron desnudar.

—Te vas enterar —me advirtió el jefe de servicios—. ¿Qué?, ¿nos ibas a quitar las lentejas? —añadió, golpeándome con su porra.

Los demás no intervinieron. Recibí varios golpes más, pero no hice nada por defenderme; lo contrario provocaría los golpes del resto de carceleros. Acto seguido me condujeron hasta aislamiento, donde me metieron dentro de una celda y me esposaron a la cama ambas manos. Me dejaron así hasta el día siguiente en que vinieron a buscarme para subirme a la segunda galería. Allí se encontraba Corrección: la galería de aislamiento destinada a los mayores. Me introdujeron en una mazmorra sin ventanas, oscura, húmeda y maloliente. Tras retirarme las esposas, me dejaron solo. A través de una rejilla situada en la puerta se introducía un poco de luz, procedente de los tubos fluorescentes del pasillo. Aparte de un colchón sucio, un cubo con restos de comida, el lavabo y el servicio, la celda no tenía nada más. Aquellas mazmorras eran herencia del franquismo y eran muy temidas por la población reclusa. Me puse a pasear. De nuevo pretendían el pleno sometimiento de mi voluntad, sin términos medios, por medio del dolor y la psicología. ¿O pretendían tan sólo vengarse de mi acción libertaria? Suprimían el contacto humano y los entretenimientos a fin de inducirme a pensar. La soledad debería hacer el resto. Se me situaba en una posición incómoda en la que, privado de todo lo demás, castrado socialmente de cualquier tipo de consideración o derecho, tendría que enfrentarme a mis pensamientos, a mis pérdidas, a mi dolor.

El aislamiento equivalía a la muerte del hombre para con el resto de personas, libres o presas. Allí, el aislado tendrá que crearse su propio mundo para sobrevivir a la soledad. La imaginación y las frías paredes serán su única compañía. Así castigaba la Administración, útil verdugo de la sociedad que consentía con su silencio. Así se fabricaban los futuros criminales del mañana. Yo entonces comenzaba a advertirlo. Si las sesiones de aislamiento no conseguían socavar la voluntad del hombre rebelde, si ésta no se sometía, entonces aquel castigo podría perpetuarse indefinidamente. Muchos hombres habían sido empujados hacia el suicidio de aquella manera; en la muerte encontraron la única salida de aquel tormento carcelario. En cuanto a mí, no les daría ese placer.

Prisión de Zamora, diciembre de 1988

Dos semanas después fui trasladado de nuevo a la prisión de Zamora. Me encontré al llegar allí con Chafi y con Lolín. También conocí a Anxo, un joven vigués que cumplía condena por un robo a un banco y con el que entablaría una gran amistad. Los días se repetían con monotonía y llegó la Navidad y un año nuevo retó nuestras vidas. Ninguna alegría, ninguna risa sincera, nada. En la cárcel no hay lugar para el amor o para la paz.

En enero fui sacado del tubo y trasladado al módulo uno. A Anxo lo trasladaron al módulo dos. Manteníamos una correspondencia habitual a través de notas que envolvíamos en pilas, sujetas a las mismas con hilo o plástico quemado y que arrojábamos de un patio a otro por encima de los muros.

Sin actividades, talleres o gimnasio, nos dedicábamos a pasear y a jugar al frontón con pelotas que teníamos que fabricar nosotros mismos con lana y miga de pan. Nos jugábamos los cafés al ganador, en partidas individuales o por parejas. Así todos los días. Lo peor era la monotonía constante. Pero ésta estaba a punto de romperse.

El módulo se había fraccionado en dos facciones. Un gitano de Alicante llamado Mariano Torres, chulo talegero de turno, había traído nuevas rencillas al módulo. Yo anteriormente ya había tenido varios problemas con él. Le tenía mucha animadversión:

había apuñalado a un amigo mío años atrás por la espalda, ayudado por otros presos. Esta vez, animado por un grupo de presos que le apoyaba, tuvo una discusión con Lolín en el patio y lo retó a muerte para el día siguiente. Mi amigo me envió un mensaje pidiéndome un cuchillo y explicándome lo que había sucedido. Quería enfrentarse a él. No tenía ninguna posibilidad, por lo que se lo negué. Avisé a los demás para que tampoco se lo prestasen: sin cuchillo no podría pelear.

Por decisión personal, decidí que tendría que echar a aquel sujeto de allí para evitar cualquier posible problema en el futuro. Le daría un escarmiento de paso, por venganza. Ni yo ni mis amigos habíamos olvidado las cuchilladas a nuestro amigo en Teruel. Me hice con un estilete. Lo envié al patio por medio de la cafetería y di instrucciones para que lo escondiesen en los servicios del mismo. No comenté a nadie mis intenciones por seguridad.

La tarde del 12 de febrero de 1989 me tocó salir en el mismo turno que el de mi adversario. Pasé el control del detector de metales sin problemas y bajé al patio. Mariano paseaba acompañado de otro gitano, de un lado a otro, confiado. Me encaminé hacia los servicios y recogí de su escondrijo el estilete, que introduje abierto dentro del bolsillo de mi cazadora. Después me encaminé hasta la cafetería y pedí tres cafés a través de la ventanilla de la misma. Luego le llamé:

—¿Qué quieres?

—Coger unos cafés. Os invito, y a ver si podemos hablar un rato sobre lo de Lolín.

—Vale.

Me puse a caminar de un lado al otro del patio mientras revolvían el azúcar de sus cafés. Lo tenía claro. Al menor descuido del carcelero de la garita, le asestaría una puñalada en las tripas, donde duele de verdad. Aquello convencería a los carceleros de que allí tenía problemas y se lo llevarían para otro módulo.

Se unieron a mí en el paseo. Nos pusimos los tres a pasear con un café caliente en la mano y un cigarrillo en la otra.

—Mariano —le dije—, esto no puede seguir así, hay que olvidar lo pasado —le mentí.

—Mientras no os metáis en mi terreno no pasa nada, Che. No tienes porqué sacar la cara por nadie que no sabe defenderse por sí mismo. Estamos en la cárcel y esto funciona así, ¿entiendes?

—Mira —le respondí colocándome a su derecha—, tú sabes bien que si vas contra mis amigos, me obligas a intervenir en el tema. Obviamente estoy moralmente obligado a evitar que les ocurra cualquier posible daño.

—Ése es tu problema, no el mío...

Mientras respondía observé que el carcelero se había puesto a leer un periódico. En la media vuelta que dimos para dirigirnos hacia el otro lado, metí la mano dentro del bolsillo derecho y así el mango del estilete. Le miré a los ojos aparentando escuchar atentamente lo que decía, aunque ya sólo escuchaba a mi corazón latir con violencia en mi pecho. A la altura de la puerta de la peluquería le asesté una puñalada en la parte alta del estómago y lo empujé hacia la misma, donde cayó encogido y agarrándose el estómago con las manos. Me volví hacia su compinche.

—¿Y tú qué? —le amenacé.

—Nada, Che... por favor, tranquilo.

La fidelidad a su amigo había durado lo mismo que le había tardado en llegar el miedo, nada. Seguimos paseando. Le advertí:

—De esto chitón. Si dices algo a los carceleros, eres hombre muerto, ¿entiendes?

—Sí, sí... tranquilo.

Otros presos se nos sumaron. Acordé con ellos que nadie diría nada de lo sucedido, ni a presos ni a carceleros. Hicimos un pacto de silencio. Envolví el estilete dentro de plástico y lo arrojé al patio del módulo dos, donde lo harían desaparecer. Todo había salido bien, salvo una cosa: la cuchillada se había quedado alta. La hoja del estilete en vez de entrar recta hacia las tripas, se había inclinado hacia arriba partiendo la aorta abdominal: lo había matado.

Al terminar el horario de patio nos subieron a las celdas. Notaron que faltaba un preso y bajaron a buscarlo. Lo encontraron muerto, como sospeché. El destino irónico había querido que el cuchillo que acabó con su vida fuese del hombre al que años atrás había acuchillado cobardemente por la espalda; moría víctima de su propia ley. Había aceptado la posibilidad de ser muerto en el mismo instante en que se erigió en su propia ley y mató a otro hombre. Todos aquellos que empuñan un arma, fuera o dentro de la ley, se exponen a ser muertos en cuanto asumen el derecho de matar. Era la ley no escrita que había regido el mundo desde su existencia.

Fuimos aislados por mandato judicial. Los que sellaron conmigo un pacto de silencio, cumplieron su palabra, pese a las reiteradas amenazas de la Administración. Pero de nada sirvió. Ante el cariz que habían tomado las cosas, el estilete que había arrojado al patio del módulo dos quemaba en las manos de los presos. Aunque había enviado instrucciones para que lo escondiesen, lo dejaron en manos de un perfecto desconocido, de forma irresponsable. Este preso, en cuanto sospechó lo que tenía oculto en la celda, llamó a la puerta y lo entregó a los carceleros. Supe todo esto cuando uno de los jefes de servicios vino a verme con él en la mano. Me lo mostró.

—Ya os tenemos, Tarrío. ¿Esto es tuyo, verdad? Lo vais a pagar todos.

—No sé de qué me habla, señor...

—El cuchillo me lo acaba de dar uno de tus compañeros en el módulo dos y todavía tiene sangre. Estáis jodidos...

Cuando se fue, reflexioné sobre aquello. Obviamente obtendrían en breve huellas del estilete; en cuanto a la sangre no ofrecería ninguna duda. Me sorprendió ver el cuchillo en las manos del carcelero, todavía envuelto en plástico. Maldije a mis compañeros por su incompetencia y me pregunté quién habría sido. Pero ya era tarde; el pájaro había desaparecido trasladado a otro lugar que desconocíamos. Era igual, nos veríamos en juicio.

Los días siguientes fuimos trasladados constantemente a la Comisaría de Policía y al Juzgado para ser interrogados. Finalmente, atrapado por las pruebas, asumí mi responsabilidad en aquella muerte y descarté a mis compañeros de cualquier participación en la misma. Era lo correcto.

En prisión las aguas volvieron a su cauce. Yo fui destinado de nuevo al tubo. A un año de ser libre, tendría que enfrentarme a un delito de asesinato. Pagaba un precio elevado por mi exceso, pero no lamentaba la muerte de aquel hombre; ni siquiera me sentía desgraciado por la montaña que se me venía encima. Me dejaron llamar a mi madre por teléfono. Se encontraba en Suiza, con mis hermanos; hacía años que habían emigrado allá. Le conté que había matado a un hombre. Fue un duro golpe para ella oír aquellas palabras de la boca de su hijo. Aquel día maté algo en su interior. Pese a todo, ella sería la única persona que me brindaría un amor auténtico de manera totalmente incondicional, siempre.

Mientras tanto llegaron a Zamora un grupo de presos desde Carabanchel, donde habían protagonizado varios motines. Zamora, por aquel entonces, había obtenido cierta mala fama en los demás presidios españoles, y se convirtió en sinónimo de tortura. Las palizas y los abusos se recrudecieron, mientras la Dirección General de Prisiones continuaba cerrando los ojos a la realidad.

Esa mañana acababa de subir del patio cuando, al asomarme a la ventana, observé como un grupo de presos se estaban subiendo al tejado desde el módulo dos. Era un motín. A su cabeza, Chafi, Graña y el Bolas de Madrid. Yo me encontraba entonces en la planta superior del tubo. Se acercaron hasta la ventana de la celda que ocupaba y me hablaron desde el tejado.

—¿Qué pasa Che? Ya ves, estábamos hasta los huevos de estos perros y nos hemos subido a reivindicar un poquito —dijo Chafi.

—Bien, pero tened cuidado cuando vengan los antidisturbios, con las pelotas de goma y los botes de humo. Mirad a ver que podéis hacer por sacarnos de aquí... ¡Qué jodidos!

—De acuerdo.

Nos echaron tiras de sábanas hasta las ventanas, en las que atamos varios cuchillos para que se defendieran. Mientras tanto, intentaron sacarnos de allí por medio de butrones en el techo, pero era demasiado duro. Tendrían que apañárselas solos.

Sólo un par de horas después, los antidisturbios hicieron acto de presencia en el recinto. Los compañeros que estaban en el tejado formaron barricadas con pilas de tejas agrupadas que servirían también de proyectiles. Se intentó el diálogo por ambas partes, pero no se llegó a ninguna conclusión definitiva.

—Depongan su actitud o nos veremos obligados a intervenir —gritó el que comandaba el grupo de al menos sesenta policías.

—Que te den por culo, gilipollas —contestó uno de los presos.

Se desataron las hostilidades, y asistimos impotentes a la batalla campal que se desarrolló delante de nuestras narices. Alguno de nosotros apoyamos rompiendo las celdas, pero no pudimos hacer nada más. El ambiente se llenó de gritos y sonidos de los disparos de los rifles, enviando pelotas de goma en respuesta a la lluvia de tejas que caían desde el tejado. Durante cinco minutos desconcierto; y luego un gran silencio. Una de las pelotas de goma había impactado en el rostro de mi amigo Chafi y le había arrancado un ojo de cuajo. El Bolas le salvó la vida cuando caía al vacío, sujetándolo a tiempo. Aquel suceso puso punto fin al combate y al motín. Los presos se rindieron, facilitando que Chafi pudiera ser trasladado cuanto antes al hospital, de manera urgente.

Tras la revuelta, llegó la represión. Celda por celda, carceleros y antidisturbios fueron despojándonos de nuestras pertenencias, incluida nuestra ropa, dejándonos desnudos dentro de las celdas. Varios compañeros fueron apaleados. Como reacción acordamos iniciar una huelga de hambre, negándonos a comer en ambos módulos. Contra nuestra medida se sucedieron varias amenazas por parte de la Dirección, cuyo único fin era el de implantar la división entre nosotros, por medio del terror. Pero ya no asustaban a nadie y, aunque un numeroso grupo de presos dejó la huelga, la mayoría la mantuvimos hasta el final.

Al día siguiente, la Asociación de Madres contra la Droga de Madrid fletó varios autobuses con dirección a la cárcel de Zamora. Misión: denunciar públicamente lo que acontecía allí con nosotros. Provistas de un megáfono, se situaron enfrente del módulo uno y comenzaron a increpar a los carceleros:

—Dejad a los críos, abusones, canallas... —gritaba la portavoz.

Al oírlas nos asomamos a las ventanas, a las cuales nos encaramamos mostrándoles nuestras desnudeces como mejor argumento de nuestra situación. La Dirección, asustada, envió a sus matones a bajarnos a golpes de las ventanas, pero ya era tarde. Las madres, atrevidas y osadas, continuaron su denuncia pública, aludiendo a los carceleros con algún que otro merecido insulto. La mayoría de ellas tenían a sus hijos allí o en otras prisiones. Muchas de ellas los habían perdido a causa de la droga o del SIDA. Bravas, su enorme amor las llevó hasta aquel monte a luchar, dentro de sus posibilidades, contra la injusticia carcelaria llevada a cabo por los profesionales encargados del sucio trabajo de la venganza. Fueron ellas las que ganaron. La Dirección ordenó que se nos devolvieran todas nuestras pertenencias. Se nos restituyó el derecho a salir al patio a pasear y cesaron los malos tratos. Varios responsables, director a la cabeza, tuvieron que abandonar sus puestos de trabajo, presionados por Instituciones Penitenciarias, que lavaba así sus manos cara a la sociedad.

Mientras, la prensa escribía artículos sobre mafias carcelarias de las que yo y Chafi éramos responsables, a su parecer, para justificar de alguna manera la oleada de sucesos que habían tenido lugar allí. Si conseguían hacernos aparecer como mafiosos ante la sociedad, ésta entendería los métodos utilizados para reprimirnos. Me daban asco los periodistas que se atrevían a escribir aquello y que nunca habían estado dentro de una prisión.

Mentían descaradamente a la sociedad; publicaban artículos que habían sido dictados por la Administración, encaminados única y exclusivamente a reparar la imagen dañada de ésta.

Aunque no participé en el motín inicial, fui considerado uno de los cabecillas. Se preparó mi traslado a otra prisión.

La Parda, prisión de Pontevedra, abril de 1989

La prisión contaba con setenta años de edad. Era vieja, muy vieja. Tuve que desnudarme a la entrada de la misma para pasar el registro de un par de carceleros curiosos. Luego fui trasladado hasta la galería de aislamiento. Habían vaciado la misma para garantizarme la soledad y mucho reposo, lo cual formaba parte de la represión carcelaria dirigida desde Madrid. Me sometieron con habilidad a una especie de régimen especial, que me mantenía aislado del resto de los presos. Me asignaron una celda asquerosa, muy pequeña, cuya ventana daba a un pequeño patio. En una de las esquinas, dentro de la garita del recinto, se divisaba claramente al guardia civil a no más de veinte metros. Era la única compañía que tendría allí.

Pese al aislamiento, varios amigos míos que se encontraban en aquella prisión lograron ponerse en contacto conmigo. Me hicieron llegar un mensaje. Eran Rolando, Miguel Expósito y su hermano Javier. Me notificaron, entre otras cuestiones personales, que tuviese cuidado con el preso que repartía la comida; era un confidente. Saber que no estaba tan solo como la Administración pretendía me animaba.

Sobre las siete de esa tarde llegó la cena. La traía el preso sobre el cual me habían advertido. Saqué la bandeja y, depositándola en el suelo, le pedí amablemente el cazo.

—Trae el cazo, que me sirvo yo mismo...

Me lo pasó. Le acompañaba un carcelero en el pasillo y otro que se encontraba detrás de la cancela que daba acceso a la galería. Me serví un poco de sopa caliente y un trozo de tortilla. Luego me incorporé y sin mediar palabra golpeé su rostro con el cazo. Dio un grito llevándose las manos a la cara.

—No te quiero ver por aquí ni en pintura —le advertí.

—Tarrío, cálmese, ¿qué ocurre? —intervino el carcelero.

—Nada de su incumbencia.

Recogí la bandeja y me introduje dentro de la celda, dejando el cazo tirado en el suelo del pasillo. No lo volví a ver por allí.

Los días en La Parda transcurrían lentos. Me agobiaba aquel patio, con el carcelero espiándome constantemente por un lado y el guardia civil por el otro. ¿Era aquello una prolongación del castigo a mi rebeldía icástica?, ¿un suplemento de dolor a la incertidumbre de una futura condena por asesinato? Me sentía reducido a cero.

Mi padre vino a verme acompañado de la familia de Rolando.

—Hola, José, ¿cómo estás? —me saludó.

—Mal, me tienen encerrado en aislamiento, solo. No veo a nadie, no puedo hablar con nadie... voy a volverme loco...

Conversamos durante el tiempo de comunicación sobre aquello. Cuando terminó nos despedimos. De regreso a aislamiento, pude hablar con mis amigos. Uno de ellos me pasó una nota al chocarme la mano. La oculte de los ojos del carcelero que me escoltaba. Una vez en la celda la leí. Reconocí la letra de Miguel:

> «Che, tengo un plan de fuga previsto con mi hermano. Se trata de secuestrar a los carceleros, serrar uno de los barrotes de las comunicaciones, y desde allí subir al tejado. Todo esto por el día. Desde el tejado saltamos al tejado del cuerpo de guardia, que está por debajo del mismo, a unos cuatro metros. El salto no es muy difícil, y desde allí a la calle... ¿vienes?»

Esperé a la siguiente comunicación para notificarles que iría con ellos, que me apuntaba. Habría que esperar el momento adecuado y hacer varios cuchillos. Ellos bajarían a abrirme, después de retener y amordazar a los carceleros. Era un buen plan y agradecí a mi amigo que se hubiese acordado de mí. Era realista y sabía que me caerían muchos años de cárcel por la muerte de Zamora. Más quizás de los que mi enfermedad me permitiría vivir. De todas formas, cualquier salida siempre sería mejor que morir lentamente en una celda, cruzado de brazos. Prefería la posibilidad de una ráfaga de metralleta a la cárcel. Creía que el verdadero valor de la vida no se encuentra en preservarla a cualquier precio, sino en arriesgarla en la búsqueda de algo mejor, de una auténtica libertad que me proporcionase la posibilidad real de realizarme al máximo. La vida se encontraba afuera de aquellos muros.

Esa tarde, cuando me disponía a salir al patio, uno de los carceleros de guardia me trajo la noticia que varios presos aguardábamos.

—Tarrío, ¿sabe usted que hoy han apuñalado a Rolando?

—¡Qué va!, está de broma... —le respondí.

—¡Que no, que es verdad! Le hemos sacado urgentemente al hospital.

«¡Imbécil!», pensé para mí, mientras paseaba por el patio. Horas más tarde Radio Nacional nos traía las noticias que esperábamos oír: varios individuos armados de pistolas habían penetrado en la habitación que ocupaba Rolando Cancela Veiga, desarmando a los dos policías que lo custodiaban y dándose posteriormente todos a la fuga. Aquello nos animaría a mis amigos y a mí en nuestra empresa.

El 27 de junio, varios días después de la fuga de Rolando, Radio Nacional me trajo nuevas noticias del submundo carcelario. Inaugurado en 1982, el célebre penal del Puerto de Santa María asistía a su segundo motín en siete años. Lo dirigían los presos Fernández Varela, Maya Martos, Hidalgo García, Ortiz Jiménez y Zamoro Durán. Se habían tomado a varios carceleros y a la médico María Casado como rehenes, para facilitar la negociación. Estos presos, secundados masivamente por el resto de la población reclusa, hicieron entrega de una cinta grabada con una serie de reivindicaciones sobre la disciplina en Puerto. También se pidió la reforma del Código Penal; que los médicos que prestaban los servicios sanitarios dentro de las prisiones españolas no perteneciesen a la Administración y fuesen independientes de ésta; la inmediata liberación de todos los presos enfermos de SIDA en fase terminal; y otras cuestiones importantes para todos los hombres y mujeres encerrados en las cárceles españolas. Me reconocía con ellos y sus peticiones. Seguí el desarrollo del secuestro durante toda la noche a través de la radio. La cinta había sido entregada al director de la prisión, Eduardo Roca, pero no se hizo pública. Plácido Conde, gobernador civil de Cádiz, solicitó la presencia de los GEOS y la provincia gaditana se paralizó. En aquel penal se encontraban encerrados hombres condenados a largas penas de cárcel; eran hombres duros y peligrosos. Si la policía intervenía, podía ocurrir una masacre. Dentro del penal se fabricaron barricadas y cócteles molotov con el alcohol requisado en la enfermería. Afuera varios helicópteros sobrevolaban la prisión, mientras que los GEOS tomaban posiciones de asalto. Podía suceder cualquier cosa. Sin embargo después de veinte largas horas de negociaciones, los presos depusieron su actitud, liberando a los rehenes. Los cinco reclusos que iniciaron el motín fueron trasladados posteriormente a la tristemente famosa prisión de Herrera de La Mancha, y sometidos a un régimen especial, custodiados por la Guardia Civil. Pagarían muy caro el haberse atrevido a enfrentarse al sistema, denunciando sus métodos.

La suerte continuaba reñida conmigo, y la noticia de un nuevo traslado me sorprendió en plenos preparativos de fuga. Tuve que recoger mis cosas y abandonar la prisión con destino a La Coruña, desde donde partiría al día siguiente hacia la prisión de máxima seguridad de Daroca, en Zaragoza. Mis sueños de evasión se veían truncados de momento, pero no renunciaría a ellos: ensayaría la fuga a la menor ocasión con probabilidad de éxito.

En la prisión de La Coruña fui destinado a la segunda galería, en corrección. Pude establecer contacto con José María Expósito, quien me proporcionó un par de sierras y un estilete, y guardé la hoja del mismo, junto con los trozos de sierra, dentro de un tubo de plástico cilíndrico que, una vez cerrado, me introduje en el ano. Aquellos trozos de metal podrían convertirse en la llave de mi libertad; dentro del estómago no los encontrarían nunca. Me sentí más seguro.

Prisión de Daroca, Zaragoza, julio de 1989

Considerada de máxima seguridad, la prisión de Daroca era un edificio moderno de un color amarillento. Constaba de cinco módulos, todos ellos habitados por reclusos incluidos dentro del régimen cerrado de primer grado, con edades entre veintiún y veinticinco años. Estaba dominada por una torre central que permitía vigilar constantemente todos los tejados de los cinco módulos. En cada lado del recinto, tres guardias civiles vigilaban los muros dentro de las garitas emplazadas encima de los mismos. Nadie debía traspasarlos; era su labor. Les ayudaban distintas cámaras de circuito cerrado, situadas estratégicamente por todas partes del recinto, y algunos perros pastor alemán que pertenecían a la Guardia Civil.

Me destinaron al módulo uno, en primera fase. Allí me encontré con mi amigo Musta. Nos abrazamos.

—Qué, golfo, ¿recibiste mi mensaje? —me preguntó.

—Sí, me lo trajo tu chica en una comunicación que tuve con ella.

Mientras hablamos, paseamos de un lado al otro del patio.

—Desde un principio supe que habías sido tú el de la movida del Torres. Como ya te indiqué, puedes contar conmigo para todo; yo salgo dentro de poco, ¿de acuerdo, socio?

—Ya lo sé, Javi.

Continuamos el paseo haciendo planes para el futuro. Allí la existencia transcurría igual que en las otras prisiones. Hombres caminando de un lado a otro en pasos que no conducían a ninguna parte; hombres embrutecidos por la cárcel, que habían sido separados de lo que más apreciaban o querían. Un submundo de amistad, mentira, sangre, odio, dolor y represión. Habían convertido la prisión en la cloaca, en el vertedero donde los buenos y honrados se deshacían de los hombres que cometían alguna falta dentro de la sociedad. Para mí aquel fenómeno no era nuevo; lo había vivido anteriormente en el internado y en el reformatorio. Te cogían de niño y te soltaban de anciano. Formaba parte del negocio.

No se combatía al delincuente como asocial, se quitaba algo de las calles porque molestaba. Como se echa a un padre de casa y se le encierra en un asilo, o en una pensión. La sociedad funcionaba así. Creo que si, a lo largo de nuestra estancia en prisión, hubiésemos observado que aquella sociedad, a la que habíamos robado y declarado la guerra, era en realidad mejor de lo que creíamos, más justa, más humana, en verdad honrada, quizás muchos de nosotros hubiésemos intentado convivir con ella. Sin embargo, en ella sólo veíamos egoísmo, vanidad, competencia e hipocresía. Habían edificado una sociedad tremendamente fea e injusta, que ahora nos moldeaba a su imagen y semejanza a todos nosotros. Todos teníamos una parte de responsabilidad; nadie podía vanagloriarse de poseer la verdad. Por eso, mientras nosotros reñíamos y peleábamos, los políticos se regocijaban de placer en el sitral del poder, con sus singulares doctrinas destructivas, mezquinos de ambición. Los delincuentes primarios no éramos los auténticos enemigos de la sociedad, no al menos los peores; los verdaderos enemigos de la sociedad son los políticos y sus mentiras, y sus promesas incumplidas, y sus guerras. Se cometían muchas injusticias al arrojar así, sin tino, a muchos de aquellos hombres a la cloaca carcelaria. ¿Pero a quién importaba?

Varios meses después de mi llegada a Daroca, fui puesto al corriente de que se preparaba una fuga del hospital. Me avisaron el primero, lo que agradecí. Un preso acababa de venir del hospital y había dejado allí las rejas de las ventanas semicortadas. Ahora sólo faltaba urdir un plan para provocar el traslado de Anxo y de un madrileño llamado Julepe; me seguirían por turnos.

Preparé un cebo a los carceleros inspirado en la fuga de Rolando: ellos mismos me proporcionarían el billete de ida. Hablé con un compañero de confianza y le pedí que me diese una cuchillada en el estómago, cuando saliésemos al patio. Aceptó. Esa misma tarde nos encontramos en el patio.

—Me tienes que meter sólo media hoja, ¿de acuerdo? —le dije.

—Tranquilo.

Le proporcioné un cuchillo y nos dirigimos hacia una de las esquinas del patio, donde no alcanzaban a vernos los carceleros de la garita. Me agarré a su hombro.

—Venga, dale —le dije tensando los abdominales. Me preparé para la comedia.

La hoja entró de un golpe seco. Apenas la sentí. Di un tiempo a mi compañero para que se alejase del lugar y guardase el cuchillo, y salí corriendo hacia donde se encontraban los carceleros gritando:

—¡Me han apuñalado, me han apuñalado!

El resto de presos, los cuales desconocían la realidad, se agruparon a mi alrededor. Me fingí malherido. Me trasladaron urgentemente a la enfermería, donde desgarraron mis ropas y midieron la profundidad de la herida.

—Hay que sacarlo al hospital —ordenó el médico.

Lo había conseguido. Me felicité.

La ambulancia no tardó en llegar y fui trasladado al hospital. Una vez en él, se me hizo un chequeo y varias pruebas, en las que comprobaron que el estómago no había sido perforado. Sin embargo creyeron conveniente ingresarme unos días, por si surgía alguna complicación. Me metieron en la sala para reclusos. Allí me encontré con otro preso, de nacionalidad portuguesa. Me explicó:

—Mira, toda esa parte de la reja está cortada. Un poco más y ya está; llevamos quince días en ello.

—Faltan dos compañeros por venir, así que vamos a darles un par de días a ver si logran ser ingresados. Mientras podemos ir cortando lo que resta, ¿te parece?

—Bien...

Permanecí tumbado en la cama mirando al techo. Cuatro polis de uniforme nos custodiaban tras la puerta blindada, provista de un cristal antibalas que daba acceso a la sala. Nos encontrábamos en la tercera planta. Deseé que mis compañeros viniesen cuanto antes para poder irnos pronto. Sería sencillo. Sólo tendríamos que cortar lo que faltaba, confeccionar una cuerda con las sábanas y, con la complicidad de la noche, deslizarnos hasta el jardín que había debajo del hospital. Salir del mismo seria un juego de niños. Aquella ventana significaba el final del túnel carcelario para mí y para mis compinches de evasión. No me cabía la más mínima duda de que lo conseguiríamos, por lo que me entretuve repasando los detalles técnicos: ¿a dónde ir?, ¿qué hacer? Era la parte más importante.

Sobre las nueve, mi amigo Anxo consiguió ser ingresado y se sumó al proyecto. Esa noche trabajamos un poco en la reja. El resto lo cortaríamos la noche siguiente. Si Julepe no aparecía, nos iríamos sin él.

A la mañana siguiente, recibimos la visita de los médicos.

—Ustedes dos tienen el alta —dijo uno de ellos, señalándome a mí y a Anxo.

—¡Oiga!, yo me encuentro todavía muy mal... —dije.

—Lo siento, pero usted, al igual que su compañero sólo tienen una perforación en el músculo abdominal. Tienen el estómago en perfectas condiciones, por lo que no es necesario que permanezcan aquí por más tiempo.

Horas más tarde nos encontrábamos camino de la prisión. Una vez más, el azar había frustrado mis esperanzas de fuga. Pero lo intentaría de nuevo. No me rendía con facilidad, ni con dificultades tampoco. El portugués lo intentó por sí mismo, pero fracasó. Lo sentí por él y por la ocasión que se perdía, pues el hospital tomaría medidas, reforzando la seguridad.

En Daroca predominaba el paisanismo. Los gallegos ejercíamos mayor influencia en el módulo uno de primera fase, donde los presos salían al patio en grupos de diez, dos horas al día. Controlábamos la cafetería y el reparto de la comida, lo que nos proporcionaba mayor libertad de movimientos, alimentos, tabaco y café. Lo mismo sucedía en el módulo dos con los madrileños. Sin embargo, allí los presos salían al patio cuatro horas diarias y tenían derecho a sala con televisión. En el módulo tres salían seis horas al día, con derecho al polideportivo y a comunicaciones especiales de vis a vis. Allí la influencia la ejercían los catalanes. En el cuatro se encontraban los artículo 10 y los protegidos, ambos en galerías diferentes. El quinto era el módulo de aislamiento. Nos encontrábamos confinados en aquella prisión cerca de 150 presos. A veces se producían reyertas entre nosotros, que culminaban con algún herido, cuando no con un muerto. Pero, por regla general, los problemas se solucionaban hablando. Existía cierto respeto, y los abusos se encontraban mal vistos por parte de la población reclusa. Se notaba cierta madurez inexistente en los penales de menores. Sin embargo, el paisanismo continuaba siendo uno de los principales generadores de problemas, pues si dos presos se enfrentaban, arrastraban con ellos al resto de sus paisanos y amigos. Cometíamos un feo error prolongando aquella estupidez, al no darnos cuenta de que todos éramos simples presos, que sólo nos teníamos los unos a los otros, y que el verdadero respeto se obtiene individualmente y no en grupo. La Administración no hacía nada por evitarlo. No facilitaba talleres para que los presos pudiéramos estar ocupados, obtener un sueldo e incluso tener la oportunidad de aprender un oficio. Ni programas culturales ni facilidades a las familias para las visitas, que recorrían cientos de kilómetros para venir a vernos a la cárcel. No se hacía nada de esto; demasiado caro, demasiado dinero. Por ahorrarse unas pesetas, la Administración gestaba hombres peligrosos que el futuro inmediato sacaría a la luz.

A finales de año, Musta salió en libertad. Un familiar mío vino a recogerlo a Daroca y lo llevó a conocer La Coruña, donde le fueron presentados algunos amigos míos. Se le proporcionó una pistola, como habíamos convenido, y uno de mis amigos colaboró con él en el asalto a un banco, a fin de que pudiera financiarse por sí mismo.

Desde la calle me llegaron noticias de la evasión de mi amigo Chafi del juzgado de La Coruña. Le puse en contacto con Musta y los dos se trasladaron a Vigo en busca de armas. Comenzó a prepararse mi fuga, a cuyos preparativos se unió Edmundo Balsa Franco, *el Yando*, a quien conocía de la calle. Non encontrábamos entre camaradas. Mis amigos visitaron varios bancos en distintos puntos de Galicia, con cuyo botín financiaron una infraestructura en Vigo y Orense. Me enviaban constantemente mensajes y fotos de mi nuevo domicilio. Todo estaba previsto; sólo faltaba que me trasladasen a La Coruña a alguno de los muchos juicios que todavía tenía pendientes con la justicia coruñesa. Allí intentarían liberarme.

Mientras tanto logré acceder al puesto del Economato en el módulo uno, lo que me proporcionaba seis horas al día de patio, salvo el tiempo que empleaba en servir café y en atender a los distintos grupos de presos que salían al paseo. Llegó la Navidad y conseguimos meter, ocultos en un paquete de comida del exterior, quince gramos de hachís que compartí con Anxo y otros amigos.

El hachís era la única droga que tomaba entonces; el resto había logrado dejarlo atrás, lo que me afirmaba la confianza en mí mismo. Nos fumamos varios canutos para recibir a 1990, mientras nuestros pensamientos esbozaban un único deseo general: libertad.

Pero 1990 no me trajo buenas noticias: en el transcurso de un atraco a una barra americana, cuyo botín apenas merecía la pena el riesgo, mis amigos dispararon contra el dueño del local, cuando éste intentaba encerrarse dentro de una oficina para llamar a la policía. Dos disparos de escopeta abrieron en la puerta de madera un agujero lo suficientemente grande como para que el Musta acabase con su vida a través del mismo con varios disparos de pistola. Recordé desde mi celda sus palabras: no tendré piedad. Rencorosos, mis amigos ajustaban las cuentas con la sociedad a su manera.

Un mes después de aquel suceso, el día de Carnaval, un traficante de heroína recibía la visita de tres enmascarados, los cuales le alojaron un cartucho del calibre doce en una de las piernas. Aquellas acciones innecesarias atrajeron la atención de la policía. Ésta utilizaba métodos corrientes para solucionar robos u otros pequeños delitos. Pero cuando había armas de por medio y hombres dispuestos a utilizarlas, entonces se agrupaban e investigaban de verdad. Y esto era peligroso. Las Brigadas Antiatracos de La Coruña, Pontevedra, Orense y Vigo se pusieron manos a la obra y tardaron tan sólo treinta días en localizar el domicilio donde se ocultaban, en la ciudad de Orense, acompañados de tres mujeres. Una vez localizados, urdieron su plan de caza: no se andarían con chiquitas.

Esa mañana, Musta salió acompañado por otro hombre del domicilio donde se encontraban escondidos. Ambos se introdujeron confiados en el coche alquilado y se dirigieron hacia el centro de la ciudad. En el primer semáforo en que pararon, un grupo de polis armados hasta los dientes asaltaron el coche encañonándoles. Se rindieron. Media hora más tarde, Yanko salía del edificio para encaminarse a la estación de autobuses y trasladarse a su casa de La Coruña. Un grupo de inspectores antiatracos fueron tras él. En ese mismo instante, otro grupo de inspectores de la Policía derribaba violentamente la puerta del domicilio donde se encontraba Chafi, e irrumpiendo en el mismo, procedieron a su detención. Sólo faltaba uno para completar la operación.

En las inmediaciones de la estación de autobuses la policía decidió pasar a la acción y detener al tercer hombre. Varios polis se abalanzaron hacia su posición. Mi amigo lo advirtió y se entabló un tiroteo por varias calles de Orense que culminó con su detención, después de arrojarse a un río. Habían caído todos. Atrás quedaba una familia destrozada y un ciudadano muerto. Ellos pagarían el precio de una mala gestión carcelaria que había potenciado el odio y el mal en aquellos ex reclusos. Las palizas, los abusos y la injusticia más ruin, de una venganza miserable ejecutada en las cárceles españolas con aquellos hombres, tenían mucho que ver en la elaboración de aquellas fieras. Una cosa es que se le obligue a uno a pagar una pena de cárcel, otra muy diferente, que se le maltrate constantemente con apaleamientos y castigos desmedidos, mezquindades que estaban al orden del día en la cárcel. Aquella muerte no me parecía más triste que la de aquellos hombres que amanecían al alba, colgados de un trozo de sábana; ni que la espantosa agonía de los enfermos terminales de SIDA que morían dentro de una fría celda, lejos de sus seres queridos, sin esperanza.

Continué en el destino de Economato. Mi carácter violento me hacía a veces entablar discusiones acaloradas con algunos de los presos que, sin embargo, no iban a más. Mi forma de ser me traía a menudo problemas de aquel tipo. Era un auténtico asocial. En la cárcel te encuentras de todo y yo no podía, a veces, evitar sentir animadversión por algunos de aquellos sujetos. No los consideraba mis compañeros; a éstos los escogía yo. Convertidos en mitómanos, deformaban todo lo que contaban. Algunos me criticaban por la espalda; nunca reunirían suficiente valor para hacerlo de frente. Hablaban mal de mí y, al día siguiente, te ofrecían la pata a estrechar, sonrientes, en un excelso alarde de doblez. Otros se arrastraban por el suelo gimiendo como gusanos serviles, sin un ápice de personalidad ni de orgullo. Los peores te espiaban denunciándote a la Administración a cambió de beneficios penitenciarios. Todos los módulos, galerías, patios tenían sus confidentes. Siempre había alguien buscando su libertad a costa de los demás. Pero aparte de estos elementos, la mayoría de presos de primer grado que conocía eran hombres rectos y sinceros, con cuya discreción se podía contar. Uno de aquellos presos era Javier Ávila Navas, *el Niño*, como lo conocíamos popularmente en nuestro ambiente. Venía trasladado desde la prisión de Alcalá-Meco 1, entonces una de las más duras de España. Unido a otros presos, acababa de protagonizar un secuestro en la misma para liberar a su amigo Juan Redondo Fernández de un severísimo régimen especial al que le tenían sometido. Le proporcioné tabaco, comida y algunos cafés. Con varios cafés en la mano, nos dispusimos a pasear por el patio; sentía curiosidad por saber qué había sucedido.

—¿Qué os pasó en Meco, Niño? —le pregunté, paseando.

—¿Quieres que te lo cuente? Es una historia bastante larga...

—Es igual, tenemos tiempo de sobra. Venga, cuéntamela.

—Vale —encendió un cigarro y comenzó a hablar.

—El 29 de diciembre del año pasado me trasladaron al Hospital General Penitenciario de Madrid para operarme de la luxación que tengo en el hombro y que me produjeron las UEI* en el asalto que nos hicieron a Trancho y a mí en Ciudad Real, durante otro secuestro. Estando en el hospital, entre enero y febrero, me encontré con mi amigo Redondo. Estaba mal; nunca lo había visto así. Se encontraba literalmente destruido, hecho polvo. Era todo huesos y no era capaz de articular dos palabras seguidas. Le ayudé a bañarse y hablé con él...

—¿Y eso? —le pregunté curioso.

—Lo tenían en el siete de aislamiento, en Alcalá-Meco, y ya sabes cómo es aquello. A mí me daban ganas de llorar viéndolo en aquel estado. Se habían ensañado con él despiadadamente.

*Unidades Especiales de Intervención de la Guardia Civil.

Le pedí que me contase todo lo que había sucedido. Lo tenían sin comer, pues le escupían en la comida o se la rociaban con espray. Le tenían totalmente aislado de los demás presos e incluso habían intentado contagiarle el SIDA por medio de una jeringa usada y con sangre... al menos le amenazaron con ella.

—Joder, ¿y por qué permitía aquello?

Encendí un cigarro y él me dio fuego de su mechero. Luego seguimos paseando, trazando círculos por el patio.

—¿Qué iba a hacer? El módulo siete de Meco es todo automático y no se entra en contacto con los carceleros para nada, salvo cuando entran a pegarte y, cuando lo hacen, vienen en manada. No podía hacer nada.

—Sí, claro...

—Había avisado a los presos conocidos que tenía en los módulos de al lado, poniéndoles al tanto de su situación. Pero nadie hizo nada salvo denunciar, y eso no conducía a ninguna parte, pues ya sabes que las denuncias se las pasan por los cojones. La verdad era que estaban acoquinados y no se atrevían a actuar. Temían las represalias de los carceleros, y era normal. Así estaban las cosas cuando llegué yo a Meco —hubo un momento de silencio, como si ordenase en su cerebro reminiscencias imposibles de olvidar, luego prosiguió—. Tenía que sacar a mi amigo de allí a cualquier precio y hablé con el Conde y el Losa, ¿les conoces?

—Sólo de oídas.

—Bueno, pues hablé con ellos y les pedí que me ayudasen a secuestrar el módulo para sacar a Juanito del siete. Aceptaron. Entonces el día de San Valentín actuamos —hizo otra pausa y continuó— . Ese día por la mañana, Losa y Conde bajaron a instancias mías a la garita de seguridad a pedir una bayeta para limpiar el carro de la comida. No hubo problema ya que ellos eran los encargados de repartir la pitanza y no sospecharon. Cuando les abrieron, los cogieron y los subieron a las duchas, donde yo esperaba con otro carcelero más que había retenido.

—¿En qué módulo estabais? —le pregunté, interrumpiéndole.

—Sí, en el tres...

—Bien, sigue...

—Esperamos a que viniesen los médicos y los retuvimos. Eran dos chicas: una médica y una ATS. Les expliqué que no tenían nada que temer si hacían todo lo que les mandase. A mí me daba un poco de corte tener que retener a las chavalas allí, pero eran la única garantía de que no nos asaltaran —me explicó—. Corrí a abrir al resto de presos y les indiqué que tapasen con periódicos y con colchones todas las ventanas del módulo. La Dirección entonces ya se había percatado de lo que ocurría y nos habían cortado la luz. Nos pidieron que soltásemos a los rehenes. Les dije que no; sólo los liberaría a cambio de la liberación de mi amigo del módulo siete, y la de Zamoro Durán, Ortiz Jiménez, Maya Martos y los demás presos encerrados en el régimen especial de Herrera de La Mancha, y de que se les garantizase el traslado a otras prisiones. También entregué una lista con varios puntos reivindicativos, entre otros el cese de los malos tratos en las cárceles españolas, la liberación de los enfermos terminales, etcétera.

—Eso está muy bien; deberíamos hacerlo más a menudo todos.

—Finalmente se presentaron a negociar un inspector de la Dirección General y Jiménez de Parga.

—¿Y ése quién es?

—Un imbécil, el secretario del Defensor del Pueblo. Les leí la tabla de reivindicaciones, y toda la historia, ya sabes...

—Sí, ¿pero que pasó al final?

—Conseguimos que aquello saliese por Radio Nacional y que sacasen a Juanito del siete, que no era poco, ¿no te parece?

—Ciertamente, fue un bello gesto —sentencié.

—Sí, lo fue.

Era muy difícil observar la verdadera amistad en prisión, pero cuando ésta hacía acto de presencia, podían surgir de la misma enormes sentimientos que caminaban juntos hasta el final con todas las consecuencias. Historias como aquella me maravillaban. La cárcel no sólo albergaba crápulas; allí también había verdaderos hombres; hombres de palabra; hombres honrados con sus principios, millonarios de dignidad, orgullo y rebeldía. Pero, por regla general, entre los presos reinaba la camaradería, no la amistad; ésta se reservaba a los corazones capaces de un gran amor, únicamente.

La detención de los que podían haberme ayudado a huir de la cárcel no me amilanó. Continuaba decidido a fugarme y aprovecharía mientras me respetase la salud y me quedasen fuerzas. Había recibido fecha para celebrar un juicio en La Coruña, para el mes de septiembre. Intentaría algo allí; mientras tendría que ponerme en forma.

En marzo me trasladaron al módulo dos por buen comportamiento. Allí me encontré de nuevo con mi amigo Bolas. Por esas fechas, ETA acababa de matar a un carcelero de la prisión de Basauri, en Bilbao, de un tiro en la cabeza, en represalia al trato que recibían algunos presos políticos dentro de prisión. Los carceleros entonces, achuchados por el sindicato CESIF mayoritariamente, decidieron hacer huelga en todas las prisiones. Sería el caos. A nosotros aquello nos cogía en medio, dado que la actitud de los carceleros en el ejercicio del derecho a la huelga nos dejaría a todos sin patio, duchas, comunicaciones, etc. Dos días después, los carceleros fueron a la huelga. En Daroca sobrevino lo que hacía ya mucho tiempo que se venía gestando: violencia.

Mi amigo Bolas vino a verme.

—José, nos vamos al tejado, ¿vienes?

—¿Ahora? —le pregunté sorprendido.

—Claro, esta mañana empiezan la huelga y ya no nos sacan al patio.

—¿Quién más está de acuerdo con ello?

—Aquí en el patio todos.

—Pues venga, pero tendréis que subir a abrirnos las celdas.

Los demás presos se sumaron a la idea sin excepciones y comenzó el motín. Uno a uno, los presos que se encontraban en el patio se fueron encaramando al tejado, ante la anonadada mirada de los carceleros de la garita y de los guardias civiles. Los módulos, divididos en dos galerías, se hallaban provistos de unas ventanas cubiertas en el techo a través de las cuales se facilitaba luz natural a los pasillos. Un grupo de compañeros armados con cuchillos y hierros lograron romper una de ellas y penetrar dentro del módulo. Se arrancaron barras de hierro del tejado con las que se forzaron las puertas de las celdas en las que nos encontrábamos. Una vez liberados, salimos en apoyo del resto de reclusos, desplazándonos en grupos hacia los módulos uno, tres y cuatro, donde liberamos al resto de compañeros que se quisieron unir a la revuelta, y entre los que se encontraban Ávila Navas y Juan José Garfia Rodríguez. Pasada una hora, la prisión de Daroca ofrecía un aspecto desolador. Los tendidos eléctricos se hallaban destrozados; los focos rotos, abollados por los golpes; las celdas habían sido prácticamente destruidas, al igual que las placas solares, los economatos, los talleres, etc.; setenta presos corrían de un módulo a otro armados de cuchillos y de hierros; guardias civiles armados de palos y fusiles esperaban el momento para intervenir; un caos que, unido a las columnas de humo que emergían de los colchones ardiendo en distintos puntos del tejado, daban al presidio una imagen apocalíptica.

Juan José Garfia Rodríguez

La noticia recorrió todas las prisiones a través de los medios de comunicación. Nanclares de Oca, Cáceres 2, Alcalá-Meco y Foncalent se nos sumaron. La Administración tuvo que echar mano de las Fuerzas de Seguridad del Estado para frenar aquella avalancha.

Armados con cetmes de fuego real y fusiles de pelotas de goma, sobrevino el asalto de la Guardia Civil. Aparecieron de golpe, disparando contra todo lo que se movía, obligándonos a replegarnos. Unos bajaron a los módulos; otros subimos a los tejados más altos donde nos hicimos fuertes. Desde allí, cubriéndonos de las pelotas de goma y los botes de humo que sobrevolaban asiduos nuestras cabezas con varios colchones a modo de parapeto, respondimos a la agresión lanzándoles objetos contundentes. Sin embargo, la avalancha de material antidisturbios que nos arrojaban nos hacía permanecer constantemente tumbados boca abajo en el tejado. Hubo un instante de pánico, cuando éste pareció ceder; tendríamos que tener mucho cuidado y no realizar movimientos excesivos: un movimiento masivo podría producir el derrumbamiento del frágil techo de uralita sobre el que nos defendíamos. Sucedía todo esto cuando escuché al Bolas llamarme:

—¡Ese José...!, ¡José!

Erguí levemente la cabeza y miré hacia su posición. Se encontraba tumbado sobre el tejado, y en su cara había gestos de dolor, por lo que supuse que le habían alcanzado con alguna pelota de goma. Me levanté rápido y corriendo por encima del cuerpo de otros compañeros logré llegar hasta su posición. Un bote de humo silbó sobre mi cabeza.

—¿Qué ha sido?

—Una pelota, casi no puedo respirar...

—¿Te duele mucho?

—Sí.

Observé la situación. Aquello estaba perdido y rendirnos era sólo cuestión de tiempo. Me levanté con los brazos en alto gritando:

—No tiréis, no tiréis...

Los guardias civiles se quedaron inmóviles. El sargento que los comandaba ordenó el alto al fuego y se dirigió a mí:

—¿Qué quieres?

—Tengo un compañero herido y se está ahogando. Quiero bajarlo para que lo vea un médico; creo que puede tener alguna costilla rota.

—¡Vale!, pero si os bajáis todos, ¿de acuerdo? —me chantajeó.

Lo hablé con los compañeros, quienes aceptaron poner fin al motín. Acordamos que bajaría yo el primero para ver qué sucedía.

—Está bien, nos rendimos —le grité—. Pero tienes que garantizarnos que no vais a pegar a nadie.

—Tenéis mi palabra, chaval.

Cogí a mi amigo y lo llevé del hombro hasta el extremo del tejado. Una vez allí, bajé del mismo y, con la ayuda de otros presos, conseguí bajar al Bolas. Enfrente, el grupo de guardias civiles nos apuntaban con los fusiles. Estaba acojonado.

—Está bien, que bajen los demás ahora —pidió el sargento.

Todos los demás comenzaron a bajar. Aquello se había terminado.

Felizmente, Jironés no tenía nada grave, aparte de un moratón en el pecho por el impacto de la pelota. Nos metieron a bulto dentro de las celdas del módulo cinco. Los demás grupos de presos ya habían sido reducidos y encerrados. Nosotros éramos los últimos. Aunque la Guardia Civil cumplió su palabra, los carceleros por su parte se cebaron con los presos, a cuya mayoría apalearon. Yo de momento me había salvado de las palizas, pero sabía que tarde o temprano vendrían a hacerme una visita. No fallaba, era un método habitual.

Una vez lograron hacerse con las riendas de la prisión, comenzó la selección de los presos considerados cabecillas del motín. Finalmente, dejaron sólo a quince presos dentro del módulo cinco, entre los cuales nos encontrábamos Ávila Navas, Jironés, Julepe, Anxo, yo y otros compañeros de motín. Pero sólo pedirían el traslado del Niño y de Julepe a la cárcel de Herrera de La Mancha, a los cuales habían hecho injustamente responsables de aquella sublevación. Una vez más la Administración castigaba arbitrariamente, utilizando cualquier excusa válida para vengarse de aquellos reclusos que le resultaban conflictivos y molestos.

La Guardia Civil se hizo cargo de la prisión durante los días que duró la huelga. Venían a repartirnos la comida con los rifles cargados con pelotas de goma, escudos y porras, dispuestos a machacarnos al menor gesto extraño. Los primeros días no nos sacaron a ninguno al patio para nada, no nos proporcionaron sábanas ni mantas ni nos dejaron acudir a las duchas. Pero finalmente se normalizó y pudimos acceder a nuestras pertenencias, al patio y a la ducha. Nos esperaban largos días de aislamiento.

Una noche varios carceleros vinieron a verme, armados de porras. Abrieron la puerta de la celda.

—Tarrío, desnúdese y salga al pasillo, que tenemos que cachearle.

Después de desnudarme, salí al pasillo y me coloqué con los brazos contra la pared. En sus manos esgrimían porras.

—Abra las piernas —me ordenó uno, al que apodábamos *la Gitana*.

Obedecí.

—Todavía más, ¡venga!

Obedecí de nuevo. Entonces me llovieron varios golpes de porra, uno de ellos en los testículos. Aguanté como mejor pude el chaparrón. Cuando me dejaron, regresé de nuevo a la celda. Aquella acción se repitió asiduamente aquellos días en diversos cacheos a otros de mis compañeros. Formaba parte de las reglas del juego, un juego de dados con el poder, perdido de antemano. En la cárcel el preso es menos que una cucaracha; es sólo un número, un bulto. Podían hacer con uno lo que les viniese en gana. ¿Quién podía verlo?, ¿quién grabaría aquello?, ¿cómo demostraría un preso que había sido maltratado?, y de poder hacerlo, ¿quién le haría caso? Los jueces de Vigilancia formaban en su mayoría parte de la Administración; existía una evidente connivencia entre la docta justicia y el sistema reeducador, que se adivinaba claramente en los cientos de expedientes fallados o archivados en contra de los presos, cuando éstos presentaban alguna queja.

El día 30, una buena noticia alborotó el módulo. Varias horas después de haber sido recogido por la Guardia Civil para ser trasladado a la prisión de Herrera de La Mancha, Javier Ávila Navas lograba consumar su segunda evasión del furgón que lo trasladaba, por medio de un butrón practicado en el suelo del mismo con varias sierras. Recibimos la noticia con jolgorio y con aplausos. ¡Suerte!

En el mes de mayo finalizó nuestro castigo, y nos sacaron de aislamiento. Nos llevaron al módulo uno, donde los compañeros nos recibieron con gran algarabía. Comenzamos a salir de nuevo acompañados en grupos, con lo que se restituía el pulso normal de la prisión. Hice amistad con Izquierdo Trancho, un delincuente leonés que poseía unas excelentes cualidades humanas como compañero. Siempre paseábamos juntos. Al igual que yo, era un fuguista, por lo que hablábamos el mismo idioma. Decidimos reconocer algunos robos cometidos en el exterior cuando estábamos en libertad, para que nos trasladasen a juicio e intentar algo juntos. Había que jugárselo todo.

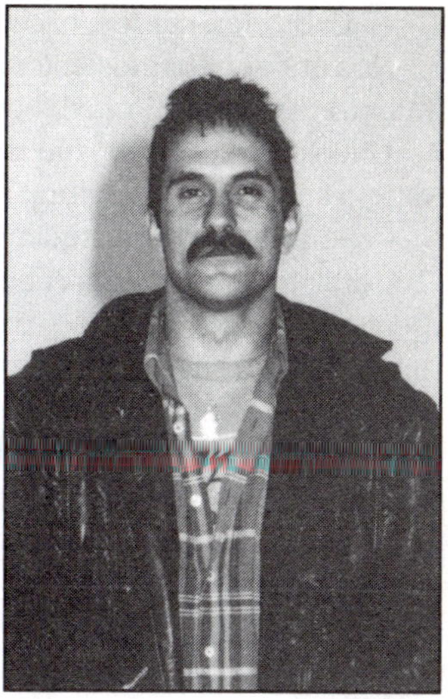

Santiago Izquierdo Trancho

Organicé varios plantes, en los que me secundaron la mayoría de los presos del módulo uno. Dejamos de limpiar el módulo y de repartir la comida. Nos declaramos en huelga absoluta. El director vino a verme, acompañado de un jefe de Servicios y de varios carceleros.

—Tarrío, recoja sus cosas que regresa a aislamiento —me indicó.

—¿Yo? —le pregunté, habiéndome el desentendido—, pero si no he hecho nada —añadí cínico.

—¡Usted nunca hace nada!, venga, vamos...

Recogí mis pertenencias en varias bolsas y me encaminé por los pasillos de la galería hacia el módulo cinco. Los presos me llamaron a través de las puertas de las celdas:

—Ese, Che, ¿adónde te llevan?

—A aislamiento. Enviadle el recado al Trancho, ¿vale?

Varios insultos surgieron de las puertas.

—¡Cabrones, cerdos, hijos de puta...!

Nos encontrábamos entonces muy unidos por los acontecimientos recientes. Reinaba un excelente compañerismo.

Una vez en el cinco, me asignaron una celda. El director se dirigió a mí con tono autoritario:

—Se va a quedar usted aquí a hacer vida de primera fase. Tendrá los mismos derechos que tenía hace un momento, pero saldrá solo al patio y permanecerá aislado de los demás hasta que aprenda usted a comportarse como una persona civilizada y no como un salvaje.

—Haga lo que le dé la gana, pero dudo que consiga algo de mí.

—Eso ya lo veremos, Tarrío.

Después de que cerraran la cancela y la puerta de la celda, saqué varios libros de las bolsas, sábanas, mantas y una radio, e hice la cama. Luego me tumbé encima de la misma, y encendiendo un cigarrillo me dispuse a leer *El rey Lear*, de Shakespeare, el cual me cautivaba profundamente. Hacía tres años que me encontraba en prisión sometido a constantes aislamientos, por lo que había perdido todo temor a aquel tipo de castigo y a otros que la Dirección pretendía utilizar para chantajearme y dominarme, a diario. La cárcel no me asustaba. Tenía mis proyectos y sólo aguardaba su madurez, nada más. Los castigos no me harían renunciar a ellos.

Un par de semanas después me sacaron de allí y regresé de nuevo al módulo uno, donde reinaba la tranquilidad. Entablé amistad con Juan José Garfia Rodríguez, un conocido bandido vallisoletano, y gracias a él logré incorporarme de nuevo al destino de Economato, que ahora dirigíamos los dos. Nos pasábamos todo el día hablando sobre fugas y jugando al ajedrez; también hacíamos algo de deporte en el gimnasio que por fin habían instalado en el módulo. Regresé por conveniencia al buen comportamiento. Juanjo me contó su historia. Lo habían detenido en Valladolid después de un tiroteo en el que dos policías murieron y uno resultó herido. Su hermano Carlos también había recibido varios disparos en el transcurso del mismo. Enfrentado a una condena de 112 años de cárcel, su única esperanza era la fuga. Había conseguido fugarse en una ocasión del Juzgado de Las Palmas. Pero había sido reconocido al entrar en un edificio y fue detenido varias horas después de su huida. Ahora esperaba su oportunidad. Una oportunidad que le llegaría un año después, y que le convertiría en el enemigo público numero uno de España.

En el mes de agosto recibí la visita de mi madre y de mis hermanos. Habían recorrido 1.500 kilómetros para verme, y aquellos cerdos sólo nos permitirían hablar durante media hora, a través de un plástico sucio. Me rebelaba tremendamente.

—Hola, hijo —me saludó la reina indiscutible de mi corazón.

—Hola, madre, ¿cómo estáis?

—Bueno, algo cansados de tanto viaje, pero bien al fin y al cabo. Mira, ¡éste es tu hermano Marcos! —me dijo, subiéndole encima de una silla.

Le saludé con la mano, y me sonrió tímido. Era la primera vez que veía a mi hermano pequeño. Un ramalazo de sentimentalismo se apoderó de mí, pero me contuve. Jugué con aquel chiquillo a través del cristal.

—Hijo, ¿qué has hecho? Ha venido el director a hablar conmigo y me ha dicho que le causas muchos problemas.

—No le hagas caso a ése, madre; es un gusano. Un hombre que no permite que nos demos un abrazo después de tantos años, y sólo nos autoriza treinta minutos de visita, después de lo que habéis viajado, no es el más indicado para darme a mí lecciones de modales.

—Bueno, es igual, ¿qué tal estás?

—Bien.

—No sé, te veo un poco agitado.

—Es que me jode ese cabrón...

Continuamos hablando. Saludé a mis hermanos y a Antonio, el marido de mi madre y amigo mío. Todo un señor. Habían venido a verme y después subirían a Galicia a pasar unas vacaciones en familia. Se terminaron los treinta minutos reglamentarios de comunicación y nos despedimos con sonrisas que pretendían ocultar la tristeza que aquella situación nos producía. Aquel dolor en el rostro de mi madre sería mi verdadera condena y no la cárcel. No le dije nada sobre mi enfermedad.

En septiembre sería trasladado a la cárcel de La Coruña. Aquel traslado me proporcionaría una oportunidad de evasión. Intentaría aprovechar los conocimientos que tenía sobre ella para huir de la misma. Para mí comenzaba el arduo camino de la libertad...

SEGUNDA PARTE

El camino de la libertad

«Cuando todas las cárceles del mundo
hayan soltado a todos sus presos,
porque no encuentren causa alguna
para encerrarlos según las leyes...»

Prisión de La Coruña, septiembre de 1990

Sobre las tres y media del mediodía, el furgón celular de la Guardia Civil se detuvo frente a la cárcel coruñesa. Me encontraba cansado y mareado por el viaje, deseoso de salir de aquella jaula y volver a respirar aire puro. Nos bajaron esposados del furgón, de dos en dos, y recogimos nuestras mantas del portaequipajes, para posteriormente dirigirnos, siempre custodiados por la Guardia Civil, hacia el interior de la prisión. Una vez dentro de los dominios de la vieja cárcel, nos fueron retiradas las esposas. A mí se me apartó del resto de reclusos y, tras someterme a un cacheo integral, fui conducido hacia el módulo de aislamiento de la tercera galería, al que habían bautizado como el «búnker». Me despedí con un gesto animoso de los que habían sido mis compañeros de viaje.

El submódulo de aislamiento, construido recientemente al lado de la tercera galería de mayores, enfrente de las comunicaciones, la enfermería y el Departamento de Mujeres, constituía el lugar más seguro dc la prisión, al ser la zona más inaccesible de escalar de la misma. Esta vez no me darían facilidades. Me designaron una de las seis celdas de las que constaba el módulo. Una vez solo, me tumbé en el colchón y me dormí, estaba agotado.

Me desperté varias horas después, cuando vinieron a abrirme para darme las bolsas con ropa.

—Tarrío —me dijo uno de los carceleros—. Tiene dos horas de patio. Le dejo las duchas abiertas por si quiere ducharse.

—Necesito comprar economato y café —le respondí.

—Bien, ahora bajará el del economato a recogerle la lista.

Me enfundé en una bata y tras coger ropa limpia, jabón y toalla, me dirigí al patio donde se encontraban las duchas. Las ventanas de las celdas se encontraban a tan sólo un metro del suelo. En una de ellas había un hombre. Me acerqué a su ventana y le llamé, golpeando en el cristal de la misma.

—¡Hola! —le saludé—, ¿quién eres?

—Me llamo Javier, ¿puedes darme un pitillo?

—Ahora no tengo, pero después me traerán con el economato y te pasaré algo. Bueno, voy a ducharme. Luego hablamos.

Después de una buena ducha, salí al patio, en el cual se encontraba Javier paseando. Me uní a él en el paseo. Me presenté:

—Yo me llamo José, aunque aquí me conocen más por Che.

—Sí, he oído hablar de ti.

—¿Por qué te tienen aquí? —le pregunté.

—Cayó una bola con droga en el recinto y salté al mismo a recogerla.

—¿Y el guardia civil? —indagué.

—No está. La garita está en obras desde hace unos días...

«¡Cojonudo!», pensé.

—Dime, ¿por qué andas así, encorvado?

—Es que cada quince días me ponen una inyección de lagartil y me dejan tirado durante unas semanas. Pero ya se me está pasando.

Tenía la mirada vacía. En sus ojos se adivinaba un principio de locura, una enajenación progresiva que dañaba el conjunto de su personalidad seriamente. Lo estaban convirtiendo en un despojo humano a base de inyecciones y sesiones continuadas de aislamiento. Aquel hombre necesitaba ayuda, compañía; no cadenas y soledad. A pesar de mi carácter reservado y huraño, a menudo indiferente, me interesé por él y por sus circunstancias.

—No te pongas más inyecciones —le aconsejé.

—¡Ya! —me respondió mirándome a los ojos—. Una vez me quise negar y me la pusieron por la fuerza, después de darme una paliza.

—No sé, Javier, pero como continúen poniéndote eso, acabas en un psiquiátrico.

—Ya lo sé...

Continuamos saliendo juntos todos los días al patio. Le habitué a hacer gimnasia conmigo, conminándole a jugar al frontón. Luego nos duchábamos y paseábamos por el patio, bebiendo algún que otro café que nos bajaban del Economato. Mi compañía le ayudaba y su cerebro comenzaba a funcionar con normalidad. Se recuperaba, mostrándose lúcido en las conversaciones que manteníamos a diario.

Días después de mi llegada a La Coruña, recibí la visita de mi tío Suso. Comunicamos por locutorio.

—Hola Che, ¿qué tal te va?

—Bien, ¿y Chico?

—Estuve ayer con él; me dio esta nota para ti —respondió, sacando un trozo de papel de su cartera, que colocó en el cristal para que pudiera leer por mí mismo.

> «Querido amigo: he tenido serios problemas con la policía y me buscan por varios atracos. Tengo que irme de La Coruña por un tiempo, me llevo las armas conmigo porque me van a hacer falta. Recibí tu mensaje y lo que me pides tendrá que esperar un poco. Ahora estoy solo y con problemas. En cuanto tenga gente competente que me ayude a sacarte de ahí, iremos a buscarte. Ten fe y fuerza. Lo conseguiremos...»

Después de leer aquello me sentí un poco abandonado. Pero me di cuenta de que su forma de pensar era diferente y que sin duda todavía me apreciaba mucho. Carecía de la desorganización a la que yo era habitual y no actuaba abiertamente, si no estaba seguro de alcanzar su objetivo. Calculaba los riesgos. No podía recriminarle aquello, ni exigirle que se jugara la vida o la libertad por mí, así a la ligera, aunque yo lo hubiese hecho por él. Era mi amigo por encima de todo, incluido mi egoísmo, y eso era lo que contaba. Le deseé suerte y le dejé una serie de instrucciones para que se pusiese en contacto conmigo lo antes posible.

—Bueno, tío, espero que estéis todos bien en casa. Dale el recado a Chico y que se cuide.

—Nosotros estamos bien. Cuídate mucho José, no te vaya a ocurrir nada malo...

—Tranquilo.

Ya en la celda, me tumbé a reflexionar sobre el desarrollo de la comunicación. Una vez organizado, Chico vendría a buscarme, de eso estaba seguro. A mi memoria acudieron fragmentos del pasado. Recordé las dos ocasiones en que había ido a sacarlo de sendos colegios de rehabilitación en Cáceres y Logroño; los cientos de kilómetros que habíamos recorrido juntos en la huida constante en que habíamos convertido nuestras vidas, de regreso a las calles de La Coruña.

O cuando colaboramos juntos con su hermano Yves, Rolando, Julio el *Carroña*, José María Expósito y otros, en la confección de un túnel en el Departamento de Menores de aquella prisión, años atrás. No dudamos en arrastrarnos, una noche, trescientos metros campo a través, hasta los muros del patio de Menores y arrojar por encima dos paquetes envueltos en celofán, conteniendo un cincel, un metro, un mazo de hierro sin mango y una piqueta. Si nos hubiesen sorprendido, difícilmente hubiésemos convencido a los guardias civiles de que no éramos presos evadidos, y de ahí a recibir un tiro había sólo un paso. Sin embargo, todo salió bien; los paquetes cayeron en el patio, donde los recogió un preso que previamente había serrado un barrote de su ventana, ocultándolos. Aunque el túnel finalmente fue descubierto a pocos metros de su conclusión, había valido la pena intentarlo. Era hermoso ayudar a un hombre prisionero a evadirse; ello o evadirse uno mismo constituía la experiencia mayor que un hombre libertario podía experimentar. No era honesto dejar a un amigo pudrirse en una mazmorra, sometido y coaccionado a un tratamiento miserable.

Finalmente, decidí actuar por mi cuenta e intentarlo por la garita de la tercera galería, la cual, según la información de Javier, se encontraba en obras. No quería desaprovechar aquella oportunidad, ni esperar sentado a que alguien viniese a quitarme las castañas del fuego. Daría la cara. Envié mensajes a las mujeres, a menores y al resto de las galerías de la prisión para que fuesen mis ojos y me informasen sobre las cuatro garitas del recinto. Poseía amigos y amigas que se prestarían a ello sin problemas. Se me facilitó a través de las ventanas de la tercera, las cuales daban al patio donde salía a pasear todas las tardes, varios juegos de sábanas y pintura del color de los barrotes. Asimismo se me hizo entrega de varios billetes de cinco mil, los cuales me vendrían bien, si lograba fugarme, para los primeros gastos. Me los guardé en el recto, junto con una pareja de sierras y me deshice del estilete. La cárcel era una jungla dura, donde sólo liberándose de todo tipo de prejuicios y complejos se lograba sobrevivir sin mayor daño.

Mi orgullo entonces residía en la capacidad de tragármelo para salir de allí. Evadirse no era fácil; requería sacrificios, tiempo e ingenio. Y suerte... mucha suerte.

Una mañana surgieron problemas con mi compañero Javier. Varios carceleros, acompañados del médico, vinieron a ponerle una inyección y, tal y como habíamos acordado, se negó a ponérsela. Le amenazaron con hacerlo a la fuerza, e intervine.

—¿Qué pasa Javier? —le pregunté, acercándome a la garita del patio, donde discutía con el médico.

—Que quieren ponerme una inyección y yo no quiero...

—Oiga —dije, dirigiéndome al médico—, el chaval está perfectamente. Lleva una semana haciendo deporte conmigo y no necesita mierda de esa...

—Usted no se meta, Tarrío. El médico soy yo, y yo dictamino si le hace falta una inyección o no.

La facilidad con la que aquel bastardo con título de médico licenciado en Psiquiatría decidía sobre la salud y la vida de mi compañero me hizo montar en cólera. Era inaceptable.

—Mira baboso —le advertí a través de la ventana—, si se te ocurre entrar en el módulo, te asesinamos. Y eso también va por vosotros —añadí, dirigiéndome a los carceleros.

No entraron pero fueron a avisar al jefe de Servicios, el cual se presentó en el módulo a hablar con nosotros.

—Tarrío —me dijo—, ¿ya empezamos?

—Mira, ni yo ni mi compañero nos hemos metido con nadie hasta que han venido ésos a amenazarle con ponerle una inyección por la fuerza —le dije, señalando al médico y los carceleros.

—A ver, Javier, ¿quiere usted ponerse la inyección o no? —le preguntó.

—No, me encuentro bien así.

Ante aquella confirmación el jefe de Servicios habló con el médico, y éste, finalmente, sustituyó las inyecciones por tranquilizantes en cápsulas. Habíamos dado un paso importante en su recuperación.

Al día siguiente, mientras paseábamos por el patio, varias notas envueltas en pilas cayeron al unísono desde el patio de mujeres, el cual se encontraba separado del que nos encontrábamos nosotros sólo por un muro. Uno de los carceleros de la garita me las pidió.

—Tarrío, traiga eso para acá.

Me acerqué a la garita y las abrí delante de él, mostrándole las hojas escritas desde lejos.

—Ve, no viene nada de droga o que esté prohibido. En cuanto al contenido de las misivas, es privado.

—Entrégueme las notas —insistió.

—De eso nada...

El jefe de Servicios vino a verme a la mañana siguiente, cuando me encontraba en la celda. Ordenó a sus compañeros que se fueran y nos dejaron a solas. Se llamaba Alberto y nos conocíamos desde hacía mucho tiempo.

—No cambia, ¿eh, Tarrío?

—Por lo visto hasta ahora, ustedes tampoco.

—¿Qué le pasó ayer con el funcionario?

Encendí un cigarro y le respondí:

—Nada grave. Hay una chica con la que yo me escribo y como no me dejan comunicar con ella, pues le escribo notas y ella a mí. ¿Qué hay en ello?

—Que está prohibido —dijo, mientras extraía con habilidad un cigarrillo de una cajetilla—. ¿Me das fuego?

Le di fuego, contestándole:

—Mire, le voy a ser franco. Hace mucho tiempo que estoy fuera de Galicia y encerrado en celdas. Aquí vengo a ver a mi familia y a mis amigos; a estar tranquilo, nada más —le mentí—; por lo tanto, sólo le pido que me dejen en paz. Si no les gusta lo de las notas, pues déjennos comunicar y ya está.

—¿Quien es la chica?

—Una amiga mía.

—Voy a hablar con el director para que os deje veros, pero no quiero que andéis arrojando más notas por el muro, ni que faltes al respeto a los funcionarios más, ¿de acuerdo?

Le quedaría agradecido por ello...

Ese mediodía, tras la comida, el director mandó a buscarme a la celda. Después de cachearme, fui conducido a su despacho.

—A ver, ¿qué es lo que quiere? —me preguntó.

—Comunicar y que me dejen en paz.

—¿Con quién?

—Trinidad Silva Iglesias.

Se lo pensó un instante.

—Esta tarde se les dejará comunicar por locutorio veinte minutos. Y si no hace nada hasta un día antes de su traslado, le daremos un vis a vis de varias horas con ella. Antes no.

Pretendía obtener mi buen comportamiento a través de un chantaje emocional y manipularme. Psicología secundaria para niños.

—Me parece bien —le respondí.

Esa tarde comuniqué con la chica durante veinte minutos, tal y como me habían garantizado. Estaba igual de hermosa que en los tiempos en que habíamos estado juntos; quizá más rellenita por la inactividad de la cárcel. Me dolió verla prisionera tras aquellos barrotes.

—¡Hola golfilla!

—¡Hola!, ¿cómo estás?

—Ya lo ves; cargado de cadenas, pero animado.

—Ha sido una sorpresa que nos dejasen comunicar. En un principio creí que sería de vis a vis...

Al otro lado de las comunicaciones, una carcelera escuchaba atenta la conversación. A mi lado, cerca de mí, un carcelero hacía lo mismo. ¿Cuántas intimidades había violado con su presencia insultante? ¿Cómo se podía ser tan mezquino y carecer del escrúpulo de la vergüenza, cuanto menos del respeto, permaneciendo allí sin retirarse? Sin duda aquello acababa por formar parte de sus almas de carcelero, con el tiempo y la práctica.

—Tarrío, acabe. Ya ha pasado el tiempo reglamentario...

—Bueno, *China*, cuídate y mucha suerte. Saluda a Pili.

—Cuídate tú también.

Un beso en el cristal fue la fría despedida. ¿Cuántos labios de hombres y mujeres se habían estampado contra aquel cristal sucio, mensajes de cariño o amor? Aquel sistema de comunicación era ficticio y degradante; era cruel. ¿Qué podía haber de malo en que dos amigos se besaran?, ¿qué podía haber de nocivo, en que aquellos ciudadanos que tenían familiares en prisión pudiesen tocarlos, abrazarlos, besarlos? La Administración poseía medios suficientes para transformar aquellas cabinas, sucias y llenas de barrotes, en pequeñas salas donde los presos, sus familiares y amigos, pudiesen realizarse emocionalmente de forma más humana, garantizándoles comunicaciones semanales de vis a vis. Cuanto menos los familiares de los presos, como ciudadanos que pagaban sus impuestos, merecían un trato mejor, más digno, más humano.

Puse los preparativos en marcha. Nadie había conseguido escalar aquellas paredes nunca. Una vez lo intentó un preso, pero al tomar el tejado las tejas se soltaron, precipitándose al vacío. Aunque se rompió los huesos, logró sobrevivir al impacto de manera casi milagrosa. Desde el patio hasta el tejado había unos treinta metros. Yo entonces venía en plena forma física, al haber estado haciendo pesas en la prisión de Daroca, y encontré un lugar por el que creí poder trepar hasta allá arriba, explotando aquellas condiciones. Lo haría por el Departamento de Mujeres. Habían subido el muro del patio de las mismas para que los hombres de la tercera galería no pudiesen verlas desde las ventanas superiores. Ahora el muro se encontraba a tan sólo unos dos metros del tejado. El afán insano de la Dirección de reprimir constantemente las relaciones preso-presa le había conducido a levantar aquel muro, el cual a su vez podría conducirme a mí hasta el tejado, facilitándome el acceso al mismo. Agradecí la colaboración.

Esa noche comencé a serrar uno de los barrotes de la ventana de la celda que ocupaba, mientras mi camarada Javier vigilaba las ventanas de enfrente, donde se encontraba la enfermería. La ayuda de los presos resultó inestimable en todo momento. En dos noches lo dejé cortado. A pesar de los cacheos diarios a los que era sometido, no dieron con la parte serrada, gracias a la pintura que los compañeros me habían facilitado. ¡Gracias!

Había pensado en tener el vis a vis y actuar esa noche Pero no me fiaba del director. Conocía los métodos de éstos y temía que después de la comunicación me trasladaran de celda, o que terminasen con las obras. La libertad era prioridad indiscutible, por lo que habría que prescindir del lado sentimental. Se me ocurrió que quizás nunca más volvería a verla...

La noche del 15 de septiembre cayó sobre la cárcel coruñesa, incitando a la fuga, cómplice y seductora. Aguardaría hasta las cuatro para darles tiempo a los presos a dormirse, y a los guardias civiles a aburrirse por el tedio. A esa hora haría frío y ello les incitaría a meterse dentro de las garitas.

Mientras llegaba la hora prevista, confeccioné una cuerda trenzada. Una vez acabada, la humedecí a fin de proporcionarle mayor resistencia. Esperaba que aguantara. Me vestí con un chándal negro y un pasamontañas que me serviría para espiar desde el tejado, sin ser advertido con facilidad desde las zonas oscuras del mismo. Posteriormente me enrosqué la cuerda alrededor de la cintura y el torso. A las cuatro en punto arranqué el barrote y salí fuera. A partir de aquel instante volvía a ser libre físicamente, al haberme sustraído a mi encierro; y lo sería hasta el momento en que volviesen a encerrarme en una de aquellas mazmorras. Me acerqué a la ventana de Javier y, tras estrecharnos la mano en un firme apretón, le hice entrega de unas fotos de mi familia con una dirección a donde enviarlas.

Tras aquellos detalles, emprendí la escalada. Me subí a la ventana de la garita y de ésta al tejadillo que la cubría. Desde allí pasé, colgado del muro de las comunicaciones, hasta el tejado de un pequeño taller ubicado debajo de la enfermería. Acto seguido, me subí a una de las ventanas por medio de una tubería sujeta a la pared, y de ésta a la del piso superior por el mismo procedimiento. Me concentré únicamente en subir aquello, evitando la idea de una caída. Una vez en la ventana del tercer piso, me agarré a los barrotes de la misma, descansando un rato en ella para recuperar fuerzas, confiando en que no se le ocurriese a nadie abrirla en aquel momento y me descubriese agazapado allí. Escalé un metro más por la tubería y, a la altura del muro, me colgué de él. Descansé otro rato, sentado a caballo en el mismo. Después me incorporé encima de él, con un pie detrás del otro, pues el muro era tan ancho como el canto de los ladrillos que lo formaban. Desde aquella posición, el borde del tajado me llegaba al pecho. No cometí el error que cometió el preso que había intentado subir antes que yo aquellas paredes, y retiré las tejas hacia un lado, proporcionando a las manos una base firme en la que apoyarse. Palpé el cemento con las manos, buscando la posición idónea para izarme. El tajado inclinado me hacía consciente de que, si no lo conseguía a la primera, me iría hacia abajo, dada la estrechez del muro en el que estaba subido. Me relajé por medio de unas respiraciones nasales y tomé aire a fin de concentrar todo mi esfuerzo en subir. Me icé de golpe, dejando el pecho y el estómago encima del tejado. Por un instante un miedo terrible se apoderó de mí, pero logré olvidarlo y, en un nuevo tirón, ayudado por los codos, conseguí subir definitivamente. ¡Uf! Desde abajo mi compañero había seguido toda la escalada y me saludó con la mano. Le devolví el saludo.

Una vez encima del tejado del Departamento de Mujeres, me deslicé hasta Menores por los tejados, y desde allí hasta la tercera galería. Bajé al tejado del taller, situado enfrente del recinto y de la garita, comprobando que efectivamente se hallaba en obras y vacía. Tiré el pasamontañas al patio, pues una vez traspasados los tejados ya no me era necesario. Saqué la cuerda de la cintura y aguardé a que cambiasen de guardia para actuar. Mientras fumaba un cigarrillo, contemplé la ciudad. Mi mente se lleno de recuerdos.

A las cinco se hizo el cambio de guardia y les di un poco más de tiempo para que se aburriesen y confiasen, mientras preparaba la cuerda para bajar al recinto sin ruido. La corrí por encima de uno de los salientes en que se hallaba sujeta la alambrada que tendría que superar para poder bajar. No la até, sino que la metí a través del saliente como se mete un hilo en una aguja de coser, dejando la cuerda doble. Aquel método me permitiría recuperarla, una vez alcanzado el recinto, con sólo dar un tirón. La dejé caer hasta el recinto y, media hora después, sobrepasando la alambrada, bajé por la doble cuerda hasta el suelo sin ser visto. Recogí la cuerda con un tirón y crucé el recinto, pegándome al muro de espaldas, debajo de la garita desocupada. Uno de los extremos de la cuerda poseía un peso construido con varias pilas grandes, el cual debía arrojar por encima de la barandilla metálica para poder subir sujetando la cuerda por ambas partes, doble, como había bajado. En la garita de enfrente, en la otra esquina del recinto, un guardia civil oteaba el exterior. A su lado, apoyado contra la pared, descansaba su subfusil. A mi izquierda, su compañero paseaba sin percatarse de mi presencia, distraído por la música que salía de la radio que había traído para entretenerse. Tiré la cuerda por encima de la barandilla y, asiendo ambas partes, comencé a trepar por la misma con destreza. Sin embargo, cuando casi tocaba con mis manos la barandilla metálica, la cuerda cedió en uno de los nudos de empalme y se rompió, viniéndome abajo estrepitosamente. Aunque logré caer de pie, evitando una posible lesión, la Guardia Civil me advirtió y dio la alarma.

—Eh, tú, hijo de puta —me gritaron desde las garitas encañonándome—, ni se te ocurra moverte...

Del otro lado, el guardia civil avisaba a sus compañeros del puesto de guardia. Había perdido de nuevo. Pronto aparecieron varios guardias civiles armados por el recinto, que se aproximaron a mí.

—Tírate al suelo boca abajo, con las manos en la espalda —me indicó uno de ellos.

Obedecí.

Luego volvió a advertirme:

—No se te ocurra hacer nada extraño —y, entregando a su compañero su pistola, añadió—. Si intenta, algo dispárale.

Tras esto se acercó a mí y me esposó las manos. Una vez incorporado con su ayuda, me condujeron hacia el cuerpo de guardia. Me sentía cansado y derrotado. Mi mirada fija en el suelo de cemento reflejaba claramente mi fracaso.

Una vez en el cuerpo de guardia, me introdujeron dentro del mismo, conduciéndome a una sala pequeña, donde me invitaron a sentarme en una silla. Uno de ellos me interrogó:

—¿Llevas mucho tiempo fuera de la celda?

—No —le mentí.

—¿Estabas solo?

—Sí.

Me miró fijamente y me preguntó el nombre. Se lo dije:

—Me llamo José Tarrío González.

Desde el recinto, a través de las puertas, escuché a los carceleros discutir con los guardias civiles. Querían meterme cuanto antes dentro de prisión, a lo que la Guardia Civil se opuso. Tenían que tomarme declaración en presencia de un abogado. Estábamos en un Estado de Derecho y existían unas normas... al menos eso parecía.

Sobre las diez de la mañana, me trasladaron al interior de la prisión. Me condujeron escoltado varios guardias civiles, esposado con las manos a la espalda. Una linda carcelera observaba curiosa la situación desde la entrada de la prisión. Era la encargada de recoger la documentación de los familiares que venían a visitar a sus seres queridos, encerrados en aquel absurdo universo del mal. Le sonreí abiertamente, guasón. Era lo único que se me ocurrió.

Dentro del rastrillo, un grupo de carceleros, comandados por el jefe de Servicios de turno, aguardaban mi ingreso. Me retiraron los grilletes y me trataron, ante mi sorpresa, de manera amable y correcta:

—Bueno, Tarrío, ha perdido, así que vamos a dejarnos de más fugas y a tener, lo que le queda por estar aquí, de tranquilidad. Le vamos a dar algunas de sus pertenencias y el resto le serán retiradas. Ya sabes, como siempre —me indicó el jefe de los carceleros, para añadir a continuación—. Tengo órdenes de que no salga usted en ningún momento al patio, por lo que permanecerá las veinticuatro horas del día encerrado en su celda.

—En mi celda no; en una celda de ustedes será... —le respondí, aclarando aquel detalle, que para mí era fundamental. No era mi celda, sino una celda del Estado y de la sociedad, en la cual se me privaba de mi libertad y de mis derechos en contra mi voluntad.

—Bueno, Tarrío, vamos a dejar las cosa así, ¿de acuerdo?

—Por mi, vale...

La verdad es que mis intenciones eran otras muy diferentes a sus planes. Había observado que la puerta del Departamento de Mujeres carecía de carcelera y se encontraba abierta. La misma daba al recinto, enfrente del cuerpo de guardia y pegada a las comunicaciones, por lo que, si lograba llegar hasta allí, podría intentar abandonar la cárcel mezclado entre los familiares de los presos, los cuales no me delatarían. Pensaba en ello mientras era trasladado de nuevo al búnker, el cual habían vaciado, dejándome a solas. Me permitieron pasar a la celda que me habían asignado, unas mantas, una radio y unos libros.

Una vez más, me encontraba aislado, en mi ambiente habitual. Me tumbé encima del colchón, mirando hacia el techo blanco en un gesto repetido hasta la saciedad en los momentos en que los pensamientos se agolpaban en mi cabeza. Encima de mí se encontraba la galería de mayores, por lo que podría obtener cosas a través de las ventanas, por medio de hilos. Necesitaba un cuchillo. Nada más. Con él retendría al carcelero del módulo, o posiblemente a varios de ellos, ya que difícilmente vendría a abrir mi celda tan sólo uno, pero ello no constituiría ningún problema.

Ante un cuchillo, ante una violencia mayor, los matones del Estado dejaban de serlo, para volverse seres humildes y muy humanos. No. Ellos no representarían un problema. Con ellos retenidos y atados dentro de sus celdas, confeccionaría una cuerda con las mantas y saltaría al patio de las mujeres; retendría a las carceleras de allí, una o dos como máximo, y las encerraría con el resto de presas, por si acaso alguna hacía algo raro o acusaban a otras de colaborar. Aquello nos evitaría problemas a todos. Cogería las llaves y saldría mezclado con la gente de la comunicación, pues sería por la mañana, durante la cual cada día había una comunicación cada treinta minutos. Si una vez en el recinto surgían problemas, la guapa carcelera de la entrada sería mi rehén. ¿Acaso habían tenido alguna vez miramientos conmigo?, ¿acaso no era yo mismo un rehén de la Administración?; porque yo jamás aceptaría el encierro y tal actitud nos enfrentaba para siempre. La idea era aceptable, me gustó y decidí organizarla cuanto antes.

Dos días después solicité un cuchillo a la galería. Esa tarde me lo enviaron. Lo tiraron envuelto dentro de una chaqueta de chándal al patio, desde una de las ventanas de la galería. Yo no tenía más que recogerlo por medio de un gancho atado a un largo hilo, enganchándolo y tirando de él hasta la ventana. Estaba en ello cuando la puerta del patio se abrió y numerosos carceleros entraron en mi celda, mientras otro grupo se apoderaba de la chaqueta de chándal y del cuchillo. Me esposaron.

—Esta vez te has pasado, Tarrío —me amenazó el carcelero jefe.

—Pero ¿qué pasa? —pregunté inútilmente.

—No te hagas el listo, Tarrío. Te han echado un cuchillo por la ventana de la galería que te hemos visto intentar recoger y, dado que estás sólo en el módulo, resulta obvio contra quién lo querías usar —me explicó uno de ellos en un razonamiento que me sorprendió en un tipo como él.

Se me condujo al aislamiento de Menores, introduciéndome en una celda, la número cuatro, frente a una de las garitas de la Guardia Civil. Allí me esposaron los brazos a la cama, inmovilizándome.

—Te vas a quedar así hasta que te vayas de aquí...

Para trasladarme allí habían vaciado previamente el módulo, sacando a los sancionados del mismo. Les encantaba tenerme a solas, aunque la verdad era que ejercía una gran influencia en el resto de los presos y no querían que mantuviese ningún tipo de contacto con ellos. Me preparé para pasar la noche. Aquella posición me producía mucho dolor en los brazos, pero me enseñaría a hacer las cosas mejor en otra ocasión. Formaba parte del juego. No dormí en toda la noche. Son muchas las cosas que se le pasan a uno por la cabeza en momentos así.

Al día siguiente fui conducido al juzgado de La Coruña para ser procesado por un delito de quebrantamiento de condena en grado de tentativa. En el transcurso del mismo comenté a la juez mi actual situación en la prisión, pero me ignoró, haciendo caso omiso a mis denuncias. Monté en cólera:

—¡Hija de perra!, ¿es esto lo que entiendes tú por justicia? Enviáis a los hombres alegremente a presidio, en nombre de la justicia, y luego acalláis las torturas e irregularidades que allí suceden, prostituyendo la profesionalidad al capricho de la Administración. ¿Y tú pretendes juzgarme a mí? Seguramente sea usted una frígida con complejos de inferioridad, lo cual afecta seriamente al pigmeo cerebro que le ha tocado por suerte...

Mis palabras produjeron revuelo en la sala. La juez se hallaba ruborizada. Seguramente, acostumbrada a la sumisión rastrera de la mayoría de delincuentes que a diario pasaban por su tribunal a ser juzgados, mis declaraciones la habían humillado y ofendido gravemente.

—Expúlsenle de la sala —alcanzó a decir, conteniendo la cólera—. Y sepa usted —añadió, dirigiéndose a mí— que se le abrirá expediente por desacato.

—Señora —le respondí ya en la puerta—, con sus sentencias me limpiaré el culo, créame...

La policía me sacó de la sala, bajándome por uno de los ascensores hasta los calabozos del sótano.

—Tienes mal genio, ¿eh, Tarrío? —me dijo uno de ellos.

—No, sólo que me joden esos cabrones. No les soporto.

Continué hablando con él amablemente para crearle un clima de confianza, pues tenía en mente intentar escaparme cuando me condujesen hacia el furgón. Efectivamente. Salimos hacia el exterior donde se encontraba aparcado el furgón celular. El policía me llevaba agarrado por las esposas que ataban mis manos a la espalda, cuando los demás se adelantaron unos metros. Entonces actué. Aprovechando una de las columnas del edificio, puse mi pie en ella, impulsándome violentamente hacia atrás y derribando al policía, quien, sin embargo, permaneció agarrado a las cadenas de los grilletes por una mano. Gritó, y respondí con varias patadas de tacón en su cara, a la vez que lo arrastraba, sin éxito. Rápidamente los demás polis se abalanzaron sobre mí con sus armas y me redujeron, introduciéndome a rastras dentro del furgón.

—Cuando lleguemos a prisión, te vas a enterar —me amenazaron.

Una vez en prisión me extrajeron del furgón en volandas. Uno de ellos tiraba de mi pelo, inclinando mi cabeza hacia el cielo. El resto sujetaba mis brazos. Al paso por la cabina de comunicación, dediqué una sonrisa forzada a la carcelera que, una vez más, me miraba atónita. Preguntó curiosa a uno de los polis:

—¿Qué ha pasado?

—Que ha intentado fugarse, lesionando a un compañero, el muy cabrón.

Entramos dentro de los dominios de la prisión. Aguardaba una paliza en represalia, lo que era habitual en aquellos casos; y, sin embargo, el policía al que había agredido se comportó como un hombre de verdad.

—¿Qué?, ¿has visto lo que has hecho? —me dijo, frente a frente.

—No he buscado nada personal contigo, sólo pretendía la fuga...

—Pues te ha salido mal —respondió apaciguado—, pero al menos le has echado cojones. ¿Qué años tienes?

—Veintidós.

—Quitadle los grilletes —ordenó a sus compañeros, y luego añadió dirigiéndose a mí—. Espero que la próxima vez tengas más suerte, pero no conmigo —sonrió.

—Gracias. Es usted un buen tipo...

Nunca olvidé el gesto de aquel hombre que, reconociendo mi derecho a fugarme, ponía de manifiesto su propio valor como ser humano. Aquello le honraba como enemigo: se había negado a abusar de un hombre indefenso, pese a que sus compañeros le habían animado a ello.

Vinieron a recogerme al rastrillo el jefe de Servicios y su banda de carceleros. Tras esposarme, me condujeron de nuevo a la celda que acababa de dejar esa mañana. Se me esposó de nuevo a la cama.

—¿Quieres comer? —preguntó uno de ellos.

—Sí. Y también quiero papel y bolígrafo para escribirle sobre esto al Juzgado de Vigilancia Penitenciaria.

Uno de los carceleros se rió:

—El juez de Vigilancia es quien ha autorizado tu inmovilización mecánica, Tarrío, hasta que te lleven de cunda para Daroca.

Me trajeron comida en una bandeja de plástico y soltaron una de mis manos para que pudiese comer. Lo hice despacio, para darle tiempo a los brazos a relajarse. Comía con la mano izquierda, sentado en la cama y con la bandeja encima de las rodillas, mientras observaba al grupo de carceleros que me rodeaban armados de esprays y porras. A mi mirada rehuían la suya. Se encontraban incómodos. Los conocía a todos de antiguas estancias en prisión, años atrás, en Menores. Hablé con alguno para ganar tiempo.

—¿Para qué quieres esa porra? —le pregunté.

Aquella pregunta directa le sorprendió y pareció que, por un instante, se daba cuenta del ridículo de aquello ante un hombre esposado con un brazo a la cama.

—Hombre, Tarrío, ya sabes...

—Ya sabes, ya sabes... es que no saben ustedes decir otra cosa.

—Cumplo órdenes, Tarrío. Además está usted muy violento últimamente. Así no va a conseguir nada bueno...

—O sea, que está usted pensando en agredirme con eso, ¿verdad? —respondí.

—Si es preciso, sí. Si se porta bien, no...

—¿Puedo fumar? Tengo el tabaco en la otra celda.

—Sólo un cigarro —intervino el jefe de Servicios.

Me proporcionaron un Winston español. Lo encendí con parsimonia, y lo fumé lentamente. Existía en la celda un ambiente cargado de tensión, que un profundo silencio hacía muy incómodo. Una vez concluido el cigarro, se me esposó de nuevo a la cama la mano izquierda, tras lo cual se fueron.

Llegó la noche. Los brazos me dolían bastante por la inmovilidad y los pensamientos se agolparon en mi mente, violentos. Tenía ganas de mear pero no podía llamar. Ni siquiera me oirían gritar desde aquí. ¿Y si me sucediese algo estando así? Nada.

El juez se encargaría de que todo resultase una muerte normal, entregarían el cadáver a mi madre y le darían un pésame cínico de Estado.

Aquel castigo me rebelaba. Para mí no era legitimo, ni aun cuando iba encaminado a poner coto a mis instintos de evasión o garantizar la seguridad de los carceleros que trabajaban allí. Tenían derecho a defenderse, y se lo reconocía; pero no a hacerlo de aquella manera tan miserable. Mis actos sólo iban encaminados a lograr con éxito la fuga, y no a dañar a nadie. Los suyos, a dañar al hombre. A destruir su moral, su resistencia física y quebrantar su voluntad. A la hora de aplicar su castigo la Administración no consideraba el daño físico o moral que pudiese causar en el reo, sino sólo y únicamente que sus propios intereses no resultasen dañados. Era una solución primitiva. Para la Administración y para la sociedad aquel castigo era legítimo, pero castigar era una grave agresión ilegítima del Estado, cuando el que castigaba no era mejor que el castigado, aunque sólo fuera por infringir un castigo desmedido. Nunca es lícito castigar, pues el castigo no es reeducador, sino sólo venganza. ¿Por qué? Es obvio, el castigo no rehabilita a nadie, que es el fin del tratamiento carcelario, por el simple hecho de ser un castigo, una agresión represora, el empleo de la fuerza física (que no moral) a modo de imposición. Así únicamente se obtiene una conducta prudente del individuo que se somete sólo momentáneamente, presionado por la intimidación de la Administración y su abanico de castigos y posibilidades.

Era irrisorio, de una doblez insultante. ¿Cómo pretendían reeducar a nadie, si no sabían tan siquiera perdonar?; ¿cómo pretendían ser justos, si al no haber perdón el castigo se tornaba en venganza? La Administración y la sociedad no eran lo suficientemente grandes como para no conocer la envidia, el rencor, el desprecio y la venganza. ¿Cómo mostrarme a mí entonces que mis infracciones eran constitutivas de responsabilidad, merecedoras de un castigo, cuando observaba a diario cómo los ejecutores de ese castigo infringían la ley conmigo, sin ser castigados ni reprendidos ni, tan siquiera, amonestados?

A la mañana siguiente, a la hora del recuento se me negó ir al servicio, por lo que, sin poder resistirme más, tuve que orinarme encima de los pantalones. No me dieron de desayunar ni vinieron a visitarme hasta la hora de la comida. Me trajeron una bandeja con unas patatas cocidas calientes, que comí hambriento ante la atenta mirada de mis verdugos. No se me permitió cambiarme de ropa, ni ducharme, ni obtuve ningún tipo de atención médica. Permanecí todo el día esposado en las mismas condiciones. Tendría que aguantar hasta el día siguiente en que vendría a buscarme la Guardia Civil. Parecía cómico, pero deseaba que llegasen cuanto antes y me sacasen de aquella situación.

Esa noche pasé mucho frío. Intenté dormir, pero sólo lo logré a ratos. Los brazos me torturaban constantemente, aunque el colchón y la ropa que vestía lo hacían más soportable.

Efectivamente; al día siguiente por la mañana temprano la Guardia Civil vino a recogerme. Me sacaron hasta el rastrillo esposado. Al atravesar el patio, escoltado por los carceleros, los presos de Menores se despidieron de mí:

—Cuídate, Che, y ánimo.

—Igualmente... —les respondí, girándome hacia ellos sonriente.

Una vez en el rastrillo, me cambiaron las esposas por unas de la Guardia Civil (eran distintas). Me esposaron solo; el resto de presos se hallaban esposados de dos en dos. Ellos también se iban de conducción. Nos saludamos todos antes de salir. Uno de los carceleros le advirtió al mando de la Guardia Civil sobre mí:

—Llevad cuidado con éste que es fuguista y muy rebolero.

—Ya lo sabemos —le respondió.

Luego se dirigió a mí:

—Tarrío espero que tengamos un viaje tranquilo. Vas a ir solo; si quieres ir al servicio tocas el timbre de la jaula y te sacamos. No intentes nada ni me obligues a tener que esposarte a la silla todo el viaje, ¿de acuerdo?

En su voz no había chulería, sino tranquilidad y pacto. Conocía cómo tratarme y lo hizo con tacto, por lo que le respondí de forma tranquilizadora:

—Tranquilo, con tal de que me abra un rato en el pasillo de las jaulas para desentumecer las piernas e ir al servicio, me llego. Por lo demás no habrá problemas.

—Bien.

Nos sacaron hasta el furgón. Mis compañeros primero, yo después de ellos. Varios guardias civiles me escoltaban. Afuera en la entrada, sonriente, la carcelera de los carnets movía la cabeza de un lado a otro, dándome a entender que era un cabeza loca. La premié con mi mejor sonrisa y con un guiño de ojo cómplice. Cuando pasé a su lado tuvo estas palabras para mí:

—¿No deja usted nunca de sonreír, Tarrío?

—Es que me divierto mucho. Hasta otra, guapa —le respondí con buen ánimo.

—Suerte.

Me metieron dentro de una de las veinte jaulas del furgón celular. Agradecí ir solo, ya que aquello me proporcionaría mayor libertad de movimientos. La suciedad en las jaulas no había variado un ápice, pero yendo sucio y meado encima, aquello carecía de importancia en aquel momento para mí. A la salida de La Coruña, me abrieron para que saliese a mear. Me di un paseo por el pasillo, conversando con otros presos, mientras me fumaba un cigarrillo. El resto de reclusos conversaban a través de las jaulas y a gritos sobre sus destinos, sus penas y otras cuestiones personales. Fui al lavabo, oriné como pude por aquel agujero con el furgón en movimiento y me metí dentro de la jaula, para permitir que otros reclusos pudiesen salir de sus jaulas. Nos turnábamos.

Esa tarde llegamos a León, donde fuimos ingresados en las celdas de ingresos para hacer noche allí. Me tocó hacer celda con otros dos presos, por lo que desahogué mis ganas de hablar. También aproveché la coyuntura para ducharme encima del servicio con varios cubos de agua y cambiarme de ropa. Me sentó de maravilla.

La mañana siguiente retomamos la conducción hasta la cárcel madrileña de Carabanchel. Llegamos a ella, sobre las tres del mediodía, cansados y agotados por el trayecto. Allí haríamos tránsito durante varios días, hasta que otros furgones nos trasladasen a nuestros respectivos destinos.

Nos introdujeron esposados hasta dentro de la prisión, donde nos retiraron los grilletes. La Guardia Civil, una vez hecha la entrega del cargamento humano, se fue. Varios carceleros nos hicieron ir hasta el Departamento de Huellas y dejar allí todas las bolsas, en las que portábamos nuestras pertenencias. Luego, como éramos muchos, nos bajaron a algunos hasta unas celdas americanas, las cuales se distinguían de las demás porque su pared frontal era toda de rejas, como en las jaulas de los zoológicos. Se encontraban situadas en un sótano, bajando unas escaleras, debajo de Ingresos. Allí nos introdujeron a otros presos y a mí.

Mis compañeros hacían bromas y reían entre sí. No me sumé a la fiesta. Me senté en un saliente de piedra y mi memoria me trajo recuerdos de acontecimientos sucedidos allí, años atrás, que me habían narrado algunos presos de los más viejos. Mi imaginación me trasladó al año 1978. Entonces yo sólo contaba con diez años. En la tercera galería de aquella cárcel se había descubierto un túnel, en el cual fueron sorprendidos varios presos. Uno de ellos, un anarquista llamado Agustín Rueda Sierra, había sido interrogado acerca del resto de presos que habían colaborado en la confección de aquel túnel, en la celda en la que ahora nos encontrábamos nosotros. Allí, supervisado por el médico, había sido golpeado durante varios días. Agustín Rueda se cerró en redondo a colaborar con la Dirección y a proporcionales los nombres de sus compinches de evasión. Ello le supuso una serie de palizas continuadas, a consecuencia de las cuales falleció días después El entonces director general de Instituciones Penitenciarias, Jesús Haddad Blanco, salió en defensa de los carceleros que habían apaleado a aquel hombre hasta la muerte. Los GRAPO, en represalia por la muerte de Agustín Rueda, pusieron fin a la vida del director general el día 22 de marzo por medio de un atentado.

Ahora, imaginándome la escena de un hombre desnudo y esposado a los barrotes de aquella celda, negándose a entregar a sus compañeros y aceptando morir apaleado por ellos, me preguntaba: ¿cuántos golpes eran necesarios para acabar con la vida de un hombre?, ¿veinte, cincuenta, cien? Pensando en aquello se me erizó el vello y un profundo escalofrío recorrió mi cuerpo, llenándome de admiración por aquel hombre que supo serlo; y de una sensación de impotencia e indefensión ante el submundo carcelario.

Flotas en mi sombra,
navegan en mi vengadora oscuridad tus desenlaces;
eres asamblea del YO parlamentario de tocayos,
voz social donde se agudizan adulterados enseres.
Por mi corona la lealtad materializada,
a la comodidad de aposento materializará las formas con muebles
de sentimiento, siendo el diente traído de mi sierra a tu sierra en
[el circulo,
inquilino sobresaliente, de mí en ti,
en la sima de mi más puro pensamiento.
Con homicida viacrucis, inmovilizaremos el volumen,
hasta lanzarnos en salvaje acometida;
hasta impregnar con sangre la fertilidad de otras dudas,
en ciudades de hierro y cemento, con redoble en nuestro pecho.
Por ti, camarada, las entrañas encienden las antorchas.
Sobrellevamos el peso de la injusticia en mil lugares
y levantamos solidaridad por los vergeles del pelo,
que escarban las sienes del luto.
Los hombres realzan su dignidad entre pasos de muchedumbre,
llegan a la cumbre entre espasmos de ideas
y brotan los gusanos del muerto en la ondulada danza de su cenit.
Vuelvan los tendones a estrangular la sangre,
glóbulos de espiga repartidos en hebras,
hasta que caiga la montaña desprendida de su base
y todo se apague con claridad de luna.

A la memoria de Agustín Rueda

Horas más tarde vinieron a abrirnos para trasladarnos, tras huellar en ingresos, a las celdas americanas de la sexta galería. Me asignaron una de aquellas celdas, sucias y repugnantes.

Tendría que esperar allí varios días hasta que la conducción a Zaragoza viniese a recogerme, junto a otros presos. En la hora del paseo me encontré con Lolo, *el Carmona*, un amigo mío al que había conocido en ese mismo lugar en otra ocasión. Paseamos juntos, hablando:

—¿De dónde vienes ahora Lolo?

—De Santander —me aclaró—, ahora me llevan en primer grado a Daroca.

—Bien, entonces haremos juntos el viaje hasta allí.

—Pasado mañana, ¿verdad?

Sí.

Prisión de Daroca, Zaragoza, octubre de 1990

Un grupo de carceleros nos recibieron en Daroca, tras un viaje agotador. Nos cachearon, pasándonos a través de un aparato detector de metales, para luego asignarnos el módulo uno, el de los inadaptados, como lugar de cumplimiento. Me encontré allí con mi amigo José María Expósito. Por él me enteré de que la fuga que habían preparado sus hermanos en Pontevedra, durante mi estancia allí, había fracasado tras una intervención policial. Lo lamenté.

En la prisión las aguas estaban revueltas y olía a tensión. Un preso había matado a otro en aquel módulo, recientemente, de una cuchillada en el corazón; un ajuste de cuentas, habitual entre nosotros. Por otra parte, un apreciado camarada, compañero de revueltas y motines en Zamora, al que conocíamos por Rufino, acababa de morir a los veintiún años de edad a causa del SIDA.

Lo habían liberado unas horas antes de morir, agonizante; no llegó con vida a Madrid, murió en el coche que le llevaba de vuelta a casa, en brazos de su madre.

Se masticaba un clima de previolencia: de ira, por lo que recibimos la visita de un inspector de la Dirección General de Instituciones Penitenciarias. Se escogieron dos presos de cada módulo para dialogar con él, exponiendo los problemas de todos los demás. Junto con otro compañero me erigí en portavoz del módulo uno, al cual representaba. El diálogo se desarrolló en una oficina de la enfermería, la cual no se usaba habitualmente para nada. Mi compañero entró primero, mientras que yo esperaba la vez, escoltado por un par de carceleros, en presencia del director. Concluida la entrevista con mi compañero, pasé a la oficina. Allí, sentado en una silla, tras una mesa, se encontraba un hombre que, bien vestido y escrupulosamente peinado, me sonreía abiertamente con una sonrisa de imagen. Pretendía crear un clima de confianza entre ambos. Me saludó:

—Hola, ¿qué tal?

Me senté en una silla, enfrente de él, respondiéndole cortés:

—Hola...

—Usted es José Tarrío, ¿verdad? —preguntó, consultando una lista de nombres que tenía apuntados en un folio en blanco.

—Sí. Vengo del módulo uno.

—Bueno, bueno, vengo a entrevistarme con vosotros por si tenéis algo que decirme. Ya sabéis que hace poco murió un interno aquí, de una puñalada. Queremos erradicar eso y otros aspectos de esta cárcel, que siempre ha sido muy conflictiva. ¿Qué tal vivís aquí?

—Mal, contestando a lo último. Por lo demás, la violencia existe y continuará existiendo siempre, mientras las cárceles mantengan doctrinas tan salvajes de represión y se empeñen en mantener a todos los presos en un mismo lugar, sin tener en cuenta otros aspectos humanos, cuanto menos lógicos.

—¿Qué aspectos? —me interrumpió.

—Los presos deben cumplir en sus respectivas comunidades su condena, para evitar conflictos de paisanismos y evitar el embrutecimiento que causa en todos nosotros el desarraigo familiar; la imposibilidad de que nuestras familias puedan recorrer cientos de kilómetros para visitarnos tan sólo treinta minutos a través de un cristal. Por otra parte, no hay talleres ni actividades. La gente se pasa todo el horario de patio tirada en el mismo, sin otro entretenimiento que pasear y el resto del tiempo, veintidós horas de veinticuatro, encerrados en una celda; y así todos los días de la semana, del mes, del año. Se nos prohíben las comunicaciones vis a vis, cuando llevamos años separados de la familia o sin acostarnos con una mujer. Eso genera violencia, señor, en hombres en su mayoría condenados a largas penas de cárcel.

Hice una pausa para tomar aliento y ordenar los pensamientos. Continué:

—Los reclusos de primer grado somos de por sí conflictivos. Por eso nos encierran aquí. Si encima se nos somete a un régimen denigrante y se nos conculcan necesidades fundamentales, ¿qué esperan? Aquí no funciona ni la enfermería como debiera; tenemos a los presos enfermos de SIDA en los patios sin asistencia médica efectiva; la de esta prisión, pésima donde las haya. Para lograr un simple gimnasio hemos tenido que destrozar la cárcel entera, lo cual demuestra que a veces esta violencia es eficaz, o si no lo es, sí al menos la única vía que nos dejan. Se pegan palizas a los presos por nimiedades y eso, señor, no ayuda. Yo no digo que ustedes fomenten la violencia a propósito, pero si que se niegan a ver la realidad desde sus cómodas sillas e inexperiencia humana. Los presos sí vemos todo este conjunto de cosas, que nos embrutecen a diario en prisión, hasta hacernos crueles e incluso insensibles.

—Caramba, no me deja usted mucha salida. Ve las cosas desde un prisma muy negativo, Tarrío. Algo bueno haremos, ¿no? —me interrumpió de nuevo, su mano derecha jugaba con un bolígrafo Bic.

Paseé la vista por la oficina un instante, para luego posar mis ojos en un paquete de ducados que, junto a un mechero, se encontraba encima de la mesa. Se me antojó un cínico:

—Mire usted. Ignoro a lo que viene aquí, pero desde luego no seré yo quien haga apología del terrorismo carcelario, que ustedes utilizan para castigarnos. En 1980 habían 20.000 presos dentro de las cárceles españolas; hoy cuentan ustedes con 40.000. Creo sinceramente que son ustedes unos incompetentes, que no han sabido solucionar un problema social que les ha sido encomendado. ¿Cuántos años llevan con los mismos problemas encima de su mesa? Por un preso que semirehabilitan, crean cinco nuevos delincuentes. Han convertido la cárcel en un negocio; no en una solución —tomé de nuevo aliento un instante y proseguí, me encontraba emocionado. La cárcel en sí es violencia, señor; es la escuela del crimen para los delincuentes primarios como yo; la universidad del mal... Yo y mis compañeros constituimos la carnaza de la que se alimentan vuestras cárceles, vuestros sueldos, vuestro gran negocio. No se puede esperar nada de una persona que carece de oídos dentro de las orejas, de sentimientos y de la más mínima intención de atender a otras cuestiones que no sean las de su más estricto interés. Buenos días... —concluí, despidiéndome y abandonando la oficina.

Un rato más y me hubiese arrojado sobre él. ¡No!, ellos jamás cambiarían nada, Instituciones Penitenciarias enviaba a los inspectores siempre que ocurría algo grave o se presumía que podía suceder. Intentaban entonces calmar los ánimos con falsas promesas que nunca se llevaban a cabo. Aquella entrevista era pura rutina, burocracia para rellenar papeles y más papeles y una justificación de la labor de aquellos que dirigían desde Madrid la institución represiva. Aquellos papeles serían el aval con el que la Administración se presentaría ante la sociedad, mostrando su preocupación por los regímenes carcelarios. No, nada cambiaría aquella entrevista; como nada cambiarían los cientos de denuncias que se cursaban desde las prisiones a los Juzgados de Vigilancia Penitenciaria o de Instrucción. La solución a los problemas dentro de las cárceles pasaba irremediablemente por la unificación de criterios de la población reclusa, por los secuestros, los motines, las revueltas y los plantes; sólo con una violencia mayor se podía poner final a los regímenes destructivos. Era necesaria una lucha armada dentro de los recintos carcelarios, y un levantamiento popular cuyas reivindicaciones proclamarían a la sociedad los medios de comunicación, junto al grito de terror de los verdugos convertidos en rehenes. Habría que extender la lucha a todos los rincones de todas las cárceles, comenzando por los regímenes especiales, pasando por los regímenes cerrados y culminándola en los de segundo grado. Al menos eso era lo que se creía desde el devastador régimen especial de Herrera de La Mancha, donde, coordinada por Javier Ávila Navas, se reconstituyó la Asociación de Presos en Régimen Especial (APRE), compuesta inicialmente por cinco reclusos sometidos a dicho régimen. Fue con ideas como éstas como Laudelino Iglesias, Luis Rivas Dávila, Vicente Sánchez, Antonio Losa López y Javier Ávila Navas, detenido recientemente, pasaron a la ofensiva y crearon una de las asociaciones de mayor peso y fuerza de la historia penitenciaria española. Entonces ninguno de nosotros, mucho menos Instituciones Penitenciarias, podíamos imaginar los sucesos que en breve verían la luz, una vez las teorías se tornasen en acción; ni tampoco las consecuencias que aquéllos traerían consigo como contrarrespuesta del Estado español.

La celda que ocupaba en el módulo uno era angosta, pero larga, lo que me permitía pasear durante largos intervalos de tiempo. Me sentía en el último mes bastante preocupado por mi salud; ya no poseía aquella tranquilidad habitual que me permitía estar concentrado durante horas frente a un libro o escribiendo extensas misivas revolucionarias a mis familiares o amigos. Me encontraba inquieto y, con frecuencia, me daban ataques de taquicardia y sentía síntomas de asfixia. Entonces necesitaba espacio y asomarme a la ventana a sentir el aire en la cara para librarme de aquella sensación de brutal opresión que se apoderaba de mí. Ello, unido a la idea siempre presente del SIDA, me producía una paranoia constante y un sufrimiento importante a nivel de la psique, ya que mi mente relacionaba automáticamente cualquier síntoma con la muerte. La posibilidad de que la muerte me sorprendiese en la cárcel y de que aquellas frías paredes fuesen lo último que contemplasen mis ojos comenzó a revolotear inquieta por mi imaginación. Con los médicos había roto toda clase de relación, ya que los odiaba profundamente por todo lo que hacían y consentían que se hiciera con los presos, así que pasaba aquellos malos ratos como podía. Era demasiado orgulloso para solicitar ayuda a aquellos bastardos disfrazados de doctor, vergüenza de la noble profesión de la medicina, creada para curar al hombre y no para destruirlo. Aunque, en realidad, una de las cuestiones que más me preocupaban era el impacto que había causado en mí la muerte de Rufino. El SIDA había necesitado tan sólo treinta días para reducirlo a la nada, a un montón de huesos con forma humana. Era impresionante y horrible. Se habían negado a otorgarle el artículo 60 hasta el último momento, por el cual la Administración tiene la obligación de liberar a todos los presos y detenidos en fases terminales de cualquier enfermedad mortal irreversible certificada médicamente. Una cosa era morirse y otra muy diferente pudrirse lentamente, agonizar durante días con el cuerpo lleno de agujas, tubos y llagas purulentas.

La visita del inspector de la Dirección General, como suponíamos, no cambió nada en la cárcel de Daroca. El régimen continuaba siendo embrutecedor y represivo: destructivo. Te pasabas veintidós horas de veinticuatro dentro de la celda, cuando no te encerraban en las celdas de castigo por el capricho de algún carcelero que, aburrido y embrutecido por el tedio, no encontraba nada mejor que hacer. El compañerismo estaba prohibido, así cuando algún preso echaba café a otro a través de la ventana y era sorprendido, se le trasladaba al módulo cinco, donde se le daba una paliza, evitando así que los demás lo escucháramos y golpeásemos las puertas en protesta. Luego lo esposaban a las argollas de la cama, y lo dejaban allí hasta el día siguiente, en que lo soltaban, pero dejándolo aislado por una temporada. Terror e impunidad. A veces incluso nos prohibían hablar entre nosotros a través de las ventana, aunque normalmente no hacíamos caso. Aquello nos costaba sanciones de siete o catorce días de aislamiento, cuando no alguna paliza. Habían dividido el régimen cerrado en tres fases: la primera, para los clasificados como malos; la segunda, para los medio reformados; la tercera, para los que ellos consideraban adaptados al régimen y preparados para su paso del primer grado a un segundo grado de régimen más abierto. Terapia individual, encaminada a dividirnos en grupos a través de un conductismo psicológico faseril y basada en los estímulos reguladores del comportamiento humano, premiando lo que consideraban «positivo», castigando lo que consideraban «negativo». Si querías salir de allí, tendrías que pasar por el aro, y someterte a una serie de disciplinas humillantes dirigidas a despojar al hombre de su personalidad y criterio particular. Te vendían el pase de un módulo a otro, de una prisión a otra, como un «progreso», como si no fuesen la cárcel y aquellos muros el verdadero problema, generador de nuestras inquietudes y sufrimientos. Te ofrecían una comunicación con tu familia o mujer de vis a vis, una tele o el polideportivo como si no fuesen derechos recogidos en el reglamento, premiando tu buen comportamiento. Si no te comportabas adecuadamente, se te retiraban los «privilegios» y te regresaban de fase. Se utilizaba el chantaje como medio educativo: si eres bueno, puedes ver a tu madre; si eres malo, no. Nos trataban igual que a niños, buscando doblegar nuestro espíritu; que aceptásemos nuestro castigo; que entendiésemos la cárcel y la justificáramos. Era demencial, diabólico; propio de una de las mentes más ambiciosas, represoras y mezquinas de la época, la del director general de Instituciones Penitenciarias, Antoni Asunción.

Una semana después de aquella visita, José María Expósito me envió un mensaje a través de otros reclusos, desde el módulo dos. Leí el pequeño trozo de papel:

> «Che, te vas mañana de conducción; lo sé por un funcionario que me lo ha comentado. Te enviaré dinero y si necesitas algo más me envías recado. Te llevan a Tenerife 2. Cuídate y ánimo. Tu amigo,
>
> JOSÉ MARÍA»

Aquélla era la respuesta a mis reivindicaciones. Por si no me hallaba lo suficientemente lejos de La Coruña, me trasladaban a una isla, en África. En un momento de humor pensé que no me enviaban más lejos porque habían dejado de tener colonias en el extranjero, menos mal. ¿Os imagináis que me hubiesen enviado a Guinea, el Sahara o a alguna isla perdida del Océano Pacífico? ¡Qué miedo! Por otra parte, la actitud del carcelero que había filtrado la noticia me resultaba incongruente. A pesar de que había una orden expresa de que bajo ningún pretexto se me notificase aquel traslado, a fin de sorprenderme, aquel guardián la había comentado a mi amigo a sabiendas de que éste, a su vez, me lo notificaría a mí. Me hacía un favor desinteresadamente; por un instante regresaba a su condición humana buscando favorecerme, quién sabe por qué razón. ¡Y yo que los creía incapaces de razonar! Creo que algunos de aquellos seres desdichados, una minoría, se hallaban disconformes a menudo con su labor de verdugos de la sociedad y, por medio de acciones como aquélla, se rebelaban un poco contra aquella robotización y embrutecimiento que los había transformado en herramientas de trabajo, sin sentimientos; en instrumentos de tortura, sin más. Al fin y al cabo, todos éramos humanos y necesitábamos acallar nuestra conciencia de alguna manera, aquella vocecilla interna que nos advertía de aquellos actos que realizábamos en contra de nuestros principios. ¿O no...?

Me despedí del Carmona y del resto de camaradas. Recogí mis cosas y me procuré todo el dinero posible para el viaje. Luego hice cargo a un preso de que llamase a mi casa al día siguiente, por teléfono, y avisase a mi familia en La Coruña de mi traslado. A la mañana siguiente, cuando la puerta de la celda que ocupaba se abrió, me encontraron vestido y con todo recogido dentro de tres bolsas. Estaba preparado para el éxodo.

Partí hacia la cárcel de Carabanchel, donde hice tránsito durante tres días y donde me recogió la conducción que iba hacia Cádiz. Hicimos noche en la prisión de Córdoba. Allí surgieron problemas con el cacheo, al encerrarnos a todos dentro de dos celdas y pedirnos que nos desnudásemos e hiciésemos flexiones en cuclillas. Me pareció humillante y me negué.

—¿Cómo? —dijo sorprendido un carcelero—, ¿que se niega a hacer flexiones?

—Exacto, y si quiere cachearme tendrá que hacerlo en un cuarto aparte, pues no voy a desnudarme en público.

—¿Qué pasa? —intervino otro de los carceleros—, ¿es que usted es más chulo que los demás?

—No, pero no me parece ésta la forma más correcta de registrar a personas, y si los demás lo permiten, es su problema, no el mío.

Me encerraron en una de las celdas, solo. Al resto de presos se los llevaron al interior de la prisión y, una vez encerrados, vinieron a visitarme, acompañados del jefe de Servicios que lucía orgulloso su placa en el pecho.

—A ver, Tarrío, ¿qué problema hay? —me pregunto éste último.

—Ninguno, salvo que me niego a ser tratado como ganado.

¡Venga!, dénos la ropa.

Me desnudé y les entregué las prendas que vestía, a fin de que las revisaran. Una vez desnudo, uno de ellos me ordenó:

—¡Haga flexiones!

—No —le respondí.

Miró al jefe de Servicios solicitándole órdenes con la mirada, y éste se dirigió a mí de nuevo:

—Muy bien. Pues ya que se pone así, se va usted de cabeza a las celdas de castigo, sin tabaco ni economato. Sus pertenencias las puede dejar aquí, pues no las va a necesitar; nosotros le proporcionaremos un par de mantas.

Después de vestirme, me condujeron hacia aislamiento, donde me encerraron dentro de una de las celdas. Era pequeña. Incrustada en la pared, una pequeña ventana daba a un muro triste y gris, enfrente de la misma. Apenas llegaba la luz solar. Un montón de polvo y ceniza. Me puse a pasear a través de la misma, pensativo. Me parecía degradante y abyecto que nos obligasen a realizar flexiones desnudos, mostrándonos el culo unos a otros, por satisfacer el capricho insano de un grupo de aprendices de carcelero. Las flexiones eran humillantes; al menos así lo había sentido yo las veces en que las había realizado, y un hombre no debe hacer aquello que hiera su amor propio, nunca. Los presos teníamos que dejar de colaborar con la Administración con nuestra sumisión a todos sus caprichos. Era preferible el castigo; no era lo más práctico, es verdad, pero sí lo más digno. No podíamos continuar haciendo flexiones, desnudos, en público, cuando otros compañeros sufrían palizas y castigos en otras prisiones españolas por negarse a ello, a fin de erradicarlo definitivamente y acabar de forma total con todas las cárceles, las flexiones y los tratos degradantes. Yo ahora me hallaba castigado porque los demás presos habían aceptado realizar las flexiones; si todos nos hubiésemos negado, seguramente no nos hubiesen castigado a ninguno y habríamos evitado que se repitiese lo mismo con otros presos, en otra conducción. Era cuestión de dignidad y orgullo.

Con la cena me trajeron un par de mantas sucias que olían a podrido. Las arrojé a un rincón de la celda y, después de cenar, continué paseando por la misma durante toda la noche, hasta el día siguiente en que retomaría el trayecto hacía Cádiz, con el resto de compañeros.

El Puerto de Santa María, 1 de noviembre de 1990

El mítico penal del Puerto de Santa María apareció ante mis ojos a través de las rejillas metálicas del furgón celular de la Guardia Civil. Se mostraba grande y solitario, construido sobre ladrillos rojos, custodiado por la Policía Nacional. En el furgón se hizo un silencio automático, y las llaves de esposas, el oro y demás objetos prohibidos regresaron a sus escondrijos habituales. Se abrieron las puertas automáticas que daban acceso al recinto y el furgón penetró dentro del mismo, para detenerse frente a la puerta de ingresos. Habíamos llegado. Bajamos del furgón de dos en dos y, recogiendo nuestras pertenencias, nos encaminamos hacia sus entrañas. Allí nos aguardaba un grupo de carceleros que, tras huellarnos, nos trasladaron hasta las celdas de castigo, conocidas como «la cúpula», por hallarse en el piso superior del edificio. Nos encerraron a cada uno en una de aquellas celdas, después de un cacheo integral a la persona y objetos. Las mazmorras del Puerto de Santa María eran extraordinariamente pequeñas y opresivas, brutales. Era imposible pasear por ellas, lo cual obligaba a permanecer sentado o acostado en la cama, cosa que ahora estaba permitida. Años atrás los presos allí encerrados tenían que permanecer todo el día sentados o de pie; estaba prohibido tumbarse en la cama, fumar o hablar. Me lavé la cara en el lavabo y oriné en el servicio adjunto, situado a ras del suelo. El agujero del mismo se hallaba bloqueado por una botella de plástico con agua; era la tapadera que evitaba los olores y la presencia de noche de las ratas. Luego me asomé a la ventana de aluminio; enfrente y debajo de la cúpula se encontraba la enfermería del penal. Había varios hombres en la misma, uno de ellos visiblemente enfermo: tenía SIDA. Lo sabía por su extrema delgadez. Paseaba por la sala perdido, y sus ojos, ahora ensombrecidos por la presencia de la muerte, carecían de todo brillo. No le molesté. Recordé entonces a mi paisano Fernández Mariño, que había muerto en aquella sala, años atrás, a consecuencia de aquella terrible enfermedad. Yo no le conocía, pero teníamos amigos en común que me habían hablado de él. Era un auténtico rebelde, un luchador nato, uno de los motores del primer motín con rehenes ocurrido en el temido y afamado penal. Gracias a él, y a Antonio Mateo, fallecido igualmente a causa del SIDA, había sido posible el cambio del régimen más duro de las cárceles españolas. Un régimen que durante muchas décadas había mantenido inhibidos y atemorizados a los criminales más duros y peligrosos del país. Fueron gente como ellos los que, en compañía de Ortiz Jiménez, Zamoro Durán, Maya Martos, Fernández Varela y Redondo Fernández, le dieron a los secuestros de carceleros un cariz reivindicativo, devolviendo golpe por golpe y denunciando públicamente, a través de los medios de comunicación, las condiciones infrahumanas de las prisiones españolas. Sin duda les debíamos mucho, todos nosotros. Hombres como Fernández Mariño y Antonio Mateo merecían

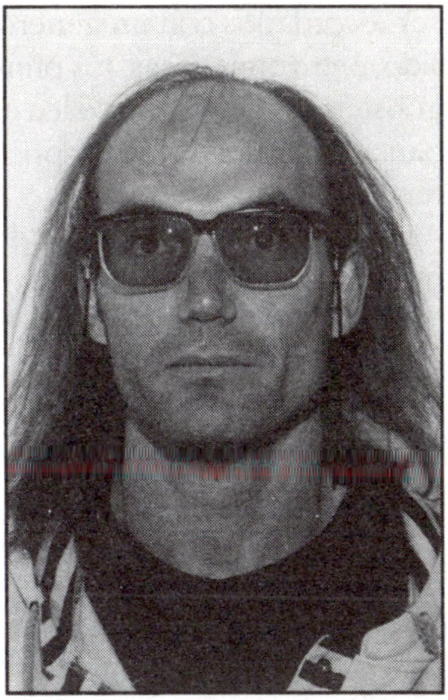
Juan Redondo Fernández

ser recordados con un generoso respeto, porque ellos habían sido, entre otras cosas, los primeros en enarbolar la lucha contra el sistema, en defensa de los enfermos de SIDA, que comenzaban a morir dentro de las prisiones, ante la fría y cínica indiferencia de la Administración.

Al día siguiente, después de la foto de rigor y una breve entrevista con una asistente social, fui trasladado al módulo dos, donde se encontraba mi amigo Anxo, a quien me encontré por el patio paseando.

—¿Qué pasa, Anxo? —le saludé, abrazándolo.

—¿Qué haces por aquí, cabrón? —preguntó.

—Voy a Tenerife 2, aquí estoy de paso... ¿y tú?

—Yo vengo del Salto del Negro, de Las Palmas. Nos cogieron en el recinto, al Garfia y a mí, intentando saltar el muro. Ahora no sé para dónde me llevarán.

—¡Qué putada! Bueno, otra vez será, ¿no? —le animé.

—Por supuesto...

Paseábamos en círculos alrededor del patio cuadrado, bajo un cielo azul y soleado.

—¿Y esto qué tal? —le pregunté.

—Suave, muy suave, en cuanto a los carceleros. Parece que han escarmentado después de los últimos secuestros. Por lo demás, no hay gran cosa.

—Sí, ya ves.

Era cierto. El mítico y terrible Puerto de Santa María ya no era aquel infierno del pasado. Ahora se podía hablar a través de las ventanas, algo impensable años atrás. Los presos podían enviar café a los que se encontraban en las celdas, sin temor a una paliza; ya no se pegaba bajo cualquier pretexto a los reclusos, ni se hacían visitas nocturnas a los mismos, ejerciendo la intimidación. De vez en cuando, algún carcelero reprimido se desahogaba destrozando la celda y tirando las pertenencias por el suelo, pero no eran más que las rabietas de algunos frustrados torturadores, cuya máxima expresión en la vida había sido sentirse realizado con el abuso más bajo y rastrero. Para ellos, sin mano dura no había terror, y sin terror no había disciplina. Era lo que habían practicado durante toda su vida. Nos odiaban porque para ellos sólo éramos la escoria de la sociedad, cuando nada existía en la tierra más miserable que el oficio de verdugo. Vivían asustados y a escondidas, temiendo siempre por sus vidas. En la calle no tenían más amigos que los propios carceleros; la sociedad los despreciaba. Lo sabían, y esto los hacía aún peores, se volvían rencorosos, mezquinos e intolerantes. Y ahogaban aquella realidad en la cárcel, donde se sentían importantes. Sí, el Puerto había cambiado, pero ellos no, y a la mínima oportunidad volverían a las viejas disciplinas, a las palizas y a la mentalidad retorcida que les caracterizaba en su mayoría. No se cambia la prisión, si no se cambia a los carceleros, y sin duda aquéllos eran responsables de muchos abusos y torturas, y mientras estuviesen allí, éstas continuarían.

Varios días más tarde, mientras paseaba por el patio, trajeron a Juan José Garfia. Me acerqué hasta la puerta de acceso al módulo y conversamos a través de los barrotes de la misma.

—¡Hombre! —exclamó al verme—, estás por todos lados.

—Ya, eso lo dirás por ti, ¿verdad? —respondí sonriendo.

—¿Qué haces aquí? —me preguntó.

—Voy hacia Tenerife 2.

—Pues has pillado, pues por las noticias que tengo está bien para darse el piro, así que suerte...

—¿Y tú, qué? Ya me contó Anxo lo del Salto del Negro. Mala suerte.

—Sí, mala suerte.

—¿Tienes dinero?

—No, ni un pavo. Me lo gasté todo en el barco en garimbas.

—Luego te enviamos algo, ¿de acuerdo?

—Bien.

Quince días después partí hacia Tenerife. Me despedí de los amigos, y sobre las once fui conducido en un furgón celular pequeño hasta el puerto de Cádiz. Una vez allí, nos detuvimos frente a un enorme transbordador, llamado «Manuel Soto», según pude leer en su proa. Después de esperar unos minutos, nos permitieron el pase, a través de un puente levadizo, al garaje del mismo, donde se acumulaban otras furgonetas, camiones y coches. Me bajaron esposado y me condujeron hacia los camarotes-celda, situados al lado de la sala de máquinas, bajo la línea de flotación. El ruido de los motores calentando era ensordecedor. La celda constaba de una litera con dos camas, un servicio y una trampilla en la puerta, a través de la cual me quitaron los grilletes y me darían la comida. Me escoltaban dos guardias civiles, los cuales se mostraron amables conmigo, comprándome en la cafetería del barco unas cervezas y algo de tabaco con el dinero que les di. Fue un viaje tranquilo.

TERCERA PARTE

El camino de la rebelión

> «¿Qué es la libertad? ¿Qué es la esclavitud? ¿Consistirá la libertad del hombre en la rebelión contra todas las leyes? Sí, mientras sean leyes políticas y jurídicas impuestas por los hombres a los hombres y mujeres, bien por el derecho de la fuerza, violentamente; bien hipócritamente, en nombre de una religión o de una doctrina metafísica cualquiera; bien, en fin, en virtud de esa mentira democrática que se llama sufragio universal.»
>
> MIGUEL BAKUNIN

Las Islas Afortunadas, Prisión de Tenerife 2, noviembre de 1990

Al tercer día, sobre las diez de la mañana, el Manuel Soto atracó en el puerto de Santa Cruz de Tenerife. El potente rugir de los motores enmudeció, y resonaba todavía en mis oídos, cuando, engrilletado de nuevo a través de la trampilla, fui trasladado al furgón celular, junto con mis bártulos. Nos encaminamos desde Santa Cruz a la Laguna, y de ésta a la Esperanza, en cuyo monte se encontraba ubicada la prisión. Era grande y de grises muros de considerable altura. Un largo puente, custodiado por una pareja de guardias civiles, se extendía desde el centro de la mismas hasta una pequeña meseta cercana, atravesando los recintos y un pequeño valle. Tras atravesar dos enormes puertas mecánicas, el furgón se detuvo dentro de un pequeño garaje que daba acceso a la zona de ingresos. Una vez allí, los carceleros se hicieron cargo de mí y, después de huellar, desnudarme y de un exhaustivo registro a mi persona y pertenencias, fui conducido a uno de los módulos. Éstos tenían forma de chalet y se encontraban distanciados entre sí por medio de caminos asfaltados y pequeños jardines. Entre ellos alcancé a ver una piscina. La verdad era que aquello me sorprendía, era nuevo para mí. Me fue designada una celda dentro del módulo de ingresos y, de sorpresa en sorpresa, me dejaron abierto por el mismo para que pudiese servirme del economato y comer con el resto de presos en el comedor. Hacía tres años que no comía con nadie, salvo la soledad de las celdas que había ocupado, por lo que aquello me dejaba fuera de lugar, incomodándome. Me tocó hacer mesa con dos africanos, ante los que me mostré serio y reservado. Comí en silencio, observado por el resto de reclusos. Era incongruente, pero en aquel momento hubiese preferido estar a solas dentro de la celda, que allí acompañado.

Después de la comida me encaminé, junto con otros presos, hacia la ventanilla de cafetería. La dirigía un travesti de prominentes senos, al que todos conocían como Lola; éstos y los gays eran habituales por allí. Pedí un par de cafés solos:

—Ponme un par de cafés.

—Tú eres el nuevo, ¿no? —preguntó curiosa —, ¿de dónde vienes?

—De Zaragoza.

—¡Ah!, eres godo, ¿de qué parte?

—¿Qué es eso de godo? —pregunté susceptible.

—Es como llamamos aquí a los de la Península.

—Me llamo José y soy de La Coruña, gallego.

—Bonito lugar Galicia. Yo me llamo Lola.

—Lo sé.

Una vez servidos los dos cafés me despedí de Lola. Se me hacía en principio un poco difícil tratar a aquel tío como a una mujer, pero por respeto a sus sentimientos accedí a llamarla por su nombre femenino. Aquello debió gustarle pues a la hora de la siesta, mientras realizaba en compañía de otros presos la limpieza del módulo y del comedor, vino a verme. Me encontraba encerrado en la celda, por lo que hablamos a través de la mirilla de rejas de la puerta.

—Hola —me saludó.

—Hola.

—¿Vienes a quedarte aquí?

—Sí —le respondí—, aunque me llevarán para aislamiento pronto, ya que estoy en primer grado y ya se me hace raro que me tengan aquí.

—Entonces te llevarán a la otra parte del módulo, al otro lado de esa garita —me explicó señalando con el dedo una garita cercana.

—Bien.

—¿Te has duchado ya? —me atacó con una sonrisa entre malvada y traviesa.

—Todavía no —le respondí también.

—¿Por qué no te duchas ahora? —me invitó.

—No gracias —le corté —, y deja de tirarme los trastos. Respeto tu forma de ser, pero nada más que eso, ¿entiendes? Lo demás sobra.

—Vale, de acuerdo.

Esa tarde fui trasladado al módulo adjunto, aislamiento; me fue asignada una de las celdas del piso inferior. El trato hasta entonces había sido correcto, sorprendente inclusive. La celda que me habían asignado se encontraba provista de una ducha situada al lado del lavabo y del servicio, ambos de acero inoxidable incrustados en cemento. Una mesa de piedra y una silla de metal se hallaban emplazadas frente a una de las dos ventanas de las que estaba provista y cuyos barrotes cuadriculados se encontraban soldados horizontalmente. Una cama de piedra y unos pequeños armarios facilitados para colocar en ellos las pertenencias daban la pincelada final a la celda. Coloqué mis cosas e hice la cama. Luego me duché y, tumbado sobre la cama, reflexioné sobre aquello. Todo allí era diferente a lo que había vivido hasta entonces en las cárceles de la Península. El ambiente relajado y distendido me desconcertaba. Los carceleros me habían ofrecido un trato cortés, y las celdas se encontraban en unas condiciones bastante habitables e higiénicas. No percibía el acoso ni la sensación opresiva de los penales de primer grado de los que procedía; por otra parte, rozaba la euforia. Todo aquel complejo de módulos y muros olía a fuga. El puente que había observado a mi ingreso, y que atravesaba toda la prisión, se reflejaba constantemente en mi imaginación. La cárcel era nueva, y esta circunstancia indicaba que posiblemente su sistema de seguridad era violable en algún punto. Dónde, ésa era la cuestión. Todas las prisiones, absolutamente todas, tenían algún fallo, aunque no todos los presos podíamos acceder a ello. Lo importante era aprovechar las ocasiones cuando éstas se presentaban y se tenían probabilidades de éxito. Si se fallaba, la Dirección parcheaba aquel punto y reforzaba la seguridad en toda la prisión. De esta forma, cuando uno de nosotros fracasaba, los métodos utilizados se pasaban a la Dirección General y ésta se encargaba de advertir al resto de prisiones, las cuales a su vez adoptaban medidas nuevas que repercutían en las posibilidades de otros presos fuguistas que habían puesto sus esperanzas en la evasión. Por eso, tendría que informarme mejor de las posibilidades que tenía de alcanzar mi objetivo: no era lícito lanzarse, así sin más, a una fuga.

A la mañana siguiente salí al patio con el resto de presos que se encontraban en el módulo. Dos de ellos pertenecían a ETA; los otros tres eran comunes como yo. Todos proveníamos de la Península y éramos fijos allí, aunque de vez en cuando también traían a otros reclusos de otros módulos a cumplir alguna sanción de aislamiento en celdas. El módulo constaba de dos plantas, de dos patios pequeños y de una sala provista de televisión. Me informaron de cómo funcionaba aquélla. La comida era buena y abundante. El equipo médico lo formaban auténticos profesionales y teníamos acceso a un tutor de yoga, a los libros de una nutrida biblioteca y a cuatro horas de patio. También me advirtieron de que el director posiblemente me llamaría para hablar conmigo y de lo que me diría. Estaría a la expectativa.

Durante el paseo recibí la visita de uno de los médicos, en una pequeña consulta habilitada al lado de la sala.

—Hola, ¿me dice cómo se llama? —me preguntó.

—José Tarrío González.

—Bien. Mire, he observado en su expediente médico que es usted portador de anticuerpos del SIDA desde hace varios años, por lo que le pondremos un suplemento alimenticio especial añadido a la comida general, ya sabe, yogures, algún bocadillo y fruta. ¿Le parece bien?

—Me parece estupendo —respondí.

—¿Qué tal se encuentra ahora?

—De momento bien.

Nos despedimos con un apretón de manos, después de rellenar unos papeles burocráticos. Jamás médico alguno me había tratado así, con tanta profesionalidad, como lo había hecho aquel hombre. Hasta ahora en ninguna prisión se habían preocupado de proporcionarme un suplemento alimenticio y éste lo había hecho sin ni siquiera pedírselo. Aunque aquel médico no lo sabía, aquella era la primera vez que estrechaba la mano de uno de ellos, lo cual para mí tenía un significado relevante.

Gracias a aquel suplemento me dediqué a correr varios días a la semana por el patio para mantener la forma física, tan imprescindible al fuguista como el aire al ave. También participaba de vez en cuando en las clases de yoga que nos impartía un yogui. Para ello, nos sacaban por turnos a la sala del módulo y allí, sentados sobre mantas, practicábamos respiraciones desde la posición del loto, o posiciones y ejercicios como el saludo al sol. A mí entonces el yoga no me llamaba mucho la atención, pero aquellos pequeños ejercicios básicos, añadidos a la lectura de libros sobre yoga, me serían de gran utilidad en el futuro. También retomé la lectura. Existía una nutrida biblioteca, de la cual la maestra me traía los libros que quería sin ningún tipo de limitación en el número. Allí descubrí a Albert Camus, cuyas obras me impresionaron. Retomé a Shakespeare y me complací con *Medea* y *Las Troyanas* de Eurípides. Me fascinaba la tragedia. Aquellas obras representaban una visión real y auténtica de la vida, verdadera. Lo que nos habían dejado plasmado al pergamino aquellos inconmensurables psicólogos era la vida en sí: dolor, conflicto, vanidad, ansiedad, placer, alguna alegría, depresión, envidia, rencor, amor (o desamor), la adoración al becerro de oro y, finalmente, la muerte: nuestros esfuerzos y vanidades estériles, convertidas en pasto del gusano, abono y estiércol de la tierra.

Tal y como había sido advertido fui trasladado esa tarde al despacho del director de la cárcel. Conducido por dos carceleros, atravesamos varios jardines hasta el centro donde se encontraba régimen, al lado de la enfermería y del cine. Presté mucha atención. Desde allí subimos por unas escaleras hasta el segundo piso donde se encontraban todos los archivos, despachos y burocracia de la cárcel. Tras atravesar varios pasillos y puertas, me condujeron hasta el despacho del máximo mandatario. Una vez en el mismo nos dejaron solos.

—Siéntese —me pidió autoritario, pero educado.

Me senté frente a él en una silla habilitada, observándole fijamente.

—Voy a ser claro y explícito con usted, Tarrío. Me consta que es usted un tanto conflictivo y difícil. Espero que esto cambie aquí y que colabore con el tratamiento. Ya se habrá percatado de que les permitimos cierta libertad dentro del módulo. Pórtese bien y ya verá como saldrá ganando —me dijo en un discurso que conocía de antemano, ya que había sido puesto al corriente de la grandilocuencia de su verbo. Tras una pausa prosiguió:—. Su expediente aquí no cuenta para nada, y su pasado no nos importa excepto todo lo que haga usted aquí a partir de ahora, ¿me ha comprendido?

—Sí, y me parece muy bien lo que me ofrece, pero con lo que me otorga el Reglamento Penitenciario me llega de sobra y es más que suficiente, por lo que le pido que lo cumpla y todo irá bien por mi parte. La verdad es que el trato es correcto, lo cual agradezco. No estoy acostumbrado a que me traten bien, ¿sabe? —añadí cauteloso.

—Esperamos que colabore y poder progresarle pronto a un segundo grado, así que pórtese bien. Es todo lo que quería decirle.

—De acuerdo.

Al salir del despacho, al final del pasillo y de regreso al módulo, alcancé a ver el puente, el cual culminaba allí mismo. Memoricé todo aquello. Estaba decidido a intentar algo. El ofrecimiento de la Administración llegaba tarde. Quizás para ellos resultase cómodo borrar el pasado de los hombres de un plumazo, dar o quitar a capricho oportunidades y privilegios. ¡Con qué facilidad hacían del hombre un instrumento! Puede incluso que en aquella ocasión hubiese buena fe, pero no me prestaría a experimentos de psicología educativa. La propuesta del director se me hacía difícil de asimilar, ¿olvidar qué?, ¿las vejaciones, los abusos, aquellos constantes cacheos tan denigrantes, las palizas y engrilletamientos, o los traslados dentro de jaulas?; ¿o el abandono médico a miles de enfermos del SIDA y otras enfermedades, las celdas de castigo, la miseria del hombre destruyendo al hombre?; ¿olvidar que uno era portador del virus del SIDA y que a éstos se les dejaba morir dentro de frías celdas, agonizando durante años o en las salas de hospitales penitenciarios, esposados a la cama?; ¿olvidar el trato que se les daba a estos enfermos, en su mayoría jóvenes drogadictos avenidos al mundo del delito por la trampa de las drogas?; ¿olvidar qué, señor director?, ¿que era uno de esos seres despreciables que tan a menudo se dejaban morir en prisión, en nombre de una venganza oscura que clamaba en el corazón de los ciudadanos?, ¿o es mejor decir verdugos? Jamás había ocultado mi repulsa por el sistema, especialmente por el penitenciario. Tampoco lo haría ahora. Estaba plenamente convencido de que había, pese a mis muchos defectos, más grandeza y amor en mi alma de bandido, la cual todos señalaban con dedos acusadores, que en la conjunción plena de todos los hombres que habían elaborado, colaborado y determinado mi encierro. No participaría en la aprobación de aquel sistema a cambio de promesas relativas, aunque aquello me supusiese el aislamiento de por vida.

En el módulo reinaba la rutina. Solía conversar a menudo con uno de los políticos a través de la mirilla de la puerta de la celda. Algunas tardes me prestaba su maquina de escribir para que hiciese escritos, que posteriormente dirigía a los jueces que me habían condenado, en los que les amenazaba de muerte. Quizás me abriesen algún sumario y ello me proporcionase la posibilidad de denunciar públicamente durante la sesión del juicio las torturas dentro de las cárceles españolas; y en todo caso también podría intentar algo. La cuestión era participar de alguna manera en la guerra contra aquellos hombres e instituciones encargados de la justicia. Y una de las mejores formas de lograrlo era evadiéndose, rompiendo con voluntad y coraje aquel castigo que nos infligían, desautorizándoles del derecho a castigar que se otorgaban y liberándonos, por medio de la rebelión, camino al que nos veíamos todos abocados.

Averié la celda que ocupaba, buscando el traslado a una de las celdas de la planta baja que daban al puente y a las garitas de la Guardia Civil. Lo conseguí, después de una charla con uno de los carceleros. Desde aquella posición averigüé que los familiares de los presos accedían a los locutorios a través de él, al igual que los carceleros en los cambios de guardia. El recinto constaba de una única puerta por la que sólo pasaban camiones proveedores y furgones policiales. El resto del tráfico humano tenía que pasar por allí, para entrar o salir. Éste constaba de tres controles. El primero situado en la zona exterior de la prisión, en el cual se recogían las documentaciones de todas las personas que entraban a la misma, a cuya salida les eran devueltas. El segundo, el de dos garitas situadas justo en medio del mismo, y ocupadas por un par de guardias civiles, encima de los muros del recinto. El tercero se ubicaba en el centro y constaba de varias puertas automáticas que daban acceso al interior de la prisión o a las comunicaciones habilitadas allí. De noche la iluminación era buena y la vigilancia de los guardias civiles constante, apenas se relajaban. Sin embargo, descubrí un leve error en la iluminación. Se trataba de la luz que iluminaba el puente. Ésta, enfocada principalmente desde el lado derecho, chocaba contra la pasarela de cemento, dejando sin apenas iluminación la vertiente interior derecha del puente. Si conseguía llegar al puente y saltar al mismo sin ser visto, entonces podría deslizarme por el suelo pegado a la pasarela derecha saliendo del campo visual de la garita de la derecha y protegido de la de la izquierda por la falta de luz. Además, la proximidad de las dos garitas, separadas una de otra por el ancho del puente, unos dos metros, confiarían a los guardias civiles en la imposibilidad de que alguien se atreviese a cruzar por allí, ante sus narices. Al menos eso esperaba.

Recibí la visita de uno de los médicos. Conversamos dentro de la pequeña enfermería del módulo:

—Tarrío, ¿cuánto hace que se hizo los últimos análisis y control de linfocitos?

—Me hicieron el último en el 88, en Pontevedra, pero no me dieron los resultados.

—Pero eso es imposible, Tarrío... —me interrumpió sorprendido—, deberían haberte hecho un control cada trimestre al menos.

Ya, pues consúltelo en mi expediente médico. No le engaño, en el vienen reflejadas todas mis circunstancias médicas.

—Es difícil de asimilar eso, la verdad.

Me sonreí irónico, como invitándole a despertar de un sueño.

—Bueno, te vamos a realizar unos aquí, a ver qué tal estás de defensas, ¿de acuerdo? —añadió, mientras garabateaba en un papel —. ¿Qué tal estás aquí?

—Mejor que en otros lugares en los que he estado, aunque desde hace una temporada vengo teniendo ataques de taquicardia y síntomas de asfixia por las noches, y lo he pasado muy mal.

—¿Cuánto tiempo llevas encerrado?

—Tres años.

—No, quise decir que cuánto tiempo llevas en régimen cerrado.

—Tres años.

—Entonces no me extraña —me respondió—, seguramente tendrás ansiedad y algo de claustrofobia. Te voy a poner una medicación a ver qué tal te va, ¿vale? Cuando tengamos los resultados de los análisis vengo a verte de nuevo y hablamos.

—Vale, gracias.

—De nada hombre, de nada.

Los resultados de los análisis reflejaban un leve deterioro en mi sistema inmunológico, aunque no corría ningún peligro, dado que todavía rondaba las 500 T4*. Procuré informarme mejor sobre aquello. Hablé con el médico sobre el tema:

* T4, células asesinas del sistema inmunitario.

—Tarrío —me aclaró—, la enfermedad como ya sabes es irreversible. Sólo queda la esperanza de que tarde el mayor tiempo posible en desarrollarse el virus, lo cual es poco probable en tu actual situación —tomó la cajetilla de tabaco y encendió un cigarro, invitándome a fumar. Acepté y prosiguió— Sí yo pudiese te pondría en libertad ahora mismo, y como a ti al resto de enfermos con anticuerpos, pero eso no es posible. La cárcel en vuestro caso es especialmente destructiva; como médico no puedo aceptarla y como ser humano racional, tampoco. En este caso el criterio de los jueces se encuentra por encima del de la medicina y, aunque es duro asumirlo, sólo puedo pedir la liberación de algún enfermo cuando se encuentra en la fase terminal y con enfermedades graves; o sea, cuando se encuentra al borde de la muerte.

—Sí, ya lo sé.

—Pero en tu caso es mucho peor, Tarrío, pues la prolongación del aislamiento te perjudica seriamente. Las celdas de castigo producen una reacción importante de sufrimiento a nivel de la psique que activan modificaciones del sistema neurovegetativo y neuroendocrino que influyen en el sistema inmunitario, debilitando las defensas corporales.

—O sea, que el castigo que me infligen constituye a la vez una aceleración de mi muerte, ¿no?

—En efecto. Lo lógico sería que para vosotros hubiese otro tipo de centros de carácter más abierto, y más basados en la medicina que en un reglamento disciplinario, pero eso es algo que está muy lejos de ser real.

—¿Qué me aconseja en cuanto a prevenciones?

—Lo mejor para ti sería salir del régimen cerrado, obtener más horas de patio y más espacio, a fin de eludir la opresión de la celda el mayor tiempo posible. Eso bloquearía un poco tu ansiedad y la sensación claustrofóbica que te causan tres años de celdas. También te aconsejaría que dejases de fumar y de beber café, e hicieses yoga o algún otro ejercicio habitualmente.

—Algo hago.

—Bien. ¿Qué tal la medicación que te puse?

—Mucho mejor.

—Bueno, pues ánimo y a cuidarse, ¿vale? —se despidió.

No eran sólo palabras. Durante mi estancia en Tenerife los médicos, salvo un par de ellos, me mostrarían en todo momento su profesionalidad imparcial al margen de la Administración. Por otra parte, aquella conversación con el médico encargado de velar por mi salud no hacía más que confirmar mis esperanzas en la fuga y justificar en gran medida mi posición frente a la cárcel. Mi lucha era una lucha legítima, como lo era la de todos aquellos hombres que se negaban a morir o vivir en prisión.

El 12 de noviembre la noticia me sorprendió a través de Radio Nacional. La prisión de Foncalent, en Alicante, estallaba en un sangriento motín, con retención de varios rehenes. Sobre las diez y media de la mañana, Antonio Cortés, conocido por el sobrenombre de *el Zorro*, retenía a varios carceleros a punta de cuchillo en el módulo cuatro. Desde allí se encaminó, en compañía de otros presos a los que previamente había liberado, hacia los módulos dos y tres, donde liberaron, a su vez, al resto de reclusos. Se destrozó toda la prisión y sobrevinieron un cúmulo de reyertas en las que numerosos presos fueron heridos gravemente, produciéndose la muerte de uno de ellos, en distintos ajustes de cuentas. En el segundo día de secuestro, la mayoría de los presos, tras largas negociaciones, decidieron dejar la revuelta y regresar a sus celdas, negándose a intervenir más allá de la protesta y la reivindicación. Otros presos, sin embargo, continuaron adelante oponiéndose a la rendición. Querían evadirse. Así, Antonio Cortés, Vicente Gómez, Francisco Sánchez, Pinteño Sánchez y Héctor Guillén se parapetaron en una de las galerías del módulo tres con cinco carceleros como rehenes. Acto seguido exigieron, bajo amenaza de muerte de los rehenes, la presencia de un furgón blindado, varias armas y dinero. Las negociaciones eran tensas. El resto de presos fueron encerrados en las celdas de los módulos dos y cuatro. Las críticas de los medios de comunicación así como las de los familiares de los heridos y del muerto fueron duras y contundentes.

Yo sabía que la cárcel y el aislamiento habían creado aquella situación, y que la Administración tenía una importante responsabilidad en ello. Comprendía la rabia asesina de algunos de aquellos hombres dispuestos a jugarse la vida, hartos del encierro y, en cierta manera, la compartía. Pero no estaba de acuerdo con la muerte de aquel preso ni con los apuñalamientos ocurridos ni con los numerosos abusos que se habían producido con otros compañeros, una vez liberada la bestia. No podía comprender que se amotinasen para matarse entre sí, en vez de unificar criterios contra los verdaderos responsables de su situación penitenciaria. Aquel alarde de salvajismo pondría inevitablemente a toda la opinión pública en su contra y, por consiguiente, en contra de todos nosotros. Mientras todos permanecíamos a la expectativa de lo que podía ocurrir en las negociaciones con Antoni Asunción, los GEOS se disponían al asalto y tomaban posiciones cercanas al módulo donde permanecían retenidos los rehenes.

Todo finalizó a las diez de la mañana del 15, tres días después de su inicio. Ocurrió en un descuido de dos de los presos. Pinteño y Serra entraron dentro de una de las celdas del módulo, y uno de los rehenes los encerró en ella, pasando el pestillo de la puerta. Acto seguido, ante la coyuntura, el resto de carceleros, envalentonados por la acción de su compañero, se abalanzaron sobre Francisco Sánchez, *el Rojo*, reduciéndolo al unísono. Luego advirtieron a gritos de lo sucedido a través de las ventana y los GEOS intervinieron reduciendo definitivamente a todos los presos, tras propinarles una paliza con bates de béisbol, desnudarlos y esposarlos. Lo sentí por ellos, pues la verdad era que le habían echado mucho valor y se lo habían jugado a una carta elevada. Pensé que si en vez de haber matado a un preso, hubiesen ejecutado a un carcelero, quizás lo hubiesen conseguido. Pero pensar y hablar resultaba fácil: lo difícil era actuar.

Los medios de comunicación, obedeciendo la monocorde voz del amo, se cebaban en el tema y calificaban lo ocurrido como el acto salvaje de un grupo de psicópatas descontrolados. Sin embargo, nada se decía en ninguno de los telediarios o informativos radiofónicos sobre lo que ocurría dentro de los muros de aquella prisión. Nadie mencionaba que meses antes se habían detectado irregularidades en el tratamiento a los presos del psiquiátrico, al comprobarse en la visita de una escritora al mismo que no existía personal médico especializado y que los encargados de administrar la medicación a los presos eran los carceleros, gente desprovista de toda noción médica, legos en la materia de la psicología o de la psiquiatría y anclados en el graduado escolar. Ni tampoco las torturas constantes a las que se veían sometidos los presos, con duchas de agua fría, esposamientos a las camas que duraban meses enteros, palizas y aplicaciones arbitrarias de camisas de fuerza. Eso nadie lo recordaba ya ni se mencionaba. Los mercenarios de la pluma continuaban prostituyéndose descaradamente, lo cual ya no me sorprendía. Se encontraban totalmente alineados, sometidos. El horror de la tumba carcelaria sólo lo conocíamos los hombres enterrados en vida dentro de ella. ¿Qué sabían aquellos energúmenos de la cárcel? Actos como aquéllos sólo pedían ser protagonizados por auténticos desesperados, y la desesperación llega cuando se pierde toda esperanza. Toda aquella violencia era generada por la cárcel, por los hechos que acontecían a diario dentro de aquellos muros, por aquello que la mayoría de los periodistas de renombre o ciudadanos se negaban a aceptar, aunque sabían en lo más profundo de sí mismos lo que ocurría.

Por mi parte, días después me puse a serrar uno de los barrotes de la ventana. Lo hice sólo en uno de los lados y, una vez finalizado, rodeé de una fina capa de esparadrapo de papel fino la zona cortada, que luego cubrí con pintura del mismo color del barrote. Para disimularlo mejor, colgué del mismo un par de calcetines y unos calzoncillos, aparentemente a secar.

Una mañana, uno de los presos vascos, el mismo que me había facilitado el esparadrapo y la pintura, vino a advertirme sobre un inminente registro. Me abordó mientras paseaba:

—José, me he enterado de que van a hacer cacheo.

—¿Hoy? —pregunté.

—Dentro de un rato.

Efectivamente. Una hora después aparecieron en tromba, capitaneados por el jefe de Servicios.

—Si van a cachear mis pertenencias quiero estar delante. El Reglamento así lo contempla.

—No hay ningún problema para que esté usted presente.

Entré dentro de la celda, recogí todos los libros y demás material didáctico que tenía sobre la mesa, y lo coloqué encima de la cama, al igual que la ropa. Luego me senté encima de la mesa. Varios carceleros, enfundados en sus guantes de plástico, comenzaron a registrar las pertenencias, mientras otros registraban las ventanas desde el exterior. Uno de ellos se dirigió a mí desde la otra parte de la ventana.

—¿Está seca esta ropa? —me preguntó señalando los calcetines.

Toqué los mismos con la mano y le respondí:

—No, todavía están húmedos, ¿por qué?

—Porque no se puede tender ropa en las ventanas.

—No lo sabía.

—Bueno, pues otra vez la tiende dentro de la celda, ¿de acuerdo?

—Sí, señor...

Me había venido de perlas haberlos remojado esa mañana antes de salir de la celda. Por el momento me había librado.

La noche siguiente actué. Coloqué una toalla entre los barrotes para impedir que alguno de los guardias civiles de las garitas de enfrente alcanzase a verme. Una vez cubierto, arranqué el barrote, cediendo éste por la soldadura del lado sin cortar, como había presumido. Lo tiré encima de la cama y me deslicé hacia afuera a través del hueco de la ventana. Seguidamente me encaminé agazapado hasta una pequeña alambrada cercana, que superé ágil y raudo. Desde allí bajé las escaleras del módulo de ingresos y me dirigí, tras saltar un muro, hacia la enfermería del centro, atravesando varios jardines. Ya en la enfermería me encaramé al tejadillo de la entrada y, desde el mismo, me desplacé por los tejados bajos hasta el centro, en donde, ayudado por una ventana de una de las oficinas, accedí al tejado superior. Deslizándome como un reptil, busqué la zona del puente hasta situarme encima del mismo. Tenía que saltar encima de él y arrastrarme cerca de sesenta metros hasta el final, único lugar razonable para saltar sin romperme las piernas. Esperé cerca de media hora y, en un descuido de los guardias civiles, provocado por el coche patrulla que rondaba el exterior de los recintos, salté al suelo del puente sin ser visto, pegándome al pasamanos derecho. Una vez allí, avancé boca abajo lentamente. Tenía los ojos puestos en el guardia civil de la izquierda, esperando la suerte de otro descuido. Unos minutos después se produjo. El guardia dio la espalda al puente para otear los recintos y superé ambas garitas. Continué adelante sin vacilar, con el sabor del éxito en la boca y con el corazón bombeando a un ritmo endiablado. Había superado los recintos y, debajo de mí, se encontraba el campo; únicamente restaban un par de metros para la reconquista de mi libertad.

—Si te mueves te mato como a un perro, cabrón —me gritó un guardia civil apuntándome a la cabeza con su arma.

Había surgido de la puerta del primer control sin darme tiempo a reaccionar.

—Lo tengo, tranquilos —gritó a sus compañeros burlados, que ahora me apuntaban con sus fusiles a la espalda.

Deseé morir. Varios focos buscaron mi posición, iluminándome arrodillado sobre el cemento con las manos sobre la cabeza, vencido y desolado.

Horas después fui trasladado de nuevo al módulo e introducido en una de las celdas. Me sentía desanimado por la ocasión que se me escapaba. Había calculado todo bien, pero ignoraba que en el primer control existía una cámara oculta de circuito cerrado que recogía todo el puente y por la cual me habían detectado en el último momento. Me habían jodido. Pasaría mucho tiempo antes de volver a tener una oportunidad así.

El director de la prisión ordenó mi aislamiento. Comencé a salir de nuevo solo al patio, lo cual empeoró mi relación con los carceleros. Me mostraba agrio con ellos, profiriéndoles insultos constantemente, sin motivo aparente. Descargaba sobre ellos toda la frustración e impotencia de sentirme atrapado en aquel absurdo.

Una tarde, mientras acudía a la garita a recoger un par de cartas, observé a través de los cristales de la misma a un preso canario en el módulo de ingresos adjunto, al cual conocía de la prisión de Daroca. Había estado encargado de la limpieza del módulo cinco de aislamiento de aquella prisión, donde se encontraba refugiado y repudiado por el resto de la población reclusa por violador. En su doble condición de carcelero y ordenanza del módulo, se dedicaba a robar el dinero de los que le encargaban economato o vendía cigarros a cien pesetas a aquellos compañeros que no podían contener la tentación de fumar, al estar prohibido el tabaco en aislamiento. Todo ello amparado en la impunidad que le ofrecía la protección brindada por la Dirección. Ahora se encontraba allí, sonriente, disfrutando de su progresión de grado y dándoselas de macho ante sus paisanos, a los que la sola idea de ser enviados a las cárceles de primer grado de la Península aterrorizaba sobremanera. Para ellos aquel bastardo era poco menos que un héroe. Ya en la celda me decidí a darle un escarmiento y a castigar lo que la Administración había premiado: la asquerosa conducta de aquella basura. Para ello me fabriqué un cuchillo de metal durante la noche, al que proveí de un mango hecho de tela.

A la mañana siguiente me apunté al médico. Sobre el mediodía vinieron a abrirme y, con el cuchillo oculto en la cintura, me dirigí a la garita. Extraje un paquete de tabaco del bolsillo.

—Oiga —le dije al carcelero que se encontraba dentro—, quiero pasarle esta tabaco a un amigo que tengo allí, en el módulo de ingresos.

—¿A quién?

—A uno que vino recientemente de Daroca, ahora no recuerdo su nombre bien.

—Venga, démelo —respondió abriendo la puerta.

Me abalancé hacia adentro y extraje el cuchillo de la cintura, empujándolo hacia un pequeño armario metálico:

—¿Qué botón abre la puerta de ingresos?

—Ése —señaló asustado.

Lo pulsé y entré en el interior del módulo portando el cuchillo en la mano derecha. Salí al patio y, una vez localizado, me encaminé hacia él. Los demás presos se apartaron con rapidez y un profundo silencio se apoderó del patio.

—¡Qué!, ¿no me recuerdas? —le saludé.

—Oye, Che, ¿qué vas a hacer?

Sin más me abalancé sobre él y le asesté varias cuchilladas en un costado, sin ánimo de matarle. Quería darle un buen susto nada más. Se echó a gritar y lo dejé irse corriendo hacia [illegible] donde lo trasladaron a la enfermería, su nuevo lugar de refugio. Luego entregué el cuchillo y [illegible]da. Ya dentro de ella discutí con el jefe de Servicios, quien ordenó que me fuesen retiradas parte de mis pertenencias.

—Más te vale estarte calladito, ¿eh? —me amenazó.

—Que te den por culo, hijo de perra.

—Aquí el único perro que hay eres tú, y además rabioso.

—Valiente marica estás hecho a través de la puerta...

Unas horas después de aquel percance vinieron en grupo a cachear la celda que ocupaba. Al menos se presentaron con esa excusa.

—Tarrío —se dirigieron a mí—, tenemos que registrar sus pertenencias. Para ello tenemos ordenes del director de esposarle mientras está fuera de la celda.

Dicho esto, abrieron la puerta y me esposaron. Una vez engrilletado, el jefe de Servicios al que había insultado me encaró:

—Qué, ¿ya no te pones tan chulo ahora, verdad?

A esta provocación le siguieron varios puñetazos, a los que respondí con una patada que le hizo doblar. El resto de carceleros se abalanzaron sobre mí y se sumaron a la pelea, golpeándome hasta reducirme, tras lo cual me sacaron a rastras hasta la celda de al lado. Allí me retiraron los grilletes y me proporcionaron un buzo azul, despojándome de la ropa. Un hilillo de sangre se deslizaba desde mis narices hasta la barbilla, pasando por mis labios. Desnudo, me enfundé el buzo y fui esposado de nuevo. Una vez solo, comencé a pasear por la celda. Me sentía rebosante de ira, aunque en el fondo sabía que había sido yo quien les había provocado esta vez, con constantes insultos. El Reglamento contemplaba aquellos medios, legalizándolos antes sus ojos. Cumplían con su deber de verdugos, con lo que a fin de cuentas era su oficio. Para ellos enfrentarse en grupo contra un hombre engrilletado era normal e incluso heroico; para mí, sólo un acto cobarde y abyecto. Yo entonces, desde un subjetivo prisma, no alcanzaba a entender que quizás para ellos cobardía era apuñalar a un hombre desarmado, cuando para mí resultaba lo propio. ¿Quién estaba en posesión de la verdad? Dentro de un mismo mundo vivíamos mundos totalmente inversos. Su sentido de la justicia se encontraba a mil años luz de mi concepto de lo justo; lo que para ellos significaba ética y moral, para mí no dejaba de representar una farsa hipócrita. Yo no pretendía acatar más normas que las de mi anarquía, una anarquía que me predestinaba al papel de malo. A lo largo de mi vida había observado, maravillándome, cómo los errores cometidos en nombre del común social mayoritario se quedaban sólo en errores, y que, sin embargo, en mí esos mismos errores tomaban el nombre de delitos, ya que se cometían al margen de la sociedad. Si un ladrón era acribillado a balazos por un grupo de policías armados hasta los dientes de las más modernas y sofisticadas armas, la sociedad y los medios prostituidos utilizaban el término «abatido». Pero en cambio, si el abatido era uno de esos representantes de la ley o un ciudadano, entonces el término sufría una metamorfosis que lo transformaba en «asesinado». El derecho a castigar (*ius puniendi*) lo ostentaba en exclusiva el Estado. Se podía castigar y matar en nombre del Estado, no por venganza o en un momento de ira. En el primer caso, estabas obligado a ello por activa o por pasiva, y recibías en el ejercito los conocimientos básicos para matar. No importaba que uno fuese cristiano. En nombre de Dios y de la patria todo estaba permitido y se podía violar, asaltar, saquear a diestro y siniestro y ser un «héroe». ¿Quiénes habían perpetrado nunca peores crímenes contra la humanidad que la Iglesia o el Estado? Si te negabas te enviaban a presidio: eran numerosos los jóvenes encarcelados por insumisión en las cárceles españolas, hombres cabales encerrados por apología de la paz. En el segundo de los casos, si matabas, o asaltabas te convertías en un criminal despreciable, en un asesino, ya que carecías de la legitimidad necesaria. El propio sistema justificaba el crimen. Lo justificaba desde la primera guerra que había tenido lugar en la tierra, hasta las de la era contemporánea. Y lo hacía con esa doble moral, con esa doblez característica de los grandes cínicos. No, ellos no eran mejores que yo, ni yo mejor que ellos; quizás sí menos hipócrita, pero no mejor. Todos nosotros éramos animales en evolución y, nos gustase o no, nada podíamos ser peor que aquello: hombres en los que todavía quedaba mucho de bestia.

Me mantuvieron tres días en aquellas condiciones, engrilletado día y noche. Al tercer día, ante las reiteradas protestas de mis compañeros, accedieron a retirarme los grilletes y a devolverme la ropa y las pertenencias. En el mes de diciembre sería trasladado a la prisión de Zamora para asistir a un juicio. Allí me aguardaba una petición inicial de veintinueve años de prisión.

Prisión de Zamora, diciembre de 1990

Después de haber hecho tránsito en el Puerto y en la prisión de Córdoba, llegué a la vieja prisión. Estaba agotado por los constantes viajes que había tenido que realizar. Habían colocado dentro del recinto, frente al cuerpo de guardia, una máquina de café automática. Esposados juntos, Antonio Jara, un conocido fuguista, y yo nos detuvimos frente a la misma y bebimos un par de cafés calientes, los cuales nos sentaron de maravilla. Luego, portando las bolsas en las manos como buenamente podíamos, y en varios viajes, nos ingresaron dentro de la prisión. Yo fui trasladado al tubo, mientras que el resto de presos lo eran al módulo. Viejos recuerdos acudieron a mi mente, no en vano había pasado en aquellas celdas de castigo cilíndricas un año de mi vida, entre castigo y castigo. Las celdas se encontraban igual, no habían modificado nada de su estructura, aunque en prisión las cosas si habían cambiado y mucho. Los carceleros se conducían con excesiva amabilidad y respeto, lo cual no me encajaba con lo que yo les había visto hacer en el pasado; debía humillarles sobremanera la obligación de comportarse respetuosamente con los presos, por órdenes del nuevo director. Los menores habían sido trasladados definitivamente a la prisión de Herrera de La Mancha, después de varios motines encadenados, y ahora la mayoría de los presos que albergaba Zamora eran mayores que procedían del Puerto de Santa María. Y aquélla era otra de las razones por la que los carceleros andaban suaves: no era lo mismo abusar de un puñado de imberbes asustados, de entre dieciséis o diecinueve años, que hacerlo con hombres curtidos en los penales más duros del Estado. Para lograr aquel clima relajado habían pasado muchos años y muchos tuvimos que padecer numerosas agresiones y torturas, pero había valido la pena. La vida y la convivencia allí ahora se hacía mucho más llevadera, menos sufrible.

A la mañana siguiente me bajaron al patio con el resto de presos. El módulo continuaba siendo de primer grado y en él me encontré con mi amigo Santiago Izquierdo Trancho, quien se encontraba cumpliendo allí. Nos enlazamos en un fuerte abrazo.

—Hola campeón —me saludó—, ¿qué tal?

—Bien. Vengo al juicio por la muerte. ¿Y tú, qué?'

—Aquí estoy cumpliendo.

En el módulo habían dispuesto un pequeño gimnasio provisto de pesas, un saco de boxeo y otros materiales deportivos; también habían habilitado una nueva cafetería y una televisión con un vídeo, así como un taller de barro. Todo un lujo, frente a lo que había sido. Ahora, paseando a través de la sala con mi amigo, se me venían a la memoria las frías mañanas de invierno que habíamos pasado en aquel patio, sin poder entrar en la misma. Decididamente aquello se me antojaba un lujo.

—¿Cuánto te piden? —me preguntó Trancho.

—Veintinueve años.

—Cuenta por lo menos con veinte —sentenció.

—Sí, algo así espero.

—Yo tengo ahora un proyecto de fuga en marcha con el Carlos, pero necesitamos una sierra grande, pues han puesto barrotes dobles. ¿Puedes facilitárnosla?

—No. Tengo sólo una, y le voy a dar uso en cuanto pueda.

—Entiendo...

El ánimo de Trancho era admirable. Tenía en su haber un numeroso glosario de intentos de fuga, pero que nunca había logrado culminar. Lo había intentado una y otra vez, y lo seguiría intentando siempre.

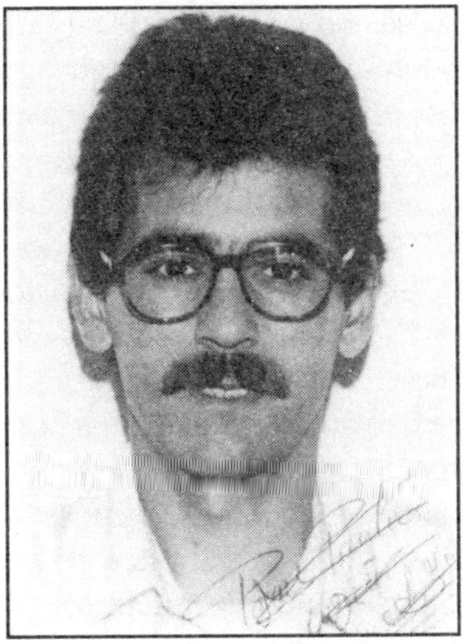
Carlos Esteve García

Era un rebelde. Los diez años de prisión, en su mayoría aislado en celdas o en régimen cerrado, no habían minado su idealismo ni su rebeldía. Como muy pocos, mi amigo se negaba a ser carnaza fácil para la bestia carcelaria. Su actitud me animaba. Me presentó a Carlos Esteve, su compañero en aquella aventura que pretendía llevar a cabo. Su físico, especialmente su cara de buen chaval, no me permitían entonces adivinar la firmeza fría que se ocultaba detrás de aquellas gafas de intelectual. Años más tarde, aquel hombre enclenque protagonizaría una de las evasiones más espectaculares jamás acontecidas en el panorama penitenciario español o europeo. Por ahora nos saludamos cordiales.

Durante el paseo fui llamado a entrevistarme con las asistentas sociales. Me condujeron a un despacho donde me aguardaban sentadas en sus poltronas, detrás de la mesa.

—¡Caramba! —exclamó una de ellas—, cuánto ha cambiado usted.

Tomé asiento sin contestar aquella tontería.

—¿Qué tal se encuentra, Tarrío? —intervino la otra.

—Muy bien.

—Le hemos llamado —se apresuró a decir— para saber si necesita usted algo de nosotras. Por si quiere que llamemos a su casa o a alguien de su familia para notificarles que se encuentra aquí. Ya sabrá que ahora permiten vis a vis.

—No necesito nada de ustedes —respondí cortante.

—Está usted muy arisco, Tarrío —intervino su compañera.

—Estoy como siempre, como hace dos años y medio...

—Las cosas han cambiado...

—Sí, pero no gracias a ustedes.

Dicho esto me levanté y me despedí. Había estado año y medio en aquella prisión pasando todo tipo de calamidades y sólo se habían acercado en una ocasión al tubo a verme, con sus sonrisas de putas baratas. Su falsedad era tanta que ni siquiera lograban estimularme para la masturbación, pese a la abstinencia.

¿A qué venía ahora toda aquella farsa? Zamora era algo que nunca olvidaría, jamás. Me sentía lleno de rencor hacia aquellas personas, era incapaz de creer en ellas, de aceptar que pudiesen tener algo bueno dentro de sí. No, después de lo que me habían hecho allí. Ellas eran responsables directamente por omisión de responsabilidades, como lo eran también los educadores, la psicóloga, los médicos y demás ralea institucional. Yo asumía mi parte de responsabilidad. De hecho estaba allí para asumirla en años de cárcel. Ellos que asumiesen la suya, pues eran responsables de que en el corazón de muchos de nosotros latiese con fuerza el odio, la impotencia y la desesperación de soportar, constantemente, el abuso y la injusticia. Varios días después acudí al Juzgado a dirimir mis responsabilidades con la sociedad. Se celebraba el juicio en la Sección Segunda de la Audiencia Provincial. Fui cacheado de forma integral y trasladado dentro de un furgón, rodeado de ocho policías nacionales. Los testigos habían sido trasladados previamente en otro furgón aparte, y nos mantuvieron separados durante toda la sesión. El Juzgado se encontraba plenamente tomado por la policía, ante el temor de un atentado contra mi persona por parte de la familia del muerto. Las familias gitanas se caracterizaban, entre otras costumbres, por aquel tipo de venganzas. Y en realidad eran ellos los únicos legítimamente autorizados para la venganza, y no aquel atajo de desconocidos que se creían en derecho de juzgar todos los crímenes de los hombres según su justicia. Mientras subíamos las escaleras hacia la sala, uno de los polis tuvo unas reconfortantes palabras para mí:

—Tranquilo chaval que con nosotros estás seguro.

Lo que me faltaba. Si no fuese por que dentro de unos instantes se iban a barajar ofertas con el tiempo de vida que me restaba, me hubiese hasta resultado cómica aquella situación. Ahora sólo quedaba que me condenasen a veinte años de cárcel para salvarme la vida.

Antes de entrar a la sala hablé con mi abogado. Lo había reconocido todo y tenían el arma, por lo que allí no había nada que defender que no fuese una petición menor. Solicité a mi abogado el expediente y me entretuve leyendo las declaraciones de mis compañeros. Entre ellas encontré una instancia firmada por un preso al que no conocía en la cual solicitaba a la Dirección de la cárcel de Zamora no ser llamado como testigo. Memoricé su nombre y deseé que lo hubiesen llamado a fin de conocerlo. En cuanto al resto de testigos, todo estaba en orden; se habían comportado fenomenalmente. En la sala se negarían a contestar pregunta alguna del juez o del fiscal, según habíamos previamente acordado en prisión a través de mensajes.

Al comienzo de la sesión me trasladaron al interior de la sala. Era grande, revestida con un suelo marrón de madera, y contaba con varios bancos en fila sobre los cuales posaban sus culos grasientos varios grupos de ciudadanos y periodistas. Me senté, rodeado de policías, en el banquillo de los acusados, enfrente del tribunal. Allí, como buitres callados, dos magistrados y el presidente me observaban con los ojos apagados de quienes están acostumbrados a enviar hombres y mujeres a prisión, como algo rutinario, sin importancia. A mi izquierda, el fiscal ordenaba varios papeles inmerso en su discurso, mientras mi abogado, situado a mi derecha, me escrutaba fijamente como intentando ver dentro de mí lo que se ocultaba tras mi semblante serio. Detrás de mí, un grupo de fotógrafos intentaban plasmar mi imagen para su periódico, a fin de llevar a la sociedad la eficacia de sus tribunales: no era más que carnaza para todas aquellas aves de rapiña.

Comenzó el juicio con la lectura de la acusación. Luego fueron desfilando los testigos. Personajes a los que no conocía de nada, ni nada conocían de mí, fueron saliendo a la palestra y, presionados por el fiscal, se recrearon especulando sobre mí. Los psiquiatras forenses que habían ido a entrevistarme a la prisión meses después de los hechos me tacharon de violento, introvertido y de reacio al principio de autoridad. Alabaron mi excelente, según ellos, memoria, destacando que con veinte años leía y entendía perfectamente a Shakespeare y Nietzsche, lo cual consideraban excepcional. Aquellos elogios complacieron mi ego intelectual. Los presos que habían asistido a los hechos se negaron, tal y como habíamos acordado, a responder a las preguntas del fiscal, pese a las coacciones del presidente. El fiscal entonces llamó al hombre que había entregado mi juventud y mi vida a la cárcel, y a aquellos carroñeros con títulos de postín. Negó haber colaborado en aquello y, aunque el fiscal leyó su declaración en alto, se negó a contestar a sus preguntas. Se hallaba acongojado; debía sentirse muy incómodo dentro de sí mismo. Allí estaba, indigno y avergonzado, notando mis ojos clavados como puñales en su espalda. Cuando abandonó la sala nuestras miradas se cruzaron levemente. Mi mensaje visual fue claro: me reservaba el derecho a ajustarle las cuentas. Luego me tocó el turno a mí. En mis parcas respuestas a las preguntas del fiscal no se traslució nada nuevo a lo ya declarado. Aquello me empezaba a producir nauseas y dolor de cabeza. ¿Quién puede garantizar la verdadera justicia? Yo no era más que un preso que, una vez condenado, desaparecería por el desagüe de la cloaca carcelaria, errónea o acertadamente. Nada hubiese cambiado explicar a aquellos asnos que asumía mi parte de responsabilidad como autor de un ajuste de cuentas con el resultado accidental de una muerte, pero que creía que existían otras responsabilidades sociales y administrativas. Se reirían de mí. Yo era el reo y por lo tanto carecía de credibilidad. Los hombres no éramos iguales ante la ley. ¿Cómo íbamos a ser iguales cuando los encargados de administrar la justicia se sentían seres superiores? Ningún hombre puede ni debe juzgar a otro hombre, a no ser juzgándose a sí mismo antes, y únicamente en su nombre; aun así, difícilmente lograría ser objetivo ni mucho menos justo. No importaba que las cárceles fomentasen aquella violencia que me había llevado a aquel banquillo. No era igual, a la hora de la igualdad, juzgar a un simple preso, que exigirle responsabilidades a un director de prisiones y, por consiguiente, al Ministerio de Justicia. ¿Por qué nos habían reunificado a todos de nuevo en aquella cárcel después de la experiencia de Teruel? Que iba a suceder algo así era obvio, y no se hizo nada por evitarlo porque a nadie importaba que un grupo de presos se matasen entre sí. Entonces, ¿a que venía todo aquello?, ¿a cuento de qué se me juzgaba ahora?, ¿en nombre de quién?, ¿de la sociedad? A la sociedad le importaba cero que un preso hubiese muerto; incluso muchos se alegrarían de ello; uno menos, ladrarán algunos. ¿Para qué servía toda aquella pamplina, si las circunstancias que habían provocado aquel suceso en cuestión continuaban al orden del día dentro de prisión, costando otras vidas y nuevos juicios inútiles? Yo sabía perfectamente que mi condena se encontraba dictada de antemano y que aquello era una farsa, mero formulismo para legalizar una condena por homicidio. Me hizo gracia el lenguaraz del fiscal, cuando no dudó en utilizar a aquel preso como testigo, a sabiendas de que ello podría fácilmente ser el eslabón inicial de un nuevo crimen.

De regreso a prisión me prometí no acatar sentencia alguna de ningún tribunal, negando con ello derecho alguno a los jueces sobre mí. No podía reconocerles nada, ni siquiera como hombres, a quienes enviaban tantos seres humanos a presidio sin importarles lo que allí dentro ocurría con ellos; sin preocuparles que dentro de aquellos muros se quebrantasen los derechos que tanto proclamaban en el ejercicio de su cargo. Me liberaría a mí mismo o moriría intentándolo hasta el último halo de fuerza, pero nunca aceptaría el encierro, jamás.

Llegaron las Navidades. Trancho me prestó su aparato de televisión por unos días y pude recrearme en la celda con las curvas de la espectacular Marta Sánchez y sus prominentes senos. Entonces, la guerra del Golfo Pérsico estaba en su auge y España, fiel ejemplo del servilismo más rastrero, había enviado alguno de sus portaaviones y heroicos patriotas, empujada por la vanidad estéril de demostrar solidaridad con los amos del mundo. Aquello me llenaba de ironía. Las grandezas de los pueblos, la grandeza de las tan laureadas democracias internacionales, se medían, al igual que en las dictaduras, por su potencial militar. Aquélla era una guerra estúpida que nos mostraba la inutilidad de los Estados y las patrias; la necesidad de rebelarnos contra aquellos que se divertían con proclamas militaristas y guerras inútiles. ¿Cómo podía la sociedad permanecer de brazos cruzados viendo como arrojaban a prisión a los jóvenes insumisos (únicos héroes de aquella guerra) y contemplar, a la vez, a través de la pantalla como su pueblo, sus hijos, sus padres, amigos y hermanos se preparaban para la matanzas; ¿qué había en aquella guerra de heroico?; ¿se hallaba moralmente legitimada aquella sociedad para juzgar y condenar mis faltas? Sin duda Marta Sánchez había sido muy humanitaria y valiente, atreviéndose a ir al Golfo para cantar a los soldados españoles; todo era poco para levantar la moral de aquellos héroes. Al fin y al cabo, estábamos en Navidad, ¿no?

El día 28 recogí todas mis cosas y me despedí de Trancho. Le deseé suerte en la fuga que preparaba con Carlos, que los dos encontrasen la libertad en la misma. Ojalá nos encontrásemos de nuevo, pero esta vez en la calle. Tras un cacheo previo fui escoltado por dos carceleros hasta las puertas de entrada de la cárcel, donde me esperaba la Guardia Civil. Me esposaron, huellé y, con las bolsas en la mano, me dirigí hasta el furgón, dejando las mismas en el portaequipajes. Luego subí al mismo, donde me esperaba una agradable sorpresa. Ajeno a ella, me senté dentro de una de las jaulas.

—¡Ese José! —me llamó una voz.

—¿Quién eres? —interrogué a gritos.

Reinaba un fuerte alboroto producido por las diferentes conversaciones de otros presos.

—¡Joder!, soy el Musta, coño — me gritó

—¡Hostia!; ¿y dónde estás?

—Por aquí, detrás de ti, creo. Ahora hablamos con los picoletos para que nos pongan juntos, ¿de acuerdo?

—Vale.

Cuando montaron los últimos compañeros, llamé al sargento que comandaba el grupo de agentes:

—Oiga, guardia.

—¿Qué quieres?

—Quiero cambiarme de jaula y ponerme con un amigo mío que va en una jaula detrás, [illegible]

—Vale, venga, pero quiero un viaje tranquilo, ¿eh?

—Sí, sí, tranquilo...

Con el furgón ya en marcha y con los guardias civiles dentro de sus habitáculos, nos abrieron las puertas y nos unimos en un abrazo en el pasillo del furgón. Di las gracias al compañero que había accedido a cambiarse de jaula, para que yo y mi amigo pudiésemos ir juntos. Nos metimos dentro de la jaula y hablamos en nuestra lengua nativa:

—¿Qué, como che encontras? —le pregunté.

—Eu ben, ¿e ti?

—Eu tamén ben. Quedei moi sorprendido pola tua detención, e a dos demáis. Qué pasou?

—Se cometeron moitos erros! Pequei de inexperiencia neno, e ainda que o asumo ben, non deixo de lembrar a oportunidade que tive! O sinto por tí, pois agardaba chegar a tempo para face-lo falado entre os dous!

—Tranquilo, pois temos tempo e ganas, e iso é agora o importante. Temos que correxir isos erros, e o demáis chegará por se mesmo —le animé—. Alégrome moito de verche, ainda que non sexa este o lugar donde tíñamos a cita.

—¿Adonde vas? —me preguntó.

—Vou a Tenerife 2; estou cumplindo alí. Non fuxín de ela por moi pouco, e vouno a intentar de novo no chegar.

—Ten coidado.

—O teño. ¿E ti onde che levan?

—Vou a un xuicio a Zaragoza.

Establecimos un sistema de comunicación para no perder contacto. Era importante permanecer unidos e informarnos mutuamente sobre los traslados o situaciones que se produjeran. El camino se hacía más llevadero cuando se sentía la presencia de verdaderos amigos al lado; de personas que te querían sin reservas. Ellos, junto a mi madre y hermanos, constituían mi única y verdadera familia. Siempre había sido así. Ellos eran quienes me habían acompañado en el internado, en el reformatorio y ahora en la cárcel. Y serían sólo ellos quienes me acompañarían incondicionalmente hasta el final, o quienes empuñarían un arma para defenderme o liberarme.

Habían cambiado la prisión de Carabanchel por la de Alcalá-Meco para los tránsitos, así que el furgón se detuvo delante de esta última. Una vez dentro de la misma nos separaron. Aunque ambos íbamos en régimen cerrado, fuimos destinados a módulos diferentes. A mí me tocó hacer celda con Antonio Jara, mientras que a mi amigo lo destinaron al módulo seis. Salíamos de conducción el mismo día, por lo que volveríamos a vernos dentro de tres días.

En el módulo de ingresos Antonio consiguió unos cuantos porros a través de conocidos suyos. Traía también una bolsa con distintos y sabrosos quesos franceses, de los cuales nos atiborramos. Nos tumbamos en las dos camas litera de las que se encontraba provista la celda y fumamos varios canutos. Antonio Jara era un reconocido atracador de bancos y tenía a sus espaldas uno de los historiales criminales más amplios del país. Conocía varios países y se había evadido en cuatro ocasiones de cárceles españolas. Era todo un bandido. Me gustaba escucharle hablar:

—Créeme José, los cuarenta años son la mejor edad para un hombre.

—¿Y eso cómo es? —le pregunté.

—Porque tienes experiencia, madurez, dejas de cometer los errores de cuando se es joven y todavía se te levanta.

—Eso siempre que se sea libre, ¿no?

—Este año me toca ir a Brasil —respondió convencido.

—A ver si tenemos suerte, que falta nos hará.

—¿Qué años tienes, José?

—Veintidós.

—Sigue intentándolo con todas tus fuerzas que lo conseguirás —sentenció.

Aquellas palabras serían proféticas: uno de los dos lograría evadirse el año entrante. Pero por ahora aquello eran sólo sueños, proyectos y esperanzas, con las cuales recibíamos a 1991.

Despedimos el año con otra ración de porros. Nos dieron una cena aparentemente navideña y doce uvas, en mal estado, por lo que no las comimos. Terminamos con los quesos franceses y nos zampamos algunos pastelitos comprados en el economato, mientras conversábamos sentados en la mesa. Después, preparamos el equipaje para el viaje que nos aguardaba a la mañana siguiente, tres días después de nuestro ingreso en Alcalá-Meco.

En las celdas americanas de ingresos me encontré de nuevo con el Musta, y también con el Garfia. Nos saludamos todos y conversé con mi amigo a través de los barrotes:

—Manten o contacto, ¿de acordo?

—Ben. Non o dubides. Mandarei isas cartas que me diches, tranqui.

—Non esquenzas de falar con Yanko e os demais —le recordé.

—E ti a Alba.

—Eso está feito.

Juanjo, que se encontraba charlando animosamente con el Jara, el Titi y el Isidro, todos ellos fuguistas conocidos, se acercó hasta la reja en la que me encontraba hablando con Musta.

—¿Qué tal vas de pasta? —preguntó.

—Fatal.

Sacó de su cartera dos mil pesetas y me las pasó. También me proporcionó varios paquetes de tabaco. Aquellos intercambios de favores, ayudas desinteresadas, eran muy habituales entre nosotros los fuguistas. Existía una gran compenetración y solidaridad, pues todos conocíamos la necesidad que teníamos los unos de los otros, lo cual nos mantenía unidos dentro de un estricto círculo.

—Suerte, José —me deseó.

—Vale, cuídate mucho tú también, ¿okey?

Pasé la mitad del tabaco y del dinero a mi amigo, arrojándoselo a través de los barrotes. Una vez se presentó la conducción con destino a Cádiz fui llamado entre otros compañeros por la Guardia Civil para subir al furgón. La sola idea de montar de nuevo en aquellas jaulas me revolvía las tripas. Recogí las bolsas con mis pertenencias y me despedí de Juanjo con un firme apretón de manos. Luego pasé por la celda donde se encontraba enjaulado Musta y, agarrando su mano con fuerza, me despedí de él:

—Sabes que che quero moito? —le afirmé.

—O sei irman. Eu tamen...

Tras aquel conato de sentimentalismo, me encaminé hacia el furgón. Metí las bolsas en el portamaletas y, una vez todos dentro de las jaulas, tomamos rumbo a Andalucía por la Nacional IV.

Yo había logrado ponerme solo dentro de una de las jaulas; al menos así se me haría menos sufrible. Las conducciones continuaban siendo una porquería. Por ahorrarse unos duros, la Administración y la sociedad continuaban tratándonos como a ganado.

Prisión del Puerto de Santa María 2, enero de 1991

Al llegar al Puerto de Santa María fui trasladado, ante mi sorpresa, a la Cárcel de Preventivos conjunta al penal y al Departamento de Mujeres. Ambas prisiones se encontraban separadas entre sí por tan sólo una carretera, por la cual entraban las conducciones y furgonetas policiales con más carnaza para el presidio. Una vez dentro del Puerto 2 me condujeron, tras un humillante cacheo en el cual tuve que levantar y mostrar los testículos al carcelero, hasta el módulo de aislamiento, donde se encontraban varios presos políticos de la organización vasca ETA. Conocí a Paco y a José Mari, con los que entablé una buena relación al igual que con el resto de políticos, los cuales me recibieron maravillosamente, compartiéndolo todo conmigo, desde el primer momento. Tenía que estar allí hasta que la conducción a Tenerife viniese a recogerme, tiempo el cual se me haría muy ameno. Aquellos hombres, considerados por la mayoría de los españoles (que no vascos) como sanguinarios asesinos, me mostraron y enseñaron con la práctica el significado de la palabra solidaridad en toda su extensión. Su dinero se convirtió en mi dinero, sus libros en mis libros, su comida en mi comida. Tenían extraordinarios detalles conmigo, como el de prepararme infusiones con miel por las noches, que me enviaban a través de la ventana por medio de hilos. José Mari, por su parte, me enseñó a mantener una dieta equilibrada, prestándome algunos libros, y me regaló una pequeña radio de auriculares. Le encantaba la apicultura y me daba extensas charlas sobre los beneficios de las abejas sobre el campo y las cosechas. Era un naturista nato. Compartíamos bastantes puntos de vista, por lo que no nos costó hacer amistad.

En la misma galería que nosotros se encontraba también Paco, un revolucionario sumamente agradable, quien me prestaba a menudo su ajedrez electrónico o me infligía serias y escandalosas palizas sobre el tablero del mismo. Nos pasábamos tardes enteras jugando unos con otros a través de las ventanas. A Paco nunca conseguí ganarle, y no era que yo fuese malo jugando. Me sentía a gusto con aquellos compañeros. Muy a gusto. Ambos me proveían de fruta como a uno más, de polen de abeja y otros alimentos para que pudiese suplir las carencias de la pésima comida carcelaria, un asco. El suplemento alimenticio que me negaban los médicos de aquella prisión, me lo proporcionaban ellos, interesados por mi salud. Nos sacaban a un pequeño patio donde a menudo nos juntábamos, coincidiendo con otros compañeros suyos que se encontraban en la galería de enfrente, y con los que hablábamos a gritos a través de las ventanas, cuando teníamos ganas de juerga, aunque hablaban sobre sus temas privados en euskera. Yo normalmente paseaba siempre con Paco y José Mari, pues era con quienes tenía más confianza. Coincidíamos en nuestro enfrentamiento con el Estado español, pero por distintas razones.

Una tarde recibimos la visita de varios inspectores de la Dirección General de Madrid. Fueron abriendo celda por celda y entrevistándose con los presos. Ya en la celda que yo ocupaba, la abrieron y se dirigieron a mí sonrientes.

—¿Qué tal está? —me preguntó uno de ellos.

—¿Ustedes quienes son? —interrogué.

—Venimos a inspeccionar la prisión. ¿Tiene alguna queja para plantear? —varios carceleros y un jefe de servicios les acompañaban.

—Pues sí. ¿Le han comentado que hace unos días varios carceleros pegaron a un preso en el módulo de al lado? Pues eso es de lo que quiero quejarme, así que ya tienen un asunto que arreglar. Aunque les advierto —añadí— que no creo que sean capaces de solucionar nada ni que verdaderamente lo pretendan.

—Bueno, tendremos que investigarlo primero... ¿Algo más?

—No.

Nos despedimos fríamente. No harían nada; era el mismo cuento repetido miles de veces en distintas cárceles españolas. Pura y depurada hipocresía profesional para justificar el sueldo inmerecido y una inexistente eficacia administrativa. Tanto que, un año más tarde, el director de aquella prisión y otros carceleros con peso específico serían descubiertos como autores de un fraude consistente en pagar una serie de deudas personales con el peculio de los presos. Una vez descubierto el fraude, que afectaría también a la cárcel de Ciudad Real, el director en cuestión sería destituido, pero pasaría a ocupar otro puesto en la Administración del Puerto 1 como subdirector, lo cual evidencia el alto grado de corruptela existente dentro de las cárceles españolas. Estos señores inspectores quizás venían ahora a cobrar su parte por hacer la vista gorda o simplemente eran unos patanes incompetentes en su trabajo de supervisión. De todas formas, en las prisiones todos estos individuos se protegían unos a otros por aquello del corporativismo y porque ninguno podía estar seguro de que mañana no le sucediera algo parecido. Por eso delinquían sin miedo, pues en caso de ser descubiertos se les destituiría de su cargo, pero se les otorgaría otro dentro de alguna otra prisión, una vez pasado el escándalo. Así engañaban a la opinión pública. Los muros de las prisiones, aparte de evitar que los presos huyésemos, servían sobre todo para que nadie viese lo que sucedía tras ellos. Así funcionaba la Administración dirigida por Antoni Asunción, una Administración creada a su imagen y semejanza.

Continuamos tras aquella desagradable visita con la rutina del día a día. A veces salíamos Paco y yo, armados de cuchillos de plástico, y nos poníamos, sentados en el suelo, a pelar fruta que luego troceábamos y mezclábamos con miel, polen y zumo de naranja, para luego repartirlo entre todos. Otras, nos sentábamos en el patio las dos horas diarias de paseo y bebíamos algunos cafés o infusiones que solicitábamos en la cafetería. Hablamos sobre mi conducción:

—Parece que no te vas, ¿eh, José?

—Parece que no. Algo pasa por ahí...

—¿Qué tal está Tenerife? —preguntó José Mari.

—Bien, ya verás como esta vez sí lo consigo.

—No veas si me han dicho veces eso —se sonrió—. Todo el mundo cuando entra un año nuevo dice lo mismo...

—Tienes razón, pero no me seas gafe, hombre... —respondí serio, echándonos a reír.

Pese a los cuidados de mis compañeros comencé a sentirme mal de nuevo. Sudaba tremendamente por las noches y leves conatos de fiebre me provocaban escalofríos, impidiéndome dormir. Los sintamos de asfixia regresaron violentos. Entonces tenía que encender las luces y abrir las ventanas, esperando a que remitiesen. No hablé con los médicos por no perder el tiempo con aquellos cerdos. Al día siguiente conversé sobre ello con Paco, sin reconocerle toda la verdad:

—No veas si me encuentro mal estas noches, como muy ansioso. Me cuesta una barbaridad dormir.

—Anda, pues yo tengo unas cintas de sofrología en la celda que me han enviado para practicar relajación. Si quieres te grabo algunas para que las tengas tú y practiques.

—Sería fenomenal, Paco.

—Bien, pues eso está hecho.

La sofrología consistía en técnicas de yoga mezcladas con la autohipnosis. Consistía en dormir el cuerpo por medio de respiraciones profundas y conectadas, e ir relajando los músculos del cuerpo, empezando por los pies y terminando por la cabeza. Se ponían los músculos en tensión y luego se relajaban despacio, hasta conseguir no sentirlos. Aquello me ayudaría mucho, siempre que lo practicara a menudo. Sus efectos eran asombrosos. Por otra parte, se me había llenado la espalda y el pecho de un acné muy agresivo que me supuraba constantemente, ensuciando la camiseta que llevase puesta de pus y sangre. Aquello era a causa de la mala alimentación y el exceso de grasa en las comidas penitenciarias. Al menos eso creía. Fuera por lo que fuera, me incomodaba bastante, pero nada podía hacer que no fuera aguardar a que mejorase y cicatrizase.

El 20 de febrero me fue notificado el traslado a la prisión de Zaragoza. Se me reclamaba allí por un juicio, así que se suspendió el traslado a Tenerife. Entre todos me proporcionaron algo de dinero para el viaje, lo cual agradecí. De aquellos hombres me llevaba un gran recuerdo y, sobre todo, muchas enseñanzas valiosas.

Prisión de Zaragoza, febrero de 1991

Desde Madrid tomamos la conducción hacia Zaragoza varios presos. Durante el trayecto, la Guardia Civil se negó a abrirnos por un momento las puertas para que pudiésemos movernos un poco y acudir al servicio a mear. Entonces un compañero que se encontraba abierto, arrancó una de las manillas de las puertas de las jaulas y, uno a uno, nos fue abriendo a todos, forzando las cerraduras. Los guardias civiles hicieron un amago de querer entrar, pero sólo era una maniobra intimidatoria y finalmente no se atrevieron. Nos salimos con la nuestra. Hicimos el resto del trayecto con las jaulas abiertas y charlando en grupos. Entrado el mediodía, llegamos a nuestro destino y bajamos del furgón por parejas. Recogimos nuestras pertenencias y penetramos al interior por una puerta electrónica, bajo la supervisión de los guardias civiles. Una vez dentro, uno de los guardias me denunció a los carceleros:

—Éste —me señaló— lleva un hierro que arrancó de una de las puertas. Ha abierto durante el traslado a todos sus compañeros con él.

—A ver, ¿dónde está el hierro? —me preguntó el jefe de Servicios.

—No llevo nada.

—Bien, ahora lo veremos. Llevadlos a las americanas —ordenó a sus subordinados.

Nos llevaron a las celdas americanas, donde nos encerraron. Al rato vinieron a llevarse a mis compañeros al módulo y a mí me dejaron allí a solas. El preso que había quitado el hierro de la puerta y nos había abierto, se desentendió de toda responsabilidad. Venía en segundo grado y quería proteger aquella posición por encima de todo. No le culpaba por aquello, pues defendía sus intereses. Se había expuesto por abrirnos a todos y ahora me tocaba a mí responder a su gesto con silencio. Después de todo el guardia me había confundido con él, por el parecido de las ropas que vestíamos, y eso no era culpa suya. La culpa de aquella situación era del guardia civil que buscaba venganza en la delación miserable.

Al cabo de un tiempo me trajeron un cubo de plástico y unas mantas.

—Cuando quiera salir de aquí nos entrega el hierro.

—Les repito que no llevo nada encima...

—¿Entonces a quién se lo has dado?

—Lo tiré por el agujero del servicio a la calle, antes de llegar.

—Bien, si es así, no tendrás inconveniente en probarlo —me invitaron, señalando el cubo.

—De eso nada...

Aquélla era una situación incómoda. Llevaba dentro de mí una sierra, la cual ahora peligraba. En cuanto al hierro maldito, no me creerían, dijese lo que dijese. Miré el cubo con desprecio por lo que significaba. Si esperaban que cagase allí y les diese algo, harían bien en tomar asiento pues yo no tenía ninguna prisa. Me tumbé encima de las mantas sucias dispuesto a aguantar allí el tiempo que fuese necesario; no les daría ningún material y mucho menos el placer de hacerme cagar en aquel cubo. Pasé la noche como pude, sin cenar. A la mañana siguiente tampoco me proporcionaron ningún desayuno. Un carcelero vino a verme:

—¿Qué, no cagas?

—¿Es que tiene hambre o qué? —le respondí sutil y mordaz.

—¿Cómo...?

—Nada, hombre, nada.

—Me parece a mí que al final vamos a tener que usar las gomas.

No me dieron de comer y entrado el mediodía el jefe de Servicios, acompañado de otros carceleros, vino a verme. Habló conmigo a través de los barrotes.

—¿Qué, Tarrío, se decide a entregarnos el hierro por las buenas o no? —me amenazó.

—Ya le dije que no tengo ningún hierro y que lo tiré...

Abrieron la puerta de la celda y entraron dentro de la misma.

—Desnúdese —me ordenaron.

Obedecí y me desnudé. Buscaron entre mis nalgas, debajo de los sobacos, en los testículos y en todos los lugares de mi cuerpo. Me sentía como si un puñado de babosas recorriesen mi piel, pero me contuve. Una vez registrado me dejaron en paz y, tras vestirme, con una profunda herida en mi amor propio, me trasladaron al módulo de aislamiento: había ganado el pulso y salvado la sierra.

Me encerraron en una de las celdas de aislamiento. Eran celdas de castigo individuales, higiénicas y amplias, cuyas ventanas doblemente enrejadas daban a la calle. Me encontraba en la segunda planta del departamento. Me asomé a la ventana. Aquel trocito de calle, aquel palmo de libertad física, me produjo nostalgia de otros tiempos pasados ya muertos en el tiempo, pero ahora resucitados en mi memoria.

El corazón me dio un vuelco. ¿Qué sucedía?, ¿qué me estaba pasando?; ¿en qué me estaba convirtiendo o en que me convertían? Aquel trozo de vida, aquellos ciudadanos paseando por la calle indiferentes, aquellos coches circulando, todo me recordaba que yo era sólo un muerto, un hombre encarcelado, enterrado en vida en un mundo de hormigón y cemento, poblado de barrotes de hierro. Un mundo de miseria donde la vida se me escapaba entre recuento y recuento, en los cuales el indecente ojo del carcelero escrutaba el interior de la tumba para comprobar que seguía allí. Era difícil asumir que los años iban pasando sin ti; era difícil asumir que las personas desaparecían o te iban olvidando, cuando el olvido es una forma de muerte; era difícil simple y llanamente existir dentro de una tumba alimentándote únicamente de esperanzas y recuerdos. Ahora, asomado a la ventana y contemplando la calle, entendía la profundidad del abismo al que había sido arrojado por el hombre; tras los muros, despojado de su naturaleza y de su tiempo, el ser humano dejaba la vida atrás y comenzaba a sobrevivir tan sólo.

Esa tarde salí al patio en compañía de Tofi, un antiguo compañero de la cárcel de Daroca y que, al igual que yo, se encontraba sometido al régimen cerrado. Nos saludamos enlazando las manos en un apretón y paseamos por el patio, bajo la mirada canina del carcelero que nos vigilaba desde la garita, su guarida.

—¿Qué tal estás, Tofi?

—Bien.

—No veas la que me montaron ayer al llegar, por culpa de un picoleto asqueroso. Me han tenido hasta ahora retenido en las americanas.

—Sí, ya lo sé. Lo han comentado por aquí varios chavales.

—¿Sabes algo del Niño? —le pregunté.

—Continúa en Herrera, aunque recientemente estuvo en el hospital de Madrid algo enfermo. Pero ya está bien...

—He escuchado que se ha encargado de APRE y que la quiere reconstituir elaborando nuevos estatutos.

—Sí, ya se han repartido varias copias por las prisiones. A ver qué tal lo acoge la gente. ¿No has pillado ninguna?

—No. Llevo unos meses de cundas de un lado para otro.

—Yo tengo una arriba en la carpeta. Luego te la paso y la lees.

—De acuerdo.

Pregunté por mi amigo el Musta, pero ya no estaba allí. Se lo habían llevado de nuevo de conducción para Galicia. Tras unas horas de paseo y una buena ducha, fuimos engullidos de nuevo por las celdas. Limpié la que yo ocupaba e hice la cama, para tumbarme posteriormente en ella y leer los estatutos de la APRE reconstituida, redactados por Ávila Navas. Eran tres folios mecanografiados y su contenido muy interesante.

Estatuto de la Asociación de Presos en Régimen Especial (reconstituida)

No cabe duda que el desinterés y la falta de conciencia social por los temas penitenciarios conceden «patente de corso» para que la tortura, el abuso, la prepotencia y el delito sean los procedimientos por los que se desarrolla la actividad penitenciaria. Esta causa genera APRE(R).

La realidad de la cárcel sólo la conocen quienes la padecen: nosotros los presos. Lamentablemente la población reclusa se divide en dos tipos de presos: los convencionales, cuyo único objetivo es extinguir su condena con la mayor brevedad posible en condiciones regimentales «cómodas»; y nosotros, APRE (R), los denominados irrecuperables, término que no deja de ser cierto, dado que estamos irrecuperablemente concienciados de nuestra condición de seres humanos, y nuestro objetivo es cumplir nuestras condenas renunciando a las comodidades regimentales en defensa de nuestra dignidad y los derechos que las leyes nos reconocen. APRE(R) ha pasado por dos etapas, en una primera, los únicos logros fueron una representatividad simbólica que mejoró las condiciones de vida de unos cuantos y con esto la decepción, resentimiento y discrepancias, ante nuevos proyectos, quedando así la asociación en escombros.

Pero con la casa en ruinas, y con nuevos miembros de base, la asociación se fue reconstruyendo, creando una estructura de bases independientes cuya actividad se dirige a la consecución del cese y erradicación de los malos tratos y unas condiciones de vida mínimamente dignas en las prisiones, con la plena fomentación de la cultura, creatividad, deporte o cualquier otra actividad con fines reeducativos.

Luchamos por la desaparición del régimen especial art. 10 de la LOGP y 32 y 46 del RP, artículos dirigidos a la implantación del aislamiento absoluto y vegetativo y a la anulación de la personalidad de los presos, sufrimos una absoluta restricción de los derechos fundamentales por la imposición de un régimen represivo que no se encuentra contemplado en ninguna Ley o Reglamento y que se nos aplica para silenciar a toda costa nuestras denuncias y evitar acciones reivindicativas. Además del aislamiento e incomunicación, nos encontramos a centenares de kilómetros de nuestro entorno familiar afectivo, por lo que exponen a nuestras familias a que sean víctimas de un accidente mortal en carretera.

Consideramos que en democracia no todo es válido, la democracia no es patrimonio de unos cuantos que en su saber y entender la degradan poniendo en práctica su criterio arbitrario, en derecho divino de casta y estatus, en el cargo administrativo que ocupan en los poderes públicos. Estamos hasta la coronilla de que conculquen nuestros derechos fundamentales los proxenetas de la democracia, que pretenden convertir a sus «conciudadanos» en meretrices de un Estado de Derecho.

De una década a esta parte, como consecuencia de las anomalías y deficiencias en la gestión penitenciaria del Gobierno socialista, se ha propiciado que los presos seamos constantemente y de forma sistemática víctimas fáciles de agresiones físicas, de abusos de poder y de arbitrariedades por parte de unos carceleros formados profesionalmente en los más estrictos cánones del fascismo-catolicismo, predominante en el régimen militarista anterior que precedió hace quince años a la democracia.

Con o sin conciencia, la Administración jurídico-penitenciaria mantiene en activo ejerciendo funciones en el estamento penitenciario a estos elementos procedentes del brazo secular franquista, algunos de ellos a través de practicar oportunismo político del carnet correspondiente han ascendido en rango administrativo y, con alevosía, han impuesto directrices pedagógicas inquisitoriales, aditamentando hegemónicamente en modo propio los principios de seguridad y orden por los que han de regirse los establecimientos penitenciarios, transformando éstos en sus propios feudos-santuarios, predominando la violencia física, practicada por sus sicarios, y una terapia regimental fundamentada en el terror, la intimidación y el chantaje, para conseguir el acatamiento de sus normas, vulnerándose las disposiciones legales y los derechos de los presos con suma facilidad, siendo continuos los apaleamientos por hechos como ser sorprendidos hablando a través de las ventanas o estar recostado en la cama, debido a ello, nuestros cuerpos saben mucho de contraerse a causa de tanta agresión funcionarial.

Por ello se nos han impuesto sanciones disciplinarias a través de falsos hechos y falacias de las que hemos tenido que responder ante corruptas juntas de régimen, compuestas en su mayoría por apaleadores, idénticos terapeutas de porra en ristro, grilletes y esprays, los cuales decidieron nuestra clasificación de grado en el tratamiento penitenciario.

No podemos precisar con exactitud el número de compañeros que han perecido a causa de un sistema penitenciario infernal y tercermundista, al menos en la práctica, debido a contagios de SIDA intencionados, la carencia de una asistencia médica adecuada y fidedigna, y a la ausencia de un espíritu humanitario en el corazón del Estado; recordamos a nuestros compañeros: José Manuel RUIZ VERDUGO, Francisco CARMONA GALLARDO, Ramón CERVERA CARRANZA, Juan José PIQUERO, Agustín RUEDA SIERRA (POR TORTURAS), Vicente GIGANTE REAL... Se han producido tantísimas muertes que precisaríamos de una fábrica de papel para poder conseguir imprimir todos los nombres de nuestros inolvidables compañeros.

Hemos remitido miles de denuncias, dirigidas a Juzgados y a la DGIP, dando conocimiento de las agresiones físicas, psíquicas y morales de las que somos objeto, sin que hasta el momento se hayan adoptado las medidas eficientes para su erradicación absoluta.

Sin embargo, el resultado inmediato obtenido de nuestras denuncias ha supuesto el incremento de represalias y animadversión por parte de los verdugos.

El continuo estado de absoluta indiferencia que padecemos, la desesperación que éste nos aporta, nos ha llevado en diversas ocasiones a originar motines y secuestros de funcionarios; estos hechos no sólo han incrementado el aumento de años en nuestras condenas, sino también estas manifestaciones de repulsa han dado plena impunidad a los verdugos para plasmar sus bajas pasiones de su instinto sádico en nosotros. Hemos sido y somos cobayas en la experimentación de métodos de tortura psicológica, dirigidos a anular la personalidad del individuo.

No nos llamamos a engaño, en todo momento y con precisión la DGIP ha tenido conocimiento de los apaleamientos y arbitrariedades que se cometen con nosotros, sin aplicarse el cese, ni expedientes a quienes cometen estos hechos. En cambio a nosotros se nos viene machacando con saña, no conformes con el resultado obtenido con el castigo físico y psíquico que nos es practicado, se nos chantajea, se especula con nuestro dolor, y se trafica con nuestros sentimientos, distanciándonos de nuestro entorno familiar afectivo, aplicándonos conscientemente el alejamiento geográfico como método para producir el desarraigo social, sin justificación o criterio correctivo alguno por el rechazo de una «reinserción» que no se nos ha ofrecido, ya que como tal, LA REINSERCIÓN SOCIAL, NO EXISTE MÁS QUE EN TÉRMINO ABSTRACTO, Y LO QUE SE VIENE PRACTICANDO CON NOSOTROS ES LA ADIESTRACIÓN ESCLAVISTA, impartida por sindicatos del crimen organizados en Equipos de Tratamiento, cuyo criterio terapeuta es la consecución de una sumisión absoluta en el prisionero hacia la clase segregacionista dominante.

Sin lugar a duda responsabilizamos en grado sumo a la Administración jurídico-penitenciaria de los agravios que hemos sufrido y sufrimos, consideramos que las palizas que hemos recibido, las celdas de castigo, los años en régimen de aislamiento, las lesiones morales que se nos han causado a nosotros y a nuestras familias, no son equiparables en reparo con indemnización económica alguna.

Puesto que este «Estado de Derecho» hasta ahora nos permite leer, por tanto entendemos, al amparo de lo dispuesto en el art. 121 de la constitución E.

Exigimos por los agravios que hemos padecido, en la siguiente forma:

1. REDENCIÓN DE PENA DE DÍA POR DÍA MÁS CUATRO MESES POR AÑO DE CONDENA CUMPLIDO, CON CARÁCTER RETROACTIVO.
2. INVESTIGACIÓN EN FAVOR DEL ESCLARECIMIENTO Y DELIMITACIÓN DE RESPONSABILIDADES POR LAS CAUSAS QUE HEMOS SIDO SANCIONADOS DISCIPLINARIAMENTE, EN RELACIÓN A LA EVIDENTE VULNERACIÓN DEL ART. 15 DE LA C.E., EN CONEXIÓN CON EL ART. 3 DEL CONVENIO EUROPEO DE DERECHOS HUMANOS.
3. INMEDIATA PUESTA EN LIBERTAD DE TODOS LOS PRESOS CON PADECIMIENTOS INCURABLES (SIDA), DESAPARECIENDO EL REQUERIMIENTO DE QUE SE ENCUENTREN EN FASE TERMINAL; EN UNA FASE MEDIA YA SE LES DEBE RECONOCER EL DERECHO ESTABLECIDO EN EL ART. 60 DEL R.P.
4. MANTENER FUERA DE CONTACTO CON LA POBLACIÓN RECLUSA A TODO AQUEL CARCELERO QUE SE LE HAYA DENUNCIADO POR MALOS TRATOS.

Tenemos conocimiento de que la DGIP se propone desarrollar una línea de política penitenciaria en la que predomine el tratamiento por encima del régimen, lo cual consideramos objetivamente positivo en la consecución del cometido reeducacional que le viene impuesto por voluntad popular al estamento penitenciario. De haberse llevado esto a cabo tal como disponen las leyes, la mayoría de los miembros de APRE(R) habríamos extinguido nuestras condenas o gran parte de su totalidad, beneficiándonos de las progresiones de grado regimentales y de permisos de salida, sin embargo la realidad que se nos impone, ni siquiera se nos permite realizar comunicaciones vis a vis, lo que implica la prohibición de realizar el acto sexual (tortura), o abrazar a nuestras familias. Conocemos muchos otros presos y casos, con condenas notables o superiores a las nuestras como son: narcotraficantes, ex policías, violadores, terroristas de ultraderecha que desempeñan puestos de trabajo con remuneración económica, se les otorgan redenciones extraordinarias, permisos, y se dan la vida padre en las cárceles. Otros casos cuya particularidad delictiva es atentar contra la libertad y los derechos de la nación española, como es el caso de los golpistas del 23 F, han sido beneficiarios de la generosidad de la democracia, también tenemos constancia de la inmunidad e impunidad de las que gozan unos cuantos, por poner un ejemplo; aún no han recaído responsabilidades sobre nadie de las muertes en la prisión de Foncalent en enero de 1987 de las internas: Elena MÁRQUEZ VAÑO, Isabel PLANO PÉREZ y Teresa PEDRAZA GONZÁLEZ, pese a haberse reconocido públicamente que en estos incidentes hubo anomalías, y por lo tanto responsables. Y así, nos pasaríamos un siglo citando: «Caso GAL», «Caso Nani», «Caso Agustín RUEDA», altos cargos y FSE y magistrados, implicados en narcotráfico y falsificaciones de documentos oficiales, financiaciones dudosas en partidos políticos, y un largo etcétera de desvergüenzas que se suceden día a día en un país que se dice constitucional y democrático; en cambio estos «señores» es probable que nunca conozcan una celda de castigo. Nosotros, queridos camaradas, hemos sido víctimas fáciles de la inundación de droga en el país, somos en nuestra mayoría delincuentes circunstanciales, toxicómanos, que en lugar de curársenos, se nos ha arrojado a unas cárceles que su fin primordial es la erradicación de la cultura y la fomentación de la droga, y se nos han impuesto penas astronómicas y totalmente desproporcionadas, por el hecho de pertenecer a una clase social baja. Es triste, pero para desgracia de este país, la democracia sólo existe para unos pocos, mientras tanto nosotros nos consumimos en celdas de castigo por tener la valentía de reclamar nuestros derechos, una gran mayoría estamos contagiados de SIDA, y nos prohiben pasar el resto de nuestros días con nuestras familias.

Por ello, con conciencia social y con el espíritu de lucha que nos caracteriza e identifica, y con un apoyo moral y material, exterior, cada vez más amplio, hacemos causa justa y ante la SGAP continuamos denunciando los desafueros de los carceleros de la siguiente forma: Es socio de APRE(R) todo aquel que disponga de legitimidad moral. Haremos siempre por duplicado nuestras quejas, colectivas o individuales. Todas ellas encabezadas por la APRE(R). En ellas reflejaremos todos los derechos que se nos conculquen, peticiones de comunicaciones vis a vis, la aplicación de un rigor innecesario en el régimen. La prohibición de utilizar aulas y dependencias, para desarrollar actividades, culturales, deportivas, recreativas, etc. La ausencia y tardanza de chequeos médicos y controles analíticos, las negativas de los médicos de los Centros a hacer las peticiones del art. 60. La ausencia de los equipos de observación y tratamiento, o alguno de sus componentes, o el desinterés de los mismos. La no realización de conferencias informativas, test de personalidad, etc. El desinterés de las Unidades Docentes y la negativa a impartir clases sobre todo a los internos de 1er grado; y todo aquello que consideramos injusto o ilegal. En cada Centro existirá un encargado de redactar las quejas y recoger las firmas, incluidas las de los simpatizantes. Éste enviará una copia a la SGAP y la otra quedará en su poder hasta que le llegue una dirección a la que tendrá que remitirlas. Siempre se cursarán en sobre cerrado, certificadas y con aviso de recibo. La financiación de esta nueva APRE(R) no será ningún problema. La cuestión es engrosar el dossier que ya poseemos en el exterior, para que, de forma legal, nuestros abogados puedan materializar nuestros derechos y así obtener el resarcimiento que nos corresponde.

Si bien no somos partidarios de la violencia, no descartamos acciones colectivas armadas si, una vez agotados todos los recursos de vía legal, no se nos aplica lo que por derecho nos corresponde.

Somos conscientes de que, de acuerdo con el orden político establecido, no nos es éticamente lícito hacer uso de la violencia para conseguir fines, nosotros tampoco justificamos nuestros medios (máxima de Maquivelo), pero cuando en la más oscura clandestinidad se nos está masacrando, es por instinto de mantenimiento, en legitima defensa de nuestro derecho a la vida y a la integridad física y moral, por lo que decimos:

BASTA YA!!! PRACTIQUEMOS LA DOCTRINA
DE «ZENÓN» Y OBEDEZCAMOS SIEMPRE A LA RAZÓN
ANIMO, CAMARADAS!!!,
LA JUSTICIA Y LA DEMOCRACIA ES DE TODOS

EL COORDINADOR:
Fco. Javier ÁVILA NAVAS

Herrera de La Mancha,
enero de 1991

Una de aquellas copias había sido enviada al secretario general de Instituciones Penitenciarias, Antoni Asunción, el cual se limitó a despreciar su contenido. ¿Qué daño podían causarle aquellos hombres enjaulados en sus cárceles, a él, el máximo mandatario en su montaña de poder y ambición? Porque Asunción era uno de los hombres más ambiciosos del PSOE y no se detendría ante nada. Lo había demostrado sobradamente con la huelga de hambre de los GRAPO entre los años 89 y 90, en la cual falleció el preso José Manuel Sevillano por inanición, y otros miembros del grupo armado sufrieron lesiones internas de mucha gravedad, como en el caso de Sebastián Rodríguez Veloso, ahora en una silla de ruedas. Él era el amo, y los presos sus esclavos: si éstos osaban rebelarse serían reprimidos sin contemplaciones, como siempre. La ley, la fuerza y los medios estaban a su favor. ¿Qué temer de un grupo de presos? No se atreverían...

La noticia me sorprendió por la radio el 25 de febrero. Garfia, José Campillo, Antonio Vázquez y José Romera Chuliá lograban evadirse del furgón que los trasladaba en las afueras de

Valladolid. Sentí una inmensa alegría por todos ellos, quienes ahora estarían saboreando el premio a su atrevimiento, un premio merecido, reservado sólo para los más osados. Me alegré especialmente por mi amigo Juanjo: lo había logrado, era libre. Tras haber salido de la prisión de Alcalá-Meco esa mañana y comprobar que el suelo del furgón se encontraba deteriorado, Juanjo, Campillo, Chuliá (conocido como *el Francés*) y Vázquez se pusieron de acuerdo para evadirse. Se abrió un agujero en la chapa del suelo del furgón con las patas de una de las sillas a modo de palanquetas y se facilitó un butrón hasta el maletero inferior, al cual se deslizaron. Los demás presos no quisieron participar pese al ofrecimiento: cuantos más saltaran, mejor para todos a la hora de correr. Con la puerta del portaequipajes semiabierta se prepararon para saltar. Tendrían que hacerlo cuando el furgón redujese la velocidad, o sea, al llegar a la ciudad. Lo sabían y así lo hicieron. En las afueras de Valladolid el furgón redujo la velocidad y, en una curva, se abalanzaron todos hacia el exterior y comenzaron a correr, ante el estupor de la Guardia Civil. Del coche de la escolta salieron dos guardias desarmados, uno de los cuales, Julián Botella Nevado, dio alcance a José Romera Chuliá, reduciéndolo. Salvador Gutiérrez, el más joven de los dos agentes tuvo menos suerte y aunque logró llegar hasta Garfia, éste le derribó con varios golpes, tumbándolo en el asfalto y dándose a la fuga definitivamente. Por su parte, José Campillo y Antonio Vázquez, libres de marca, se alejaron del lugar sin mayor problema. La evasión se había consumado con éxito, salvo para Romero Chuliá, quien tendría que esperar otra oportunidad para intentarlo de nuevo.

A principios de marzo se me celebró el juicio. Era por un delito de desacato a la autoridad. Había remitido una carta desde prisión amenazando de muerte a un juez, exigiéndole un impuesto revolucionario de tres millones. Me pedían tres años. Fui conducido entre fuertes medidas de seguridad ante el juez. Preguntado sobre el porqué de aquellas amenazas, respondí que odiaba al sistema judicial. Me condenaron a los tres años de cárcel.

En prisión conseguí ponerme de vecino con Tofi, ambos enfrente del recinto. Desde allí veíamos la calle; enfrente se encontraban las oficinas administrativas y la sección abierta, lugar por el cual Romera Chuliá había logrado evadirse un año atrás. Al lado estaba ubicada la casa del director. Por las noches nos asomábamos a la ventana y conversábamos. A veces mi compañero se dedicaba a asediar al director, insultándole a gritos por el recinto:

—¡Cabrón!, sé que me escuchas. A ver si mejoramos la comida, ¿eh?

Entonces intervenía el guardia civil de la garita.

—¡Cállese la boca!

—¡Que te follen, julai!

Aquellas situaciones nos producían auténticos ataques de risa. Tofi era muy animoso, un excelente compañero, y los días que estuve allí con él se me hicieron muy amenos. Algunas noches volvieron los ataques de taquicardia y le llamaba golpeándole la pared de la celda para que llamase a la puerta si empeoraba. Cuando me sentía mejor nos acostábamos de nuevo, siempre de madrugada. Aunque ya me acostumbraba a aquellos ataques, era duro sufrirlos dentro de una celda, solo, con el compañero al lado inquieto y preocupado por ti, dispuesto a golpear la puerta de la celda en caso de agravamiento. Cuando existía, el compañerismo entre los presos era algo admirable que no dejaba de maravillarme. Algo sin duda hermoso y elevado.

Me trajeron la sentencia del juicio celebrado en Zamora con una condena definitiva de dieciocho años de prisión. Aquel papel rompía definitivamente todo posible lazo con la sociedad. Ésta, por medio de «sus» instituciones, se había encargado de hacerme desaparecer definitivamente de su mundo. Así funcionaba el sistema. Te perseguían, te acosaban, iban enumerando todos tus errores y, cuando menos te lo esperabas, te arrojaban a una mazmorra. A mí, ya me tenían, al menos eso pensaban. Ahora irían a por otro. Y así con todas aquellas mujeres y hombres que no aceptasen el sistema del mundo democrático feliz.

En la mañana del 18 de marzo, Javier Ávila Navas y sus compinches pasaron de la teoría a la acción. La noticia recorrió todo el país a través de las ondas y de la televisión hasta la cárcel de Herrera de La Mancha: un grupo de reclusos habían tomado varios rehenes en el módulo especial, donde permanecían atrincherados. Todo se había desarrollado esa mañana, mientras la médico pasaba consulta a los presos en las celdas. Normalmente éstas poseían una cancela de barrotes que impedía cualquier contacto, salvo ese día, en que una de las mismas se hallaba cortada y abierta, sujeta tan sólo por un alambre para evitar que el carcelero se percatase de ello. Una vez en la celda de Ávila Navas, éste se abalanzó sobre ellos, armado de un cuchillo y, tras reducirlos y encerrarlos en la celda, apoderándose de las llaves, corrió a abrir a sus compañeros de módulo Rivas Dávila y Losa López. Afuera, en el patio, Sánchez Montañés y Laudelino Iglesias se hacían con el control del mismo reduciendo a otros dos carceleros. Posteriormente, accediendo hacia la zona de seguridad, pudieron dejar atrapados a un carcelero y a un número y un cabo de la Guardia Civil. Se disparó la alarma. Descartada la idea de la evasión, los presos levantaron barricadas por los pasillos del módulo con colchones y cancelas retiradas de las puertas de las celdas, preparando a su vez varios cócteles molotov con los que incendiar el módulo en caso de asalto. Los cuatro rehenes, tres carceleros y la médico, fueron introducidos en diferentes celdas y movidos de ellas constantemente, a fin de evitar la localización de los mismos por las fuerzas especiales, las cuales no tardarían en hacer acto de presencia. Se estaba dispuesto a ir hasta el final. Por su parte, la Guardia Civil penetró dentro de la prisión y tomó posiciones en torno al módulo especial, sitiándolo. Comenzaba el pulso. A partir de entonces todo era cuestión de temple. Era como una cuerda de la que ambas partes tiraban con fuerza desde los extremos, sin términos medios: aquél que cediese un milímetro perdería.

Comenzaron las negociaciones. Éstas se llevaron a cabo *in situ*, a través de las barricadas. La Administración había enviado para negociar a tres inspectores de la Dirección General de

Madrid y a la juez de Vigilancia, a requerimiento de los presos atrincherados. Representando a éstos, Ávila Navas leyó en voz alta la tabla de reivindicaciones que habían dado origen a aquel secuestro:

1. Cese de torturas en todas las prisiones ya sean de palabra u obra.
2. Cese inmediato de los carceleros que nos propusieron en Alcalá-Meco que formásemos dentro de la prisión un grupo dirigido a asesinar a los presos políticos de mayor peso a cambio de mejoras penitenciarias.
3. Se adecue debidamente el Centro Penitenciario de Jóvenes de Madrid, donde están siendo trasladadas las presas de Yeserías.
4. Cese de torturas, apaleamientos y malos tratos en el psiquiátrico de Alicante (Foncalent), departamento de agudos, donde se ata a los internos enfermos durante meses, haciéndose obligatoriamente sus necesidades fisiológicas encima, sin acceso a sus pertenencias, siendo la mayor responsable la doctora Mari Ángeles López.
5. Investigación veraz y delimitación de responsabilidades de los ahorcamientos que se han producido en las prisiones del Estado, por la negligencia intencionada de los carceleros, los cuales han chantajeado a otros internos con privilegios a cambio de no contribuir al esclarecimiento de estos asesinatos. Igualmente que se movilicen las denuncias por los contagios de SIDA intencionados, al mezclar las cuchillas de afeitar y retenérnoslas, para después entregárnoslas sin ningún tipo de control.
6. Inmediata puesta en libertad de todos los presos con dolencias mortales, en virtud del art. 60 del Reglamento Penitenciario.
7. Que a los presos enfermos de SIDA se les aplique el art. 60 cuando el virus se encuentre en una fase media y no cuando son cadáveres, como así manifestó el pasado año el Fiscal General del Estado, Leopoldo Torres. Tenemos conocimiento de su carente espíritu humanitario.
8. Se suspenda de inmediato el art. 10 de la LOGP, en su primer punto para preventivos y en su segundo para pe-

nados, por los cuales nos tienen años y años en 1er grado, 1ª fase: 22 horas diarias en una celda a sabiendas de que el aislamiento genera violencia.

9. Que las sanciones de aislamiento en celdas no sean un máximo de 42 días; 14 días ya es una barbaridad, sólo consiguen que los presos se hagan invulnerables al castigo.
10. Que nuestro actual Gobierno no se ensañe con los delincuentes circunstanciales (toxicómanos), víctimas de la inundación de drogas en el país, y se tenga más en cuenta su enfermedad y las dimensiones del problema. A los enfermos no se les condena, se les cura.
11. Que la política penitenciaria no sea progresista sólo en teoría y cara a la sociedad; que la reinserción como tal no sea un término tan abstracto y se vele por la vida e integridad física de los internos, siempre respetando sus ideales. Que se tenga en cuenta también el arraigo social de los presos y puedan cumplir sus penas en centros cercanos a sus lugares de residencia.
12. Que se respete el derecho a la cultura y al deporte, y se fomenten más actividades y trabajo remunerado.
13. Que no se prohiba, a los sancionados, la adquisición de artículos de economato.
14. Que se les guarde el debido respeto y consideración a los familiares de los presos cuando se hallan dentro de los recintos penitenciarios.
15. Que en la reforma del Código Penal se incluya la posibilidad de facilitar la libertad a los internos que tengan cumplidos más de 5 años de prisión efectiva.
16. Que durante la tramitación de los expedientes disciplinarios los internos puedan asesorarse de los testigos, abogados y procurador, ya que al encontrarnos indefensos y ante corruptas Juntas de Régimen, los carceleros hacen a la vez de jueces y verdugos, y las sanciones suponen días de cárcel añadidos a nuestras condenas. El sufrir indefensión viola la Constitución Española en sus artículos 24 y 119.
17. Que la política penitenciaria «progresista» sea más generosa con los presos «peligrosos» que piden simplemente justicia, y que no agote su generosidad con los terroristas de ultraderecha y los narcotraficantes.

18. Que no se nos juzgue por las pasadas retenciones ilegales de carceleros, ya que siempre hemos sido incitados por el mal funcionamiento de la Administración de Justicia.

La Administración, una vez puesta al tanto de la peticiones de los presos, se negó a hacer públicas tales reivindicaciones. Su directriz: ocultar por encima de todo, vidas humanas incluidas, aquellas denuncias estremecedoras sobre la situación carcelaria en el territorio español. No podía permitirse que la sociedad conociese la realidad de aquel submundo donde la dictadura continuaba su curso. Se ordenó la puesta en marcha de una campaña de desinformación ante los medios de comunicación. Así, los periódicos más importantes, a excepción de *Egin*, y los diversos programas de radio, controlados y alienados, no perdieron tiempo ni adjetivos en calificar a los presos como locos irresponsables y muy peligrosos. Ninguno de estos energúmenos de la información aclaró, sin embargo, que aquel régimen especial al que se hallaban sometidos aquellos hombres era ilegal y se hallaba derogado por Real Decreto 787/84. Era la misma comedia de siempre. No respetaban la ley, pero si alguien que no fuera el Estado la infringía, entonces lo tachaban de loco y de fascista. Hipocresía, sinrazón, demencia. La irresponsabilidad y prostitución de los medios resultaba simplemente repugnante y asquerosa.

No se hablaba de Herrera de La Mancha, tristemente famosa por las torturas y abusos cometidos allí contra los presos de la COPEL en los años 79-80-81, en la que se sacaba a los presos de sus celdas de noche y esposados, en la más absoluta impunidad de los verdugos, recibían tremendas palizas con el fin de hacerles confesar antiguos robos o que informasen sobre sus compañeros; o contra los presos políticos de ETA, posteriormente, cuyos hechos quedaron plasmados y recogidos en el libro *Herrera. Prisión de guerra**. No. ¿Para qué contar toda la verdad a los ciudadanos y que decidieran por ellos mismos si aquello estaba bien o estaba mal? ¿Cómo podrían los medios y el Estado sostener que aquellos hombres subversivos eran

* Anjel Rekalde, *Herrera. Prisión de guerra*, Txalaparta, Tafalla 1990.

psicópatas peligrosos sin corazón, si aquella tabla reivindicativa de dieciocho puntos llegaba a los ciudadanos con el tinte humano de tremenda solidaridad que emanaba de todas y cada una de aquellas palabras? ¿Cómo podría entonces justificar el Estado que semejante acto de solidaridad se viese sometido a tan tajante represión y ocultismo? Entre todo este cúmulo de mentiras a la sociedad, de los medios de comunicación «democráticos», la tensión se iba acumulando en torno a la prisión. Se impuso la posición estratégica y las UEI (Unidades Especiales de Intervención) de la Guardia Civil se prepararon para intervenir. Los presos jugaban su baza con la médico. Difícilmente intervendrían estando ella dentro del módulo, dado que la misma se encontraba embarazada y ello dificultaría la operación. No querían hacerse responsables de una posible lesión en el feto o arriesgarse a que la ejecutasen aquellas fieras salvajes que la mantenían secuestrada.

Pero la realidad era otra muy diferente, y dentro del módulo especial se empezaba a barajar la necesidad de liberarla. Era una decisión muy complicada dado que suponía aumentar las posibilidades de un asalto en un noventa y nueve por ciento. Pero el embarazo suponía una seria duda de la legitimidad de la retención de aquella mujer, dado que implicaba a otro ser inocente, por lo que se acordó su liberación y con ello el riesgo del asalto, el cual sería inevitable. Efectivamente, aquel gesto humano, dictado en un momento de debilidad, sería la espoleta que diese luz verde a la intervención de las fuerzas de asalto, horas más tarde. Una vez liberada la médico, los demás rehenes carecían de valor, pasarían por encima de ellos despreciando su vida. La Administración pensaba y funcionaba así.

La madrugada del 19, sobre las tres, los hechos se precipitaron. Las fuerzas de asalto recibieron órdenes de poner punto y final al secuestro e intervinieron. Comenzaron a sonar cargas explosivas y tableteos de ametralladora. Se produjo todo velozmente. Los presos fueron localizados junto a los rehenes y reducidos, para luego ser salvajemente apaleados con bates de béisbol. Era un método habitual en los asaltos, que pretendía inculcar el terror en los demás presos. Todo culminó con el traslado al hospital de tres de los presos, el encierro de otros dos y la liberación de los rehenes. El asalto puso fin a las reivindicaciones, las cuales no trascendieron a la opinión pública. La Administración podía sentirse feliz y realizada.

Sin embargo, los presos menores de Herrera de La Mancha, recién traídos de la cárcel de Zamora, los cuales conocían la verdad sobre lo que había sucedido, tomaron la iniciativa al día siguiente con un nuevo motín. Grupos de presos se subieron a los tejados en apoyo a los presos apaleados del Régimen Especial. La revuelta duró tan sólo unas horas, las que tardó en intervenir la Guardia Civil en una feroz represión contra los jóvenes que, una vez apaleados, fueron introducidos sangrantes de nuevo en sus celdas. Aquellos sucesos no eran más que un presagio de los acontecimientos que se avecinaban vinculados por los lazos de solidaridad de aquellos hombres valientes a los que la injusticia no les era indiferente.

Celebrado ya el juicio que me había traído a la cárcel de Zaragoza, me notificaron mi regreso a la cárcel de Tenerife 2. Hice tránsito en la prisión madrileña de Alcalá-Meco. Allí conocí a Julián, *el Cajas*, con quien compartí un par de días la celda. Hablamos sobre fugas y nos pusimos de acuerdo en intentar cortar el suelo del furgón que debía conducirnos hasta Cádiz. Preparamos un par de sierras, mangos y un pequeño retrovisor con el que poder espiar a la escolta. También varias chapas metálicas para bloquear las cerraduras de las puertas. Julián era un auténtico especialista en trabajar los furgones, por lo que si todo iba bien teníamos grandes posibilidades de conseguirlo.

La conducción vino a recogernos esa mañana. En las jaulas americanas de la entrada coincidí con un paisano que vino a saludarme. Se llamaba Teixeira.

—¿Eres tú el Che? —me abordó.

—Sí, ¿y tú quién eres?

—Soy amigo de Anxo y de Musta. Me han hablado mucho de ti y tenía ganas de conocerte —me respondió, extendiendo la mano.

Nos saludamos.

—Bien. ¿Adónde vas? —pregunté.

—Al Puerto, ¿y tú?

—También al Puerto.

Una vez dentro del furgón, con él en marcha, en las afueras de Madrid, nos pusimos a trabajar el suelo de éste. Abrimos algunas puertas, entre ellas la de Teixeira y la de otros presos a fin de que nos cubriesen haciendo bulto en el pasillo, impidiendo que la Guardia Civil pudiera observarnos. De rodillas en el suelo, comenzamos por turnos a cortar la chapa. Aquello llevaría mucho trabajo. Conseguimos abrir un orificio inicial, pero tuvimos que dejar de cortar ante la preocupación constante de la Guardia Civil por la aglomeración de presos en el pasillo, así que lo dejamos para el día siguiente. Esa tarde llegamos a la prisión de Córdoba e hicimos noche en ella. Descansamos y al día siguiente, por la mañana temprano, retomamos el viaje. Con el furgón ya en marcha, pedimos ir al servicio y luego bloqueamos las cerraduras de las puertas para impedir que se cerrasen. Abrimos a otros presos y volvimos a trabajar la chapa. Después de un rato, Julián estaba convencido de que habíamos escogido un mal lugar para cortar.

—Esto no marcha, José, vamos muy lento —me dijo—. No se puede cortar más deprisa sin que se rompa la sierra, y si ésta se rompe entonces sí que la jodimos.

—Vamos a currar un par de horas más y, si no avanzamos, cubrimos lo cortado hasta ahora para aprovecharlo en otro viaje, bien nosotros, bien algún amigo o compañero. ¿Te parece?

—Por mí, vale.

—Pues venga.

Volvimos al pasillo y seguimos intentando cortar la chapa y levantarla, pero no lo conseguimos. Por ello, procedimos a reunir ceniza de los cigarros y, junto con otros desperdicios, ocultamos la ranuras abiertas en la chapa. Lo habíamos intentado y, en todo caso, allí quedaba realizada la peor parte del trabajo, la cual podría ser aprovechado por otros presos para su conclusión definitiva. ¡Suerte!

Una vez en el Puerto de Santa María, fui conducido al Puerto 2, donde me reencontré con Paco y otros políticos. José

Mari había sido trasladado al Hospital Penitenciaro de Madrid para hacerse unas pruebas. Esta vez tan sólo me retuvieron un par de días en Cádiz.

En Herrera, mientras tanto, se había producido una nueva retención. José Antonio Apón Mercader, conocido como *el Africano*, tomaba como rehén a un carcelero y se atrincheraba en una celda con él, para mostrar su apoyo a los presos de Régimen Especial y exigir el cese de palizas a éstos por parte de los carceleros. La retención duró tan sólo un par de horas. Le asaltaron. Por otra parte, al otro lado del muro, Juan José Garfia hacía de las suyas. La prensa informaba del secuestro de un teniente coronel de la Guardia Civil así como del tiroteo en el cual un brigada del mismo cuerpo había recibido un balazo en la cara a bocajarro. Ambas acciones eran atribuidas a Juanjo. La caza del hombre seguía adelante, salvo que en aquel caso la pieza a cazar devolvía los disparos y no les daría ninguna facilidad.

Ojalá no lo cogiesen. En cuanto a mí, al tercer día de mi estancia en el Puerto 2, vinieron a recogerme para conducirme engrilletado hasta el transbordador J.J. Sister, dentro de un furgón celular, con destino a Santa Cruz de Tenerife.

Prisión de Tenerife 2, Santa Cruz de Tenerife, marzo de 1991

Cuando llegué a Tenerife 2 las cosas habían cambiado. Mi amigo Anxo Fernández y su compañero Lisardo González Reyes acababan de ensayar la evasión sin éxito. La disciplina se había endurecido y ambos habían sido trasladados a prisiones más duras. Me designaron una celda de aislamiento. Tuve problemas cuando quise acercarme a hablar con los compañeros y darles tabaco.

—Tarrío —me gritó uno de los carceleros.

—¿Qué?

—No se pueden abrir las mirillas ni hablar a través de ellas —me dijo—. Tampoco se puede dar tabaco a los sancionados —añadió.

Le ignoré y repartí el paquete de tabaco que traía con todos los sancionados, encendiéndoles un cigarro a cada uno para que pudiesen fumar a través de las mirillas de las puertas.

—Tiene usted un parte, Tarrío —me amenazó.

—¿Qué pasa?, ¿le complace hacer sufrir a los hombres con privaciones? —le espeté.

—Está prohibido por el Reglamento y lo sabe.

—Prohibido ser humano, ¿verdad? Haz los expedientes que te dé la gana...

—Puede estar seguro de que los haré...

En las ventanas de las celdas habían soldado nuevos barrotes, esta vez verticales. También habían bloqueado la puerta que accedía al módulo adjunto y construido una nueva en la otra parte del módulo, por la cual se salía directamente al patio. Igualmente se había provisto al puente de una puerta central que se mantenía cerrada de noche y abierta solamente durante el día. No cabía duda de que habían mejorado la seguridad. Hablé sobre aquello con Juan Caamaño, un preso vallisoletano que se encontraba en el módulo en 1er grado. Lo hicimos a través de las ventanas:

—No veas cómo van por aquí ahora, Caamaño.

—Sí, desde que intentaste pirarte tú y luego Anxo y el Reyes, se han vuelto insoportables. Lo prohíben todo y pegan a la gente sin ningún motivo. Se pasan...

—¡Hijos de puta!

—Oye, ¿tienes más tabaco ahí?

—Sí.

—Pues pásame algo.

—Espera un momento...

Busqué dentro del equipaje un par de cajetillas de tabaco que tenía del barco y preparé una cuerda con tiras de sábana. Me asomé de nuevo a la ventana y, atando un trozo de jabón a un extremo de la cuerda, le llamé:

—Caamaño...

—Dime.

—Saca algo por la ventana, que te echo un carro.

—Tengo sacada la escoba.

—Venga, va —añadí, lanzándola hasta su posición por encima del palo de la escoba. La sujetó.

—¿Lo tienes?

—Sí.

Até en el otro extremo las dos cajetillas y una caja de cerillas y la solté.

—Venga, llévatelo.

—¿De dónde vienes ahora, Che?

—De varios sitios. He estado en Zamora y en Zaragoza, a juicios...

—Por aquí, ya ves, una mierda.

Sí, una mierda. ¿Por qué se prohibía a los presos fumar cuando únicamente se encontraban condenados a penas privativas de libertad? ¿Qué sentido tenía hacer sufrir a una persona en la soledad de una celda de aislamiento privaciones que venían a unirse a las ya dimanantes de la esclavitud carcelaria? El fin era lograr a través del sufrimiento el quebranto total de la voluntad del individuo para luego facilitar su alienación. Por eso, mi acción sería sancionada con aislamiento en celdas: había roto el programa aliviando el ansia de aquellos presos. Mi historial penitenciario se encontraba poblado de expedientes como aquél, los cuales me habían costado más de dos años de aislamiento en celdas a lo largo de mi estancia en prisión.

Continué repartiendo tabaco a los presos que se encontraban allí sancionados, por lo que fui objeto de numerosos expedientes, los cuales quedaban en suspenso gracias a los médicos. Éstos se oponían al aislamiento prolongado al que era objeto desde hacía años. Consideraban que aquellas sanciones podrían deteriorar mi salud gravemente y, haciendo caso omiso de las críticas de la Administración, suspendían cautelarmente las mismas por tiempo indefinido. Sin embargo, aunque podía acceder al economato, a la sala y a dos horas diarias de patio, continuaban sacándome solo, con la excusa de que no existía ningún otro preso en mis mismas condiciones. Me fueron intervenidas las comunicaciones por orden de la Dirección y retenida la correspondencia procedente del exterior, con fines de tratamiento, aunque no me fue notificado. Pretendían presionarme por medio de la incomunicación. Conseguí de la biblioteca varios libros de Albert Camus, *El Diablo y Dios*, de Sartre, y alguno de Shopenhauer, filósofo alemán nihilista al que acababa de conocer. Conseguí igualmente varias libretas cuadriculadas en las que, sentado frente a la mesa, plasmaba los pensamientos que me asaltaban después de la lectura o en el vagar onírico de la soledad. Me aficioné a la escritura y no dejaba pasar un solo día en que no plasmara algún pensamiento o poema en aquellas libretas que se habían convertido en mis confidentes. Por las noches recibía las visitas de los carceleros que desde afuera iluminaban los barrotes y la cama donde dormía con una linterna, despertándome intencionadamente. Yo entonces les insultaba, pero se reían y regresaban varias horas después a despertarme otra vez, con la excusa de un nuevo cacheo. Una noche, harto ya de aquellas provocaciones, llené un cubo de agua y me agazapé debajo de una ventana de la celda. Esperé allí fumando algún cigarro a que pasasen la requisa de barrotes, lo cual no tardó en suceder. Una vez en la ventana, iluminaron la cama y, sorprendidos de que no me encontrase en la misma, comenzaron a llamarme:

—Tarrío, asómese, que le veamos...

No contesté, provocando con ello que se arrimasen a la ventana.

—Tarrío, déjese de tonterías y asómese —me gritaron nuevamente.

Cogí el cubo y me incorporé rápidamente, arrojándoles el agua por encima.

—¡Hijo de puta! —me insultaron—. Ahora verás —añadieron.

Les había alcanzado de lleno y se marcharon chorreando agua. Me reí, pese a que sabía que aquello me iba a traer problemas. Me vestí y calcé preparándome para lo peor.

Varios minutos después se presentaron en el módulo. Venían cerca de una docena, esgrimiendo porras en la mano, con el jefe de Servicios a la cabeza, según pude observar por la ranura de la mirilla. Abrieron la misma.

—Tarrío, tenemos que cambiarle de celda —me explicó uno de ellos.

—De eso nada.

—¿Quieres que entremos por la fuerza?

—Probad a ver —respondí al tiempo que cogía la silla y arrancaba una de las patas de hierro.

—Venga, Tarrío, deje de complicarse la vida.

—A mí los únicos que me complicáis la vida sois vosotros, y estoy hasta los cojones de aguantaros todas las noches...

—Entréganos el hierro y no pasa nada, ¿de acuerdo —me dijo uno de los carceleros acercándose a la mirilla. Su aliento apestaba a alcohol.

—No.

Hablaron entre ellos y luego se fueron. No regresaron para mi sorpresa, pero enviaron a uno de los médicos a primera hora de la mañana para que hablase conmigo y depusiese mi actitud:

—Tarrío.

—¿Qué?

—¿Puedo hablar contigo en la celda?

—De acuerdo, pero que no se acerque ningún carcelero.

—No, solos tú y yo, ¿de acuerdo?

—Vale.

Pidió la llave de la celda a uno de los carceleros y, tras abrirla, entró. Cerraron la puerta tras de él. Hablamos:

—¿Qué pasó ayer? —me preguntó.

—Que me llevan despertando varias noches consecutivas y les eché agua. Venían borrachos y provocando...

—¿Y qué vas a hacer?

—Huelga de hambre y de sed hasta que me dejen en paz, me saquen acompañado y me den la radio o el órgano eléctrico que me han retenido.

—¿Por qué te los han retenido?

—Por joder y para hacerme las celdas más difíciles de llevar. Se ve que el director y el subdirector de Seguridad no me perdonan que intentase fugarme y se están tomando la revancha. Yo qué sé...

—Hablaré con ellos a ver qué podemos hacer nosotros, pero no hagas huelga de hambre o de sed porque te vas a perjudicar a ti mismo.

—Es igual, voy a hacerla, estoy decidido.

—Como tú quieras. Es mejor que me des el hierro y la silla. No te van a hacer nada malo, te doy mi palabra.

—Lléveselos.

—Voy a hablar esto con el director, te lo prometo.

—Bien.

No desayuné. Ni comí ni cené. Me declaré en huelga de hambre y sed y me metí dentro del catre. Renuncié a las horas de patio y a salir de la celda, salvo para comprar tabaco en el economato. Recibía diariamente la visita de los médicos en un vano intento de convencerme para que abandonase la huelga. Había elaborado dos escritos al Juzgado haciendo responsable al mismo y a la Administración de lo que me sucediese. Mantuve aquella actitud durante los cinco días que tardaron en decidirse a ceder a mis peticiones. Me lo notificó uno de los médicos.

—Tarrío —me habló—, te van a dar la radio, el órgano y vas a salir acompañado al patio. Lo del cacheo de noche van a seguir haciéndolo, pero procurando no despertarte ni alumbrarte con la linterna. ¿Qué dices?

—¿Quién dice eso? —pregunté.

—Me lo ha dicho personalmente Don Joaquín, el director, hace un momento.

—Vale, dígale que dejo la huelga...

—Bien.

Aquella medida nos beneficiaría a todos dado que tendrían que sacar a compañeros sancionados conmigo, lo cual permitiría que circulase el tabaco con mayor fluidez por el módulo y rompería la disciplina rígida del aislamiento. Algo habíamos sacado de todo aquello. En cuanto a mí, el órgano y la radio me harían los días más entretenidos y fluidos, mientras buscaba un cómplice y elementos para intentar una nueva fuga.

Recibí una visita de la psicóloga. Nos entrevistamos en la pequeña enfermería habilitada en el módulo:

—Hola, Tarrío, ¿cómo se encuentra?

—Muy bien.

—¿Continúa todavía con la huelga?

—Ya no.

—Me envían desde Dirección —me dijo en tono serio—. Queremos saber si va usted a persistir en su actitud o si, por el contrario, va a colaborar con el tratamiento.

—¿Cuál es mi actitud? —le pregunté.

—Venga, Tarrío, ya sabe a qué me refiero. Usted rechaza el tratamiento, falta constantemente al respeto a los profesionales que trabajan aquí, que lo hacen lo mejor que pueden, y se muestra intratable con todo intento de diálogo. Es dificilísimo dialogar con usted...

—¿Estamos hablando, no?

—Sí, pero lo que nosotros pretendemos es que colabore y nos permita sacarle de aquí a otro módulo. No crea que va a aguantar mucho más tiempo en esta situación, y al final se arrepentirá. Nosotros somos el sistema y contra el sistema es inútil rebelarse; así lo único que va a conseguir es pasarse algunos años más en celdas, cuando podría acceder a otros beneficios...

—Mire señorita, el sistema del que tanto se vanagloria a mí se me antoja una mierda. Que tengan a hombres encerrados en celdas de castigo sin fumar me parece un acto de sadismo innecesario. En cuanto a su programa, me reservo la opinión para no herir su sensibilidad; pero que conste que me apesta —hice un pequeño intermedio para luego proseguir—. En cuanto a diálogo, ustedes son los menos indicados para reprocharme falta de comunicación, dado que son incapaces de hilvanar diez palabras seguidas sin que en ellas se encierre una amenaza velada o un chantaje. El problema, señorita, no se encuentra en mí; éste radica en que no hacen efectivo el Reglamento Penitenciario, incumpliéndolo constantemente por abuso de poder. Ustedes incumplen la normativa, la ley, y en vez de generar trabajos remunerados para los presos y presas, generan pequeñas dictaduras. Trabajos forzados sin sueldo ni beneficio y castigos sin fin para aquellos que no se sometan a su loado tratamiento. ¿Cómo dialogar con quienes basan su diálogo en la tortura, la prepotencia y el chantaje? Créame, no es usted tan honrada, buena y profesional como se cree...

Mis palabras le sorprendieron.

—Aquí quien está preso por no cumplir la ley es usted y no yo. Puede que la institución no sea del todo perfecta, pero creemos en lo que hacemos y lo hacemos honradamente. Y sepa que aquí la mayoría de los presos trabajan y extinguen sus condenas a mitad de tiempo, cosa que dudo que consiga usted nunca con esa actitud retadora.

—Bueno, ya veremos —respondí incorporándome y dando por concluida la entrevista.

Aquellas palabras representaban una advertencia. Querían subrayar el hecho de que me encontraba totalmente a su merced, y que podían hacer conmigo todo aquello que estimasen adecuado para el tratamiento. Sabían que era seropositivo y que aquello pesaba psicológicamente en mi ánimo, lo cual, añadido a las celdas de castigo y a la retención del correo exterior, único soporte emocional dentro de prisión, dado que la lejanía del presidio respecto a la familia impedía cualquier otro tipo de contacto, debería hacerme reflexionar y ceder.

Lograrlo para ellos representaba un éxito cara a la Administración de Madrid. Para ellos sólo era una cobaya donde experimentar diferentes técnicas de represión. En realidad, desde que el hombre y la mujer cruzábamos encadenados los recintos carcelarios, pasábamos a convertirnos en cobayas experimentales de equipos médicos, educadores, psicólogos o carceleros. Los éxitos de estos científicos de la deshumanización y la tortura sobre nosotros, las cobayas, se traducían en premios administrativos, en ascensos. Sonaba cruel, pero era la realidad, una realidad fatal que cualquier ser humano podía experimentar con simplemente cometer un error, ingresar en prisión y, una vez dentro de la misma, intentar conservar íntegra su dignidad, sus sentimientos y sus valores. El sistema se alimenta de carne humana. Te obliga a participar con el chantaje de la cárcel; dentro de ésta, del castigo. La psicóloga, con su discurso y defensa de tales métodos, se comprometía con aquellos despreciables, mezquinos y miserables tecnócratas que con su técnica enjuiciable y condenable exterminaban sin paliativos a las clases sociales menos favorecidas y, sobre todo, a las más contestatarias. Todo aquel sistema represivo, basado en la constante amenaza del castigo, carecía de fundamento alguno, era torpe e insensato, ya que en vez de fomentar la convivencia, la destruía, envileciendo a los que lo llevaban a cabo, suscitando odio y violencia en los que lo sufrían.

Un sistema basado en el terrorismo carcelario que los mercenarios de la prensa, en general, maquillaban y que los jueces permitían, omitiendo su responsabilidad, blindados por el poder del que se hallaban provistos, el cual los trasformaba en intocables, en falsas figuras sagradas. Así cuando se denunciaba un mal trato o una irregularidad ante el juez, éste se limitaba a confirmar el buen hacer de la Administración. Entonces se recurría a la Audiencia Provincial, quien a su vez ratificaba la decisión del juez. Por último, recurrías al Tribunal Constitucional y varios años después, quizá, lo ganabas, pero entonces te trasladaban a otra cárcel y allí tenías que comenzar de nuevo. Todo bien atado, sin grietas, de manera legal: democráticamente.

Conseguí llamar por teléfono al exterior. Me enteré de que mi amigo chico había sido detenido de nuevo, acusado del robo a un banco. A partir de entonces dependía exclusivamente de mí mismo.

Me decidí a hablar con Caamaño para organizar un secuestro en el módulo y evadirnos disfrazados de carceleros. Me prometió pensarlo y darme una respuesta.

Llegó el verano y con él el calor. Aproveché el sol para ponerme moreno y curar en alguna medida el acné que me cubría la espalda y parte del pecho. A ello me ayudaba un preso canario al que habían incluido en el régimen cerrado, que con algodón y yodo, mezclado con alcohol, me limpiaba las heridas todos los días. Lo conocíamos por Malaje y era un compañero estupendo, al cual apreciábamos mucho por su sencillez. Gracias a sus cuidados, la mayoría de las heridas habían cicatrizado.

En el módulo la monotonía era todos los días la misma. Hacía un calor insoportable, por lo que solía sacar conmigo al patio varios cubos con agua para ducharme desnudo en el mismo. Luego me tumbaba a tomar el sol. Por las tardes me sentaba frente a la mesa y escribía poemas y pensamientos en los cuadernos. Pensé incluso en escribir un libro sobre todo aquello, pero finalmente renuncié a la idea por falta de confianza en mi narrativa. No estaba preparado, por lo tanto continué con pequeños pensamientos de los que Malaje era el único lector. Me recriminaba mi estilo sangrante, siempre latente en todos mis escritos, pero ésa era mi forma de ver el mundo, de entender al ser humano, de plasmar mi asco por lo que existía tras los muros.

La comida seguía siendo buena y el trato de los médicos, el correcto. No habían vuelto a darme taquicardias gracias a un tratamiento de tranxilium 50 que me habían recetado, el cual me permitía dormir profundamente durante las noches. Sin embargo, mis relaciones con los carceleros continuaban empeorando hasta hacerse casi insoportables. Los odiaba y me odiaban, era inevitable.

Una tarde de julio tuve una discusión con uno de ellos, el cual pretendía encerrarme en la celda antes del tiempo. Me negué a entrar en la misma, invitándole a que me metiese él. Entonces fue a pedir refuerzos, y un grupo de carceleros hizo acto de presencia en el módulo. Yo, por mi parte, rompí un palo de escoba y me amotiné en la segunda planta del módulo. El jefe de Servicios habló conmigo desde abajo:

—Tarrío, suelte el palo y entre en la celda.

—No, hasta que termine mi horario de patio.

—¿Quieres que subamos a bajarte? —me respondió.

—Usted verá, pero al que suba le parto la cabeza...

Dicho esto, comenzaron a subir las escaleras en grupo, deteniéndose a unos metros del lugar donde les esperaba.

—Tarrío, déme el palo —me pidió el jefe de Servicios.

Si se lo daba me apalearían igual, por lo que me negué de nuevo:

—No, y no te acerques más...

Me ignoraron y escalón a escalón continuaron subiendo. Una vez a mi altura, asesté un golpe a uno de ellos con el palo de la escoba y, acto seguido, nos enzarzamos en una pelea en la que finalmente fui reducido, pateado y conducido a rastras hasta la celda. Cachearon la misma y rompieron delante de mi las fotos de mi familia y varias cartas, tirando las demás por el suelo. Requisaron la libreta donde escribía mis pensamientos y rompieron el órgano y el aparato de radio. Una vez satisfechas sus bajezas, me [illegible] dentro de la celda.

—La próxima vez te rompemos las piernas, ¿entiendes? —me amenazó el jefe de Servicios a través de la mirilla—. No quiero oír ni una queja más a los funcionarios sobre ti, no lo olvides. Una vez se hubieron marchado, me puse a recoger las cartas y las fotos rotas, ordenando un poco todo aquel desbarajuste. Conseguí arreglar algunas fotos con celofán, pero otras tuve que tirarlas. También arreglé la radio, pero no así el órgano. Me sentía furioso. Lavé la sangre que salía de mi boca en el lavabo y me miré al espejo. Uno de los pómulos lo tenía inflamado y la marca de varios golpes se adivinaban en mi espalda enrojecida. Juan Caamaño me llamó. Hablamos por las ventanas:

—¿Qué ha pasado?

—Nada. ¿Has pensado en eso que hablamos? —le respondí.

—Sí, estoy de acuerdo.

—Bien, entonces ya hablaremos.

—¿Qué tal estás?

—Un poco magullado pero perfectamente y muy animado.

Al día siguiente, durante el paseo, logré sacar de una de las puertas dos trozos de metal que servirían para fabricar dos cuchillos. Facilité uno de ellos a Caamaño y preparé el mío, al cual proveí de una afilada punta.

Esa tarde, el juez de Vigilancia Penitenciaria se presentó en la prisión y me envió a llamar. Accedí a hablar con él y fui conducido hasta su presencia, a uno de los despachos del centro. Me esperaba acompañado del fiscal. Me saludó y respondí cortés al saludo.

—Siéntese —me invitó—. Estamos aquí porque hemos recibido diferentes denuncias de usted y de otros compañeros suyos, denunciando malos tratos en el módulo de aislamiento. ¿Qué tiene que decir a ello? —me preguntó, señalando un montón de escritos que llevaban mi nombre y letra sobre la mesa de metal.

—¿Ve usted el pómulo hinchado? —le indiqué—. Pues esto es sólo una pequeña muestra de lo que ocurre a menudo. Otra muestra lo son estas marcas —continué, mostrándole la espalda— que, convendrá conmigo, difícilmente me las puedo haber causado yo mismo.

—¿Cuándo ha sido eso? —me interrogó el fiscal

—Ayer.

—¿Por qué razón? —preguntó el juez.

—Por negarme a entrar del patio a la celda cuando todavía me faltaba tiempo de patio.

—No le creo —intervino el fiscal—. El centro, por si no lo sabe, ha puesto una denuncia contra usted por agredir a un funcionario con un palo. Además, hemos leído su expediente. Hace poco, igualmente, agredió a otro funcionario con un cuchillo para poder posteriormente apuñalar a un compañero suyo, ha participado en plantes y motines y cuenta usted con varios intentos de evasión. ¿Cómo espera que le creamos con un expediente semejante?

—Mire, es verdad que golpeé a un carcelero con un palo, pero fue en defensa propia. Me mantienen aislado la mayoría del tiempo, me intervienen el correo sin autorización judicial, rompen mis pertenencias, me amenazan y chantajean constantemente, incumpliendo el Reglamento cuando les da la gana conmigo, ¿no querrá que encima me deje apalear impunemente, verdad? Si ustedes hiciesen su labor todo esto se evitaría...

—La culpa de ello la tiene usted y no nosotros. Usted representa un peligro para los demás y el aislamiento o la prolongación del primer grado supone tan sólo una medida cautelar, hasta que su comportamiento demuestre con hechos que se encuentra preparado para convivir con otras personas.

—Ya veo que se han puesto ustedes de acuerdo rápidamente —les respondí—. ¿Se han preguntado alguna vez el porqué de la violencia en prisión? Yo soy seropositivo, señores, y a nosotros, los enfermos seropositivos, se nos asesina prácticamente sin miramientos. No digo que se haga directamente, sino que a base de castigos y medidas disciplinarias se influye constantemente en la salud y el ánimo de los que se encuentran como yo en prisión. No os llega con negarnos el artículo 60, sino que tenéis que apalearnos, someternos, acosarnos con vuestras normas. Mientras todo esto sucede, ustedes permanecen impasibles, altivos e inabordables. Ese desprecio por la vida de los demás que ustedes y el Estado muestren a diario con esa actitud cerrada y altiva de enfermiza arrogancia mata cualquier buen sentimiento o humanidad en quienes lo sufren, yo entre ellos; por lo tanto, ustedes son responsables en gran medida de la violencia que tanto critican. Condenan y envían a las personas a presión, pero luego se desentienden de lo que allí ocurre. Éste es el problema y no otro, a mi criterio...

—Bueno —me interrumpió el juez—, usted pórtese bien y yo haré que le saquen acompañado por varios compañeros suyos y le respeten sus derechos, siempre que por su comportamiento se los merezca. Todo depende de su actitud.

—O sea, que no va a hacer nada, ¿verdad?

—Todo depende de su comportamiento, le repito.

—Haga lo que le parezca, pero si ocurre algo, luego no me culpe a mí de ello. No me cargue a mí con toda la responsabilidad...

—¿Es eso una amenaza? —preguntó el fiscal.

—No, es la verdad. Si para ustedes justicia significa un equilibrio estático, cuya balanza se inclina hacia los poderosos por medio de un sistema de fianzas, beneficios y trampas jurídicas, y se mantiene rígida y severa para con los que no tenemos medios económicos con los que defendernos, entonces no esperen que crea en su método o que me cruce de brazos mientras deciden qué hacer con mi vida.

—Con ideas como ésa se va a pasar usted mucho tiempo en la cárcel, Tarrío —replicó el fiscal.

—Haremos lo que podamos —añadió el juez fríamente.

Regresé de nuevo a la celda. Una vez en la misma, escribí una nota para Juan Caamaño a fin de establecer pautas a seguir en el secuestro y posterior evasión. Se trataba de coger a varios carceleros, encerrarlos y, tras vestirnos con su ropas, acceder al recinto y de allí a la calle. Confiábamos en que todo saliese bien. Deseaba con toda mi alma que saliese bien para joder a toda aquella gentuza y dejarles con un palmo de narices. Estaba seguro de que lo conseguiría, tenía que hacerlo.

La mañana del 5 de julio trajeron al módulo a un preso menor de edad. Era un crío. Ignoraba lo que había hecho para que lo trajesen allí, pero cuando aquel grupo de carceleros lo introdujo dentro de una de las celdas y comenzaron a rociarle de gas, comencé a golpear la puerta y a insultarles.

—¿Qué pasa, Tarrío? —preguntó uno de ellos.

—Pasa que son un atajo de cobardes torturadores —grité.

Abrieron la celda. Venían provistos de porras y penetraron dentro de la misma, golpeándome sin darme tiempo ni espacio para reaccionar. Luego se fueron, no sin antes amenazarme. En la cárcel está prohibido ayudar a los demás o manifestar públicamente disconformidad con los métodos de aquellos brutos. Pese a ello y aquellas palizas, los presos debíamos seguir ayudándonos uno a otros si queríamos sobrevivir a todo aquello con un mínimo de dignidad.

Por la tarde recibí la desagradable visita de un carcelero al que conocía de la prisión de Zamora. En aquella cárcel había gozado de la ocasión de apalearme junto a sus camaradas de oficio, y ahora pretendía coaccionarme con el recuerdo de aquel acto, para él, heroico.

—¿Qué pasa, hijo puta? —me dijo a través de la mirilla—, ¿es que no te cansas de recibir palos? Pues hoy estoy yo de guardia, así que ándate con cuidado porque a la mínima pillas, ¿o es que no te acuerdas de mí?

Me acordaba perfectamente.

—Claro que te recuerdo —le contesté, acercándome a la puerta.

—Bien, pues no te quiero escuchar en toda la tarde, ¿de acuerdo?

No respondí a aquella provocación. Una hora después de aquella visita vinieron a abrirme para salir al patio a disfrutar del paseo. En una de mis zapatillas llevaba oculto un pequeño cuchillo de fabricación casera, de hierro. Aquel hijo de perra me las iba a pagar todas juntas. No tuve problema para pasar el cuchillo por el cacheo que solían realizarme cada vez que salía de la celda. Se encontraba en la puerta de acceso al patio, hacia la cual me dirigí. Su cara reflejaba la típica chulería del que se siente protegido por un traje, una placa y todo un sistema; del que conoce que puede actuar impunemente sin miedo a la justicia o a la ley; ¿pues quién sino él era allí única ley y justicia? Fue a decirme algo cuando mi puño impactó en su rostro, haciéndole trastabillar hacia atrás y caer al suelo. Totalmente sorprendido de que un preso se hubiese atrevido a levantarle la mano, se incorporó a gatas, encaminándose seguidamente hacia la garita, de la que volvió a salir, esta vez armado de una porra.

—Te vas a cagar —gritó furioso y amenazador, mientras se abalanzaba sobre mí.

Me agaché, arrodillando una pierna, y saqué de la zapatilla el cuchillo. Al verlo se paró, soltó la porra y levantó las manos indicándome que no ofrecía resistencia. Su rostro era todo un poema:

—Tranquilo, Tarrío, por favor...

Me acerqué a él y lo agarré de la camisa, arrodillándolo delante de mí. Le lancé una cuchillada a la altura de la cabeza que se clavó en una de las manos con las que se cubría la misma, tembloroso y asustado.

—¿Qué?, ya no eres tan *kie*, ¿no? —le grité, fuera de mí—. ¿O es que sólo sois valientes cuando os encontráis en manada ante un crío desnudo e indefenso? —añadí en una clara alusión a la paliza de Zamora.

—Tranquilízate, hombre, tranquilo, vamos a arreglar esto con tranquilidad, ¿eh? —me decía a voces el otro carcelero desde la otra parte del módulo.

—No cometas una tontería, Tarrío, por favor, cálmate...

Miré a mi rehén. Tenía deseos de matarlo, pero no me decidí, temeroso de las consecuencias que aquel acto podría acarrearme. Todavía albergaba esperanzas y opciones para conseguir transformarlas en hechos, por lo que finalmente le solté.

—Mira, puerca, por ésta te vas a librar. Si algún día te tomas la revancha y te atreves a pegarme de nuevo, juro que te asesino sin contemplaciones. ¿Te queda claro?

—Sí, Tarrío, te lo prometo, no pasa nada...

Me dirigí a la celda. Cerraron la puerta de la misma y me deshice del cuchillo, el cual pasé a Caamaño a través de la ventana. Me tumbé en la cama alterado y tenso por lo que pudiese suceder a raíz de aquello. Al rato, un nutrido grupo de carceleros se presentaron en el módulo, abrieron la celda y me trasladaron a otra, esposado. No me pegaron ni me amenazaron, simplemente se limitaron a cambiarme de celda desposeyéndome de mis pertenencias. Me preguntaron por el cuchillo y les respondí que lo había arrojado por el servicio. Luego me dejaron a solas, esposado, en una celda vacía. Más tarde, el carcelero al que había apuñalado vino a verme. Traía la mano vendada e iba de paisano, por lo que supuse que le acababan de dar la baja. Hablamos a través de la mirilla.

—Mira, Tarrío, yo sé que lo de Zamora no estuvo bien, pero obedecía órdenes como el resto de funcionarios —se excusó—. Lo ocurrido hoy me ha hecho ver las cosas de otra manera, de verdad. He hablado con mis compañeros para que no tomen represalias contra ti por esto...

—Bien... —le respondí, sorprendido por su actitud.

—Aquí nos embrutecemos todos con el tiempo; no creas que para mí trabajar aquí, así, resulta fácil, pero de algo hay que comer.

—Es preferible pasar hambre que torturar para evitarlo —le respondí.

—Sí, pero alguien tiene que hacer este trabajo... Oye, ¿no tendría sangre o algo así el cuchillo, verdad? Lo digo por los anticuerpos del SIDA, y como tú eres portador...

—No, estaba limpio.

—Bueno, me tengo que ir. Siento mucho que todo haya tenido que ser así.

—Es la cárcel —respondí, resumiendo todos los males posibles con aquella fatídica palabra, la cual los hombres y mujeres del mundo harían bien en eliminar algún día no lejano de la faz de la tierra.

Un día después de aquel incidente, Juan Redondo Fernández, reconocido fuguista jiennense, llegó a la prisión trasladado desde la isla de Ibiza. Su llegada provocó la salida del módulo de Juan Caamaño, quien antes de irse logró dejar ocultos los dos cuchillos dentro del mismo. Me advirtió sobre ellos y me deseó suerte. Por razones de seguridad, el director no quería a más de dos presos en el módulo, lo cual les proporcionaba un mayor control sobre nosotros. Me volvieron a cambiar de celda y me quitaron los grilletes. También me devolvieron mis pertenencias. A la hora del paseo pude acercarme a la mirilla de la celda en donde habían encerrado a Juan Redondo y conversar unos minutos con él. Poseía una mirada dura y penetrante, suavizada por unas gafas redondas, de cuyas patillas surgía un cordón que las sujetaba, a su vez, al cuello.

—Hola, me llamo José —me presenté.

—Yo, Juan.

—Me ha hablado bastante y bien el Garfia sobre ti —le dije—, así que si necesitas algo me lo pides, ¿vale?

—De momento no necesito nada. ¿Qué tal por aquí?

—Bien, aunque los carceleros son unos perros. Ya lo verás por ti mismo.

—Bueno voy a arreglar esto un poco, ya hablaremos, José.

—De acuerdo.

Salí al patio a pasear. Me alegraba la presencia de Juan, pues confiaba en que juntos hiciésemos algo positivo. Una vez nos conociésemos mejor, le plantearía la fuga que tenía preparada con Caamaño para llevarla adelante ambos. Le avalaban tres fugas y diez tentativas, por lo que no me cabía duda sobre un futuro acuerdo para fugarnos de Tenerife 2.

El día 10, Herrera de La Mancha reventaba de nuevo. Víctor Llopis, Cristóbal Moral, Vázquez Ayude y Benito Toledano tomaban como rehenes a varios carceleros y a una psicóloga, liberando posteriormente a otros reclusos, los cuales se sumaron a la revuelta. Las razones de aquella acción, esgrimidas a punta de cuchillo, eran de carácter reivindicativo; no se pretendía la fuga, sino denunciar la situación carcelaria en apoyo a APRE(r) y a los puntos promovidos por la misma. Se pidió la divulgación a través de los medios de comunicación de una tabla reivindicativa con varios puntos, entre los cuales destacaban el cese de las torturas en las cárceles españolas, la liberación de todos los presos enfermos por el SIDA u otras enfermedades incurables, la denuncia de las intenciones, por parte de la Administración, de formar con presos comunes un GAL carcelario encargado de asesinar a los presos políticos de mayor relevancia y mejoras en los cuidados médicos dentro de las prisiones. Durante el transcurso de aquel secuestro, necesario para hacerse escuchar por la sociedad y para forzar a las autoridades a una negociación, Cristóbal Moral asestó varias cuchilladas a otro preso, detenido por un delito de violación, causándole la muerte. Ser violador era muy peligroso en prisión y ése fue el motivo de aquella muerte. La ley del submundo carcelario a menudo, demasiado a menudo quizá, resultaba dura y cruel. Los demás presos no podíamos consentir que los violadores se encontrasen en los patios con nosotros, sin más. Aquella muerte venía a mostrar a la sociedad y a la Administración que los presos comunes no aceptábamos violadores en los patios ni en las prisiones, y que aquellos seres despreciables no pertenecían a nuestro mundo. El violador entre la población reclusa no tenía ninguna aceptación y vivía con el constante miedo a ser descubierto, por lo que generalmente se encontraban en departamentos distintos, separados del resto de reclusos y protegidos por la Administración. Eso o trabajando de ordenanza, en la cocina o en puestos de responsabilidad. Despreciados por la masa penitenciaria, se veían obligados a convertirse en coexistencias, en los espías y la mano de obra de los carceleros, sus únicos amigos allí. Había sido un grave error dejar a aquel violador en el patio conviviendo con los demás presos, como lo había sido también el momento elegido para matarlo, pues obviamente la sociedad no lo comprendería: resultaba cínico e hipócrita pedir derechos humanos cuando se acababa de cometer un asesinato. ¿Cómo explicar aquella incongruencia? No lo entenderían. Ellos no conocían la cárcel ni la terrible violencia que aquellos muros podían generar en los hombres allí encerrados. Pese a aquella muerte las negociaciones continuaron avanzando. La Administración aceptó, tras veintiocho horas de secuestro, hacer públicas las reivindicaciones a cambio de la liberación de los rehenes, por cuya integridad comenzaban a temer. Radio Nacional emitió varias veces el comunicado dictado por los presos y éstos, una vez comprobado que se emitían escrupulosamente todos los puntos acordados en la negociación, liberaron a los rehenes y posteriormente se entregaron. Habían conseguido su objetivo.

Aquella acción dio mucho que escribir a los medios de comunicación, especialmente a aquellos que se sustentaban del sensacionalismo. Las Siglas APRE(r) comenzaron a hacerse habituales en las páginas de sucesos o de opinión y la asociación comenzó a tomar cuerpo. Había tenido muy buena acogida entre muchos presos clasificados en el régimen especial. Las denuncias ante los Juzgados contra los abusos de la Administración se vieron incrementadas ampliamente, provocando una abierta preocupación en Instituciones Penitenciarias. A raíz de ello, la Dirección General cursó una circular a todas las prisiones con órdenes estrictas de intervenir las comunicaciones orales y escritas a una serie de presos considerados responsables de APRE(r) o miembros activos de la misma. Era ilegal pero podían hacerlo, dado que contaban con el apoyo y la aprobación de la mayoría de los Juzgados de Vigilancia Penitenciaria. También se adoptó una política de dispersión aplicada sobre los presos que, a su criterio, tenían mayor influencia sobre la población reclusa y se encontraban relacionados con la actividad de APRE(r). Una vez más en lugar de escuchar e intentar modificar las irregularidades de su sistema carcelario y corregir los abusos denunciados, facilitando la liberación de los presos enfermos de SIDA, mejores equipos médicos, mejores alimentos y el sencillo cumplimiento pleno de lo recogido en el Reglamento Penitenciario, la Dirección General de Instituciones Penitenciarias adoptaba la imposición, a través del control y la represión, de sus normativas particulares y destructivas.

Juan Redondo y yo fuimos tomándonos confianza. Le conté mi proyecto de fuga, y él me informó sobre otra posibilidad existente en el barco:

—En el barco hay una buena pira, ¿no la has visto?

—No —le respondí—. A no ser cogiéndoles al salir de las celdas...

—Más o menos. Yo sé de una forma para abrir la puerta.

—¿Cuál?

—Si llega el caso, ya te la diré —me contestó, reservándose la información para asegurarse de que no la utilizaría por mi cuenta, si me fuese antes que él de conducción—. Pero podemos provocar un traslado e intentarlo juntos. Tu plan es bueno, pero en una isla presumo que no tenemos grandes posibilidades de conseguirlo, mientras que desde Cádiz podríamos perdernos por la Península fácilmente. ¿Qué dices?

—¿Cómo conseguiríamos que nos trasladasen juntos? —pregunté atraído por la idea.

—Hacemos un secuestro y de paso denunciamos todo esto. Tras un secuestro siempre viene un traslado.

—Dame un tiempo para que lo piense, ¿de acuerdo?

—Bien, si estás de acuerdo me lo dices, y si no, pues lo haré sólo. Quiero reivindicar una serie de cuestiones en apoyo a varios compañeros nuestros.

—Ya te diré algo.

Pensé en ello durante toda la noche. Era evidente que tendríamos más posibilidades en la Península que en una isla. Por otra parte, me encontraba abiertamente en contra de la Administración y de sus métodos, y no me resultaba indiferente la lucha de estos presos, por lo que decidí que aquel era un buen momento para pasar de la teoría a la práctica, echándoles una mano y echándomela a la vez a mí mismo. Peor que lo que pudiese ocurrir era permanecer siempre encerrado en una celda. Así se lo hice saber al día siguiente a mi nuevo camarada:

—Juan, te voy a echar una mano en el secuestro, pero sólo hasta que salgan las reivindicaciones en la radio. Una vez le demos publicidad al problema carcelario, lo dejamos y nos volcamos en intentar pirarnos del barco —hice una pausa y tras ella proseguí—. Quiero que el tema del SIDA esté entre los puntos reivindicativos, aunque me imagino que tú ya habrás pensado en ello, ¿no?

—Estoy de acuerdo contigo. Las reivindicaciones te las escribo en un papel luego y ves si estás de acuerdo con ellas. Ahora tenemos que concertar una cita con el juez de Vigilancia y prepararle una trampa.

—Tú tienes más experiencia en esto que yo, por lo tanto actuamos como tú estimes mejor. Si yo veo algo te lo diré. En cuanto a los cuchillos, podemos utilizar dos que tengo escondidos en el módulo.

Ambos nos pusimos pronto de acuerdo. Aparte de nuestras ideas de evasión, coincidíamos en un profundo desprecio por la Administración penitenciaria. Ahora sólo restaba que Juan solicitase una entrevista con el juez y actuar. Él sería el rehén adecuado dado que era el principal responsable de que se cometieran abusos en aquella prisión, cuando le había sido encomendada la misión de velar por que los derechos de los presos y presas se respetasen.

Comenzaron a sacarme de nuevo solo al patio. Habían dado órdenes estrictas para que, bajo ningún concepto, Juan y yo coincidiéramos fuera de la celda. Tenían miedo a que sucediese lo que ya era imparable. Envié dentro de un sobre algunas de las fotos de mi familia más preciadas a una amiga y rompí el resto. También hice lo mismo con todas las cartas, las cuales fueron a parar a la papelera. Por su parte, Juan elaboró la tabla reivindicativa y me la hizo llegar. Constaba de trece puntos, entre los cuales resaltaban por su importancia crucial los siguientes:

—La liberación inmediata de todos aquellos presos y presas con enfermedades incurables.

—Una investigación judicial eficaz para verificar el estado físico y mental de los presos en régimen especial Javier Ávila Navas, Laudelino Iglesias, Luis Rivas Dávila, Antonio Losa López y Vicente Sánchez Montañés, de los que se desconoce su actual paradero y se presume estarán siendo sometidos a constantes torturas.

—La intención por parte de la Administración de crear un GAL carcelario encargado de asesinar a presos políticos, a cambio de beneficios penitenciarios, propuesta a varios presos comunes en Alcalá-Meco.

—La erradicación total de malos tratos en todas las prisiones de España contra los presos y presas; así como el cese inmediato de vejaciones contra los familiares o amigos de los mismos.

—El traslado de los presos y presas que así lo soliciten a prisiones próximas a sus lugares de origen, a fin de facilitar las comunicaciones con sus familiares y evitar el desarraigo familiar que actualmente produce una mala política penitenciaria en materia de traslados. Este punto debe aplicarse especialmente a los seropositivos.

—La creación de centros de mínima seguridad y de régimen abierto para todas aquellas personas encerradas actualmente en prisión portadoras del virus del SIDA, en los que se proporcionen los cuidados médicos posibles y se gestione un posterior puesto de trabajo como garantiza la Constitución Española a todos y cada uno de los ciudadanos, lo cual corresponde hacer efectivo al Estado.

Hice saber a Redondo mi conformidad con todos los puntos recogidos, los cuales acentuaban mis razones para aquella reivindicación. Nadie, absolutamente nadie, podía negarnos el valor legitimo de aquellas propuestas que las circunstancias de indefensión judicial nos obligaban a plantear por una vía violenta. ¿Podíamos realmente transformar aquello por una vía de diálogo o a través de la justicia encargada de juzgar los pleitos entre los ciudadanos? Si nuestro pleito era el pleito de los que no tienen nada contra los que lo tienen todo, ¿teníamos verdaderamente alguna posibilidad real de obtener la razón? No. ¿Cómo iban a proporcionarnos un sueldo, una vivienda o un trabajo a nosotros, cuando ni siquiera eran capaces de proporcionárselo a los ciudadanos honrados? ¿Quién iba a proporcionar humanidad, trabajo y credibilidad a un ex presidiario portador del virus del SIDA? ¿Quién o cuántos? Muertos desde un punto de vista social, desposeídos de unos derechos que nunca tuvimos en serio, para muchos de nosotros ya no había sitio en el exterior. Así enfermos por una enfermedad incurable, sin trabajo, sin dinero, sin hogar, ¿adónde dirigirse?, ¿qué hacer? El castigo de la sociedad nos perseguía eternamente, la sombra del presidio nos acompañaría por donde fuésemos como un negro espectro imposible de olvidar y entonces, como hoy, estaremos de nuevo sin salida, sin opción, acorralados.

En el módulo surgieron algunos problemas. Sobre el mediodía, un grupo de carceleros se presentó en éste portando en volandas a un preso menor, esposado de pies y manos, al cual arrojaron dentro de una celda. Yo me encontraba disfrutando del horario de cafetería y conversando a través de la puerta con Juan, a quien interrumpí para pedirle explicaciones a uno de los carceleros sobre aquel mal trato:

—Oiga, ¿qué es lo que pasa para que traten así a mi compañero?

—Nada que les incumba a los demás.

—Me incumbe porque me importa. No pueden dejar al chaval así, esposado de pies y manos. Al menos quítenselas... —intenté razonar con él.

—Hasta que lo ordene el jefe de Servicios, no.

—Pues al menos llame usted al médico para que le atienda de los golpes.

—El médico ya esta avisado.

Cuando los carceleros se fueron del módulo, me dirigí hacia la celda en la que habían introducido a aquel preso y abriendo la mirilla hablé con él. Se encontraba tirado en el suelo, con la cara inflamada por los golpes y los pies y las manos amoratados por la presión de los grilletes mordiendo sus tobillos y sus muñecas.

—Tranquilo que ahora viene el médico —le dije—. ¿Te hacen daño? —añadí refiriéndome a los grilletes.

—Sí.

—¿Qué te ha pasado?

—Le pegué a un carcelero en el comedor...

—Ahora hablaré con el médico para que te quiten los grilletes, ¿vale?

—Vale.

Cuando se presentó el médico en el módulo, acompañado del jefe de Servicios, me dirigí hacia él y le abordé:

—Oiga, ese chaval tiene los pies y las manos hinchadas, así que tienen que quitarle los grilletes.

—Ahora lo voy a ver, Tarrío —me respondió.

—¿Usted qué hace aquí? —intervino el jefe de Servicios.

—Estoy en el horario de patio, disfrutando del derecho a cafetería.

—Bueno, pues váyase para el patio a pasear.

—No hasta que no le quiten los grilletes a mi compañero.

—Tranquilízate hombre, que ahora voy a verla yo —me indicó el médico en un intento vano de calmarme—. Sal para afuera que ahora salgo a hablar contigo, ¿de acuerdo? —añadió.

—Espero que ordene que le quiten los grilletes, porque si no me van a obligar a liar una gorda.

—Tiene usted un parte por amenazas... —me dijo uno de los carceleros que, ante la discusión, se había aproximado al grupo que formábamos en el pasillo del módulo.

Me salí del módulo sin responder a aquella memez. Finalmente, la cosa no fue a más y el médico se puso de acuerdo con el jefe de Servicios para quitarle los grilletes. Me lo vino a comunicar y se lo agradecí sinceramente. Al finalizar el horario de patio me acerqué hasta la celda que ocupaba aquel preso y, abriéndole la mirilla de la puerta, introduje a través de las ranuras de la misma varios fósforos y algunos cigarros, luego me dirigí hacia la celda. Antes de encerrarme en la misma, el carcelero me notificó que aquello me costaría una nueva sanción. Pobre idiota.

Aquel 26 de julio, el juez de Vigilancia y el fiscal se presentaron en la prisión para entrevistarse con Juan y con otros presos. Sobre las doce horas mandaron a llamar a mi camarada, el cual fue trasladado hasta el Centro por varios carceleros. La entrevista duró cerca de una hora, giró en todo momento en torno a la situación penitenciaria. Cuando terminó, le trajeron de regreso al módulo, coincidiendo conmigo, al encontrarme abierto vaciando los restos de la comida en uno de los cubos de basura. Al pasar por mi lado me informó:

—Están ahí. Tú hazte cargo de [illegible]...

Sin más, me introduje dentro de la celda y extraje el cuchillo de su escondrijo. Me lo guardé y salí de nuevo, dirigiéndome al carcelero de la garita, mientras Juan conversaba con un educador, al que había abordado, consiguiendo con ello continuar con la celda abierta.

—Oiga —le dije—, necesito salir al patio a recoger unas revistas que me han dejado esta mañana ahí.

—Yo se las cojo y luego se las doy.

—Venga, hombre, abra un momento y las cojo yo.

No me hizo caso y levantándose, salió al patio a buscar las revistas, las cuales no existían. Necesitábamos que abriera la puerta para poder cogerlos a todos, sin que ninguno diese la alarma. Pero éste desconfiaba demasiado, por lo que tendríamos que hacerlo igual, reteniendo de momento al carcelero y al educador, un antiguo carcelero también, con la esperanza de que nos diese tiempo de llegar al Centro antes de que se diesen cuenta de lo que sucedía. Pensaba en ello cuando el carcelero del módulo me abordó:

—Tarrío, tengo que cerrarle.

—Espérese que tengo que coger unas revistas, ¿tiene usted llaves? Es que las tengo en el patio y por lo visto su compañero no las encuentra...

—Yo no puedo abrir la puerta, Tarrío...

Entonces apareció el otro carcelero:

—Tarrío, ahí no he visto nada...

—Déjeme salir a mí, seguro que están ahí.

—Bueno, pero que te abra mi compañero —me respondió, introduciéndose en la garita.

Cuando el carcelero que se encontraba con nosotros metió la llave en la cerradura de la puerta y la abrió, entonces lo cogí del cuello de la camisa a la vez que le advertía:

—Déjate de hacer gilipolleces y camina —luego me dirigí a Juan—. Venga, vámonos, que esto ya está abierto...

De un empujón introdujo al educador dentro de la celda y con él metimos también al carcelero. Cerramos la puerta tras ellos, pasando el cerrojo, y salimos corriendo hacia el patio con una silla y una mesa de la sala. Dentro de la garita el otro carcelero intentaba avisar al Centro a través de un walky-talky, por lo que tendríamos que hacerlo deprisa. Colocamos la mesa en el patio, pegada al muro, y la silla encima de ésta.

Juan se subió encima de ella y se agarró con las manos al tejado, del cual se colgó. Acto seguido trepé por él con alguna dificultad y, una vez arriba, lo icé sujetándole por los brazos. Saltamos al exterior y salimos corriendo hacia el Centro a través de los jardines. Bajamos las escaleras de la enfermería y nos abalanzamos hacia la puerta que, enfrente de la misma, daba acceso al Centro y que todavía se encontraba abierta. Nos cruzamos con un carcelero que llevaba en sus manos un espray, del cual me desembaracé, amagándole una cuchillada. Juan se hizo con los grilletes que se le acababan de caer del bolsillo al carcelero y continuó su carrera detrás de mí. Traspasé la puerta y subí velozmente las escalera, aunque no llegué a tiempo. Al verme llegar, cerraron las puertas, dejando afuera a una llorosa y asustada asistente social a la cual tomé como rehén. Detrás de los cristales blindados del Centro, carceleros, educadores, el juez y el director me miraban con cara de circunstancias. No perdí el tiempo y bajé las escaleras de nuevo buscando a mi camarada Juan, al cual hallé en la planta baja, donde se encontraba la centralita de teléfonos, con dos carceleros tumbados en el suelo, a sus pies.

—Me han cerrado la puerta, pero he cogido a ésta —le informé.

—Bien, déjame que le coloque las esposas —dijo, saliendo de la centralita.

Al atravesar la puerta de la americana uno de los carceleros se incorporó e intentó cerrarla sorprendiendo a Juan que se encontraba de espaldas. Aunque logré abalanzarme sobre él y reducirle, no pude evitar que la puerta se cerrase por su propio peso. Me quedé bloqueado con los dos carceleros dentro de la centralita blindada, ya que la puerta sólo se abría desde afuera y ellos no tenían las llaves.

—¿Y ahora qué? —pregunté a Juan a través de los cristales, indeciso.

—¿No se abre?

—¡Qué va! Por lo visto las llaves están arriba, en el Centro.

—Voy a echar un vistazo por arriba a ver qué podemos hacer. Mientras, estate tranquilo y vigila a esos dos, ¿vale?

—Bien, pero ten cuidado.

—Tranqui.

Esposó con las manos a la espalda a la asistente social y se perdió con ella escaleras arriba. Yo, por mi parte, senté a los dos carceleros en unas sillas y los até a las mismas. Me encontraba bastante nervioso dado que quedarme encerrado allí, con dos rehenes, no entraba dentro de los planes. También tumbé todos los armarios que había dentro de la centralita y los coloqué frente a la puerta como parapeto, por si tenía que permanecer allí mucho tiempo o intentaban entrar. También había una televisión, la cual encendí para informarme de lo que sucedía afuera a través de las noticias. Comenzó la espera y los distintos teléfonos a sonar. Me llamaban de todas partes:

—¿Quién es?

—¿Eres Tarrío o Redondo? —me interrogó una voz.

—Soy Tarrío, ¿qué quieres y quién eres tú?

—Soy sargento de la Guardia Civil y quiero hablar con uno de vosotros.

—Habla —le invité.

—No hagáis daño a los rehenes que nosotros no vamos a intervenir, ¿de acuerdo?

—Ya veremos lo que sucede. Tú de momento mantén a tu gente lejos de nosotros, pues, eso sí, como veamos un traje de la Guardia Civil a menos de cinco metros, os enviamos un fiambre, ¿estamos?

—Nadie se va acercar, tienes mi palabra, pero guardad la calma y no hagáis daño a nadie.

No le respondí y colgué el teléfono, por aquello del perfil psicológico. Aquello les haría pensar y entender que en ese momento nosotros éramos los que dictábamos las pautas a seguir y no ellos. Seguidamente recibí una llamada de Juan:

—¿Eres tú, José? —preguntó.

—Sí, soy yo. ¿Dónde estas?

—Aquí arriba con quince rehenes más, en la cafetería. Tenemos de todo: agua, comida, café... así que podemos resistir el tiempo que haga falta. Ahora me estoy encargando de sacarte de allí...

—Bien, ¿yo qué hago?

—Espera a que bajen a abrirte y no hables por teléfono por si tengo que llamarte de nuevo. Ten cuidado por si te preparan una trampa al salir...

—Hasta ahora, entonces —respondí colgando el teléfono—. Prepararos que nos vamos —advertí a los carceleros—, y no se os ocurra intentar nada porque os mato.

En aquel instante comenzaron a sonar fuertes golpes en el piso de arriba. Me inquieté y agarré a los rehenes con el cuchillo en la mano. No sabía que aquellos golpes los producía Juan con un martillo, al golpear los cristales blindados de las puertas del Centro. Uno de los teléfonos comenzó a sonar. Lo cogí. Era el director.

—Tarrío, dígale a su compañero que deje de romper los cristales, que ahora mismo le enviamos las llaves para que salga usted de ahí.

—Que las bajen los médicos. Nadie más, ¿me entiendes?

—Vale, pero no hagan daño a nadie.

Cuando cesaron los golpes, me puse en contacto con Juan:

—Juan, van a bajarme las llaves ya, así que tranquilo.

—Lo sé. He tenido que romper algunas cosas para convencerlos. Cuando llegues arriba, llama a la puerta y ten mucho cuidado. No te fíes de estos cerdos, José.

—Vale.

Até a los carceleros juntos. Me servirían de parapeto para subir las escaleras. Retiré los armarios y esperé a que bajasen los médicos. No tardaron en presentarse allí y hablé con ellos a través de los cristales:

—¿Traéis las llaves?

Sí

—Venga, abrid, pero sin trucos. Y si hay alguien oculto en las escaleras esperándome, mejor que se salga, porque de lo contrario éstos no lo cuentan. Estoy decidido a todo, os advierto.

—No hay nadie, Tarrío, sólo nosotros. Vamos a abrir, pero esperamos que nos respetes y no nos retengas.

—Vale, abre.

Abrieron la puerta y se separaron de la misma. Salí de la centralita con los carceleros de parapeto y con el cuchillo hincado en el cuello de uno de ellos. Subí las escaleras sin ningún problema, ante la expectación de todos los que nos miraban maniobrar desde la otra parte de los cristales, ahora estallados por los golpes que Juan les había infligido. Uno de los médicos me pidió un favor antes de llegar arriba:

—Tarrío, tenéis ahí arriba a una chica rubia, la que cogiste tú al principio, que es la novia de un compañero nuestro. Nosotros nos hemos comportado bien contigo y te pedimos que la liberes...

—De acuerdo, pero sólo a ella.

—Gracias.

Continué subiendo las escaleras y, una vez frente a la cafetería, golpeé la puerta y llamé a Juan:

—Abre Juan.

—¿Vienes sólo? —me preguntó, desconfiado.

—¿Con quién quieres que venga? Estoy yo con los dos carceleros.

La puerta se abrió y entré dentro con los dos rehenes. Colocamos rápidamente una nevera bloqueando la puerta y la cerramos con llave. En total teníamos a diecisiete rehenes. Se encontraban sentados en el suelo, en hilera, con las manos atados por trozos de cuerda. La cafetería era bastante amplia y constaba de una cocina, una barra y varias mesas y sillas, así como de un lavabo. Desde las ventanas de la misma alcancé a ver la enfermería, situada justo enfrente. Mi camarada me proporcionó un cuchillo de cocina grande.

—Toma, éste es mejor —me dijo sonriendo.

—¿Has hablado con ellos ya? —le pregunté.

—Sí, ya le he leído al director todo lo que queremos, ahora sólo falta esperar a que salga por la radio...

—Oye, Juan —le interrumpí—, quiero soltar a la rubia que cogimos al llegar, pues es novia de uno de los médicos y ellos se han comportado conmigo. Se lo he prometido.

—Oye, José, esto no es un juego, ¿sabes? —me respondió molesto—. Vamos a la cocina.

Ya en la cocina continuamos con la conversación:

—No podemos estar soltando gente de entrada, pues nos pueden malinterpretar.

—Tenemos rehenes de sobra, incluso alguno de la calle, por lo que he visto, así que podemos permitírnoslo.

—Hace un rato que he liberado a la dueña del bar, una vieja. Al final se van a creer que estamos de broma.

—Soltamos a ésta y nos quedamos con otros dieciséis rehenes. No veo el problema.

—Está bien, pero vamos a esperar un poco.

—Por mí vale.

Salí de la cocina y fui a reconocer a los rehenes. Entre ellos se encontraban la psicóloga, dos educadores, tres carceleros, algunos asistentes y dos chavales de dieciocho años de edad, uno camarero y el otro monitor de deportes. Era muy difícil que nos asaltasen con tantos rehenes. Tenerife era una isla y pronto tendríamos a sus familiares en la puerta de la cárcel. La Administración se lo pensaría mucho a la hora de actuar. Era curioso, pero ahora que mi bestia había surgido, todos clamaban apelando a la razón y a la humanidad. Ahora que la violencia salía de nosotros, todos querían dialogar. Nos dejaban morir en prisión sin otros cuidados que el aislamiento y la porra; se nos asesinaba democráticamente sin miramientos y luego nos pedían humanidad, cuando ellos habían permanecido altivos e inabordables a la hora de otorgarla. ¿Qué humanidad se merecían aquellas personas que, desprovistas de los sentimientos fundamentales, en su corazón sólo albergaban un lugar para un manojo de llaves en el cual todavía resonaba el eco del grito que hablaba del hombre apaleado en la celda de castigo? Se merecían que les desnudásemos y, después de esposados, les propinásemos una buena paliza para que sufrieran en sus carnes el fruto de su honrada labor como verdugos de la sociedad. Pero aquello nos pondría a su altura. Entre ellos y nosotros existían importantes diferencias; era demasiado fácil abusar de un hombre esposado y desnudo, cuando se tenía el poder. Lo difícil era no hacerlo, lo noble. No, nosotros no les haríamos daño, salvo que la Policía intentase el asalto, y eso ellos lo sabían. Es en los momentos en los que se tiene poder cuando cada uno se muestra tal y como es. Así, quien es un bruto, actúa como un bruto; quien necio, con necedad; quien noble, noblemente; quien sádico, inevitablemente con sadismo: la naturaleza de las personas no hacía más que manifestarse. Por ello nosotros sencillamente, llegado el momento, actuábamos con el propósito contra el despropósito, sin venganza.

Una hora más tarde liberamos a la chica rubia, con lo que cumplía mi palabra y agradecía a los médicos el buen trato que me habían proporcionado. También les soltamos las ligaduras a los demás, permitiendo que fuesen al lavabo aquellos que lo necesitaban. Yo me hice cargo de vigilarlos, mientras Juan se encargaba de las negociaciones, las cuales no avanzaban. No querían hacer públicos los puntos reivindicativos por la trascendencia de los mismos. Entonces pedimos la mediación de la entonces diputada de Izquierda Unida, Cristina Almeida, quien nos contestó a través de la radio. Nos pidió la liberación de los rehenes y el cese de nuestras reivindicaciones, aludiendo a la democracia y a la razón. Fue una decepción. Ella no nos ayudaría y no porque no supiese que teníamos bastante porción de aquella razón que había esgrimido en su intervención radiofónica, sino porque reconocernos públicamente alguna legitimidad les podría costar algún voto. La doblez de aquél paquidermo político resultaba insultante, por lo que decidimos continuar adelante con el secuestro y los puntos exigidos. Pedimos varias mantas y las colocamos en las ventanas atadas con cuerdas, para imposibilitar que pudiesen observarnos a través de ellas o servir de blanco a algún francotirador. A medida que pasaban las horas, la tensión aumentaba. Era cuestión de nervios. Sabíamos que finalmente tendríamos que ceder, pero no antes de obtener la publicidad necesaria para que llegasen las reivindicaciones al exterior y, a través de las ondas, a las demás cárceles, donde otros compañeros tomarían sus medidas.

Cuando sobrevino la noche cambiamos a los rehenes de sitio y nos turnamos en su vigilancia. Los manteníamos a todos sueltos, excepto al carcelero que había sido responsable de que me hubiese quedado encerrado en la centralita, al cual le había colocado los grilletes. Me pidió que se los quitase:

—Tarrío, a ver si podéis quitarme los grilletes.

—Yo no tengo llaves.

—Están en el llavero que antes me cogiste —insistió.

—No tengo ninguna llave, imbécil, a ver si te enteras.

Nos encontrábamos al fondo de la cafetería, sentados en un grupo de sillas. La tensión se podía palpar en el ambiente silencioso, así como el miedo en la cara de los rehenes. Una educadora y una asistente lloraban desconsoladamente, abrazadas una a la otra, y uno de los jóvenes las imitaba. Comenzaban a dudar de un desenlace feliz. Teníamos conectados varios aparatos de radio en distintas frecuencias y nos llegaban, a través de las mismas, constantes noticias del exterior. La isla entera se encontraba en vilo y las fuerzas del orden rodeaban la prisión aguardando alguna orden o el desarrollo de los acontecimientos. Todavía no se habían decidido a hacer públicas las reivindicaciones, por lo que aquello todavía se prolongaría durante toda la noche.

En el bar encontramos vino y cerveza, pero no bebimos más que dos latas de ésta última entre los dos. También me tomé varios cafés solos para evitar dormirme. Una de las asistentes me pidió algo de café:

—¿Puedo tomar café?

—Pues claro, ¿quién te lo impide? —le respondí—. Puedes sacar café para todos excepto para los carceleros. Ahí tienes la cafetera.

Preparo varios cafés y los repartió entre sus colegas. Yo me apoderé de una tarta de una de las estanterías y de varias bolsas de cacahuetes. Aquélla fue mi cena.

—¿Nos vais a soltar? —me preguntó, mientras comía, una de las asistentes.

—Si sale por la radio lo que queremos, sí.

—¿Y qué queréis?

—Mejoras.

—¿Y no te parece ésta una mala manera de pedirlas?

—¿Nos haríais caso si lo pidiésemos de otra forma? —le pregunté.

—No lo sé... pero podíais intentarlo, ¿no?

—No resultaría.

—¿Sabes que te estás comiendo mi tarta de cumpleaños? —me soltó sonriente, cambiando de conversación.

—¡No jodas!

—Estábamos celebrando mi cumpleaños cuando llegó tu compañero...

—¿Quieres un cacho? —la invité.

—No, ahora, no...

—Tú te lo pierdes, pues está muy buena. Dile a tu compañera —añadí, señalando a una asistente que lloraba— que esté tranquila, que todo va a salir bien.

Sobre las dos de la mañana sonó el teléfono. Era el director, el cual nos avisaba de que Antoni Asunción iba a salir por la tele hablando del problema carcelario.

—¿Queréis ver a vuestro jefe por la tele? —preguntó Juan a los rehenes.

—Sí —contestó uno de ellos.

Colocamos la televisión de manera que pudiésemos verla todos, y subimos el volumen. Al cabo de unos minutos apareció la imagen del director general de Instituciones Penitenciarias hablando. Pedía calma y profesionalidad a los funcionarios de prisiones. Su discurso era totalmente un discurso político, carente de sensibilidad hacia la difícil situación por la que atravesaban sus obreros. Nos reímos cuando los rehenes empezaron a increparle duramente. La intervención del máximo mandatario de la Administración no aclaró nada de la situación, por lo que decidimos liberar a un rehén, aprovechando el momento de indignación que aquello les había causado. Juan me llamó aparte:

—Mira, vamos a soltar a uno de ellos con una nota para que la haga pública en la radio por su cuenta, a cambio de su liberación.

—Por mí, de acuerdo. ¿En quién has pensado?

—En un educador que tiene carnet comunista. Ahora hablaré con él.

—Vale.

Poco después liberamos a uno de los rehenes con una nota en la que iba escrito un comunicado para la prensa, con varios puntos reivindicativos. Juan había acordado con él que debía hacerlo por su cuenta, sin consultarlo con el director, por el bien de los demás rehenes. Sólo una hora después le escuchamos a través de la radio, afirmando que todos se encontraban bien y que le habíamos tratado correctamente. Leyó parte del comunicado, pero no su totalidad, traicionando a todos sus compañeros todavía retenidos por salvaguardar su miserable puesto de trabajo. En el peor de los casos, al menos la mitad del comunicado ya lo teníamos en onda, lo cual suponía un paso adelante. Sobre las seis de la madrugada, llegamos a un acuerdo con el director de la prisión. Soltaríamos a los rehenes a cambio de un par de sierras metálicas y de hacer públicos los puntos que todavía faltaban. Recogimos las sierras por medio de una cuerda que arrojamos por una de las ventanas y esperamos a escuchar los puntos en la radio. Transcurrieron sólo unos minutos, cuando Juan vino a avisarme de que habían salido todas las reivindicaciones.

—Acaban de salir todos los puntos por la radio —me informó.

—Pues vamos a negociar la rendición, ¿no?

—Podemos prolongarlo más tiempo... —contestó, reacio a rendirse.

—Hemos hecho lo hablado y tenemos por delante la conducción y un plan de fuga. Mantener esto más tiempo no tiene sentido.

—Vale, pero vamos a hacerlo sin prisas, que no me fío de éstos.

Efectuamos una nueva llamada al director y le pedimos la presencia del juez de guardia, del obispo de Tenerife y de miembros de Cruz Roja como condición para la rendición. También liberamos tres rehenes como muestra de que cumplíamos nuestra parte. Sobre las siete, la juez de guardia y los miembros de Cruz Roja se presentaron en la prisión, pero no así el obispo. Nos lo notificaron a través del teléfono y, después de comprobarlo, comenzamos a soltar a los rehenes, de uno en uno. Luego bajamos nosotros utilizando a los dos últimos rehenes como escudos humanos. Ya en presencia de la juez y de los miembros de Cruz Roja, entregamos los cuchillos y nos rendimos. Aquello se había acabado.

Varios grupos de carceleros nos trasladaron hasta las celdas americanas de ingresos. Después de desnudarnos y cachearnos, nos colocaron los grilletes, dejándonos a solas en celdas distintas. Me senté en el suelo contemplando el tubo fluorescente del techo iluminar la celda. Nuestras esperanzas ahora pasaban por que nos trasladasen juntos. Aquella cuestión me llenaba de incertidumbre. ¿Y si nos separaban? Confiaba en que no. Divagaba sobre ello cuando unos gritos llegaron hasta mis oídos:

—¡Vivan los funcionarios!, ¡muerte a los secuestradores!

Llamé a Juan:

—Dime.

—¿Escuchas esos gritos?

—Sí, son los presos de ingresos. Ya sabes —añadió—, los refugiados y los ordenanzas.

—¡Qué asqueroso!

Juan tenía razón. Eran los presos refugiados y los ordenanzas en busca del aplauso y premio de quienes les dirigían y controlaban en prisión. Era su manera de demostrar la más absoluta fidelidad hacia sus carceleros, los únicos que les apreciaban allí.

Sólo los cobardes podían vivir sin dignidad y sin honor y arrastrarse de aquella manera a cambio de beneficios penitenciarios. Desgraciadamente las prisiones se encontraban pobladas de individuos como aquéllos.

Al mediodía fuimos conducidos, de uno en uno, por un grupo de carceleros hasta el módulo de aislamiento. Nos proporcionaron ropa, mantas y sábanas, y nos notificaron que existían órdenes de Madrid por las que no nos sacarían al patio bajo ningún concepto. Tendríamos que permanecer encerrados en las celdas las veinticuatro horas del día y, en todo caso, cada vez que tuviésemos que salir de la celda, lo haríamos con las manos engrilletadas en la espalda. Así las cosas, me declaré en huelga de hambre y me corté las venas para acelerar mi debilitamiento. Uno de los médicos vino a coserme a la celda, escoltado por los carceleros.

—Tarrío, ¿cómo te encuentras?

—Asqueado de tanta celda.

—Te haces más daño del que tú piensas negándote a comer y cortándote —me explicó mientras me cosía las venas—. Lo que tú tienes no es ninguna broma, Tarrío, y cualquier infección grave o una anemia puede enviarte para el otro barrio en cuestión de meses.

—Pues si tanto les preocupa mi salud, sáquenme al patio.

—Eso no es posible, pero intentaré que te saquen un rato a la sala, aunque me temo que tendrás que salir esposado.

—Inténtelo. No soporto estar encerrado aquí todo el día.

—Haremos lo que podamos pero no vuelvas a cortarte. También te voy a enviar una medicación para que estés tranquilo, ¿de acuerdo? Te vendrá bien tomarla unos días, mientras vuestra situación se aclara.

Los médicos lograron que me sacasen una hora al día a la sala, esposado a la espalda, pero no pudieron conseguir lo mismo para mi compañero Juan, por lo que finalmente renuncié a salir. O salíamos los dos o no salíamos ninguno. Sin embargo, dejé la huelga de hambre. Tenía que recuperar las fuerzas para estar en forma en el momento del traslado.

En la Península, una semana después de nuestra acción, Juan José Garfia Rodríguez, el cual había sido detenido recientemente en Granada, Pablo Andrés Jiménez y Salvador Estarlich protagonizaron un nuevo motín de apoyo a nuestras reivindicaciones y de denuncia de la situación en la prisión de Badajoz. Inicialmente se había previsto un secuestro, pero un error de Estarlich lo condujo al fracaso, al escapársele los rehenes. Con las llaves en la mano, liberó a Juanjo y a Andrés y al resto de presos del módulo de aislamiento, entre los cuales se encontraban *el Boca*, un famoso violador, y los hermanos Izquierdo, de la matanza de Puerto Hurraco, los cuales fueron tomados como rehenes. Cerca de la cárcel coincidió en aquel instante una manifestación, por lo que la veintena de guardias civiles adiestrados antidisturbios que la controlaban no tardaron en penetrar en el interior de la prisión y trasladarse con todo el material antidisturbios hasta el módulo de aislamiento. Los presos amenazaron con matar a los rehenes si intervenían, pero a nadie le importaba la vida de un violador o la de aquellos dos viejos asesinos, así que la Guardia Civil intervino. Penetraron dentro del módulo y, tras una enorme paliza, sin consecuencias para los rehenes, lograron reducirles. Había sido una chapuza, pero al menos lo habían intentado, de lo cual muy pocas personas en prisión podían vanagloriarse. Algunos presos les reprocharon que no hubiesen matado al Boca, pero años más tarde se descubriría que aquel preso era inocente de la violación de la que se le acusaba. Habían hecho lo correcto, lo justo.

Recibí la visita de dos inspectores de la Dirección General de Madrid. Me condujeron ante ellos esposado. Se encontraban en el despacho del director, sentados detrás de la mesa. Tomé asiento.

—Bueno Tarrío, ¿qué ha pasado? —me preguntó el que llevaba la voz cantante.

—Ha pasado que estoy harto de estar encerrado y de que hagan conmigo lo que les dé la gana. Llevo varios años en la cárcel y entré a cumplir una condena de dos, eso es lo que pasa, que no hacéis más que complicarme la vida.

—Usted se lo habrá buscado, ¿no?

—No. Desde que ingresé en la cárcel en La Coruña ya fui puesto en celdas sin razones ni motivos, con la excusa de sucesos anteriores. Yo no tengo la culpa de eso, ni de que una vez me hubiesen retirado el artículo 10 en Orense me aplicasen la vida mixta, ni de que después al clasificarme lo hiciesen en primer grado y me enviasen a Zamora...

—Eso tendremos que mirarlo en su expediente, pero no creo que haya sido así —añadió su colega.

—Si usted lo dice seguro que tendrá razón y yo miento —aposté con cinismo.

—¿De dónde habéis sacado los cuchillos? —se interesó el otro.

—Eso no se lo digo.

—Bien, pues yo sí tengo algo que decirle. Si volvemos a tener en Madrid conocimiento de que repite usted algo así o parecido, le doy mi palabra de que le vamos a meter en un pozo y que no va salir de allí jamás, ¿lo entiende?

—Perfectamente...

—¿De quién fue la idea del secuestro?

—De los dos.

—¿No nos quiere decir de dónde sacó los cuchillos? —insistió.

—No.

—Está bien, pues nada más que eso.

En el módulo de aislamiento empezaron las obras en pos de reforzar la seguridad. Se comenzaron a instalar cancelas de barrotes en las puertas de las celdas y rejas cruzadas, cubriendo el tejado del patio por el cual habíamos subido. Estaban construyendo un búnker, el cual, aunque nosotros aún ignorábamos la realidad, no era más que un presagio de lo que en la Dirección General de Instituciones Penitenciarias se gestaba desde hacía meses bajo la batuta de Antoni Asunción y su lugarteniente, Gerardo Mínguez. Tuvimos acceso a varios periódicos atrasados en los que se reflejaba el secuestro. Uno de ellos comentaba que nos hallábamos en prisión por varios asesinatos y violaciones, lo cual nos indignó. Pero comprendimos que aquello formaba parte de la desinformación que la Dirección había proporcionado al diario, con la esperanza de desprestigiarnos ante la sociedad al hacernos aparecer como asesinos y violadores. Una treta más de las miles que utilizaban. Juan propuso que denunciásemos al periódico, pero finalmente desistimos. ¿Qué importaba lo que pensasen los demás? Lo único que importaba entonces era ser trasladados juntos lo antes posible.

El 11 de julio explotó el Puerto de Santa María. Ernesto Pérez Barrot, Antonio Losa López y Manuel Cabello Martínez retenían a los carceleros del módulo uno y se atrincheraban con ellos en el economato. Se pidieron mejoras penitenciarias en nombre de APRE(r) ante los miembros de la Dirección General que acudieron a Cádiz, y se entregó una tabla reivindicativa para que se hiciese pública en los medios de comunicación. Pero durante las negociaciones, Julio Romero Amador, un preso jiennense que se encontraba abierto en el momento del secuestro, aprovechó aquella oportunidad para ajustarle las cuentas a otro preso, Miguel Anguita, al cual después de abrirle la celda, le acuchilló y seguidamente decapitó. Aquel sadismo echó por tierra todas las negociaciones, máxime cuando Julio Romero exhibió la cabeza de su enemigo ante las cámaras de circuito cerrado de televisión, en un gravísimo error. Fue la losa a todo intento de diálogo.

Con las negociaciones rotas y después de veinticuatro horas de secuestro, los presos depusieron su actitud y se entregaron, liberando a los rehenes. Aunque Julio Romero había actuado por su cuenta y nada tenía que ver con APRE(r), se achacó a la asociación la autoría de aquel asesinato con el fin de desprestigiarla. Así fue como, tras la decapitación de aquel preso, se comenzó a aplicar en España, con el consentimiento pleno de los jueces de Vigilancia Penitenciaria, el Régimen Especial FIES (Ficheros de Internos de Especial Seguimiento). La Administración utilizó una cinta grabada por una de las cámaras de circuito cerrado de Puerto 1, en la que se recocía la imagen de Julio Romero exhibiendo la cabeza de su enemigo, para convencer a los jueces de la necesidad de tomar medidas especiales con todos aquellos reclusos pertenecientes a

APRE(r). Unas medidas especiales que se transformarían en la más grave violación de los derechos humanos y quebranto de la democracia desde la toma de poder del PSOE, al producirse con la connivencia y aprobación en pleno del poder judicial, ejecutivo y legislativo.

En el módulo de aislamiento de Tenerife todo continuaba igual. No lo sabíamos, pero nosotros éramos los primeros en ser sometidos al régimen FIES y se preparaba nuestro traslado a las cárceles de Badajoz y Valladolid. Algunas noches, aburrido, Juan se entretenía metiéndose con los carceleros que dentro de la garita blindada vigilaban el módulo.

—¡Rendiros! —les gritaba por debajo de la puerta de la celda—, ¡soltad los grilletes y las porras, que os tenemos rodeados!

Yo entonces intervenía y le ayudaba:

—¡Suelta la porra y sal con los brazos en alto, malvado!

Entonces rompíamos a reír. Aquellos momentos de humor nos ayudaban de manera notable a sobrellevar el aislamiento al que nos veíamos sometidos, con la exclusión del horario de patio. Llevábamos veinte días sin salir de aquellas mazmorras cuyas losas de hierro sólo se abrían para proporcionarnos la comida, y siempre en presencia de un nutrido grupo de carceleros armados de porras y barras de hierro. En aquellos instantes, la actitud de constante rebeldía y la compañía que ambos nos dedicábamos, bien con humor bien con frases de ánimo, constituían toda nuestra posesión en la vida, junto con un par de sierras y la esperanza de lograr huir pronto de aquel submundo de odio e insensatez.

Si sabíamos utilizarlo sería más que suficiente, pues nada existía más poderoso y firme que el valor que proporciona intentar recuperar la libertad conculcada. Una libertad que en cierta medida ya poseíamos por el simple hecho de rebelarnos a la esclavitud de la obediencia sistemática, pensando y actuando por sentimientos propios y no por conductismos psicológicos de normas, reglas o doctrinas con las que no estabamos en absoluto conformes. Y era aquella actitud la que nos diferenciaba de otros presos. No nos habíamos situado al margen de la ley y del sistema dentro de la sociedad para venir a prisión a aceptar unas normas y reglamentos aplicados bajo coacción. Un hombre debía de serlo tanto armado como desarmado; libre como preso. Dentro de prisión existían muchos hombres y mujeres valientes a la hora de llevar a cabo un robo o un atraco, pero incapaces de mantenerse erguidos con dignidad ante un simple carcelero. Aquel hecho nos condujo a mantener diariamente serios enfrentamientos verbales con los presos que, transformados en albañiles por un sueldo miserable, se hacían cargo de enrejar el techo del patio y de colocar cancelas de barrotes a las puertas de las celdas; presos lapidando en vida a otros presos, por mejorar su condición carcelaria y obtener cuanto antes su libertad, aun a costa de dificultar la de otros.

¡Presta atención al dolor humano, oh monstruo!
Inhumana... gélida... mecánica...
Sólo bestia.
Cruel instrumento del hombre contra el hombre.
Placenta viscosa que inculcas temor
en la gestación de agonizantes amaneceres.
En las tinieblas de tus entrañas.
Fabricas dolor y soledad eterna,
y la sangre se torna hielo, sin amor ni presente.
Sólo dejaste un ojo porcino escrutando tu interior:
¡Sí, estoy aquí!
Escupes cadáveres de débiles muertos
alineados en tus tumbas de cristal.
¿Cómo han osado adentrarse en tu vientre?
Locura... demencia... sinrazón...
Abismo mortal al suicidio colectivo del sentimiento,
que invitas a diario,
cuando en la oscuridad acechas al hombre que sufre y llora.
Esencia del mal,
rojo sangre en las reminiscencias oníricas,
donde los humanos borraron el término piedad.
¡Borrad también todo amor de vuestros corazones!
¡Bestia!,
ya los hijos que gestaste están preparados para dar a luz,
rotas las cadenas de su prisión y de su miedo.
¡Corred, facinerosos, corred!
No permitáis que los proxenetas de vuestra madre os den alcance:
domesticarían vuestra alma y os harían sus esclavos.

El 23 de agosto, apenas había terminado de comer cuando un grupo de carceleros se presentó en la celda:

—Tarrío, recoja usted sus pertenencias que se va de conducción.

Avisé a Juan de aquella noticia y preparé mis pertenencias dentro de un par de bolsas que me habían proporcionado.

Me encontraba eufórico por salir de allí, pues llevábamos un mes completamente encerrados. Había llegado el momento de actuar definitivamente y completar nuestra acción en su segunda fase, la de la fuga. Me condujeron esposado hasta ingresos, donde me alojaron en una de las celdas americanas. Me dediqué a pasear a través de la misma, disfrutando de un cigarrillo mientras traían a mi compañero Juan. Le trajeron esposado y le introdujeron en la celda de al lado. Nos saludamos con un gesto pero no conversamos, aunque le envié la mitad del dinero que acababan de pagarme de mi peculio a través de uno de los carceleros. Ambos nos encontrábamos bastante tensos.

Sobre una hora después, una pareja de guardias civiles vino a buscarnos. Un tercero aguardaba dentro del furgón en el cual nos trasladarían hasta el puerto. El mando, un cabo, se me antojó un personaje chulesco y arrogante, muy pagado de sí mismo. Buscaba impresionarnos, por lo que deduje que se trataba de un fanfarrón. Aquello nos beneficiaba, dado que eran esta clase de guardianes los más dados a infravalorar a los presos, al considerarse autosuficientes por el mero hecho de portar una pistola y un traje de color verde. Tras tomarnos las huellas con las que certificaban nuestra entrega a la custodia de las Fuerzas de Seguridad del Estado, nos colocaron nuevos grilletes y nos trasladaron de uno en uno hasta el furgón, en el cual nos introdujeron. Otros dos presos nos acompañarían durante la travesía, los cuales ya se encontraban dentro del furgón. Nos presentamos. Uno era colombiano y el otro inglés. Se dirigían a Carabanchel para ser extraditados desde allí a sus países de origen. Una vez concluido el papeleo, nos encaminamos hacia el puerto de Tenerife, adonde llegamos mientras conversábamos animadamente. Nos detuvimos delante de un transatlántico enorme, el J.J. Sister. Enfrente del furgón se encontraba un puente metálico que conectaba con el garaje del mismo y que se encontraba custodiado por varios guardias civiles armados de metralletas. Nos proporcionaron preferencia en el paso y nos introdujeron dentro del amplio garaje. Una vez allí, nos trasladaron de uno en uno hasta los calabozos de abajo, situados al lado de la sala de máquinas, bajo la línea de flotación. Nos introdujeron dentro de una misma celda a los cuatro, provista de una cama-litera y de dos sillas, ya que la celda adjunta se encontraba ocupada por otros dos presos que venían desde el Puerto de Santa María e iban con destino al Salto del Negro, la prisión de Las Palmas.

Juan les conocía y se puso a conversar con ellos a través de un agujero que atravesaba la pared de madera existente entre los dos camarotes-celda. Yo, mientras, me puse a observar la celda y me fijé especialmente en las sillas que previamente habían habilitado para que nos sentásemos, hasta que dejasen a aquellos dos presos en Las Palmas y nos cambiasen a dos de nosotros a la celda que quedaría libre. Ambas sillas poseían unas pletinas de hierro que unían las patas de las mismas y que se encontraban soldadas. Me fui al servicio y extraje la sierra de su escondrijo. Tras ello volqué una de las sillas y comencé a cortar dos de aquellas pletinas, las cuales nos servirían de cuchillos a mi compañero y a mí. Pedí a Juan que vigilase el camarote de los guardias civiles situado justo enfrente, a dos metros del que ocupábamos nosotros, mientras yo serraba las pletinas. Una vez serrada, Juan hizo lo propio con la otra mientras yo vigilaba. Cuando terminamos, ocultamos ambas dentro de uno de los colchones de la litera. De allí saldrían dos buenos cuchillos. Los íbamos a necesitar. Juan me llamó aparte y nos metimos dentro del servicio a hablar.

—José —me dijo—, no me fío nada de estos dos tipos que vienen con nosotros, así que no les perdamos de vista.

—Tranquilo, ¿qué van a hacer? Tienen que ir todo el viaje con nosotros, y además no creo que sean ese tipo de personas.

—Ya, pero de todas formas vamos a estar alerta. No me gustan...

Aquella desconfianza era habitual en Juan y en muchos otros presos, dado que en algunos casos habían sido objeto de chivatazos que otros reclusos fomentaban a cambio de beneficios. La Administración, por su parte, se dedicaba a premiar generosamente aquellas vilezas, dado que aquello le proporcionaba oídos y ojos en todas partes, especialmente donde su ojo de perro pastor no alcanzaba a ver ni sus orejas a oír. Era el mismo sistema que utilizaba la Policía en el exterior con la delincuencia. Permitían que los traficantes actuasen impunemente garantizándoles todas las facilidades para su negocio, siempre que éstos informasen de todos sus clientes habituales y especialmente del dinero que gastaban. Si una cantidad coincidía con el botín de un robo, entonces ya tenían al autor. Ninguna institución, ni siquiera la penitenciaria, funcionaba sin sus redes de confidentes, por ello la traición se veía premiada con generosidad. Así cuando necesitaban saber algo de cualquier preso o vigilarlo de cerca, no tenían más que estimular a algún traidor para que, bajo la careta del compañerismo, le hiciese hablar, o simplemente colocarlos en la misma celda. Era triste pero algo real y latente, aunque llevado a cabo sólo por una minoría. Aquello creaba un clima de desconfianza, pero procuramos que nuestros acompañantes no lo advirtieran.

Zarpamos de Tenerife con rumbo a Las Palmas de Gran Canaria. Allí varios guardias civiles bajaron a recoger a los dos presos que ocupaban la celda de al lado. Nos despedimos cordialmente de ellos. Después zarpamos de nuevo con destino al puerto de Cádiz. Ya en alta mar, nos colocaron las esposas a través de la trampilla de la comida y nos trasladaron a la celda adjunta a Héctor Chivita y a mí, donde nos retiraron de nuevo los grilletes a través de la otra trampilla, por la que tuvimos que sacar las manos. Juan y William Humphereys se quedaron en la otra celda, de la que los guardias retiraron las sillas, sin percatarse de que faltaban dos pletinas, lo cual nos satisfizo. Hubiese preferido viajar con mi compañero Juan, pero de todas formas de esta manera podíamos controlar a los presos que nos acompañaban, lo cual también era importante por lo que pudiera suceder.

Juan me pasó las pletinas a través del agujero existente entre ambas celdas, las cuales oculté debajo del colchón de la cama que me había tocado ocupar. Ambos camarotes eran iguales, y únicamente los diferenciaba una escalera hueca de metal que servía para subir a la cama superior de la litera. El servicio era igual que el del otro camarote, por lo que, desde los ojos de buey internos que ambos poseían, podíamos vernos el uno al otro, así como las puertas de las celdas. El cristal de los ojos de buey era de plástico duro y grueso, y existía un pequeño pasillo entre las celdas y el camarote de la escolta, la que finalmente sólo constaba de dos agentes de la Guardia Civil. A través del ojo de buey comprobamos que las puertas de las celdas se encontraban cerradas por una barra de hierro gruesa que cruzaba la puerta metalizada, gracias a una bisagra soldada a uno de sus extremos. Esta barra se introducía en un saliente de hierro soldado al otro lado de la puerta que tenía un orificio por el cual se introducía a su vez un candado que aseguraba la barra, sujetándola, como se hacía en la Edad Media. Era un método rudimentario pero eficaz, dado que hasta entonces nadie había logrado evadirse de allí. Aparte de las literas, también existían un par de ventiladores en el techo. Aquel diminuto espacio de dos metros de largo por uno de ancho sería por dos días todo nuestro universo. Casi no podíamos movernos, así que cuando uno se levantaba el otro se tumbaba en la cama y viceversa.

Al rato vinieron a sacarnos de uno en uno para retirar de las bolsas los artículos de higiene que nos hiciesen falta. Cuando me llegó a mí el turno, me esposaron y abrieron la celda. Entre los dos guardianes me condujeron hasta el camarote donde se hallaban retenidas nuestras pertenencias, ya que nos prohibían llevarlas con nosotros. Me agaché y busqué jabón y dentífrico y un cepillo de dientes. El cabo aprovechó para provocarme:

—Oye, tú, espero tener un viaje tranquilo, ¿me entiendes?

Me giré un instante sorprendido y lo observé. No entendía a qué venían aquellos humos de macarra, así que como toda respuesta le dediqué una sonrisa.

—No me mires así que he tratado con peores que tú... —insistió.

Entonces lo comprendí. Me provocaba sólo para alardear ante su compañero que, por su edad, se notaba que era nuevo en el cuerpo. Era un fanfarrón, aunque, eso sí, un fanfarrón alto y corpulento armado de una 9 mm, por lo que no respondí a sus provocaciones. Tras recoger las cosas de higiene, me encerraron de nuevo en la celda.

Al rato trajeron la comida. Ésta la entregaban los guardianes a través de las rendijas de las puertas en bandejas de plástico. Cuando el cabo se inclinó a recoger una bandeja del suelo para entregármela, observé en su cadera derecha la culata de una pistola sujeta por el cinturón del pantalón. Una vez en el barco, se tenían que vestir de paisano tal y como ordenaba la reglamentación de a bordo. El capitán no quería que los pasajeros supiesen que trasladaban a presos para que no se inquietasen. Llamé a Juan:

—Mira, asómate. Fíjate en la cintura del picoleto ese.

Se asomó y la vio.

—¿El otro lleva? —me preguntó.

—Supongo que sí, pero no se la he visto.

—Pues una para cada uno...

—Por supuesto —le respondí animado.

Después de comer hablamos a través del agujero y Juan me comentó su plan. Se trataba de cortar desde dentro de las celdas los tornillos que sujetaban el saliente de hierro al cual iba sujeta la barra y el candado, cuyas tuercas, efectivamente, daban al interior de las mismas. Si conseguíamos serrar aquellas tuercas, el saliente cedería con el candado y la barra, liberando la puerta. Luego quedaría retener a los guardianes, para lo cual tendríamos que confeccionar dos cuchillos con las pletinas, y fugarnos posteriormente una vez alcanzado el puerto. La idea era factible. Ahora sólo faltaba comprobar si el hierro era dulce y se podía cortar fácilmente, pues de lo contrario dificultaría la operación, ya que había que trabajar, debido a la proximidad de las cuatro tuercas a la pared, en una posición difícil. Otro problema lo iban a representar las soldaduras que fijaban aquellas tuercas a la placa metálica del marco de la puerta, pero confiábamos en poder serrarlas antes de alcanzar el puerto de Cádiz. No nos retrasamos más y comenzamos a serrar con tranquilidad, dado que el ruido ensordecedor de los motores impedía que nos escuchasen. También colocamos a los dos presos que nos acompañaban a vigilar el camarote de los guardianes, a lo que se prestaron sin problemas. Aquello nos proporcionaba absoluta seguridad para trabajar.

Paramos a la hora de la cena. A ambos nos habían salido ampollas en las manos, pero lo peor era que apenas habíamos avanzado, lo cual era mala señal. Cenamos en silencio. Mientras lo hacía observaba al colombiano, mi compañero de camarote, y la verdad era que a mí tampoco me inspiraba confianza. Estaba asustado y eso podría ser peligroso. Decidimos no cortar más hasta el día siguiente, pues el ruido de los motores no era igual de intenso por la noche, que durante el día. Sin embargo, aproveché para sacarle punta a ambas pletinas, mientras Juan se acostaba para recuperarse de una gripe que arrastraba desde días atrás, la cual le mantenía debilitado y con algo de fiebre. Mientras sacaba punta a aquellos trozos de hierro, pensaba en el arma que mi carcelero ocasional me había mostrado. Me dormí con la idea de apoderarme de aquel arma y con dos cuchillos rudimentarios, pero mortales, ocultos bajo el colchón de la cama.

Al día siguiente, retomamos la actividad tras el desayuno. Nos pusimos a serrar de nuevo, hasta la hora de la comida. Tenía las manos en carne viva, llenas de nuevas ampollas, y sólo había conseguido cortar una de las tuercas. Juan había desistido, ya que no podía continuar agarrando la sierra. Encontrándose la puerta de la celda que ocupaba en el lado derecho de la misma, sólo podía utilizar la mano izquierda para cortar cuando él era diestro. Comenzamos a dudar, pues no resultaba tan fácil como en principio creíamos que sería. Lo discutimos a través del agujero:

—Juan, me parece que esto no va a salir bien. No hay manera de cortar las soldaduras de las tuercas...

—Podemos cogerles cuando abran la puerta en Cádiz y salir con ellos de rehenes —me propuso.

—No es tan fácil, Juan. Allá nos estarán esperando otros guardias civiles, sin contar con los que guardan la aduana, y no nos van a abrir hasta que llegue el furgón —hice una pausa para luego proseguir—. Además nos abren de uno en uno y, en caso de que uno de nosotros lograse reducirlos, difícilmente podríamos salir de Cádiz. Demasiada historia, Juan.

—Pues hay que cogerles como sea...

Finalmente, desistí de continuar serrando aquellas odiosas tuercas. Probamos por el techo de madera, el cual destrozamos con el ánimo de ir a parar al camarote de los guardias civiles, pero una vez arrancada la chapa que los cubría, topamos con varias hileras cruzadas de gruesos tablones de madera que nos impedían el acceso. Tampoco los podíamos cortar, pues las sierras eran demasiado pequeñas para el grosor de los mismos. Era desesperante. Me tumbé en la cama boca arriba empapado de sudor y encendí un cigarro. Después de todo lo que habíamos hecho para llegar hasta allí, no nos merecíamos que aquel par de memos nos dejasen en la próxima cárcel como si de petates se tratase.

Comimos en silencio. Con los estómagos ya llenos, Juan se acostó en la cama para terminar de curar su gripe, mientras que yo conversaba con el colombiano. Se mostraba contento, ya que nuestros intentos finalizarían allí y la conducción finalmente sería tranquila. Me contó su historia. Había llegado a España para introducir droga y le habían cogido y encerrado a las primeras de cambio. Pertenecía a una familia pobre de Colombia y había hecho aquello para huir de su miseria. Era una historia la suya que resumía la de cientos de sudamericanos en prisión, especialmente mujeres, a las que los grandes del narcotráfico utilizaban para introducir droga en España y toda Europa. Luego, si alguno de ellos era apresado, le abandonaban a su suerte mientras ellos gozaban de sus lujosos chalets, de sus magníficos coches y continuaban explotando a estos hombres y mujeres que vivían en la miseria. En la cárcel existían muchas personas que, de haber tenido un sueldo justo, un trabajo fijo y una vivienda digna, jamás habrían venido a parar allí. Pero así es la vida; si no era un narcotraficante el que te explotaba, lo era un empresario o un militar o un político.

La tarde transcurrió sin mayores anécdotas. Sobre las ocho nos sirvieron la cena y cenamos con hambre. Juan continuaba enfermo y metido en cama, así que me tumbé en la cama a escuchar música con un pequeño radiocassette de auriculares que me había pasado mi compañero. Si mañana no se nos ocurría algo, nos entregarían en la prisión del Puerto 1 y desde allí nos enviarían a los recién inaugurados Regímenes Especiales, donde se cobrarían con creces todas nuestras reivindicaciones y motines en prisión. Teníamos que salir de allí, ¿pero cómo? Pensando en ello me sorprendió el sueño.

El 25 de agosto de 1991 desayunamos y valoramos las alternativas válidas que existían, las cuales giraban siempre en torno a la necesidad de secuestrar a los guardianes o de retener a los carceleros del Puerto 1, nada más ingresar en la prisión, para realizar una nueva reivindicación. Pero no llegamos a ninguna conclusión. Sobre la hora de la comida, nueve horas antes de la llegada del J.J. Sister al puerto de Cádiz, llegaron las primeras ideas.

—Ese José —me llamó Juan a través del agujero de la pared—. Voy a quemar el plástico del ojo de buey y a intentar abrir la trampilla de la comida a ver si podemos forzar el candado.

—¿Y los guardias civiles? —le pregunté.

—Creo que no están.

Aquella idea finalmente me proporcionó la que yo buscaba:

—¿Tienes una libreta con alambre en la celda, Juan?

—Sí.

—Pues usa el alambre y haz en el plástico del ojo del buey un agujero, en el del servicio. Luego intenta meter el alambre extendido y correr el pestillo de la trampilla con él. De la otra forma, esto se llenaría de humo y no nos daría tiempo...

—Venga, va...

Así, improvisadamente, dimos con un nuevo plan y nos pusimos manos a la obra. Juan logró sacar un buen alambre y yo, por mi parte, golpeé la puerta de la celda con fuerza para asegurarme de que nuestros guardianes no estaban allí en aquel momento. Nadie acudió a los golpes. Seguramente habían subido a cubierta a comer o a tomar algo, relajados por la proximidad del puerto de Cádiz. ¿Qué podrían hacer unos presos encerrados dentro de dos mazmorras, indefensos y desarmados?

Aquella subvaloración era todo lo que necesitábamos en aquel instante.

Mejorando la idea inicial del alambre de la libreta, mi compañero fabricó, con un muelle de colchón, una especie de gancho gigante. Tal como le había propuesto y ayudado de un mechero, Juan perforó el grueso plástico del ojo de buey con uno de los extremos del muelle puesto al rojo vivo. Una vez lo tuvimos acabado, mi compañero me señaló a través de los cristales que me acercase al agujero que nos servia de comunicación.

—José —me dijo—, parte los cuchillos en dos y mételos dentro de uno de los tubos huecos de la escalera. Tendrás que serrarla. Así la palanqueta será más consistente...

—Bien, ahora lo hago. ¿Podrás abrir la mirilla? —le pregunté.

—Creo que sí.

—Ánimo, campeón.

Siguiendo las instrucciones de mi compañero serré uno de los tubos de la escalera de aluminio de la litera. Luego partí los cuchillos por la mitad e introduje tres de los cuatro trozos dentro del tubo, fabricando así una palanqueta. El cuarto trozo, de unos diez centímetros, nos serviría de cuchillo. Me asomé de nuevo al ojo de buey del servicio y mostré a Juan la palanqueta con una amplia sonrisa. Hecha mi parte, ahora le tocaba a él llevar a cabo la suya. Sacando la punta del alambre a través del agujero del plástico lo condujo con habilidad hasta el pestillo de la trampilla. Después de varios intentos logró engancharlo, aunque sin éxito, pues se soltó cuando intentaba correrlo. Volvió a intentarlo de nuevo, pero una vez más se escurrió. Era desesperante. Pacientemente, encharcado de sudor, mi compañero volvió a intentarlo otra vez. Consiguió enganchar el pestillo, tiró del alambre y esta vez el pestillo cedió, liberando la trampilla. Rápidamente, sin perder un solo segundo, abrió la misma y, sacando un brazo por ella, corrió el pestillo de la trampilla de la celda que yo ocupaba. Introdujimos la palanqueta en el candado de la puerta en la que él se encontraba y, tirando él de un lado y yo del otro, con los brazos fuera de las trampillas, conseguimos forzar aquel jodido candado. Juan salió de la celda y cogió el cuchillo que le tendí, dirigiéndose velozmente hacia el camarote de los guardias. No había nadie en su interior, así que corrió hacia donde me encontraba y, forzando el candado, me liberó. ¡Lo habíamos conseguido!

Ya sueltos, registramos el camarote de los guardias civiles en busca de las armas, pero éstas no se encontraban allí. Aquello nos hizo presumir que llevaban las armas consigo.

—Juan, estos tíos van armados. Hay que ir con cuidado —le advertí.

—Tranquilo. Vamos a esperar a que bajen y los pillamos. Tú dales con la palanqueta y encárgate de que no utilicen las armas. Yo me encargo de pillarlos.

—¡Oye!, si hay problemas mételes sin pensarlo, ¿eh?, que estos nos asesinan.

—Tranqui por eso...

Nos agazapamos esperando detrás de la puerta del camarote al regreso de los guardias. Tenía miedo, lo cual me ayudaría. El miedo es el sexto sentido y, con cierto control, desarrolla en el ser humano toda su capacidad para sobrevivir, funcionando al límite; la epinefrina, la norepinefrina y las endorfinas se disparan hacia el sistema endocrino produciendo ese efecto comúnmente conocido como adrenalina, multiplicando la fuerza y los reflejos que habitualmente se tienen. Sabía que si no actuábamos sincronizados y con efectividad podría costarnos un balazo en el cuerpo y el fracaso de la fuga. Sin embargo, confiaba plenamente en que lo conseguiríamos. Contábamos con el factor sorpresa, pero todavía todo estaba por decidirse. No transcurrieron ni cinco minutos cuando escuchamos ruido de pasos bajando las escaleras hacia el camarote.

—Ahí están, José —me advirtió en voz baja Juan.

Nos colocamos a la par tras la puerta con la barra de hierro y el cuchillo preparados para actuar. La presencia de Juan me tranquilizaba, proporcionándome toda la confianza del mundo; poseía a mi lado el mejor compañero que para aquella ocasión nadie pudiera desear, un auténtico hombre de acción. Cuando la puerta se abrió, nos abalanzamos como depredadores, tumbando y reduciendo inmediatamente en el suelo al guardia civil que acababa de entrar. Mientras Juan presionaba su garganta con la afilada punta del cuchillo, yo sujetaba sus manos y registraba sus ropas buscando su arma. Se encontraba desarmado.

—Éste no lleva herramienta.

—¿Dónde está tu colega? —le interrogó mi compañero.

—Arriba, en el camarote que tenemos en cubierta... —respondió asustado el joven guardia civil.

—¿Y las armas? —le preguntamos.

—En el camarote de arriba, guardadas. El capitán del barco no nos permite tenerlas aquí.

Le incorporamos después de colocarle los grilletes. Se había meado encima por lo que aparecía con los pantalones mojados.

—¿Quieres cambiártelos? —le ofreció Juan.

—No, es igual.

Le hice sentar en una silla y le até las piernas a las patas de la misma. Luego le quitamos el dinero de la cartera y fuimos a hablar con los otros dos presos que venían prisioneros con nosotros:

—¿Queréis fugaros con nosotros? —les invitamos.

—No, gracias. Nos queda poco... —fue la respuesta que ambos nos dieron.

El colombiano aparecía pálido por el miedo. Les ofrecí tabaco y, tras darles fuego, les encerramos en una de las celdas, bloqueando la puerta con uno de los candados rotos. Luego regresamos a esperar al segundo guardia civil, el cual, según su compañero, todavía tardaría en bajar. Mientras tanto, hablamos con él:

—¿En qué camarote estáis arriba?

—En el setenta y siete.

Cogí su cartera y la ojeé. Se llamaba Manuel Jesús Plasencia y se encontraba haciendo la mili en la Guardia Civil. Al lado de la documentación se hallaba la foto de una chica.

—¿Es tu novia?

—Sí —me respondió visiblemente molesto por mi intromisión en su intimidad.

—Tranquilo, toma —le dije, metiéndole la cartera dentro del bolsillo de la camisa.

Conocía perfectamente lo que sentía en aquel momento.

—Bueno —le advirtió Juan—, ahora vamos a coger a tu compañero. Como grites o intentes avisarle, eres hombre muerto. ¿Lo has entendido?

—Sí.

Buscando por el camarote, encontramos nuestros expedientes penitenciarios y nos entretuvimos leyendo las estulticias que sobre nosotros habían escrito los psicólogos y demás estudiosos del ser humano. Así nos enteramos de que Juan era un peligroso paranoico y de que yo me dedicaba a escribir cartas a los jueces con la intención de fugarme. También encontramos varias cartas que no nos habían entregado. Cuando nos cansamos de reír y de leerlos, los rompimos, deshaciéndonos especialmente de todas las fotos para no dejar una imagen de nosotros a mano. Comenzamos a inquietarnos por la tardanza del guardia que faltaba por bajar y a sospechar lo peor. Encendí un cigarro tras otro, mientras las horas transcurrían lentas y la tensión crecía paulatinamente, junto a la insoportable excitación que nos producía aquella incógnita.

—Seguro que se han quedado con la historia, José, y nos están esperando arriba.

—Tranquilo, Juan, y no te muevas de la puerta, que puede aparecer en cualquier momento.

Apareció varias horas después, sobre las seis. Nada más abrir la puerta nos abalanzamos sobre él y lo tumbamos en el suelo cuchillo al cuello. Lo cacheé rápidamente pero, al igual que su compañero, iba desarmado. Precavido, había dejado el arma en el camarote de arriba y las llaves en recepción. Le esposamos e introdujimos dentro de la celda vacía, donde le atamos a la cama, no sin antes robarle 20.000 pesetas, que nos repartimos junto a las 10.000 que le habíamos quitado al otro. Luego atamos a su compañero a su lado y los dejamos encerrados en la celda, la cual cerramos con candado. Contemplé un rato al cabo a través del ojo de buey. Ahora era un héroe derrotado y sumiso, y comprendí lo fácil que sería para mí abusar de él, asustado e indefenso. Me había prometido darle un escarmiento por fanfarrón, pero aquello me situaría a su altura, y matarlo sólo nos traería problemas a la hora de la búsqueda, pues tras aquella humillación la Guardia Civil nos buscaría hasta debajo de las piedras. Seguro que Santiago Rivera Rodríguez a partir de entonces se guardería mucho de volver a provocar a otros hombres encadenados o hacerles objeto de sus bravuconadas.

Una vez dentro del camarote que antes ocupaban los guardias civiles, ahora encerrados en una celda, nos cambiamos de ropa con el fin de despistar sobre nuestra vestimenta. Me puse un pantalón de tergal azul, los zapatos de uno de los guardias y una camisa negra y blanca, todo ello retocado con una gorra militar de la marina. Me afeité en un espejo y contemplé mi aire de lobo de mar: me encontraba irresistible. Juan se había puesto un pantalón vaquero, unos playeros, una camisa verde y una gorra de visera, con la que ocultar su calva acentuada por un corte de pelo a cepillo. Sobre las ocho de la tarde, los potentes motores del J.J. Sister enmudecieron. Habíamos llegado a puerto.

Metí algunas prendas de ropa para cambiarme dentro de una bolsa que tomé prestada a un guardia civil, junto con un mapa general de carreteras, y me la colgué del hombro. Seguimos a varios pasajeros hacia la salida y subimos unas escaleras de caracol hasta el cuarto piso. Pensamos en la posibilidad de forzar la puerta del camarote setenta y siete y apoderarnos de las armas, pero el abundante tránsito de pasajeros por los pasillos nos hizo desistir. De todas formas, el ir desarmados produciría un relajamiento relativo, pero cierto, en las Fuerzas de Seguridad del Estado, dado que no era lo mismos buscar a dos presos huidos que a dos presos armados. En el cuarto piso del inmenso transatlántico nos separamos uno del otro y nos reunimos en la sala de espera, mezclados con el resto de pasajeros. Esperamos impacientes a que bajaran la pasarela hasta el barco para pasar hasta la aduana a través del puente que debía conectar con la misma.

Habían transcurrido cerca de veinte minutos cuando la pasarela, conectada ya al puente que proporcionaba acceso a la aduana, fue bajada y las puertas de la sala de recepción se abrieron mostrándonos la libertad. La sensación fue brutal. Me quedé de piedra cuando un grupo de guardias civiles apareció y atravesó el puente, encaminándose hacia el interior del barco con paso apresurado. Miré inmediatamente a Juan, que se hallaba a varios metros de mí; no teníamos tiempo de hablar, pero ambos sabíamos que si venían por nosotros tendríamos que coger a los pasajeros como rehenes y negociar una salida con ellos. Ahora no podíamos abandonar ni rendirnos. Cuando llegaron a la pasarela, la cruzaron y entraron dentro de la sala, acercándose a recepción. Eran seis y se pusieron a hablar con la recepcionista de manera amigable, lo cual nos relajó. ¡Si ellos supieran! El altavoz de la sala se dirigió a nosotros y, tras agradecernos que hubiésemos escogido aquel barco para viajar, nos dio la consigna que indicaba que ya podíamos abandonarlo. Salimos del mismo entre los primeros. Mientras atravesábamos el puente observamos un nutrido grupo de guardias civiles en la entrada del garaje del barco aguardando a que el puente levadizo de éste se abriese. Al final del puente que cruzábamos acariciados por la brisa del mar, otros dos guardias cacheaban a dos pasajeros y les pedían la documentación.

—José, si nos paran, yo agarro a uno y tú le coges el arma.

—Al de la derecha... —le indiqué.

Avanzamos hacia el edificio de la aduana preparados para entrar en acción, pero no nos detuvieron, por lo que seguimos adelante y bajamos las escaleras hasta una enorme sala cruzada de un mostrador, en el cual tres guardias civiles registraban todas las bolsas y maletas de los pasajeros. Uno de ellos me llamó.

—Oiga, señor, ¿me deja ver su bolsa, por favor? —me pidió amablemente.

—Sí, hombre, cómo no —respondí cortés, abriendo la bolsa y mostrándole su contenido, el cual registró por encima.

—Muchas gracias y buen viaje —añadió, marcando la bolsa con una tiza blanca.

—De nada.

Me encaminé rápidamente hacia el exterior del edificio. Busqué con la mirada a mi compañero Juan y le hallé situado en el extremo de la barra. No se había ido como hubiese hecho cualquier otro, sino que me había esperado por si surgían problemas echarme una mano, aún a costa de arriesgar nuevamente una libertad que tenía al alcance y le había costado once años conseguir. Aquel gesto mostraba algunas de sus principales características: seguridad, seriedad y camaradería. Una vez a su altura, salimos juntos del edificio y tomamos un taxi en las inmediaciones, al que indicamos que nos llevase hasta el pueblo de Puerto de Santa María. En un principio, habíamos previsto secuestrar al taxista a medio viaje, encerrarlo en el maletero, y tomar yo el volante para pasar directamente por la autopista hacia Sevilla sin pérdida alguna de tiempo. Pero cambiamos de decisión: ambos temíamos un control a la entrada de Sevilla. Paramos en el Puerto de Santa María y pagamos al taxista. Luego nos perdimos por el pueblo y nos metimos dentro de una cafetería a tomar algo. Compramos varios bocadillos, unas botellas de agua, unas naranjas y tabaco para mí. Me eché a reír sorprendido cuando la máquina de tabaco me habló para darme el cambio y las gracias. Con todo ello dentro de una bolsa, nos dirigimos hacia las afueras, cruzando varios campos e, introduciéndonos, ya con la noche cubriendo el cielo, dentro de una enorme finca donde construimos una pequeña choza con ramas y hojas, camuflada entre los arbustos, que nos serviría de refugio. Allí nadie nos buscaría. Ahora sí éramos por fin libres. Di unas palmadas a mi camarada, mostrándole mi alegría.

—Los hemos jodido, ¿eh? —me cachondeé.

—Sí, pero todavía tenemos que salir del paso.

—Saldremos adelante, ya lo verás...

Sacamos el mapa y algunos alimentos. Mientras comíamos algo comprobamos las posibilidades que nos ofrecían las carreteras comarcales. Los dos estábamos de acuerdo en robar un coche y subir juntos hasta Sevilla. Lo haríamos de noche, sobre las cinco de la mañana, hora en que los controles se hallaban más relajados por el cansancio y el sueño.

—¿Tú qué quieres hacer, Juan? —pregunté a mi camarada, tumbado boca arriba.

—Yo creo que podemos robar un banco en Sevilla para conseguir dinero rápido y después desaparecer un tiempo... ¿Y tú?

—Yo tengo algún compromiso con buenos amigos que están en prisión. Quiero ayudarles a salir de allí y luego marcharme a algún país latinoamericano donde se olviden de mí. Vivir el tiempo que me quede en paz, con el dinero de algún banco... De todas formas, te ayudaré a robar un banco en Sevilla, pues yo también necesito pasta.

—Lo que sí tenemos que hacer es permanecer en contacto, pues yo también he dejado algunos amigos en prisión y juntos tenemos más posibilidades de ayudarles. De paso nos tomaremos la revancha por todas las perrerías que nos han hecho dentro de la cloaca...

Era libre. Después de cuatro años de continuos aislamientos, encerrado en reducidos espacios de cemento, mis pulmones volvían a inflamarse jubilosos de aíre puro; mis ojos, castigados por la blanca cal de la pared o por el gris triste del muro, volvían a contemplar nuevamente los árboles y los pajarillos revolotear en busca del nido para cobijarse de la noche que, dulce como nunca sospeché, venía a aliviarnos del duro azote del calor del día. Aquel reencuentro con la naturaleza era como comprender la belleza de una flor y detenerse a contemplarla, mientras ésta revelaba, con la extraordinaria delicadeza de su color, su perfume. ¿Cómo se podía encerrar a una persona dentro de una celda fría de tres metros, privándole de todo aquello durante años? ¿Qué resultaba, en suma, peor crimen, castigar a un ser humano a aquella crueldad o el simple hurto de un bien material, de una «cosa», cuyo valor se barajaba a diario en los mercados? Sólo en aquel momento comprendí el verdadero dolor que me habían infringido, no sólo por el encierro, sino por aquellas razones que habían muerto dentro de mí. La cárcel era un delito tan vil y repugnante como el peor delito imaginable que persona alguna pudiera cometer, sólo que cometido en nombre de la justicia y de la sociedad.

Permanecimos allí ocultos durante dos días. El calor se hacía insoportable y los mosquitos, cientos de ellos, no hacían más que picotearnos. Todo nuestro cuerpo aparecía lleno de picaduras de estos insectos. La noche del segundo día convencí a Juan de que abandonásemos el lugar y nos acercásemos al pueblo a robar un coche. Salimos de la finca y atravesamos varios campos antes de tropezar con la vía del tren. Continuamos caminando por ella hasta que topamos con varias fábricas:

—No podemos seguir, José, pueden vernos.

—No creo.

—Vamos a mirar en esas casas —me indicó señalando la zona de la carretera—, a ver si encontramos algún coche que robar.

—Venga, vale —accedí.

Cruzamos un campo de sandías y bordeamos una casa de dos pisos situada frente a la carretera. Juan forzó una de las ventana de la misma y se introdujo dentro, mientras yo aguardaba afuera.

Al rato se asomó:

—Está vacía, entra, hay comida...

Entré dentro. Aquello era un bar y yo no creía que se hallase vacío, pues se encontraba repleto de bebidas, máquinas y comida. Me sentía inseguro en el interior de aquel local. No me gustaba aquello. Juan saltó el mostrador y yo busqué la cocinilla donde apoderarme de un cuchillo, cuando las luces del local se encendieron y escuchamos ruidos en el piso superior. Tuve miedo:

—Juan, vámonos de aquí que esto no me gusta...

—¿Subimos arriba a ver quién hay? —me propuso.

—¡Qué va, vámonos! —exclamé, saliendo hacia el exterior.

Aguanté la ventana abierta y ayudé a salir a mi compañero alejándonos de allí. Si habían llamado a la Policía, tendríamos problemas, y no podíamos quedarnos dentro del bar al no tener la seguridad de que no nos hubiesen escuchado entrar y la Policía se encontrase ya avisada. Nos escondimos en el jardín de un chalet, con la esperanza de que allí no nos buscarían y de robar el coche que se encontraba aparcado dentro. Mientras, buscamos la manera de poder penetrar en el chalet para retener a sus ocupantes, obtener las llaves del coche, poder cambiarnos de ropa, ducharnos y comer algo. Pero todas las ventanas se hallaban provistas de barrotes. Abordamos el coche. Lo abrí utilizando una sierra y le hice el puente metiéndome en el interior. Sin embargo, no conseguimos arrancarlo ni romper el bloqueo del volante, por lo que tuvimos que dejarlo. Finalmente, como último recurso, decidimos esperar a que amaneciese y abriesen la puerta de la casa para penetrar dentro de ella. Se hizo de día y transcurrieron varias horas sin que la puerta se abriese. Permanecer allí era peligroso así que tuvimos que adentrarnos de nuevo en el campo. Decididamente, no nos acompañaba la suerte, lo cual resultaba un mal presagio. Tenía un mal presentimiento, por lo que decidí separarme de Juan, allí mismo.

—Juan, yo me largo por mi cuenta —le expliqué—. Juntos corremos mucho riesgo y por separado tenemos más posibilidades de conseguirlo y ayudar a los demás.

—De acuerdo. ¿Dónde nos encontramos?

—En La Coruña. ¿Conoces los jardines de los Cantones?

—Sí...

—Pues allí, frente a una estatua de Rosalía de Castro con un águila y una serpiente.

—El día 1 de diciembre nos vemos entonces allí, ¿de acuerdo?

—Hasta entonces, Juan, y ten mucho cuidado.

—Suerte.

Nos separamos con un firme apretón de manos. Seguí la vía del tren dirección a Rota y atravesé la zona de las fábricas, agachado entre las hierbas, al otro lado de la vía. Luego proseguí campo a través orientándome por la carretera. Hacía calor, mucho calor, y me sentía asfixiado y agotado. Llevaba varias horas expuesto a los cuarenta grados del sol gaditano y recorridos cerca de treinta kilómetros. Ahora tan sólo restaban doce más para alcanzar Rota. Me senté a tomar aliento, bajo la sombra de un árbol solitario, incapaz de avanzar un paso más. Cerca de allí había un pequeño pozo con un poco de agua sucia en la que nadaban varios bichos y algún renacuajo. Me acerqué hasta él y, usando la camisa como filtro, bebí un poco de aquella agua que, aunque sabía a rayos, supe agradecer. Luego regresé a la sombra del árbol y me tumbé extenuado. La historia se repetía otra vez. Huir se convertía de nuevo en la única libertad posible para mí. ¿Pero huir adónde? ¿Dónde quedaban tierras libres en las cuales la justicia nos convirtiese a todos en iguales y donde nadie persiguiese ni encerrase a nadie?

Observé detenidamente toda aquella extensión de campo. No era libre, sino solamente un libertario huido del yugo de aquellos que nos controlaban por medio de sistemas y leyes. No sería libre mientras sobre la faz de la tierra existiesen otros hombres prestos a abatirme o a encerrarme y encadenarme. No sería libre mientras una fría celda de una cárcel cualquiera me aguardase.

CUARTA PARTE

El camino de la represión

> «A menudo he oído hablar del hombre que comete un delito como si él no fuera uno de nosotros, sino un extraño y un intruso en nuestro mundo. Más yo os digo que, de igual forma que el más santo y el más justo no pueden elevarse por encima de lo más subliminal que existe en cada uno de vosotros, tampoco el débil y el malvado pueden caer más abajo de lo más bajo que existe en cada uno de vosotros.»
>
> GIBRAL JALIL

San José de Calasanz, La Coruña, noviembre de 1979

El taxi se detuvo frente al inmenso colegio. De corte antiguo, el internado de San José de Calasanz se me antojó poco menos que el infierno. Me encontraba muy asustado por el frío y gris aspecto que aquel internado estatal ofrecía, el cual a partir de ahora pasaría a hacerse cargo de mi tutela y educación, mientras en mi casa se solucionaban los problemas económicos y de convivencia entre mis padres. Bajé del taxi cogido de la mano de mi madre, cuyo rostro reflejaba un tremendo dolor. El miserable sueldo que le proporcionaba fregar pisos ajenos no llegaba para alimentar cuatro bocas ni mucho menos para costear los estudios de cuatro hijos. No tenía opción y sufría por ello. Con paso apresurado nos encaminamos, escaleras arriba, hacia la puerta de entrada. Mi madre pulsó el timbre de la pesada puerta de madera y, al cabo de un rato, una celadora entrada en años abrió la puerta.

—Hola, buenas —nos saludó.

—Buenos días —respondió amable mi madre—. Vengo a traer a mi hijo. Desearía hablar primero con la directora...

—Les esperábamos, pues nos avisaron desde el Tutelar de Menores de que vendrían hoy. Pasen —nos invitó.

Nos condujo a través de un comedor y de varios pasillos, los cuales emanaban un considerable olor a detergente, hasta el despacho de la directora. Se llamaba Doña Petra.

—Hola —saludó a mi madre—. ¿Es éste su hijo José? —preguntó acariciándome la cara.

Yo rehuí la caricia.

—Es un poco tímido —me excusó mi madre, mesándome los cabellos.

—Se le pasará. Aquí hay muchos niños y pronto hará amigos...

Ultimaron los trámites burocráticos para mi entrega a la custodia del internado y, tras un par de firmas, llegó el momento más temido. Tendríamos que separarnos hasta que pudiese volver a hacerse cargo de mí y llevarme de vuelta a casa, definitivamente. Yo sabía que la responsabilidad de aquella decisión derivaba del comportamiento de mi padre, un hombre enfermo por el alcohol, cuya única preocupación en la vida la constituía emborracharse e ir de putas, para después regresar borracho a casa y pegar a mi madre.

—Hijo, tengo que marcharme; prométeme que te portarás bien —me pidió, intentando contener las lágrimas que peleaban rebeldes por brotar de aquellos ojos castaños.

Noté sus manos frías, castigadas por los detergentes y el trabajo, acariciándome la nuca, cuando me abracé a ella en un intento de retrasar lo que ya era inevitable:

—Cuídenlo, por favor —le rogó a la directora.

—Lo haremos, señora, pero ahora tiene que irse, sino será peor para él...

—Adiós, hijo —se despidió besándome—. Vendré pronto a verte.

—Adiós, mamá —me despedí de ella.

Cuando mi madre desapareció por la puerta de aquel despacho, noté un gran vacío circundándome; la sensación brutal de inmensidad del que explora un nuevo mundo. Una de las monjas se hizo cargo de mí y me condujo hasta el tercer piso, donde se encontraban los dormitorios. Allí me asignó una pequeña taquilla con un número, el veintitrés, el cual a partir de entonces pasaría a ser inscrito en todas mis prendas de ropa y pertenencias. También me asignó una de las cuarenta camas de las que el dormitorio se hallaba provisto, y que se encontraban alineadas en cuatro filas de a diez, con las correspondientes taquillas y números. Al final del mismo se encontraban las duchas y los lavabos. El dormitorio era frío, y carecía de calefacción, y se hallaba iluminado por varios tubos fluorescentes instalados en el techo. Me sentí solo y rompí a llorar amargamente ante los inútiles esfuerzos de la monja por consolarme.

Me bajaron a la hora de comer hasta el comedor, situado en la planta baja. Constaba de unas veinte mesas, de las cuales algunas se encontraban vacías. El resto se encontraban ocupadas por grupos de niños, los cuales dejaron un instante de comer para observarme con curiosidad. Me indicaron una mesa junto a otros tres niños de mi edad, que a partir de entonces se convertirían en mis compañeros de mesa. Me sentía desplazado e incómodo por lo que apenas comí, lo cual por ser el primer día lo dejaron pasar como algo normal.

Una vez hubimos terminado de comer nos llevaron en grupos al dormitorio a hacer siesta. Nos obligaron a cepillarnos los dientes y a lavarnos las manos antes de meternos en la cama, y una vez dentro de ella se marcharon dejando la puerta del dormitorio cerrada y a nosotros a cargo de los más mayores. Ya a solas, mi vecino, el mismo que en el comedor ocupaba conmigo la misma mesa, me habló.

—¿Cómo te llamas? —me preguntó en voz baja.

—José —le respondí desde la cama.

—Yo me llamo Ángel. ¿Eres huérfano?

—No. Me han traído por problemas en casa...

—Yo no tengo padres y llevo muchos años aquí. ¿Quieres ser mi amigo? —me ofreció.

—¡Vale! —acepté.

Esa tarde, un par de horas después, vinieron a abrirnos para bajarnos a las aulas, ubicadas en la segunda planta, junto a la capilla. Me tocó el aula de quinto de EGB, junto a mi nuevo amigo, lo cual me reconfortó. Las clases las impartía un profesor al que todos llamaban Don Jorge, el cual tenía, según me había informado Ángel un instante antes de entrar a clase, la fea costumbre de pegar a los internos con una goma de butano que siempre tenía a mano. Mi primer día de clase allí fue algo testimonial, por lo que permanecí en el pupitre sentado sin hacer nada, observando el desarrollo de las enseñanzas. Una vez finalizaron las clases, llegó la hora del recreo y bajamos hacia el patio. Era grande, de piedra, y se encontraba situado enfrente del comedor, colindando con la cocina y los jardines que lo separaban del campo de fútbol. En el mismo existía una cancha de baloncesto, aunque nadie jugaba en ella, sino más bien a las canicas o a otros juegos de grupo, como el popular juego de puño, papel y tijera. Me sentía cohibido, así que me encaminé hacia las escaleras que conducían al campo de fútbol y me senté en las mismas a contemplar a los demás niños jugar. Ángel y otros dos amiguetes suyos acudieron a hacerme compañía.

—Hola, José —me saludó, sentándose a mi lado.

Sus amigos le imitaron. Ángel tendría aproximadamente entre doce o trece años. Delgado y de aspecto enfermizo, aquel chiquillo de ojos oscuros y sonrisa abierta se convertiría en mi cómplice, en un hermano para mí durante mi estancia allí.

—Éstos son Juan y Miguel —me presentó a los dos gemelos.

Nos saludamos con un apretón de manos.

—¿Vienes a quedarte mucho tiempo? —me preguntó Miguel.

—No lo sé —respondí—, en casa existen problemas entre mis padres y hasta que no se arreglen no creo que vengan a buscarme, salvo para ir algún fin de semana a casa.

—Igual que nosotros —comentó Juan.

—Venga, vamos a jugar unas canicas —propuso Ángel, ofreciéndome unas cuantas de las suyas.

—No, no me apetece...

—Venga... —insistió cogiéndome por el brazo y conduciéndome hasta un pequeño cuadrado de cemento en donde varios niños jugaban.

Cogí las canicas que me ofrecía y jugamos hasta la hora de cenar, en que las monjas que nos vigilaban sentadas nos ordenaron entrar en el comedor.

Inmediatamente después de cenar fuimos conducidos de nuevo hasta el dormitorio. Nos lavamos los dientes y nos introdujimos dentro de las camas bajo la supervisión de tres monjas, Doña Pepita, la Señorita Nieves y Doña Conchita, esta última la peor de todas, como el tiempo me permitiría comprobar. Una vez todos en la cama, las luces se apagaron y cerraron la puerta con llave. Pese a que estaba prohibido hablar, Ángel me dio las buenas noches.

—Buenas noches —le respondí en voz baja.

Intenté conciliar el sueño, pero no lo conseguí. Un nudo de dolor me oprimía la garganta y rompí de nuevo a llorar, esta vez en silencio para evitar que me oyesen los demás niños. Aquella oscuridad me espantaba, unida al silencio casi trágico que inundaba el dormitorio, entristeciéndolo, como si la noche supiese de la historia de todos y cada uno de nosotros. Me sentía solo y perdido, al igual que los demás niños allí, salvo que yo no podría acostumbrarme a aquello. Recordé a mi madre hasta que el sueño me sorprendió a altas horas de la madrugada y me quedé dormido.

San José de Calasanz era enorme y constaba, además del edificio principal, de varias huertas en las que crecían varios árboles frutales y hortalizas al cuidado de un jardinero, que a su vez se hacía cargo de cuidar los cerdos y los conejos del internado. Toda aquella extensión de cemento y campo se hallaba vallada por altos muros, si considerábamos nuestra estatura entonces, los cuales se encontraban provistos de cristales, incrustados en la parte superior con el claro fin de evitar que fuesen escalados. Aquélla fue la primera vez que experimenté la sensación insoportable de impotencia del que se siente retenido en contra de su voluntad.

Por las mañanas, al levantarnos, teníamos que ir a nuestras respectivas taquillas y esperar frente a ellas a que Doña Conchita las abriese, para recoger las toallas y el jabón e ir al lavabo a asearnos. Luego estábamos obligados a hacer la cama y nos exigían que no presentase ninguna arruga, pues de lo contrario la deshacían y te ordenaban hacerla de nuevo, y así sucesivamente hasta que quedaba a su gusto. Por ello solían caerles algunas bofetadas a los más indisciplinados o a aquellos que simplemente no sabían hacer la cama con tanto capricho, así como a los que se meaban todavía en la misma, que eran siempre los pequeños.

A mí aquello me dejaba bastante mal y pronto aprendí a sentir rencor por aquellas mujeres.

—Son unas cerdas —solía decirme Ángel cuando hablábamos sobre aquello.

Después del aseo y de hallarse las camas totalmente sin arrugas, bajábamos al comedor. Todo lo que te servían tenías que comértelo o, de lo contrario, te dejaban allí, frente a la mesa, castigado hasta que lo terminases, por lo que era asiduo y ordinario observar la mayoría de los días a algún niño frente a la mesa, llorando ante algún tazón de chocolate o alguna sopa. En las aulas, a las que acudíamos por las mañanas cuatro horas y un par de ellas por las tardes, las cosas no eran diferentes en cuanto a disciplina. Si no prestabas atención o realizabas algo que fuese considerado falta de respeto hacia el maestro, te podías llevar unos cuantos gomazos o bien quedarte castigado durante una semana, tras un par de bofetadas, en el despacho de la directora, sin recreo, de rodillas con los brazos en cruz. Quienes se llevaban la peor parte en la aplicación de los castigos eran los huérfanos, dado que al carecer de familia la Dirección no tenía que rendir cuentas ante nadie, caso de propasarse, lo cual acontecía demasiado a menudo. Con los que teníamos familia se andaban con más cuidado a la hora de castigarnos. Odiaba aquel lugar.

Algún fin de semana solía ir a casa a pasarlo con mi familia. Mi hermana Emily venía a recogerme después de salir de un colegio de monjas adjunto al de San José de Calasanz, en el cual, al igual que yo, sufría el internado. Otras veces acudía mi madre a buscarnos, excepto las ocasiones en que, castigado por alguna gamberrada estimada como grave, me prohibían ir a casa y tenía que permanecer el fin de semana en el internado. Una de estas veces propuse a mi madre que permitiese que mi amigo Ángel viniese a pasar el fin de semana con nosotros. Lo habló con la directora y esta accedió, por lo que, tras arreglarnos, abandonamos junto a mi madre aquel odioso lugar rumbo al hogar.

Nada más llegar a casa, llevé a mi amigo Ángel a conocer a mis amigos del barrio. Jugamos toda la tarde hasta agotarnos y luego fuimos juntos hasta una vieja caseta construida con tablas y cartones, en la cual ocultábamos varios gatos pequeños recién capturados por la pandilla. Allí encendimos algún cigarro que fumamos de manera rotativa y en pequeñas caladas, celebrando el estar juntos de nuevo, e intercambiamos algunos besos de amor con las chicas, en un juego habitual entre nosotros. Ángel se lo pasaba bomba y desde el principio fue bien aceptado por los demás, especialmente por una de las chicas, Sonia, a la que por lo visto le hacía tilín. Bromeamos con aquello haciéndoles enrojecer a ambos y obligándoles a darse un beso. Cuando oscureció, nos despedimos hasta el día siguiente y regresamos a nuestras casas. Ya en el portal de la nuestra, reté a mi amigo a una carrera por las escaleras, la cual perdí. Llegamos extenuados hasta la puerta, donde nos recibió sonriente mi madre.

—Venga a lavarse y a cenar —nos ordenó—. ¿Dónde habréis estado metidos? —se preguntó en voz alta, observando nuestro aspecto desarreglado, mientras nosotros sonreíamos más amigos que nunca.

Aquella noche, ya solos en la habitación, recostados sobre las camas, nos entretuvimos hasta tarde hablando de las chicas y de nosotros. Le propuse adoptarlo en cuanto pudiésemos establecernos con mi madre, independientemente de mi padre, tras el divorcio inevitable de ambos ya en marcha.

—¿Te imaginas que fuésemos hermanos? —le pregunté ilusionado.

—Sería fenomenal...

El domingo fue un plagio del sábado. Besos, caricias y algún cigarrillo, protegidos del mundo de los adultos por las tablas de madera de la vieja caseta. Apenas recordábamos que aquello terminaría y que tendríamos que regresar al internado. Con algún dinero que nos proporcionaron como asignación nuestros padres, aquella tarde fuimos toda la pandilla al cine a ver «Los siete magníficos», la cual nos impresionó profundamente a Ángel y a mí. Al salir del cine, ambos llevábamos algo de «Cris» dentro de nosotros. Anochecía cuando regresamos a casa. En el portal Ángel se despidió de Sonia con un beso, tras el cual subimos las escaleras con apetito. Aquella noche nos acostamos temprano después de cenar, a instancias de mi madre, lo que nos recordó que tendríamos que madrugar a la mañana siguiente para regresar al lugar que más odiábamos del mundo. Apenas hablamos y pronto nos dormimos mecidos por el reflejo potente de la Torre de Hércules, el cual se filtraba a través de los cristales de la ventana, iluminando intermitentemente la pared de la habitación.

Por la mañana, nos levantamos a regañadientes y regresamos al San José de Calasanz en autobús. Ya en el patio, nos reunimos con Juan y Miguel, los cuales acababan de llegar también, y les contamos nuestras experiencias. Para Ángel habían sido extraordinarios aquellos dos días y no había más que escucharle hablar para darse cuenta de ello; aquellos días habían constituido sus únicos momentos de libertad. Desde su existencia, siempre había permanecido encerrado en colegios del Estado. Nos echamos a reír cuando comenté que se había enamorado. Los cuatro formábamos un grupo muy unido e inseparable, y pronto fuimos conocidos por el profesorado como «los calavera».

Aquella noche tocaban duchas. Nosotros ya veníamos duchados de casa, con cuya excusa pretendimos ser amnistiados de una nueva sesión. Sin embargo, Doña Conchita nos obligó a acudir a las duchas, por lo que tras recoger las toallas y las mudas de los armarios nos dirigimos hasta las mismas a regañadientes en nuestro turno. El agua estaba fría, pero no tuvimos otra alternativa que meternos debajo del chorro helado.

Se me cortaba la respiración por lo que opté por mojarme tan sólo la cabeza y fingir que me había duchado. Cuando salí de la ducha mi treta no coló y Doña Conchita percibió el engaño.

—Entra a ducharte otra vez —me ordenó.

—Estás castigado por mentir y ahora mismo te metes en la ducha.

—El agua está fría —protesté.

Entonces me cruzó la cara con una bofetada, me quitó la toalla de la cintura y me empujó de nuevo a la ducha, manteniendo la puerta abierta. Debajo del agua varias lágrimas de rabia se mezclaron con la misma y se perdieron por el desagüe silenciosas. Intenté salir de la ducha asfixiado por el contacto permanente del agua fría que cortaba mi respiración, pero fui empujado de nuevo hacia su interior. Desde debajo del agua la vi observándome a través de aquellas gruesas gafas de culo de botella, provocando en mí un sentimiento de vergüenza por encontrarme desnudo e indefenso ante su capricho. La odié con fuerza, con toda mi alma.

Aquella actitud en Doña Conchita era habitual. Le gustaba tratarnos así por norma, especialmente a los más pequeños y a los huérfanos, a los cuales secaba a menudo personalmente, aun cuando éstos eran lo suficientemente mayorcitos para secarse por sí mismos. Se comentaba en el internado, y lo hacían los que más tiempo llevaban allí, que le gustaba tocar a los niños y verlos desnudos en las duchas, lo cual me pareció verosímil después de haber sentido su mirada sucia posada en mi desnudez. Se decía incluso que algunas noches con la excusa de arropar a algún huérfano de los que se encontraban entre sus favoritos, les tocaba el pene y los testículos. De todas las monjas, Doña Conchita y Doña Petra eran las más odiadas por todos nosotros, con excepción de los pelotas.

Aprendí a tocar la guitarra, el laúd y la bandurria acudiendo a las clases de música que nos impartía un profesor los sábados y, aunque en un principio no lo hacía del todo mal, terminé por aborrecer los instrumentos, las clases y al maestro. También acudíamos a menudo al campo de fútbol a jugar, mientras una de las monjas, la Señorita Nieves, se volcaba amable con todos nosotros y hacía las veces de árbitro, correteando como buenamente podía de un lado al otro del campo. Otras veces, escapábamos del control de las monjas e íbamos hasta las cuadras de los cerdos a verlos comer y pelearse entre sí, lanzándose voraces dentelladas de las que a menudo salían heridos, sangrantes las orejas o el hocico. Pero por norma lo que hacíamos era casi siempre lo mismo: jugar a las canicas, a verle las bragas a Doña Conchita, cuando se sentaba en alguna de las sillas del patio a vigilarnos y se dormía, o a puño, papel y tijera, a falta de otras alternativas.

Una de aquellas tardes, jugando una partida de canicas con otro interno, un huérfano, tuvimos una pelea. Había perdido la mayoría de sus canicas frente a la efectividad de mis castres a larga distancia, en los cuales era uno de los mejores del internado. La riña se debía a que su bola, tras el impacto de la mía, había salido fuera del círculo que habíamos dibujado en el suelo y que determinaba los límites dentro de los que se debía desarrollar el juego, por lo cual ganaba yo la partida, junto a la bola con la que había jugado, su favorita. Él decía que no había salido, pese a que los niños presentes me daban la razón a mí.

—Venga, caga bola —le dije incorporándome.

—No ha salido fuera, se ha quedado en línea.

—Ha salido, que lo han visto todos, ¿verdad? —pregunté.

—Es cierto, ha salido —respondieron varios.

—No ha salido —insistió.

Entonces nos enzarzamos en una reyerta propinándonos varios golpes antes de que acudieran las monjas a separarnos. Nos castigaron a ambos sin recreo durante una semana, durante la cual tendríamos que permanecer todos los recreos de rodillas con los brazos en cruz, imitando la imagen de Cristo frente a la pared del despacho de la directora.

Llegó la Navidad. Mi madre vino a buscarme para llevarme toda la semana a casa. Aquella vez no permitieron que Ángel viniese con nosotros, por lo que me sentí muy contrariado, puesto que dábamos por hecho que pasaríamos juntos aquella semana en casa.

Nos despedimos con el semblante un tanto triste. Ya en casa hablé con mi madre sobre la posibilidad de traer a Ángel a vivir con nosotros, una vez nos encontrásemos en condiciones y se hubiese separado de mi padre:

—Mamá, ¿por qué no traemos a Ángel a casa cuando abandone el internado?

—No podemos hijo —me respondió—. Yo no gano suficiente para teneros a todos en casa y menos aún a uno más. Lo siento por él. Si nos dejan traerlo otra vez de fin de semana, lo traemos, pero no puede quedarse.

Aquello representó un duro desengaño para mí. ¿Qué pasaría entonces con mi amigo? Esa noche, metido entre las acogedoras sábanas limpias de la cama de mi habitación, recordé la frialdad del oscuro dormitorio del internado e imaginé a mi amigo acurrucado en la cama, frente a la cama vacía que yo había dejado a su lado. No era justo. Trabajaría, si era necesario, para ayudar a mi madre y así poder traer a Ángel a vivir con nosotros. Maldije a mi padre, le odié un poco. Fija mi mirada en la pared, observando los reflejos de luz que emitía la Torre de Hércules, fieles cómplices de todos los sueños de mi infancia, entendí pese a todo lo afortunado que era al tener una familia con la que pasar la Navidad.

Pasé aquella semana con mi madre y con mis hermanas Emily y Yolanda y mi hermano Óscar, el benjamín. Quería a mi familia, pero especialmente a mi madre, a quien adoraba. Tenía con ella una relación especial, pese a que siempre había sido el más rebelde de todos mis hermanos y que a menudo era la causa de sus disgustos. Mi madre decía de mí, recordando las palabras de mi abuela Carmen, que tenía el demonio en el cuerpo, que era incapaz de estarme quieto y que resultaba imposible retenerme en casa más de una hora. Siempre conseguía eludirla y salir a la calle a corretear con los amigos, e incluso me había fugado de casa en dos ocasiones, produciéndole terribles sufrimientos. Pero me quería y se vanagloriaba ante sus amigas de mi buen corazón, según ella, plagado de buenos sentimientos. Ahora se mataba a trabajar para pagar el colegio de mis hermanos así como los gastos que le producían el mantenernos a todos vestidos, junto a otros innumerables gastos domésticos. Siempre trabajando, cansada y dolorida la espalda, aquella noble señora se sacrificaba por darnos lo mejor dentro de las posibilidades de su sueldo, enfrentándose a la dureza de la vida a brazo partido.

Cuando las Navidades concluyeron, regresé de nuevo al internado. Le llevé caramelos y dulces a mi amigo Ángel y, una vez con él, le comenté lo que me había sucedido en aquella semana y le di recuerdos de mis amigos. También le informé de que no podía venirse a vivir con nosotros de momento, pues mi madre no podría hacerse cargo de todos; pero me apresuré a añadir por mi cuenta que más adelante vendríamos a por él para llevárnoslo definitivamente de allí. Confiaba en que mi madre cambiase de idea. Él, por su parte, me informó de que Juan y Miguel ya habían regresado a su casa, junto a su madre, y que posiblemente ya no volveríamos a verlos. Noté cierta tristeza en su voz; habían constituido toda su familia en aquel antro durante varios años, aunque en el fondo se alegraba de que fuera así. Repartió los dulces y los caramelos que le había traído con los huérfanos que le vinieron a pedir, y que se aglomeraban alrededor de nosotros, con la generosidad que distingue a los que menos tienen. Aquella mañana hacía frío e íbamos envueltos en viejos y gruesos abrigos; saltaba a la vista que todos allí teníamos una cosa en común que de alguna manera nos unía: la pobreza.

La disciplina del internado continuaba su curso dentro de su línea religiosa. Las normas eran la base de la educación y no el afecto. Las monjas y los profesores se estrenaban a diario con nuevos castigos públicos, con la esperanza de que los demás entendiésemos que allí la disciplina se encontraba por encima de todo. Nosotros entonces no podíamos razonar aquello, pero sí advertíamos que era injusto, porque nos rebelaba. Nuestra propia naturaleza se hallaba totalmente manifestada en contra de aquellos abusos de autoridad de los que éramos objeto por parte de quienes se suponía estaban allí para cuidarnos y protegernos. Pensamientos como éste invadían a muchos niños y niñas, incluso ante los castigos de sus propias familias. Nadie se detenía nunca a intentar comprender las razones de un niño, dado que se suponía de antemano que los niños únicamente debían obedecer a los adultos, sin más, los cuales tenían el poder de castigarles siempre que obrasen diferente a su manera de entender la vida, moldeando a éstos a su imagen y semejanza, sin otorgarles ninguna oportunidad para elegir. Por eso muchos de nosotros ansiábamos la mayoría de edad para huir de aquel yugo en que habían convertido nuestra infancia los adultos.

Estos pensamientos el niño los calla siempre, al sentirse oprimido e injustamente tratado, y ese silencio crea en él mismo un rencor progresivo que con el tiempo, al no poderlo liberar o manifestar, por temor a un castigo, crece en él para manifestarse, la mayoría de las veces, por medio de la violencia o de la rebelión. Al niño o a la niña, internado o huérfana, no se les trataba bien. Donde no se les pegaba, se olvidaban de ellos y se despreocupaban creando un ambiente inestable y carente de afecto poco adecuado para su desarrollo. Los niños necesitan amor, ocio, amigos, constantes muestras de afecto y no castigos y severas disciplinas. Los encargados o encargadas de su educación relajaban su atención, su trabajo y descuidaban el aspecto humano en el trato diario, dejándolo todo en manos de la disciplina y del castigo. Los abusos de autoridad eran frecuentes, y el joven se encontraba de repente tratado como un adulto; dejaba de llorar, pues comprendía que no servía de nada, y se endurecía, odiando a quienes le castigaban, pues adivinaba y percibía que no existía ningún amor o afecto en aquellos castigos, sino autoridad e imposición. Así nos encontramos con que una gran mayoría de jóvenes que anteriormente han sufrido el internado o el reformatorio han delinquido en más de una ocasión, y que muchos de ellos se pudren en prisión, convertidos en peligrosos delincuentes. El Estado, encargado de educarles, los convertía en un negocio. La existencia de internados, orfanatos y reformatorios para ocultar en ellos los problemas que representaban para la sociedad los jóvenes desheredados de la misma, por causa de pobreza, resultaba aberrante. Todas las mujeres y todos los hombres al nacer deberían tener acceso a las mismas oportunidades por derecho natural, por lo que se les debía proporcionar a todos un mismo bagaje para enfrentarse a vida. Por ello las palabras «rico» y «pobre» deberían desaparecer sustituidas por la palabra «igual». Todos los niños y las niñas del mundo tenían derecho legitimo a desenvolverse en un ambiente adecuado, con una educación básica general de igual nivel y bajo los mejores profesionales y medios educativos. Mientras esto no ocurra así, no se extrañen de que los niños que ven jugar a la pelota en sus barrios mañana ocupen un celda de una cárcel: para ellos se están forjando ya las cadenas de la podredumbre carcelaria.

Por aquellas fechas la lluvia era una constante en La Coruña, por lo que pasábamos la mayoría de los recreos dentro de una sala. La lluvia me ponía nostálgico, y solía detenerme frente a las ventanas de cristal de la sala a verla caer salpicando la carretera por la cual circulaban los coches con los parabrisas en marcha. Días así echaba de menos regresar a mi casa con mi familia, junto a mi madre. Aquella nostalgia del hogar comenzó a apoderarse de mí paulatinamente y, pese a que yo siempre había sido un buen estudiante y mis notas habían oscilado entre el notable y el sobresaliente, comencé a tener problemas con los estudios y a menudo me ganaba algún castigo o la bronca de Don Jorge, quien comenzó a tomarme como punto neurálgico de sus iras. Un día, tras robar en la cocina unos granos de arroz, Ángel y yo nos entretuvimos durante la clase arrojándolos, a través del casco del boli, a otros niños. Era un juego que practicábamos a menudo ya fuera con granos de arroz o con cachos de papel masticados. Pero aquel día tuvimos la mala fortuna de que a uno de nosotros se le escapó un grano de arroz que fue a dar en la calvorota de Don Jorge. Se levantó con el rostro rojo por la ira.

—¿Quien ha sido? —preguntó furioso.

No obtuvo respuesta y se encaminó hacia las mesas. Todos los que habíamos participado en la pequeña batalla campal escondimos a toda prisa los cascos de bolígrafo, y fue cuando intentaba ocultar yo el mío que me vio. Se acercó hasta el pupitre que ocupaba y me quitó el casco del boli de donde lo había ocultado. Me agarró de los pelos y me condujo frente al encerado, delante de todos.

—Yo no he sido —grité varias veces.

Entonces cogió una de las gomas que utilizaba para pegarnos y comenzó a golpearme en la espalda y las piernas brutalmente. Caí al suelo gritando de dolor, pero prosiguió, golpeándome fuera de sí, hasta que se hartó de hacerlo. Luego me obligó a ponerme de rodillas cara a la pared y largó un discurso a mis compañeros de clase, amenazándolos. Yo lloraba dolorido por los golpes, y las lágrimas se entremezclaban con los mocos, todavía asustado e incrédulo por lo que acababa de pasar.

Al finalizar la clase me condujo ante Dona Petra, la directora. Albergaba la esperanza de que ella sí me creyese, pero su primera reacción ante lo ocurrido fue una tremenda bofetada que cruzó mi rostro, desatando un nuevo alud de lágrimas.

—Tenías que ser tú —me gritó—. Te vas a pasar una semana entera sin recreo, de rodillas en mi despacho. Así aprenderás a no faltarle al respeto a los maestros.

—Yo no he sido —alcancé a decir entre sollozos.

Como toda respuesta a mi intento de defenderme, recibí otra bofetada.

—Te bajas ahora mismo a comer y luego te vas directo al dormitorio —y añadió dirigiéndose a Don Jorge—. Puede estar seguro de que no volverá a ocurrir.

—Eso espero, pues ese crío es un demonio.

Tuve ganas de responderle a aquello con un insulto pero me contuve para evitar nuevas bofetadas. Luego bajé hasta el comedor y me senté en la mesa a comer. Todos mis compañeros me miraban en silencio. Ángel lo rompió:

—¿Te han castigado?

—Una semana sin recreo y aún encima me ha dado dos hostias.

—Vieja asquerosa... —exclamó mi amigo.

Después de comer subimos al dormitorio. En el aseo, mientras nos cepillábamos los dientes, Ángel me levantó la camiseta, bajo la cual se encontraban varias marcas enrojecidas.

—Tienes marcas —me dijo.

Me giré frente al espejo y mirando por encima del hombro las observé. Cruzaban toda mi espalda y culminaban en los costados. ¿A quién podía acudir allí? Lo peor de todo era saber que yo no había sido, que me habían golpeado en dos ocasiones por algo que no había hecho. Fue en aquel momento en el que decidí escaparme de aquel antro religioso. Se lo comenté a Ángel durante la siesta con la esperanza de que me acompañara:

—¿Nos escapamos?

Mi amigo me miró con sorpresa y se rió:

—Tú estás loco, ¿adónde vamos a ir?

—Podemos ir hasta mi barrio y ocultarnos en la caseta que tenemos allí. Mis amigos nos traerían comida y mantas... —le respondí con lo que yo consideraba un magnífico plan.

—Yo no —me respondió serio.

—¿Por que? —quise saber.

—Porque, en caso de que nos cogiesen, a mí me llevarían al reformatorio casi seguro, y no quiero que me lleven allí.

Tenía razón. En caso de que nos cogiesen, a mí lo más que podían hacerme era expulsarme, lo cual me vendría de perlas. En cambio, a Ángel lo encerrarían en un reformatorio, seguramente en el de Palavea, a tres kilómetros de allí. Aquella tarde no hablamos más de aquello, pero la idea de escaparme continuó sobrevolando mi mente, revoltosa y constante.

Me pasé toda aquella semana castigado en las horas de recreo, mirando hacia la pared. Cuando alguna vez se me ocurría volver la cabeza, una torta se encargaba de regresarla a su posición inicial de castigo. Un mediodía, durante la hora de la comida, mientras observaba a lo lejos la lluvia caer al otro lado de los cristales de las ventanas del comedor, una de las monjas tuvo la brillante idea de abrir una de las ventanas. Sentí el aire y percibí la libertad al otro lado. Una sensación de miedo y euforia me poseyó. Sólo tenía que echar a correr, saltar por aquella ventana hacia el exterior y continuar corriendo todo lo más que aguantase. Ángel advirtió mi nerviosismo:

—¿Qué te pasa?

—Han dejado una ventana abierta... ¿La ves?

—¿Vas a escaparte?

—Sí. ¿Te vienes?

—Yo no me atrevo —me confesó—. Vete tú.

Cuando comenzaron a recoger los platos, todavía me encontraba indeciso. No había comido nada, por lo que sería uno de los últimos en salir del comedor, ya que tendría que quedarme hasta que me lo comiese todo. Por debajo de la mesa Ángel y yo nos dimos la mano.

—Ten cuidado —me pidió.

Doña Conchita se acercó hasta nuestra mesa y contempló mis platos todavía llenos de comida. Se indignó.

—Tú, Ángel, para arriba —ordenó a mi compañero—. Tú te quedas aquí hasta que te lo comas todo —me gritó.

Una vez se hubo alejado lo suficiente, me incorporé empujando la mesa bruscamente hacia un lado y eché a correr hacia la ventana ante los gritos de sorpresa de las monjas, las cuales me miraban estupefactas. Al llegar a la ventana me deslicé a través de la misma con la agilidad y la rapidez que da la juventud y me perdí, tras bajar las escaleras de la entrada, por la carretera y posteriormente por el campo. Corrí como nunca había hecho hasta entonces mojado por la lluvia. En la carrera me tropecé con el jardinero del internado que venía con una carretilla llena de rastrillos y azadones, por uno de los caminos de tierra que conducían al colegio

—¿Adónde vas rapaz? —me gritó, parándose sorprendido por mi carrera.

Continué corriendo sin pausa hasta que dejé de ver el internado y hasta que no pude más. Me encontraba totalmente empapado y rendido y me detuve a cubrirme de la lluvia bajo un árbol, incapaz de dar un paso más, mientras el corazón me latía violentamente en el pecho por el esfuerzo. Observé detenidamente toda aquella extensión de campo. Lo había conseguido.

No sospechaba que en algún lugar de la tierra siempre habría alguien dispuesto a perseguirme y a encerrarme. Entonces no sabía que era esclavo de unas leyes que habían sido dictadas sin que nadie me hubiese consultado, e ignoraba que once años después sería, por tres días, uno de los hombres más buscados del país.

Rota, 28 de agosto de 1991

Llegué a Rota sobre las tres de la tarde. Mis pies se encontraban doloridos y llenos de ampollas, dado que los zapatos que había tomado prestados eran un número mayor al que yo gastaba. Me producía mucho dolor andar y me maldije por no haber pensado en ello. Llegaba algo sucio y despeinado y, aunque me había cambiado de pantalón, mi aspecto seguía llamando la atención. Sin perder tiempo me dirigí, tras interrogar por su ubicación a un transeúnte, hacia la playa de Rota. Cerca de la misma me encontré con una pequeña tienda todavía abierta y entré en la misma para comprar jabón, una maquinilla de afeitar, un peine y un bote de colonia, así como una pequeña toalla de playa que había a la venta a precio de saldo. Luego baje a las duchas de la playa y por diez duros me permitieron hacer uso de ellas. Me duché, me afeité y me rocié de colonia. También limpié los zapatos sacándoles brillo. Cambié la camisa por una camiseta de manga corta limpia, y salí a la playa con el pantalón recogido a la altura de las rodillas, con los zapatos en la mano. Arrojé la camisa sucia y todo lo demás en una de las papeleras, como quien arroja cuatro años de presidio, y me dispuse a caminar por la orilla del mar, mezclándome con la gente. Pasear por la playa sintiendo el mar bajo mis pies desnudos era una antigua promesa que me había hecho a mí mismo, años atrás. Adoraba el mar. Me detuve un instante para mercar un helado cornete de fresa y nata en una de las pequeñas heladerías situadas a lo largo de la playa y proseguí mi paseo, recreándome con aquel regalo que me había hecho yo mismo. Pensé en la cara que pondrían muchos ex amigos en La Coruña cuando me viesen aparecer. Recordé a mi familia e imaginé el revuelo que habría creado en ella mi fuga y la búsqueda y captura de la que ahora era objeto. Estarían sufriendo, pero en el fondo de sus corazones estarían tan alegres como yo. Se me vinieron a la mente los años de aislamiento que había dejado atrás y percibí, con una sonrisa, la alegría y la esperanza que mi evasión debía de producir en los amigos que todavía quedaban encerrados en las infectas mazmorras de las podridas cárceles españolas, posando mi recuerdo especialmente en Anxo y en Musta. Experimenté cierto rencor al enumerar los cientos de veces que había tenido que desnudarme ante caprichosos y desalmados carceleros; me acordé de las cárceles de La Coruña, de Zamora, de Daroca y de Tenerife, de aquellos instrumentos de tortura de la sociedad en los que se reprimía a todas y todos aquellos valientes que habían osado enfrentarse al sistema; a todas aquellas mujeres y hombres que molestaban con su presencia a los honrados ciudadanos que ahora me circundaban por doquier, tostando sus pieles al sol, riéndose, ajenos al sufrimiento que otros padecían para que ellos pudiesen gozar de unas vacaciones tranquilas. Era cierto: para que unos pudiesen VIVIR asquerosamente, alienados por las doctrinas del consumismo, pobladas sus mentes de complejos insanos, otras personas, exactamente cuarenta mil, tenían que SOBREVIVIR encerradas en pocilgas glaciales, suspendidas de la vida. Los AMOS se habían apoderado del mundo y se lo reservaban en exclusiva para ellos. Las playas eran suyas, las calles les pertenecían, los campos, el cielo... todo se encontraba sometido a su control y de aquellas maravillas sólo gozaban aquellos que acataban las doctrinas. La sociedad se encontraba sumida en un profundo sopor, adormecida por los cuentos de los políticos, abúlica y descolorida por los barnices pálidos de la comodidad y de la prudencia. Aquellas personas jamás me ofrecerían una oportunidad y, en verdad, aunque lo hubiesen hecho, tampoco la hubiera aceptado: prefería seguir conviviendo entre desheredados, ladrones, drogadictos, enfermos de SIDA, atracadores... antes que hacerlo con aquellos amorfos burguesillos con complejos de inferioridad.

Abandoné la playa y tras tomar un taxi me dirigí hacia correos. Allí puse un telegrama con un texto pactado de antemano a mi amigo Musta para avisarle de que podía contar conmigo. Luego me dirigí hacia una tienda de deportes y compré un machete pequeño por si acaso me hacía falta mientras no conseguía un arma. Me perdí por la ciudad y entré dentro de un bar, en el cual comían varios obreros vestidos con monos azules. Tomé asiento en una de las mesas del comedor. Una señora amable, bastante entrada en años, acudió a atenderme:

—Buenas. ¡Desea algo!

—Sí, quiero comer.

—Bien. Tenemos paella, albóndigas, filete con patatas, huevos...

—Me trae un buen filete de ternera con muchas patatas y un par de huevos poco hechos.

—¡Caramba!, trae usted hambre —exclamó sonriente—. ¿Le traigo algo para beber?

—¿Tiene leche?

—Sí.

—Pues me trae una botella de leche, entonces.

—Eso está bien. ¿Algo más?

—No gracias.

Al rato regresó con un plato repleto a rebosar de crujientes patatas, acompañado de un filete y dos huevos, cuya pinta acentuaron mi hambre atrasada:

—Que aproveche —me dijo cortés y simpática aquella amable mujer.

—Seguro que sí —respondí a su cortesía.

Comí con buen apetito. Me agradó la sensación que me producía la amabilidad de aquella señora: hacía años que nadie me trataba con tanta confianza. También en la sociedad existían personas buenas y realmente honradas, personas a las que yo era incapaz de dañar bajo ningún concepto. Cuando terminé de comer, recogí la mesa y me encaminé hacia la barra del bar con los platos y los cubiertos. Los deposité encima de la barra, cerca de la cocina, y me senté en uno de los taburetes. La dueña del bar se acercó hasta mí:

—Gracias. ¿Va a tomar algo más?

—Un carajillo y páseme la cuenta, por favor.

Pagué la cuenta y bebí el carajillo, el cual me estimuló considerablemente. Seguidamente abandoné el establecimiento no sin antes despedirme de la dueña:

—Hasta otra, señora. El filete estaba muy bueno...

—Venga por acá cuando quiera.

Entrada la tarde acudí a una librería a comprar varios periódicos. La noticia de nuestra fuga venía reflejada en todos los diarios nacionales y regionales, aunque sólo *ABC*, *El País* y *El Diario de Cádiz* venían provistos de fotos nuestras. No me preocupó aquello dado que las fotos que tenían de mí eran de mucho tiempo atrás y apenas se me reconocía. Pero de todas formas me asombró comprobar la repercusión que se le estaba otorgando a aquella noticia, seguramente a instancias de la Dirección General para fomentar la inseguridad en la población, instarla a colaborar en nuestra detención, a delatarnos, e ir dando pie a las nuevas medidas que tenían en proyecto adoptar para frenar la avalancha de secuestros y evasiones en prisión. Tomé de todas formas mis precauciones y acudí a una peluquería a cortarme el pelo. Después compré en una farmacia una venda y esparadrapo para ocultar, simulando un accidente laboral, los tatuajes de la mano izquierda. También merqué unas gafas de sol oscuras en una óptica. Luego pregunté por la estación de autobuses y me dirigí hacia ella. Me senté enfrente de la misma, en un banco de madera de un jardín situado justo enfrente, observando atentamente los movimientos que se producían a su alrededor. Varias horas después entré a comprar un billete para Sevilla y regresé hasta el banco de madera del jardín de nuevo, por si se producía alguna reacción. Todo parecía normal y a las nueve de la noche subí al autobús con los demás pasajeros rumbo a Sevilla. Llegamos a la ciudad hispalense sobre las diez. Bajé del autobús con dirección al exterior, tras haber comprobado desde las ventanillas del mismo que la actividad era regular. Atravesaba la estación, cuando dos policías de paisano me salieron al paso, solicitándome documentación. Desarmado, salvo un pequeño machete, poco útil para aquella situación, mi primer impulso fue echar a correr, pero sabía que no llegaría lejos con los pies llenos de ampollas reventadas. Tampoco podía tomar un rehén, dado que había sido uno de los últimos en bajar y no se hallaba nadie cerca de mi posición, además de que por la hora que era la estación se hallaba prácticamente vacía y deshabitada.

—No tengo documentación —les expliqué intentando ganar tiempo.

Aquello les mosqueó y un tercer hombre se unió a ellos:

—Acompáñenos.

Me condujeron hasta un pequeño cuarto de la estación y fueron a avisar a otro de sus compañeros, posiblemente un policía fijo de la estación de autobuses.

—¿Cómo te llamas? —me preguntaron.

—José Luis Rodríguez López —afirmé, dando el nombre de un antiguo amigo.

—¿De dónde vienes?

—De Melilla. Soy legionario...

Me pusieron contra la pared y me registraron. Me quitaron el machete:

—¿Y esto?

—Es la costumbre. En el ejército siempre llevamos uno encima.

—¿Y esos cortes? —preguntó uno de ellos observando viajes cicatrices de autolesiones.

—Cosas de la legión, ya sabe, como los tatuajes...

—Llama a la comisaría para que te informen de todo lo relacionado con el nombre que nos ha dado —ordenó uno de los policías al otro.

—Seguro que éste se ha escapado del cuartel —añadió.

Me esposaron con las manos a la espalda en una silla. Cuando sentí los grilletes cerrarse alrededor de mis muñecas me maldije por lo estúpido e infantil que había sido tomando aquel maldito autobús. Luego me enteraría de que me habían abordado y detenido casualmente, en un control rutinario con motivo de varios avisos de bomba en nombre de ETA, que aprovechaba la Expo 92 en Sevilla para sembrar el caos en la ciudad. De todas formas, me había comportado como un novato y aquella decisión me costaría cara. La cosas eran así; nunca estamos del todo seguros de lo que va a resultar de una decisión. Cuando el policía soltó el teléfono y me miró con aquel rostro serio, supe que me habían cazado.

—Éste no es quien dice —explicó a sus compañeros—. Esperad un momento y no le quitéis el ojo de encima.

Al rato regresó con dos periódicos y los abrió sobre la mesa.

—Éste es uno de estos dos —afirmó, sin reconocerme en la foto.

Todos dirigieron sus miradas hacia mí y luego hacia las fotos del periódico y nuevamente hacia mí. No les encajaba.

—¿Qué hacemos con él? —preguntó el último que había llegado.

Ahora vienen de la comisaría a buscarlo.

Dicho esto, extrajo una pistola de la cintura y, tirando del carro, alojó una bala en la recámara. Luego se la guardó en la cintura de nuevo y comprobó que los grilletes se encontraban bien colocados, apretándolos un poco más. Todas mis esperanzas se desvanecieron por completo cuando me trasladaron hacia el exterior de la estación y me introdujeron en uno de los coches de Policía que habían acudido al lugar.

Me llevaron directamente al Gabinete de Identificación. Mientras me tomaban las huellas, observé un cartel pegado a la pared que me llamó la atención. Eran varias fotografías de activistas de los GRAPO, debajo de las cuales se encontraban nuestras fotos ampliadas. Algunas de las fotos se encontraban tachadas con una «X», lo cual venía a significar que habían sido eliminados; otras se encontraban cruzadas por varias líneas paralelas, horizontal y verticalmente, que significaban que habían sido detenidos, mientras que el resto se encontraban sin localizar. Me alegré: Juan se encontraba entre estos últimos, por lo menos se había salvado.

Una vez identificadas mis huellas por ordenador y comprobada mi identidad, se felicitaron. Me bajaron hasta los calabozos y me desposeyeron de los pantalones y los zapatos, introduciéndome dentro de uno de los calabozos en calzoncillos. Me tumbé sobre una colchoneta mugrienta mirando al techo blanquecino. Una tenue luz iluminaba a duras penas el reducido espacio. Tuve ganas de llorar pero me las aguanté. Ya no podía hacer nada, salvo esperar una nueva ocasión y fugarme de nuevo. Era lo mejor que se me ocurría entonces.

A la mañana siguiente me arrojaron los zapatos y el pantalón al interior del calabozo y me ordenaron vestirme. Una vez vestido, me esposaron las manos a la espalda y me trasladaron hasta el tercer piso en un ascensor, provisto de un enorme espejo en el cual pude comprobar mi aspecto desaliñado. Una vez en el tercer piso fui conducido hasta la Brigada de Atracos. Eran tres.

—Siéntate en la silla —me ordenó uno de ellos señalando una banqueta situada en medio del despacho.

Tras sentarme, cerraron la puerta y me rodearon.

—Aquí lo de peligroso nos la suda, ¿entiendes? Así que más te vale que respondas a lo que te voy a preguntar —me espetó el que comandaba el grupo; era alto y con bigote, el clásico poli secreta —. ¿Dónde están las armas? —me preguntó.

—¿Qué armas? —le respondí con otra pregunta.

—Las que os llevasteis tu colega y tú del barco.

—No nos llevamos ningún arma.

Miró a uno de sus hombres.

—Saca el palo —le ordenó.

De detrás de una mesa extrajo un bate de béisbol de madera y se lo pasó a su jefe. Éste, ya con el palo en la mano, volvió a preguntarme:

—A ver si he oído mal. ¿Dónde están las armas?

—No nos llevamos ningún arma del barco —volví a responderle—. Pregúntelo, ya lo verá.

Se quedó un instante pensativo y acto seguido ordenó a uno de sus hombres realizar una llamada telefónica a la Guardia Civil, donde le confirmaron mis palabras. Continuaron interrogándome:

—¿Dónde está tu compañero?

—No lo sé.

—¿Dónde os separasteis?

—En el puerto de Cádiz, al bajar del barco.

—Mientes.

No respondí a aquello, pues ellos sabían que no les diría la verdad ni les orientaría sobre la posible ubicación de mi compañero, así que mi silencio respondió por mí.

—Dime donde está Redondo o te parto la cabeza —me amenazó levantando el bate sobre la misma.

—No lo sé.

Entonces hizo un amago de golpearme. Cerré los ojos esperando el impacto, pero éste no llegó. Había sido un bulo.

—No pareces tan fiero como te pintan los periódicos y la tele, Tarrío —me soltó el policía que se encontraba detrás de mí, dándome unas palmadas en la cabeza.

Se mofaba de mí, pero no caí en su provocación. Finalmente, convencidos de que no sacarían nada en claro de aquel interrogatorio, guardaron el bate y permitieron que pasara mi abogado de oficio, para posteriormente tomarme declaración. Resultaba irrisorio que aquellos que se encontraban a cargo de hacer valer la ley fuesen crápulas experimentados en las más diversas técnicas de represión, cobardía y tortura. En otras circunstancias me hubiesen molido a palos; en aquel momento se lo impedía la presencia del abogado en la comisaría y la posterior entrega al juez de mi persona. ¿Quién iba a decir entonces que aquellos tres mercenarios de la sociedad, José Antonio García Candel, José Antonio macuca y su jefecillo, José Antonio de la Rosa («la banda de los José Antonios»), tres años después solamente, seguirían mis pasos hacia prisión por la tortura y asesinato de Juan José Sánchez Borrego, un delincuente sevillano de veinte años conocido como el *Niño Kiko*? ¿Quién iba a sospechar que aquellos bravos policías sin mácula, entregados al servicio de la ley y del orden, conducirían a aquel chiquillo hasta un descampado, después de haberlo torturado en los calabozos de la comisaría, y que allí le asesinarían de un balazo, arrojando su cuerpo sin vida a una ciénaga? La gente de la calle, siempre tan ignorante, siempre tan cobarde y tan ciega a propósito, pasaba de largo ante sucesos como aquel que pronto verían la luz. Pensaban que hechos como aquel sólo acontecían en las dictaduras o antaño, en casos como el «Caso Almería», o en algunos países tercermundistas, pero se equivocaban. La tortura y el asesinato de Estado continuaban al orden del día y casos como el de Santiago Corella, el *Nani*, así lo demostraban. Por aquel entonces la sociedad no disponía, aparentemente, de suficiente información, pero otros casos se irían sumando a los citados, dejando al descubierto la guerra sucia practicada desde el poder. Los vascos Lasa y Zabala aparecerían en el interior de una cueva, enterrados en cal viva, con evidentes muestras de haber sido torturados salvajemente como prueba el que les faltaran las uñas de las manos. Anteriormente ya se había conocido el caso de Mikel Zabaltza, muerto a causa de la conocida tortura de la bañera en dependencias de la Guardia Civil, quienes seguían con sus actividades fascistas. Grupos de policías como aquéllos eran los que controlaban el narcotráfico a comisión en las grandes ciudades o utilizaban a jóvenes delincuentes para enriquecerse, obligándoles a «trabajar» para ellos a cambio de no encerrarlos en prisión. Los asesinatos del Estado y de sus sicarios, las Fuerzas de Seguridad, iban mucho más allá de lo que se sabía. Poseían miles de recursos para que no se supiesen, para ocultarlos y si, aún así, los ciudadanos conocíamos de las actividades de grupos como los GAL en manos de Amedo y Domínguez (a los que seguirían Sancristobal, Rafael Vera, Planchuelo, Damborenea, Barrionuevo, y los que faltaban por salir de la cúpula socialista), entre las cuales se encontraban los asesinatos de Lucia Irigoitia, Ángel Gurmindo, Domingo Perurena y Eugenio Rodríguez Salazar, ¿qué otros crímenes eran los que desconocíamos? Era un error, desde el punto de vista social, otorgar a un grupo de hombres semejante poder sobre el resto de hombres y mujeres; aquello sólo podía generar injusticias, abusos de poder, desigualdad. Convertidos en los «jefes» de los ciudadanos, los cuales les debían obligatoriamente respeto y obediencia, muchos policías hacían un uso desmedido de la placa para sus propios fines o para poner en práctica sus concepciones fascistas, ideología que abrazaban la mayoría. Se enriquecían con la excusa de combatir el crimen y a través del chantaje y de la represión unos; de los fondos reservados, los otros. Sostenían el control sobre la ciudadanía, generando miseria e inundando el país de drogas, con las que mantener a las capas sociales más contestatarias, a los jóvenes, sumidos en un constante sopor y seguir alimentando su sistema. ¡Qué excesos y crímenes no se habían cometido con el pretexto fútil de la ley y del orden!

Aquella tarde fui trasladado al Juzgado. Me sentía abatido por el desarrollo de los acontecimientos, pero lo peor lo representaba la sola idea de volver a presidio. Era como si hubiese experimentado un sueño que no había acabado de ser real y que, sin embargo, el dolor y la amargura que me oprimía decían que era cierto. Me bajaron del furgón celular esposado con las manos a la espalda, entre varios policías. Los carroñeros de la prensa y la televisión plasmaban las imágenes para trasmitirlas a la sociedad morbosa, mientras que un cordón de agentes de la ley les impedía avanzar en su locura insensata. De mí siempre se había escrito únicamente lo malo, y esta vez ocurriría lo mismo. Me trataban como a un criminal peligroso, como a una fiera escapada de su jaula, como a un espectáculo que les proporcionase más público en el que experimentar la demagogia, cuando no era más que un hombre enfermo y encadenado que sólo buscaba morir en libertad, quizás en algún país lejano donde la sociedad fuese más humana.

Me condujeron ante la jueza y el fiscal. Tomé asiento en una de las sillas del despacho.

—Bueno, Tarrío —me habló el fiscal—, menudo jaleo han organizado.

—¿Desde cuándo querer ser libre es noticia en este país? Mal deben andar las cosas... —respondí.

—¿Va usted a declarar? —intervino la juez en la conversación.

—No.

—¿Cuántos años tiene?

—Veintitrés.

—Es usted muy joven. ¿Cómo es que se mete en estos líos?

—Pues ya ve, cosas de la vida...

—Ahora va a ser peor para usted, ¿es que no se da cuenta? Firme aquí —me pidió, acercándome un papel.

Me soltaron los grilletes y firmé aquel auto por el cual me decretaba prisión. Luego se dirigió a la escolta:

—Se lo pueden llevar.

—Y a ver si no se escapa de nuevo Tarrío —bromeó el fiscal.

—No. A partir de ahora pienso quedarme en la celda a hacer punto —contesté con ironía, antes de abandonar el despacho camino de la prisión.

Prisión de Sevilla 2, 30 de agosto de 1991

Una veintena de carceleros me aguardaban dentro del recinto carcelario de la moderna macrocárcel, inaugurada recientemente por Antoni Asunción. Apenas me dejaron pisar el suelo cuando me agarraron y en volandas me trasladaron al psiquiátrico emplazado dentro de la prisión. Allí me tumbaron sobre una mesa y me bajaron los pantalones para, seguidamente, practicarme varias radiografías con la esperanza de detectar algún objeto prohibido en mi interior. No llevaba nada. Luego me quitaron los grilletes de la policía y me colocaron otros de la prisión, con los cuales me trasladaron al módulo de aislamiento. Allí me quitaron nuevamente las esposas y me hicieron desnudarme. Me proporcionaron un buzo azul y unas zapatillas de plástico para vestirme.

—¿Qué pasa con mi ropa? —pregunté.

—Olvídate de tu ropa, pues todo lo que vas a vestir a partir de ahora es un buzo —me respondió el jefe de Servicios.

Me enfundé el buzo y me calcé las zapatillas. Ya engalonado con mi nuevo y flamante traje de presidiario, me introdujeron en una de las celdas del módulo. Se encontraba totalmente vacía, salvo un colchón que cubría la plancha metálica de la cama. Me asomé a la ventana.

—¿Hay alguien por ahí? —grité.

Al rato una voz me respondió:

—¿Quién eres?

—Soy José, de La Coruña —me presenté.

—¿El Che?

—Sí.

—¿Qué pasa, no me conoces o qué? Soy Trancho, joder...

La presencia de mi amigo me reconfortó sobremanera. Era todo cuanto necesitaba en aquel momento en que mi ánimo se encontraba bajo mínimos:

—Me han cogido ayer y aquí estoy. ¿Y tú qué haces aquí?

—Aquí con un buzo, sin patio, sin economato, sin duchas, sin nada... Menuda nos han organizado estos perros.

—¿Y eso?

Nos han aplicado un régimen especial, el FIES. Así llevamos un mes y esto parece que puede continuar así por mucho tiempo.

—¿Estás tú sólo?

—No. Están por aquí Víctor, tu paisano Ayude, aunque éste y el Barrot están en otro módulo esposados a la cama. También está el Beni y alguna gente que seguramente no conoces. Todos estamos igual.

—¿Y por qué te han traído a ti aquí?

—Después del secuestro vuestro en Tenerife, Anxo y yo intentamos pirarnos del Puerto 1 a través de los recintos. Nos pillaron...

—¿Y dónde está Anxo? —le pregunté.

—En Villanubla, y no veas cómo los tienen allí. También han abierto módulos de FIES en Badajoz, en Jaén 2 y otro en El Dueso, que por lo escuchado es el que más guasa tiene.

—Pues lo que nos faltaba ya —respondí a aquella avalancha de noticias negativas—. ¿No tenéis nada en las celdas?

—Nada. ¿Tú también estás con buzo y chanclas, no?

—Sí.

—Pues estamos todos igual que tú. No podemos ni afeitarnos ni ir a las duchas, así que imagínate como nos tienen.

—¡Joder!

A mi exclamación Trancho respondió con aquella carcajada estruendosa que lo caracterizaba.

—Lo tenemos muy mal, Josiño —me dijo.

El tema estaba claro. Con la excusa de los últimos acontecimientos acaecidos en las cárceles españolas, Antoni Asunción, entonces recién ascendido al puesto de secretario general de Gestiones Penitenciarias, y su brazo derecho, Gerardo Mínguez

Prieto, entonces subdirector general de Inspección Penitenciaria, determinaron de común acuerdo con el ministro de Justicia, de la Cuadra Salcedo, la aplicación de un régimen especial a todos aquellos reclusos conceptuados como muy peligrosos que hubiesen participado en motines, secuestros o evasiones, o que simplemente les resultasen molestos. Así crearon un círculo de cárceles de máxima seguridad dentro de otras cárceles de alta seguridad, auténticos búnkers en los que enterrarnos, más que encerrarnos. Para ello quebrantaron todas las leyes habidas imponiendo las suyas propias, aquellas que proporcionaban al Estado derecho a TODO sobre todas las demás personas. A través del Ministerio de Justicia acallaron todas las voces judiciales y se prometieron ascensos. A los medios de comunicación prostituidos al poder les fue impartida una directriz por la cual debían omitir todo cuanto sucediese a partir de entonces en las cárceles españolas con aquellos presos y crear un ambiente contrario a los mismos, desdibujándonos y mostrándonos como psicópatas, con el fin claro de que la gente aceptase aquellos métodos si éstos llegaban a infiltrarse a la sociedad a través de algún medio honrado con su profesión. Se haría todo lo que fuese necesario, absolutamente TODO, para frenar las quejas de los presos, destruir la asociación APRE(r) y volver a restaurar el orden y la disciplina en las cárceles, a través del terrorismo carcelario. Conocía los métodos, pues ya habían sido utilizados en el pasado con la COPEL. Se trataba de ejercitar la represión para bloquear la mente del recluso a través del miedo y de demoler el espíritu reivindicativo del mismo, su conciencia, bombardeando diariamente, de manera constante, su sistema nervioso hasta lograr su anulación efectiva. Para nosotros se avecinaban tiempos muy difíciles, pero ni aun así imaginábamos cuánto...

Penal de El Dueso, Santoña, septiembre de 1991

A las seis horas de la mañana un grupo nutrido de carceleros irrumpió en la celda de manera violenta y, después de engrilletarme a la espalda, me trasladaron a empujones hasta ingresos.

Allí me aguardaban varios guardias civiles, los cuales me observaban con la curiosidad de quienes quieren conocer a uno de los tipos capaces de dejar fuera de combate a dos de sus compañeros. En sus ojos brillaba el recelo, pero no observé ningún rencor, lo cual me tranquilizó. Una vez se hicieron cargo de mí, me cambiaron los grilletes y me los colocaron delante. Luego me introdujeron en un pequeño furgón y partimos con rumbo desconocido para mí. Al salir de los recintos de la prisión procuré informarme.

—Oiga, agente —pregunté—, ¿adónde vamos?

—Al Dueso —respondió el sargento, y luego añadió tras un intervalo de tiempo—. Menuda liasteis a los compañeros, ¿eh?

—Así son las cosas...

—Por lo menos no les hicisteis daño, que es lo importante —intervino el conductor.

Ignoré aquel comentario. La noticia de que El Dueso me esperaba al final del trayecto me inquietó. No me podían dar peor noticia en aquel momento. Parecía como si todas las desgracias se hubiesen conjurado contra mí a la vez. Recordé las palabras de los inspectores de la Dirección General en Tenerife tras el secuestro y supe que cumplirían su palabra. El Dueso era un nido de torturadores experimentados, donde se daban cita los peores carceleros del franquismo. Temí, y con razón, por mi integridad física. Junto a Ocaña 1, el Puerto de Santa María y Herrera de La Mancha, el penal de El Dueso había sido, con mucho, la peor cárcel del país. Ahora resultaba evidente que no me llevaban allí de vacaciones.

Tenía más de mil kilómetros por delante por lo que me entretuve recreándome con los diferentes paisajes regionales, cuya belleza entorpecían las rejillas soldadas a las pequeñas ventanas. ¿Sería mi destino contemplar la vida desde la otra parte de las rejas? ¿Por qué malogrado encanto nos proporcionaba ojos la naturaleza y, sin embargo, por qué nos costaba tanto ver, divisar, contemplar lo evidente? Las mujeres y los hombres deberíamos tener derecho a una segunda vida. La vida así era injusta, tirana e inapelable con los seres humanos; y siendo de tal guisa, ¿por qué la apreciábamos tanto cuando la muerte parecía la solución?

Era tan complicado conocer el porqué de las cosas, como sencillo era ignorarlo. Perdidos en el absurdo, sumidos en la sinrazón más absoluta, asistíamos primitivamente a la destrucción del ser humano por el ser humano. Cuando la justicia se encargaba de hacerle la vida desgraciada a alguien, lo hacía para siempre. Una absurda rabieta de un poderoso podía cambiar el curso de una familia, conduciéndola a la desgracia y a la miseria; una estúpida sentencia podía hacer sufrir a un hombre padecimientos indecibles, sin sonrojo de la sociedad que, por medio del mito del sufragio universal, aprobaba y consentía. Hacerme desaparecer a mí y a muchos hombres y mujeres a través de las cloacas carcelarias no cambiaría nada, no solucionaría ningún problema, sino que lo potenciaría.

Hicimos varios altos en el camino. Los guardianes tuvieron un gesto humano conmigo y me compraron un bocadillo y una botella de agua. Comimos y bebimos. Luego continuamos el trayecto. Me pasé todo el viaje callado, mirando a través de la ventanilla enrejada el campo y las montañas: observando la libertad. Se hacía de noche cuando nos adentrábamos en la provincia de Santander. Entonces ocurrió una anécdota que nunca olvidaría. Detenidos frente un semáforo, un camión de ganado se detuvo a nuestro lado, y justo enfrente de la ventanilla por la cual yo miraba, justo delante de mí, un ternero me observaba con sus grandes y oscuros ojos, mientras chupaba el barrote de su jaula, confundiéndolo quizás con la ubre de su madre, ahora lejos. Nos miramos fijamente, curiosos, y sentí que teníamos algo en común, bastante en común. Ambos éramos ganado transportado al matadero, sólo que en su caso sería más rápido. Ambos éramos víctimas de los designios de hombres erigidos en AMOS, él de los suyos, y yo de los que pretendían ser los míos.

Llegamos a El Dueso entrada la noche. Era una prisión enorme, la más extensa en cuanto a metros cuadrados de todo el país. Tras pasar las primeras verjas de seguridad situadas en el recinto, subimos por una pequeña carretera hasta el departamento FIES, recién inaugurado. Se encontraba ubicado aparte del resto de la prisión, como mostrando necesariamente que allí se ponía en práctica una cárcel diferente, distinta. El aspecto tétrico que ofrecía el presidio de noche me impresionó. Me sacaron del furgón e introdujeron dentro del departamento, entre un grupo numeroso de carceleros visiblemente nerviosos. Me bajaron inmediatamente, todavía con las esposas en las manos, hacia la planta inferior del edificio, en donde se encontraban las duchas. Allí me encerraron, liberándome de los grilletes a través de los barrotes de la puerta de la ducha, la cual habían cerrado con llave. Desde el otro lado un carcelero me ordenó:

—Desnúdese.

Me quité el buzo y se lo entregué, junto con las chanclas de plástico. Era todo lo que traía.

—Si quiere usted ducharse, puede...

—No tengo toalla.

—Ahora le traeremos una del centro, con la cual puede quedarse.

Abrí el grifo de una de las duchas y esperé a que el agua saliese caliente. Luego me colé debajo del chorro de agua y, haciendo uso de una pequeña pastilla de jabón que se encontraba allí, me froté y limpié, sin prisas, mientras los carceleros me veían hacer. Una vez concluido, salí de la ducha y me sequé con una pequeña toalla blanca que los carceleros me proporcionaron, junto a un buzo azul nuevo y otras chanclas de plástico, también nuevas. Aquella vestimenta moderna era una manera de impedirnos correr o desplazarnos un metro sin llamar la atención. Modelo norteamericano, por supuesto. Me introduje en mi nuevo traje de presidiario y me calcé las zapatillas.

—Dése la vuelta.

Me di la vuelta, situándome de espaldas a la puerta de barrotes de las duchas, y me colocaron los grilletes con las manos atrás. Hecho esto, abrieron la puerta y me condujeron entre un nutrido grupo a lo que iba a convertirse en un nuevo lugar de reclusión para mí, un minimódulo situado en el piso superior, donde se encontraban las celdas. Era un pasillo frío, de baldosas, cerrado por una vieja cancela de largos y gruesos barrotes, en cuyo interior, alineadas como nichos, estaban emplazadas aquellas celdas-tumba numeradas. Me tocó la numero once. Ya dentro, cerraron la cancela tras de mí y a través de la misma procedieron a quitarme los grilletes; luego cerraron la puerta, dejándome a solas. Era una celda pequeña, provista de una cama metálica sobre la que descansaba un colchón, dos mantas y un juego de sábanas. Poseía un lavabo, una mesa de madera sin silla y un servicio a ras del suelo. Se encontraba iluminada por una bombilla que brillaba al otro lado de la cancela, sobre la puerta de hierro. En la parte superior de ésta existía una mirilla constantemente abierta y protegida por un grueso cristal blindado. Me acerqué a la ventana de madera y la abrí. Aquello era todo soledad y silencio. Un gran patio se encontraba situado debajo del departamento, el cual aparecía cercado por un gran muro de piedra. Al menos los barrotes eran normales, aunque se hallaban cruzados por otras barras de hierro, pero podrían cortarse y se podría intentar algo por allí. Era una esperanza. Al menso eso fue lo que pensé al verlos, cuando una voz me llamó a través de las ventanas:

—¿Quién ha venido?

—¿Tú quién eres? —pregunté a mi vez.

—Juanjo, el Garfia.

Saberme acompañado de un amigo me infundió ánimo:

—Soy José.

—¿Cuándo has llegado?

—Ahora mismo, de Sevilla 2.

Ambos teníamos unas ganas inmensas de hablar por lo que las preguntas y las respuestas se sucedieron:

—¿Y qué hacías allá?

—Me colocaron en la estación de autobuses...

—¿O sea que te has pirado? Por aquí no nos enteramos de nada.

—¿Quién está contigo? —le pregunté.

—Pedro Vázquez, un vasco. Buena gente...

—Pues sí —continué —, nos piramos Juan y yo del barco que va de Cádiz a Tenerife. Ya lo conoces...

—¿Y Juan?

—Libre todavía, al menos no tengo noticia de que lo hayan cogido, y cuando estuve yo en comisaría todavía lo estaban buscando.

—¡Joder!, ¡cómo mola! ¿Y tú qué tal estás?

—Bien, aunque un poquito flipado con todo esto.

—Pues no has visto nada todavía, José. Nosotros llevamos aquí medio mes y seguimos como el primer día. No nos sacan al patio y nos impiden comunicar, ya sea con los abogados ya con la familia. Estamos totalmente incomunicados, y ni siquiera sabemos lo que ocurre fuera de aquí, pues no nos dejan ni prensa ni radio. Nada —tras una breve pausa prosiguió—. Sólo nos dejan tener una toalla, un cepillo de dientes recortado por la mitad, jabón, un rollo de papel del culo y lo puesto. Las mantas y el colchón nos los retiran a la mañana, después del recuento, o sea a las ocho, y nos los entregan a las diez de la noche.

—No jodas, tío —le dije alucinado.

—Ya lo verás —me aseguró echándose a reír—. Menuda nos han liado.

—¿Y tú que? —me interesé.

—A mí me asaltaron los GEOS en el piso donde dormía. Sólo me han dado tiempo a echar unos cuantos polvos y robar unos bancos...

—Al menos has mojado el churro; yo ni eso...

Nos echamos ambos a reír. Bromeé:

—Con que enemigo público número uno, ¿eh?

—Tonterías de la prensa, José.

Venía cansado del viaje por lo que, después de charlar con mi amigo, me acosté. Por medio de viejos códigos carcelarios Juanjo me había hecho saber que existía la posibilidad de intentar algo, por lo que supuse que había una sierra en el módulo. Me alegré. Aquella esperanza vagó por mi mente hasta que el sueño me invadió.

A la mañana siguiente, muerto de sueño, un grupo de carceleros se presentó en la celda. Me levanté y me vestí el buzo:

—¿Qué pasa?

—Tenemos que esposarle. Póngase de espaldas.

Me acerque a la cancela y dejé que me esposaron. Luego abrieron la cancela y me cambiaron de celda. Retiraron el colchón, las mantas y las sábanas y me regresaron a ella de nuevo. Tras esto, hicieron lo mismo con Juanjo y Pedro. Luego se fueron. Todavía tenía sueño por lo que eché la toalla sobre la chapa metálica de la cama y me tumbé sobre ella, acurrucado y con frío. Un rato después trajeron el desayuno.

—Póngase al fondo de la celda —me ordenó el carcelero.

Colocaron sobre una pequeña bandeja de hierro soldada a la cancela, provista de un agujero por el que pasarnos la comida, un pan y un vaso de leche aguada:

—A partir de hoy siempre que se abra esta puerta se coloca al fondo de la celda, con las manos a la vista. Y luego recoge el desayuno o lo que sea, ¿de acuerdo?

No le contesté, pero parecía que aquello iba en serio, desayuné con hambre y luego me asomé a la ventana a hablar con los compañeros.

—Buenos días, Juanjo —le grité.

—Buenos días.

—No veas cómo van aquí los tipos estos, ¿no?

—Ya te conté ayer. De momento lo mejor es esperar a ver qué pasa, pues están muy mosqueados. No creo que esto dure mucho.

Aquella mañana tuve mi primer contacto con las gaviotas. Las había a docenas. Eran pequeñas y blancas, de ojillos negros y pico anaranjado. Provenían de la playa y las marismas próximas a la cárcel y se posaban en el muro o en el patio en busca de alimento que comer. Les arrojábamos bolitas de miga de pan que se disputaban con los avezados gorriones. Me encontraba mirando las aves cuando la puerta de la celda se abrió. Varios carceleros, acompañados de gente vestida de paisano, se presentaron en la misma.

—Tenemos que hacerle una pruebas, Tarrío —me dijo uno de ellos.

—¿Qué pruebas?

—Unas radiografías.

—Ya me hicieron en Sevilla 2 hace dos días.

—Es igual, tiene que hacerse otras.

—No.

Entonces intervino uno de los paisanos, el cual se presentó como subdirector médico. Leí en su placa el nombre de Enrique Acín:

—Si te niegas nos vas a obligar a hacértelas por la fuerza.

—Pues nada, no se corten...

Cerraron la puerta y lo intentaron con mis compañeros. Recibieron una negativa igual. Se marcharon en busca de refuerzos a fin de forzarnos a hacernos las radiografías. Estábamos indefensos y a su merced. Nos asomamos a la ventana y hablamos:

—¿Qué os han dicho, Juanjo?

—Lo mismo que a ti.

—¿Qué hacemos? —intervino Pedro.

Debatimos aquella cuestión antes de que llegasen a la galería. No podíamos hacer otra cosa que acceder a las placas pues no podíamos evitarlo de ninguna manera. De lo contrario nos darían una paliza y nos las harían igual. Nos pusimos los tres de acuerdo en hacérnoslas. Aquellos minutos, de todas formas, nos vinieron de perlas para que Juanjo y Pedro ocultasen en lugar seguro las sierras. Cuando aparecieron los carceleros con las porras y los grilletes, no opusimos resistencia y, de uno en uno, nos fueron sacando de las celdas. Nos tumbaron en una máquina de rayos X que habían traído hasta el módulo y nos bajaron el buzo y nos realizaron varias placas, mientras varios carceleros nos sujetaban. Después de aquella humillación nos devolvieron a las celdas. En el expediente médico constaría que habíamos accedido por propia voluntad o simplemente jamás constarían.

Mucho de lo que sucedía en prisión no era más que un esclavismo descarado camuflado bajo reglamentos teóricamente progres y tecnicismos encaminados a crear apariencia y confusión; así, cuando nos trataban de «usted», se revestía la realidad con la apariencia, pues el tato continuaba siendo el mismo. Da igual maltratar a un preso por «usted» que por «tú». Era hipócrita llamar a alguien de usted y acto seguido obligarle a realizar flexiones con el culo al aire, o hacerle cagar en un cubo a la salida de un vis a vis, lo cual venía sucediendo habitualmente en los presidios de segundo grado. Era asquerosamente repugnante llamarse médico y a la vez permitir y ocultar aquellas prácticas de rayos X, las cuales podrían fácilmente causar un cáncer en uno de nosotros por lo repetitivo de las sesiones. Lo mismo sucedía con el nombre de la institución. Se había cambiado prisión por centro penitenciario, carcelero por funcionario, tortura por rigor innecesario (¡je, je, je!)... represión por tratamiento. Con todo ello y uno cuantos jardines circundando las PRISIONES la Administración trataba de transmitir a la sociedad una imagen más «humana», una imagen falsa, hipócrita y cínica, que maquillaba la cruda realidad de la verdadera cárcel. Y aquello que acababa de sucedernos no era más que el comienzo de aquella realidad, llevada a su máxima expresión.

Aquella tarde llamé al carcelero para que me facilitara papel y bolígrafo para escribir una carta a una amiga de Bilbao y que viniese a verme. Me proporcionó un solo folio y la carga de un bolígrafo:

—Pone usted el nombre de la persona que desea reciba la carta y el suyo al final, y nosotros la remitimos si Madrid da el visto bueno. Cuando termine me devuelve la carga y el folio. ¿De acuerdo?

Escribí la carta a mi amiga. Se llamaba Ana y la había conocido en La Coruña, años atrás. Habíamos sido novios entonces y esperaba que viniese a comunicar conmigo con una autorización judicial. Le envié el numero de teléfono de mis familiares en Galicia para que les llamase y les pusiera al corriente de dónde me encontraba. No le comenté nada acerca de cómo nos tenían para que saliese la carta. Si habían dispuesto todo aquel sistema de intervención y quebranto total de nuestra intimidad, era precisamente para evitar que se filtrase nuestra situación. Esperaba que viniera. A la cena entregué la hoja y la carga del bolígrafo. Recogí la cena y cené de pie frente a la ventana, mientras conversaba con mis compañeros.

—¡No veáis que pasada! Vamos a tener que hacer algo al respecto —dije.

—Nos tienen pillados por los huevos, José —me dijo Juanjo—. Lo mejor es esperar unos días a ver qué hacen y, mientras, dedicarnos a hacer deporte. Ya sabéis...

Todavía quedaba alguna gaviota revoloteando libre por allí y nos entretuvimos dándoles de comer las sobras del pollo que nos habían dado de comida. Me hizo gracia que le quitaran a los muslos de pollo los huesos para evitar que fabricásemos cuchillos. Aquellos energúmenos habían visto demasiadas películas de James Bond. Me asombró igualmente la voracidad de las gaviotas y las peleas que se entablaban entre ellas en disputa por un trozo de pollo. Se picoteaban sin ningún pudor; otras, más astutas, esperaban sobre el muro a que las demás se batiesen para luego abordar a alguna que llevase su trofeo en el pico y arrebatárselo por detrás. Entonces la otra, sorprendida y enojada, se abalanzaba detrás de ésta inútilmente. Con el tiempo comprobaría que aquellas que se dedicaban al hurto, a robarles a las demás, lo hacían por su incapacidad para pelear con las otras, así que para sobrevivir explotaban una cualidad que las aventajaba del resto: la velocidad y la astucia. Las gaviotas eran una de las especies que mejor se habían adaptado al hombre y sus ciudades, a la contaminación, lo cual les garantizaba la supervivencia. Eran tan inteligentes que, al igual que las ratas, habían convertido los desperdicios en su primer alimento, por lo cual nunca perecerían de hambre.

A las ocho horas los carceleros vinieron al registro. Por lo que me había adelantado mi amigo Juanjo, aquello era todos los días tras la cena. Me obligaron a desnudarme y registraron el buzo. Luego me esposaron y me pasaron a otra celda adjunta, para registrar la que ocupaba, golpeando los barrotes con una barra de hierro para comprobar que no habían sido serrados. Después de la requisa me pasaron de nuevo a la celda anterior. Tras aquello, sobre las diez, nos esposaron de nuevo e introdujeron el colchón en las celdas con las sábanas y las mantas. Todo aquello era una sinrazón capaz de trastornar el cerebro más frío, si se prolongaba. Esperábamos que no fuera así.

Conseguimos a través de un jefe de Servicios que nos proporcionasen libros de la biblioteca, cuanto menos, a lo cual accedieron no sin la condición de que no podíamos intercambiarnos los libros ni leer o pedir los mismos. No querían que pudiésemos mandarnos mensajes a través de ellos. Grandes lectores, aquello nos supuso, junto al deporte y a las largas conversaciones, un importante medio para combatir la soledad y la alienación. Nos permitían ducharnos, pero nos veíamos obligados a bajar a las duchas esposados a la espalda con una considerable escolta de cuatro carceleros y solamente cubiertos por una toalla alrededor de la cintura. Teníamos que pasar por aquello si queríamos ducharnos y después, abajo, hacerlo desnudos frente a los carceleros sin posibilidad de un segundo de intimidad. Era repugnante sentir la mirada de aquellos cerdos clavada en tu cuerpo, una mirada sucia e indecente. Era humillante, sí.

Pedro, Juanjo y yo enseguida nos organizamos lo mejor que pudimos frente a todo aquello. Leíamos mucho y realizábamos constantes sesiones de flexiones, animándonos mutuamente. Garfia y yo fabricamos con hojas de libros unos diminutos tableros de ajedrez, con pequeñas fichas, pintadas con muñecos después de fingir escribir una carta y solicitar al carcelero la carga del bolígrafo. Luego jugábamos largas partidas en voz baja para evitar que nos escuchasen y nos retirasen los tableros. Teníamos que andarnos con mucho cuidado para que no los descubriesen en los registros, pues era todo lo que teníamos y había que salvarguardarlos. Así, en aquellas condiciones, transcurrió la primera semana en el Dueso. Aquello era una cárcel dentro de otra cárcel. No nos permitían bajar al patio ni llamar por teléfono. Tampoco comunicar con los abogados a los cuales decían que no nos encontrábamos allí o que habíamos sido trasladados a otras prisiones. Continuaron quitándonos el colchón por las mañanas y entregándonoslo por las noches, y realizando los cacheos cotidianos tras la cena, en los cuales siempre teníamos que desnudarnos. Nuestras vestimentas seguían siendo las mismas: un buzo azul y chancletas de plástico. Sin embargo, nos lo tomábamos con bastante humor. Parecíamos albañiles. A mí el buzo que me habían proporcionado me quedaba pequeño por lo que las perneras me cubrían solamente hasta por encima de los tobillos y las mangas cerca de los codos. A Juanjo le ocurría todo lo contrario, nos contó, le habían asignado un buzo excesivamente grande por lo que andaba con las perneras y las mangas remangadas. Pedro parecía haber conseguido uno a su medida. Era cómico. Los médicos hacían una consulta diaria sin inmutarse y no tuvieron ningún reparo en ofrecernos toda clase de drogas. Decían que ellos no podían hacer nada salvo atiborrarnos de tranquilizantes si los necesitábamos. Nos negábamos a recibir asistencia médica de aquellas/os mercenarios de la Administración penitenciaria.

Las cosas no tardaron en complicarse como era de esperar. En la segunda semana de estancia allí, Pedro Vázquez perdió los nervios y se negó a entregar la bandeja después de la comida al carcelero, a lo cual nos obligaban después de las comidas y las cenas, dado que no nos permitían tener objeto alguno en la celda que fuese más sólido que la tela, el papel o el jabón, el cual terminarían retirando por gel líquido. Desde la celda que ocupábamos escuchamos la discusión.

—Saque la bandeja —le gritaba el carcelero desde el pasillo.

—Que no. Entra tú a por ella si quieres...

—Si entramos va a ser peor para ti.

—¿Peor que lo que estáis haciendo ya con nosotros? De eso nada. Llevamos aquí casi un mes como perros, sin patio, sin comunicar... y estoy hasta los huevos ya de todo y de todos vosotros.

Cerraron la puerta y se fueron. Al cabo de un rato regresaron en manada, con las porras y los cascos. Abrieron la puerta de la celda que ocupaba nuestro compañero y luego la cancela, y entraron en su interior golpeando a Pedro. Una vez lo redujeron, lo engrilletaron a la cancela con las manos a la espalda. Yo me encontraba sobrecogido e iracundo por lo que no pude contener la ira y comencé a golpear la puerta cuando los carceleros pasaron enfrente de la misma.

—¿Qué quieres? —me respondió uno, asomando su rostro porcino por la mirilla.

—Abra la puerta —le pedí.

Abrió la puerta y se acercó a mí:

—¿Qué ocurre?

Entonces le eché mano al cuello a través de los barrotes de la cancela. Sorprendido por mi reacción se echó hacía atrás, mientras intentaba golpear mi mano con una patada.

—Sois un atajo de cobardes —les grité—. No teníais ninguna razón para pegar a mi compañero...

—Traed las llaves —pidió a sus colegas.

Entonces me precipité hacia la ventana de madera y la arranqué de sus bisagras, acercándome con ella a la cancela:

—¿A ver si entras tú el primero, cobarde? —le dije al carcelero con el que había discutido inicialmente.

Delgado y de aspecto traidor, le habíamos bautizado con el apodo de «el Calavera». Era un represor. Le gustaba recrearse en la sensación de poder que aquel sucio oficio le permitía. Se le notaba en los ojos, en los gestos. Acobardados por mi actitud se marcharon en busca de refuerzos y de escudos. Llegaron cerca de una docena y abrieron las puertas. Entraron en tromba, protegiéndose con los escudos de plástico de mis golpes. El Calavera iba el último. Empujándome con los escudos hacia atrás, me arrinconaron contra la pared y allí me quitaron la ventana de las manos, descargando sobre mí una lluvia de golpes de porra. Caí al suelo encogido sobre mí mismo, intentando proteger instintivamente la cabeza con las manos, pero no lo conseguí. Varias patadas hicieron resentirse mis costillas, logrando arrancarme algún quejido de dolor. Tras ello me engrilletaron en la cancela a la cual me llevaron a rastras. Una vez esposado con las manos a la espalda e inmovilizado, el Calavera se dirigió a mí.

—Y si hubiera entrado yo solo, lo mismo —fanfarroneó.

Cuando se fueron la cabeza todavía me producía un fuerte pitido. Pese a la conmoción pude escuchar como discutían con Juanjo y se preparaban para entrar a pegarle. Se había parapetado en la celda en solidaridad con nosotros. Lo llamé a gritos:

—Juanjo, Juanjo...

—¿Qué? —me respondió través de la ventana de la celda.

—Pasa de todo que no vas a conseguir nada, sólo que te peguen. Tranquilo que yo estoy bien. Pasa de todo, de verdad...

—¿Seguro que estás bien?

—Sí.

Pese a que no opuso ninguna resistencia, sólo por solidarizarse, lo esposaron de igual manera que a nosotros, aunque no le pegaron. Por su parte, Pedro, incorporándose levemente, había roto el lavabo de una patada mientras profería insultos a los carceleros. Pero éstos se fueron y nos dejaron allí, esposados. Pronto se hizo un silencio tremendo en la galería. La injusticia y el abuso se habían consumado una vez más impunemente. Aquello había sido simplemente una demostración de fuerza de la Administración, una pura exhibición del método. Juanjo me llamó. Hablamos a gritos:

—Ese José.

—Dime.

—¿Qué tal te encuentras?

—Algo magullado; creo que con alguna brecha en la cabeza.

—Hijos de perra.

—¿Y tú que tal? —le pregunté.

—Esposado atrás al cangrejo.

—¿Y el Pedro?

—Yo estoy bien —nos gritó desde el otro lado de la galería; el eco del pasillo nos traía su voz con claridad—. Me han dado un par de palos y ahora estoy aquí esposado.

—¿Qué has roto? —le pregunté.

—El lavabo. No podía hacer otra cosa estando esposado...

Incomprensiblemente nos echamos a reír. Continuamos charlando e insultando a los carceleros durante un buen rato. Luego se hizo nuevamente el silencio, un silencio sepulcral. La posición se hacía incómoda. Nos habían esposado de tal suerte que no podíamos alcanzar a sentarnos del todo ni a ponernos de pie, lo cual, con el paso de las horas, comenzó a constituir una tortura física considerablemente dolorosa. Conservábamos la esperanza de que nos quitasen los grilletes de noche, pero nos equivocábamos. Sobre las diez vinieron a la galería con varias mantas y, puerta por puerta, fueron echándonos una encima. Una vez en mi celda la rechacé, quitándomela de encima con las piernas. Uno de ellos me provocó:

—Si llego a estar yo esta tarde te ibas a enterar...

Cometí el error de entrar al trapo.

—¿Quítame los grilletes y demuéstramelo? —le dije.

—¿Aún encima te pones chulo? —me gritó, dándome una patada en la cabeza.

Mi frente se estrelló contra los azulejos adheridos a la pared del servicio, uno de los cuales se quebró, cortándome la ceja derecha. Noté la sangre resbalar por mi cara y dos nuevas patadas impactar contra mi cara nuevamente. Alcancé a escuchar a mi amigo Juanjo insultarles mientras uno de ellos me apretaba los grilletes, clavando el acero en las muñecas. Tardé un rato en recobrarme del aturdimiento. Mientras, los carceleros cerraron la cancela y la puerta y se fueron.

—¿Qué ha pasado, José? —me preguntó Juanjo.

—Nada. Una perra que me ha dado unas patadas..

—¡Qué cobardes!...

Sentí un inmenso rencor. Volví la cabeza hacia la ventana y observé el cielo negro iluminado por las estrellas para evitar las paredes blancas de aquel odioso lugar. La sangre continuaba resbalando por mi rostro y medio cegaba uno de mis ojos. En aquellos instantes cualquiera de nosotros de tener un arma hubiese cometido una matanza sin pensárselo. Omitiéndose de aquella manera la «ley», justificaban el crimen y lo potenciaban en nosotros considerablemente. Se nos inducía a él, a traspasar la barrera del molesto miedo a morir y encaminarnos hacia la destrucción masiva, a algunos; a otros, hacia la autodestrucción. Profundamente penetrados por el desprecio y el rencor, sufríamos la impotencia, la injusticia y el abuso más cobarde que hombre alguno pudiera concebir. Encadenados todos los días, desnudos todas las noches, conducidos caprichosamente como ganado a máquinas de rayos X, nuestros corazones sobrecogidos por tanto mal sólo podían albergar lugar para el rencor y la venganza. ¿Cómo ignorar aquel vestir el buzo azul y aquel frío glacial o la idea del SIDA revoloteando constante, inquieta? ¿Cómo no pensar con odio en aquel oír al compañero apaleado, aquel llorar del alma herida de muerte en su orgullo, aquel entierro de la palabra piedad entre los hombres, aquellos barrotes, los grilletes, aquellas miradas porcinas, aquellos calabozos, aquel submundo infernal que parecía no culminar nunca? ¿O aquel odiar en silencio y aquel matar sádico y onírico en las noches desveladas en que la mente vagaba rencorosa y el tirano del corazón eclosionaba en lo más profundo del dolor, del alma? ¿Cómo ignorar aquel escrutar violador de intimidades desvirgadas suciamente a través de la mirilla de cristal o aquella deleznable denigración continuada del espectro carcelario, en busca de la debilidad de las personas cautivas, con el fin de inducirlas al suicidio, a la locura, a la desesperación? ¿Cómo podía un hombre sobrevivir a todo aquello y ser normal?

Allí no habían hombres peligrosos: allí se fabricaban hombres peligrosos, que era muy diferente. La estolidez de aquellos métodos bárbaros dejaba en evidencia el Estado de derecho, su validez y funcionamiento. ¿Pero a quién interesaba lo que ocurría en prisión? A nadie, era cierto. La sociedad no tenía por qué preocuparse de lo que suceda con un puñado de vándalos afiliados a APRE(r). Bastaba con que los carceleros hiciesen su trabajo: el trabajo sucio. Después de todo nosotros éramos aquellos que, en libertad, nos agrupábamos para vivir a expensas de ellos. Sin duda les reconocía el derecho al desprecio sobre nosotros, los «malos». Les reconocía incluso el derecho a la venganza. Sí, sin duda. Pero no les reconocía el derecho entonces a exhibir el título social de honrado ciudadano. No les reconocía el derecho a ser libres según sus leyes cuando ellos cometían a *grosso modo* la innata injusticia de colaborar con una serie de delitos tipificados en SU código penal, participando con SU dinero, aprobando con SU silencio, confirmando con SUS votos. Aquellos que dirigían hacia nosotros su desprecio no hacían más que despreciarse a sí mismos por su pusilanimidad abyecta.

¿Dónde estaba la moral del pueblo libre?, ¿dónde la igualdad en la justicia? Estaba allí, agazapada en su cobardía y se llamaba cinismo, interés, egoísmo. Gozaban del placer de ser rebaño y llamaban a su pastor «Estado» y a su conciencia «mayoría». Nada podía llegar a ser más bajo que el comportamiento de un carcelero cobarde y malo; nada salvo un pueblo cobarde capaz de pagarle por ello.

La noche transcurrió lenta y el dolor de los brazos inmovilizados se hizo insoportable. Intenté varias posiciones diferentes, pero no conseguía más que acentuar el dolor. Pronto sentí el frío y la humedad extenderse por mi cuerpo, especialmente en mis pies desnudos. Me estiré como pude y, con las piernas estiradas, pude alcanzar la manta que horas antes había rechazado. La arrastré hacia mí y envolví los pies en ella. Intenté dormir pero resultaba imposible, por lo que me propuse mantenerme entretenido pensando en algo que me alejara de la idea del dolor, del sufrimiento. Regresé al pasado y, dándole rienda suelta a la imaginación, me reencontré con viejos amigos. Lejos habían quedado ya los tiempos del reformatorio, los más entrañables, aquéllos en que la amistad y la aventura unían más que nunca. Sonreí cuando rememoré a mi amigo Chico en aquella ocasión en que habíamos entrado a robar en una fábrica textil. Cual no fue nuestra sorpresa cuando descubrimos que las prendas en cuestión eran prendas intimas para damiselas, desde las finas braguitas transparentes con lacito a sujetadores de dimensiones alarmantes. Mucho me reí cuando, desvalijando uno de los despachos del inmueble, apareció Chico con un sostén colocado sobre el pecho y unas bragas blancas que sujetaba con los pulgares sobre sus caderas. Me lanzó un par de besitos desde la puerta del despacho y me dijo: «¿Qué tal esto?», para posteriormente echarnos a reír ambos a carcajadas. O aquella otra vez en que nos escapamos del reformatorio de Palavea, tras retener a los educadores, y regresamos la misma noche con un coche robado, una escopeta del calibre doce y otros amigos. Mientras el que conducía daba vueltas alrededor del reformatorio, nosotros desde la parte posterior nos turnábamos en volar a tiros los cristales del establecimiento estatal encargado entonces de nuestra represión. Sin duda, aquéllos eran dos de los mejores recuerdos que guardaba de mi juventud. Tiempos maravillosos.

Pensando en ellos me sorprendió la luz del día. Regresé a la realidad, soportando como podía el frío, pero sobre todo el dolor de los brazos engrilletados. Todavía hube de aguantar unas horas más hasta que un grupo de carceleros abrió la puerta de la celda:

—Tarrío, le vamos a quitar los grilletes. Si intenta algo o rompe cualquier cosa le volvemos a esposar, ¿de acuerdo?

Me encontraba totalmente roto por lo que respondí de manera tranquilizadora:

—Por mi parte no hay problema...

Me liberaron. Tardé varios minutos en recobrar la movilidad de los brazos. Mientras liberaban también a mis compañeros me puse a pasear por la celda. Había intentado que me dejasen tener la manta pero se habían negado a ello. Necesitaba moverme, andar, para librarme del frío que atenazaba mis huesos. Hablé con Juanjo y Pedro durante el paseo a gritos por la ventana:

—¿Qué tal os encontráis?

—Muerto de frío —respondió Pedro.

Me lo imaginé paseando por la celda al igual que yo.

—Mierda de cárcel —gritó Juanjo—. A ver si por lo menos nos dan algo caliente de desayunar o de desayunar tan siquiera.

—A ver... —le respondí.

Efectivamente. En un gesto humanitario tuvieron a bien en darnos de desayunar y ofrecernos la posibilidad de darnos una ducha caliente, eso sí, si bajábamos esposados y desnudos, salvo la toalla. Desayunamos con hambre y tras el desayuno nos fueron bajando a las duchas de uno en uno a remojarnos. Tenía la cara llena de sangre reseca y el buzo manchado, por lo que me vendría de perlas. Ya en las duchas me lavé y, ¡sorpresa!, me facilitaron un buzo nuevo y flamante de mi talla, junto a unos calzoncillos blancos de poliester, a juego con una camiseta de manga corta. Ya vestido me trasladaron hasta otra de las celdas, al fondo de la galería. Recibimos la visita de los señores médicos. Tenía una brecha en la ceja derecha, así que dejé que me la cerrasen con pequeñas tiras de esparadrapo. Hablé con el médico mientras me curaba:

—Tengo frío. ¿No podría hablar para que nos diesen unas mantas?

—Eso no es de mi competencia.

—Soy seropositivo e ignoro cómo me encuentro de defensas ahora mismo, pero no se me escapa que una neumonía puede matarme si éstas están bajas —le insistí.

—Le haremos un análisis. Otra cosa no puedo hacer.

Cerraron la puerta. Si no fuese por la candela de barrotes le hubiese estrangulado allí mismo. Palpé la herida a través del esparadapro para acto seguido tumbarme sobre la plancha metálica de la cama. Rememoré aquella frase que había hecho suya Freud: «*Homo homini lupus*» (El hombre es un lobo para el hombre). Tenía razón, mucha razón.

Me llamaron. Era Juanjo:

—¡José, asómate!

—¿Qué? —le respondí ya asomado.

—¿Tienes frío en los pies?

—¡Joder!, pues claro.

—Pues no tires las bolsas de plástico del pan y úsalas como calcetines, pero antes véndate los pies con papel higiénico.

Era una buena idea y se la hicimos llegar a Pedro. Los tres la pusimos en práctica. Cuando me vi con aquellos calcetines revolucionarios no pude reprimir una carcajada. Me asomé a la ventana:

—No veáis la pinta que tengo.

—Ja, ja, ja... —escuché reír a Juanjo.

—¡Oye!, pues no están mal —se mofó Pedro con su peculiar sentido del humor.

—Te han quitado el ajedrez, ¿verdad? —pregunté a Juanjo.

—Sí.

—Tenemos que hacernos otro esta tarde, cuando venga otra guardia.

—¿Es que no te cansas de perder?

—Venga, va, que te dejo ganar para subirte la moral.

Pronto comprendimos la necesidad de mantener el sentido del humor entre nosotros. Nos ayudaría. Allí, más que nunca, sólo nos teníamos los unos a los otros y ese era un lazo que ataba muy fuerte. Hicimos nuevos juegos de ajedrez, nos los quitaron y sancionaron, y los hicimos de nuevo. Leíamos mucho y, como nos estaba vetado leer los mismos libros de la biblioteca, nos contábamos cada cual la historia del libro que leíamos. Entre ellos comentamos *Moral a Nicómano*, de Aristóteles, y su teoría acerca de la amistad. Juanjo me la explicó. La calificaba en tres formas diferentes. Una forma de amistad era la de la juventud (la más verdadera según la entrega); la amistad por interés pasaba a ser la segunda forma de amistad (la más asimilada por los seres humanos); la tercera forma de amistad era la de la virtud (la más duradera). Nos pasábamos horas debatiendo sobre aquellos temas. Pedro no leía mucho, por lo que intervenía poco en aquellas conversaciones. Dar nuestra opinión sobre *La Metamorfosis*, *La Odisea*, *Hamlet* o las incursiones militares de los griegos en la versión autobiográfica de Jenofonte nos ocupaba mucho de aquel tiempo dedicado a destruirnos moralmente. Para evitar caer en la apatía física nos retábamos a cierta cantidad de flexiones u otros ejercicios. Juanjo insistía mucho en el aspecto físico y me animaba constantemente, provocándome de manera sana a cultivar los músculos. Había tardes en que realizábamos sesiones de hasta quinientas flexiones en tandas de veinte o cincuenta. La Administración, por su parte, comenzó a reforzar la seguridad. Soldaron nuevos barrotes a la cancela que protegía la puerta de manera tal que, para conseguir abrir en ella un agujero por el cual cupiese un hombre, sería necesario al menos cortar seis barrotes, lo cual era imposible sin que se diesen cuenta. También colocaron una segunda cerradura blindada en la cancela, cada una con una llave diferente. De aquella manera, en caso de que se cogiese a algún carcelero en la galería, solamente podría abrirse una de las celdas, pues éstos sólo entraban a abrirnos con una llave, de uno en uno, siempre. Aquello reducía considerablemente cualquier posibilidad de llevar a cabo un secuestro. Para garantizar su seguridad nos enterraban en vida. Volvieron a realizarnos placas de rayos X a la fuerza. Esta vez nos condujeron esposados hasta la enfermería del penal, a unos doscientos metros del departamento FIES, en la cual nos colocaban sobre una mesa provista de unas cadenas a las cuales nos sujetaban con varios grilletes, mientras ellos se ocultaban junto a los médicos/as dentro de una cabina especial en la cual protegerse de los rayos. Luego nos vistieron y regresaron de nuevo al departamento, cambiándonos de celda. Todo aquello siempre se hacía sacándonos de uno en uno y escoltados por una docena de carceleros, salvo cuando nos trasladaban por el interior del módulo, donde sólo nos acompañaban cuatro carceleros. Nos encontrábamos pues mejor vigilados que la sede central de Banesto. Incluso nos proporcionaron la vigía de un guardia civil durante el día, armado de un fusil Cetme, situado siempre en una de las garitas exteriores del departamento.

Llegó el mes de octubre. Seguíamos sin salir al patio. Pedro había conseguido comunicar con un abogado, pero lo habían sacado de la comunicación en el momento en que había comenzado a contarle cómo nos tenían. Cualquier conversación con los abogados del exterior o por carta que hablase del régimen FIES era inmediatamente censurada. Como aquello se llevaba a cabo con la connivencia de los Juzgados de Vigilancia Penitenciaria e Instrucción de Santoña, las denuncias no surtían ningún efecto ni preocupaban a la Administración. A principios de mes trajeron a Ernesto Pérez Barrot de Sevilla 2. Conversamos y nos comentó que las cosas se estaban disparando en Sevilla y que el Juzgado había tomado parte en el asunto FIES. Nos enteramos, con pesar, de la detención de Juan Redondo en Sevilla a manos de la Policía cuando, sorprendido en la noche por un motorizado municipal, intentaba acercase a él para robarle el arma. También conocimos que habían abierto diligencias por lo que estaba ocurriendo y nos sentimos esperanzados. La titular del Juzgado de Vigilancia Penitenciaria de Sevilla, escandalizada por la condición en la que encontró a los presos FIES, con buzos, sin ducharse, esposados y con barbas de un mes, todos visiblemente maltratados, dio parte al Juzgado de Instrucción nº 9 de Sevilla, y éste abrió la diligencias previas nº 4.024/91 contra Antoni Asunción Hernández, Gerardo Mínguez Prieto, Antonio de Diego Martín e Isidro Colón Durán por varios delitos de torturas, rigor innecesario y prevaricación con falsificación de documentos oficiales. La jueza Elena Sánchez Sevilla había dado una lección, siendo la única en todo el territorio español capaz de denunciar lo que el Gobierno estaba haciendo con los presos catalogados en el régimen especial FIES, mientras otros jueces de Vigilancia penitenciaria, José Luis Castro en Valladolid, Martínez de la Concha en Badajoz, junto al de Santander, callaban la situación de sus respectivas provincias y prisiones. Que un régimen como aquel pudiese mantenerse sólo era posible con una participación clara de los jueces. Con algo más de dignidad, los fiscales de Sevilla pusieron el grito en el cielo y montaron en cólera cuando los acusados Antoni Asunción y compañía quedaron en libertad bajo fianza a cargo de los fondos reservados del Estado (fondos reservados que en el futuro se harían famosos) de veinte millones de pesetas, y el entonces Fiscal General, Eligio Hernández, les ordenó retirarse de la acusación y que retirasen los cargos contra los acusados afiliados al PSOE. Al no ser éstos independientes, se vieron obligados a obedecer; sin embargo, el fiscal a cargo del tema, Luis Fernández Arévalo, fue durísimo en sus conclusiones jurídicas contra los dirigentes de la Administración penitenciaria, tal como quedó reflejado en el escrito que dirigió al Juzgado de Instrucción nº 9 de Sevilla con fecha del 8 de enero de 1992.*

Varios días después de la llegada a El Dueso de Barrot, trajeron a Juan Redondo. Nos contó que habían prohibido el FIES en Sevilla 2 y que, para burlar el mandato judicial y eludir su cumplimiento, habían dispersado a todos los que se encontraban por allí. A Juan le tocó hacernos compañía en El Dueso, el resto fue a parar a Villanubla o Badajoz.

—¿Qué pasó, Juan? —le saludé.

—Aquí, otra vez prisionero. ¿Y tú qué tal estás?

—Bien. ¿Te hicieron placas?

—Sí, me llevaron a la enfermería nada más llegar y me ataron a unas cadenas de la mesa de rayos X con dos pares de grilletes.

* Véase Anexo I, p. 335

—A nosotros también nos hicieron. Suelen repetirlas cada quince días, más o menos. Eso por lo visto hasta ahora.

A través de claves pusimos a Juan al tanto de que en el módulo había dos sierras y que, según Pedro que conocía bien la prisión, se podía intentar algo. Se sumó inmediatamente a la idea.

Nos hicieron objeto de un nuevo cambio de celdas y a mí me tocó la primera, es decir, la que colindaba con la garita; a Juan y a Pedro los trasladaron a las dos últimas, por lo que les tocaba a ellos dos cortar los barrotes de las ventanas. Se pusieron manos a la obra, mientras Juanjo y yo cantábamos canciones de amor, haciendo ruido y follón con el claro objetivo de evitar que el chirriar de las sierras al morder los barrotes no lo escuchara quien no debía. A mí me tocaba vigilar para que cuando la cancela de acceso a la galería se abriese, para dar paso a los guardias, mis compañeros lo supiesen y dejasen de cortar. Cuando esto pasaba, yo llamaba a Juan por la ventana y le decía:

—¡Oye, Juan!, mira esa gaviotilla que chula es...

Y entonces él sabía que le estaba advirtiendo de la presencia del carcelero en la galería y, a su vez, avisaba a Pedro:

—¡Pedro!, mira la gaviota que graciosilla.

Junto conmigo, Juanjo también tomaba muchas veces esta labor, dado que yo siempre he sido algo durillo de oído. Teníamos nuestro sistema de seguridad y, si fallaba, siempre había un compañero para suplirlo. Algunas tardes, los carceleros y algún ordenanza bajaban a barrer el patio que había bajo nuestras ventanas, y alguno de los carceleros disfrutaba provocándonos con cargas psicológicas como «de aquí no vais a salir como no sea en una caja de pino». Y nosotros, desde las enrejadas ventanas, nos limitábamos a mirarlos con desprecio y a meternos con ellos, pero entre nosotros, sin ni siquiera mirarlos, con grandes carcajadas y comentarios varios, todo en honor a su imbecilidad y crueldad gratuita de la que tanta gala gustaban hacer.

—Reíros —nos decían visiblemente molestos—, pero más de uno dentro de poco vais a pedir por favor que os saquen de aquí. Ya veremos si dentro de unos meses conserváis la risa...

El sistema de vida era el mismo, se mantenía igual. Seguíamos sin noticias del exterior y todavía lucíamos el modelito de buzo azul y las chanclas de plástico. Una tarde, Barrot perdió el control y comenzó a romper los cristales de la celda. No podía estar más tiempo sin fumar ni aguantaba aquella presión constante de vacío y soledad que ejercían en nosotros las tétricas celdas totalmente vacías, despojadas de todo rastro de humanidad; a esto se añadía el intenso frío, los engrilletamientos, el cacheo diario y la total incomunicación con el exterior. Un nutrido grupo de carceleros entraron en la celda de Barrot y, después de darle unos golpes con las porras, lo dejaron esposado en la cancela. El asunto no trascendió y, unas horas después, le quitaron los grilletes. Nosotros intentamos calmarle y explicarle que había unos compañeros cortando los barrotes, y que aquella no era la mejor manera de ayudarlos, pues ponía a los carceleros en tensión. Efectivamente, algunos días después de aquel incidente, un grupo de ordenanzas y carpinteros de la prisión comenzaron a colocar en las ventanas unos marcos de madera fijados al cemento con tornillos. Fueron haciéndolo celda por celda mientras nos trasladaban de una a otra. Una vez colocados los marcos, introdujeron en éstos unas mamparas gruesas de plástico endurecido con varios agujeros de taladro atravesándolas para que, supuestamente, circulara el aire. Y digo supuestamente porque en realidad nos estaban lapidando vivos de una forma descarada. De aquella manera, la ventana quedaba fija y no se podía abrir, y ello nos impedía el acceso a los barrotes. Pero, sobre todo, nos incomunicaba entre nosotros. Necesitaban incomunicarnos y dividirnos, impedir que el calor humano que nos dábamos unos a los otros, las largas conversaciones, siempre animosas que sosteníamos a través de las ventanas, nos proporcionasen una sensación de fuerza ante la represión a que se nos sometía. La metódica estrategia precisaba que cada minuto de los que estuviésemos en El Dueso fuésemos plenamente conscientes de nuestro aislamiento, de nuestro dolor, a fin de conseguir doblegarnos, rompernos psicológicamente para entrar en nosotros y destruir nuestro espíritu.

Una vez colocadas todas las mamparas de plástico en las ventanas de las celdas que antes ocupábamos, regresaron a todos mis compañeros a las mazmorras, excepto a mí, que me dejaron en la que estaba, dado que no habían concluido el trabajo de la mazmorra que se me destinaba. Apenas nos escuchábamos al hablar, por lo que nos teníamos que comunicar a gritos. Acordamos que romperíamos las ventanas. Al momento, nada más tomado el acuerdo, comenzaron a sonar en la galería fuertes golpes. Me encontraba muy excitado, imagino que igual que el resto de mis compañeros. No tardaron mucho en ceder las mamparas y grandes trozos de plástico cayeron al patio. Cuando los carceleros acudieron a la galería ya no quedaba ni una sola de las ventanas por romper. Aparecieron pertrechados con los escudos y los cascos y armados con las porras y un nudo en las gargantas producto del miedo, pues estaban verdaderamente acojonados por aquella reacción inesperada, tan repentina y abiertamente subversiva; para ellos no cabía otra reacción que la de la sumisión al alud de presiones y represiones de las que éramos objeto. Celda por celda fueron esposando a mis compañeros a los barrotes de la cancela, pero no les pegaron. Cuando se fueron, hablé con mis compañeros.

—¿Qué ha pasado, Juan? —pregunté.

—Me han esposado a la cancela; pero tranqui, que el plástico se ha roto bien...

—El de aquí también —intervino Pedro—. Ya ves, le he metido con el lavabo.

—¿Te esposaron también? —preguntó Juan a Pedro.

—Sí.

—¿Y a ti, Juanjo?

—A mí también, pero el plástico se ha roto, así que ya pueden ir comprando uno nuevo —se mofó.

Barrot había sido trasladado hacía unos días a un juicio al penal de Ocaña por lo que se perdió la fiesta. Horas después del incidente y molesto por las condiciones de esposamiento de mis compañeros, decidí romper la celda. Arranqué la ventana de su marco y destrocé el lavabo; luego me puse a golpear la cancela con ella, armando escándalo para atraer la presencia de los carceleros. Llegaron en manada y acompañados del jefe de Servicios. Abrieron la puerta.

—¿Qué pasa ahora, Tarrío? —se dirigió a mí el jefe de los carceleros.

—Que les quiten los grilletes a mis compañeros —le pedí.

—Ya, y volvemos todos a las mismas, ¿no?

—No. Han roto las ventanas porque eso ya es pasarse y ustedes lo saben. Por lo demás, no queremos problemas...

—Primero suelta la ventana y deja que te esposemos mientras voy a hablarlo. Te doy mi palabra de que antes de la cena os quito los grilletes a los cuatro. ¿De acuerdo?

Sin abrir la cancela, me esposaron a los barrotes y cerraron la puerta. Juan me llamó:

—¿Qué te ha dicho?

—Que nos quitarán los grilletes antes de cenar.

—¿A todos? —preguntó Juanjo.

—Eso dice, no sé.

Cumplió su palabra. Antes de la cena fueron quitándoles los grilletes a mis compañeros y cambiándolos de celda. Luego a mí. Nos dieron de cenar y conversamos animadamente por las ventanas mientras arrojábamos trozos de carne a las gaviotas que, entre ruidosos graznidos, se los disputaban con voracidad.

—¡Joder!, parecen buitres disfrazados —le dije a Juan, admirado por la gula de las aves.

—¡Qué va! —se rió éste—, si son unos seres entrañables...

A la mañana siguiente volvieron los carpinteros a retirar los marcos de las ventanas. Aquello nos animó. Sin embargo, los cambios de celda hicieron que Juan y Pedro tuviesen que empezar de nuevo a cortar los barrotes. Decidimos esperar unos días a que se calmasen los nervios de los carceleros y todo estuviese más relajado antes de retomar el trabajo.

Por esas fechas recibí una carta con dos meses de retraso. Era una carta de Ana y también traía unas fotos. Al entregármela, el carcelero me dijo:

—La lee usted y, cuando termine, vengo a buscarla, pues no se pueden tener cartas en la celda.

No respondí nada a aquella animalada y me puse a leer la carta de mi amiga. Quería venir a verme, por lo que necesitaríamos un permiso del juez de Vigilancia Penitenciaria. Miré sus fotos: estaba sentada sobre el verde césped de un jardín y me pareció tan hermosa como siempre. La quería, sin duda, y esperaba poder verla pronto. Una vez que hube terminado de leer la carta, me puse a contestarle de inmediato y posteriormente elaboré un escrito dirigido al Juzgado solicitando me autorizara comunicar con ella. Luego me tumbé sobre la plancha metálica que hacía de somier en el camastro y, con la toalla enrollada haciendo de almohada, me recreé mirando sus fotos mientras me dejaba acunar por el sentimentalismo.

A la hora de la comida, el carcelero que me había entregado la carta me la reclamó y yo, por supuesto, me negué a entregársela. El carcelero se encolerizó conmigo y me amenazó:

—Si no me da la carta, entraremos a por ella.

Entonces, tras recoger la bandeja de la comida y ponerla sobre la cama, rompí las fotos y la carta delante de él y tiré los trozos al servicio. Tras esto apreté el botón de la cisterna y, a pesar del dolor que sentía al ver como el sumidero se tragaba esos pedazos de mi vida, le respondí al carcelero dibujando una sonrisa en mi boca:

—Toda para ti.

—Tiene usted un parte —dijo antes de cerrar la puerta de un fuerte golpe.

Tomé la bandeja y me dispuse a comer, de pie, en la ventana, contemplando el patio y a las gaviotas que se reunían bajo la ventana de Juan, que era quien más las alimentaba. Las gaviotas lo amaban. Parecía como si pudieran diferenciarlo del resto y, a menudo, le hacíamos bromas sobre ello: «Eh, Juan, que te llaman las gaviotillas». A él le gustaba llamarlas «seres», quizás para darle un matiz más humano que a los propios humanos. Y es que ni Juan ni ninguno de los que nos encontrábamos allí nos podíamos imaginar a un grupo de gaviotas encarcelando a otra y torturándola día tras día, negándole un colchón, una manta o tan siquiera la carta de un ser querido.

Barrot regresó del juicio y nos confirmó que en Badajoz, Valladolid y Jaén se estaban aplicando regímenes parecidos al que sufríamos nosotros en El Dueso, y en los que se encontraban la mayoría de fuguistas y motineros de las cárceles españolas, todos conocidos nuestros. Sin embargo, el régimen al que nos sometían a nosotros era algo diferente, no solamente en cuanto a las medidas de seguridad, sino también a las presiones psicológicas. Nosotros éramos responsables de las últimas acciones libertarias de más eco en los medios de comunicación y, por tanto, en la sociedad. Por esa razón, la Administración penitenciaria nos había escogido para aplicarnos un castigo ejemplar a los ojos de todos los presos: teníamos que hincar la rodilla y pasar por el aro... o reventar. Continuábamos sin salir al patio, sin comunicaciones, vestidos con el buzo azul y calzados con las chanclas de plástico. Sólo nos daban unos folios y la barra de un Bic donde va la carga de tinta. Teníamos vetados los sobres y los sellos, y para cursar una carta teníamos que escribirla en un folio y entregarlo tal cual; luego ellos ponían el sello y el sobre con el destinatario, a quien le llegaba la carta, con un poco de suerte, un par de meses más tarde.

Teníamos que pasarnos todo el día en esas mazmorras vacías y era muy duro de llevar. No teníamos más entretenimiento que jugar al ajedrez fabricado con papel o leer algún libro, que era lo que más nos ayudaba a soportarlo, pues nunca tuvo más sentido que entonces aquello de «un libro es una ventana abierta al mundo». Nosotros nos «fugábamos» por esa ventana y así sobrellevábamos el aislamiento. Había horas en las que el silencio, un silencio brutal, desesperante, se apoderaba de la galería, otorgándole un ambiente siniestro que venía a recordarnos lo que en realidad era difícil que olvidáramos: estábamos enterrados vivos en tumbas de cemento. Daban ganas entonces de romperlo todo y gritar. Gritar para que todo el mundo supiera que, a pesar de todo, seguíamos vivos y con el ánimo intacto para seguir luchando.

Ellos, en su empeño de robárnoslo todo, fueron celda por celda retirando los lavabos, grifo incluido, y sustituyendo éste último por un tubo de plástico transparente, incrustado en la pared, directamente sobre el retrete «árabe», ése de los de «háztelo a pulso y por más señas ponte sobre las huellas». Eso significaba que cada vez que queríamos beber agua, lavar la bandeja o simplemente lavarnos la cara, debíamos hacerlo sobre el mismo agujero que se llevaba nuestros excrementos. En ocasiones la mazmorra se convertía en puro charco, ya que, al apretar el botón del tubo-grifo, el chorro de agua caía desde una altura de metro treinta, aproximadamente, y al golpear el inodoro salpicaba el suelo. Como no teníamos ni cubo ni fregona, el agua se quedaba en el suelo hasta el día siguiente en que, a primera hora, nos daban una escoba con un palo de palmo y medio, y tras la cancela quedaba el cubo para estrujar la fregona. Ni siquiera teníamos una silla o una mesa para sentarnos a comer, leer o escribir. Cada gesto o acción que quisiéramos hacer, y que en cualquier otra situación sería de absoluta normalidad, a nosotros nos venía a recordar todo lo contrario, la anormalidad de nuestra situación incluso en prisión. Al desayunar, comer o cenar, te recordaban sutilmente su monótono mensaje, que no valías lo suficiente como para hacerlo sentado en una silla y con la bandeja sobre una mesa. Cuando queríamos beber o lavarnos la cara al despertar por las mañanas, se nos recordaba que el retrete era el único sitio que merecíamos para practicar nuestras abluciones cotidianas.

Si nos comportábamos como animales, nos tratarían como a animales —pensaban ellos—; cuando la única realidad era que a un ser humano que es tratado con brutalidad no se le puede pedir un comportamiento normal, y que el trato que nos daban no hacía más que negar la propia humanidad de los verdugos. Luego, además, te retiraban el poco correo que te daban bajo la amenaza de que, si no te avenías a ello, no te entregaban la carta. Ésta fue la consecuencia de mi desplante al carcelero que me quiso quitar la carta de Ana. Para ellos nosotros representábamos la dignidad (y eso era lo que más les dolía) del que nunca se somete y mira de frente al verdugo, con orgullo y una mirada llena de libertad: podían encerrarnos, pero nada más; podían echar las llaves, poner diez cerraduras, multiplicar los barrotes, torturarnos e insultarnos... pero nada más. Eso les frustraba: querían nuestra dignidad, vernos suplicar y arrastrarnos como seres amorfos, carentes de personalidad, rotos psíquica y emocionalmente.

Con el mes de noviembre llegaron nuevas aplicaciones de rayos X, durante las cuales apalearon a Juan y a Pedro. Retomamos la cuestión de los barrotes y se comenzó a cortar de nuevo. Empezamos a utilizar un antiguo sistema de comunicaciones por claves criptográficas, basadas en letras y números, que databan de la Segunda Guerra Mundial, si no tenías el número de acceso, que constaba de diez dígitos, no podías descifrar el mensaje aunque conocieras el mecanismo lógico del método. Era muy seguro y se confundía con nuestras partidas de ajedrez en las que también utilizábamos letras y números para dar las coordenadas de la pieza a mover. Así las cosas, los carceleros no tenían ni idea de lo que nos traíamos entre manos, pero no bajaban la guardia.

Una mañana comenzaron a instalar los tendidos eléctricos de una cámara de circuito cerrado de televisión frente a las ventanas de las celdas y sobre el muro del patio, y también pintaron un número de gran tamaño sobre cada una de las ventanas para poder identificarlas, de forma rápida y sin dificultad, desde el receptor de la cámara. Mis compañeros tendrían que darse prisa en cortar los barrotes si querían continuar su intento.

Por aquellas fechas también acordaron sacarnos al patio a pasear y proporcionarnos ropa de la prisión, pues hacía mucho frío. Nos dieron a cada uno unos pantalones, una camiseta, un jersey y una cazadora de pana, y nos retiraron el buzo. Estábamos horribles con aquellos trapos. Un jefe de Servicios y varios carceleros vinieron a hablar conmigo.

—Tarrío, a partir de hoy va a salir al patio a pasear —me dijo, sonriente, el jefe de los carceleros.

—¿Y los demás? —le pregunté.

—De momento va a salir usted y, según se comporte, iremos sacando a los demás. Sólo saldrá quince minutos con un chándal de color amarillo y no podrá cruzar la franja blanca que delimita el patio, ¿de acuerdo?

—Paso del patio.

—¿Cómo?

—Que no salgo al patio en esas condiciones ni hasta que sea para todos igual.

—Bien. Peor para ti...

Cerraron la puerta y fueron a hablarlo con mis compañeros, los cuales respondieron lo mismo: o salíamos todos o ninguno. Cedieron. No aceptamos lo de la franja blanca, así que la borraron. Salíamos de uno en uno durante una hora a un patio pequeño, al cual no daba acceso ninguna de las ventanas de las celdas. Los que hacíamos deporte comenzamos a correr para tomar fondo; los demás se limitaban a pasear para descargar la presión de tres meses encerrados en una celda. Nos vestían con un chándal amarillo por, si intentábamos saltar al exterior del módulo, ser identificables y un blanco fácil para la Guardia Civil. Pero esto era sólo en el horario de patio; el resto del día, encerrados en las celdas, vestíamos el traje de pana. También nos dejaban ahora el colchón y las mantas.

Cuando Juan y Pedro terminaron de cortar los barrotes, todavía no habían terminado de conectar la cámara de televisión —a la cual llamábamos «el inquisidor»—, por lo cual se acordó actuar aquella misma tarde. Juan había hecho los cortes mal y los barrotes se negaban a ceder. Se aplazó una hora la fuga, mientras Pedro terminaba de corregir el error haciendo nuevos cortes. Pasada una hora, tiró de los barrotes y éstos cedieron con un ruido estrepitoso. Los carceleros se percataron y entraron en la galería, pudiendo observar a través de las mirillas lo sucedido. Corrieron a avisar a los demás, mientras varios de ellos intentaban esposar a Pedro. Juan no perdió el tiempo y salió de la celda a través de los barrotes; estaba todo perdido, por lo que sólo quedaba subirse al tejado y amotinarse. Bajó al patio y se acercó a la ventana de mi celda, a la que arrojó una cuerda hecha de trozos de manta. Cogí el extremo y lo até al barrote, permitiéndole subirse a la ventana y desde ésta colgarse del muro y pasar, luego, al tejado del módulo.

—Ánimo —le dije al pasar por la ventana.

Me dio dos palmadas en la mano con que ayudaba a sujetar la cuerda y desapareció, armado con un barrote, hacia el tejado. Los carceleros comenzaron entonces a esposarnos a todos a la cancela. En solidaridad con mi compañero, rompí la celda, antes de que me esposaran. Estaban como locos, así que no opuse resistencia. Juan, por su parte, comenzó a romper las tejas del tejado con el barrote, mientras gritaba a los presos de segundo grado que andaban sueltos por el patio exterior:

—¡Echadnos una mano, que nos están torturando aquí!

Los golpes del barrote estrellándose contra las tejas retumbaban en nuestros oídos. Los demás presos hicieron caso omiso de los gritos de Juan y se limitaron a observar el desarrollo de la pequeña revuelta. Un grupo de guardias civiles entró en la prisión e instaron a Juan a bajar del tejado. También acudió el director, al que conocíamos por su apellido, Moreta, un auténtico canalla, y dialogó con nuestro compañero. Prometió no pegarle y algunos cambios con el tiempo. A Juan no le quedaba otra alternativa y se entregó. Fue trasladado a la celda y engrilletado como el resto de nosotros. Luego bajaron a Juanjo y Barrot a las celdas de la planta baja, donde les dejaron sin esposar, mientras nosotros tres, Juan, Pedro y yo, permanecíamos esposados con los brazos a la espalda. Intentaban dividirnos así. Juan me llamó:

—José, ¿estás también engrilletado?

—Como tú —le respondí.

Hablamos con Pedro y le animamos. No tenía por qué sentirse culpable. Las cosas habían salido así y así había que tomarlas; luego ya veríamos.

La noche se presentó fría y el dolor acudió a los brazos. Comenzaba la tortura. Ensayábamos cien posiciones sin éxito, pues cada movimiento era peor. No podíamos ponernos de pie ni sentarnos bien del todo, y la postura forzada unida al frío resultaba desquiciante, enloquecedor. La ley era terror escrito en palabras y aplicado en artículos; la cárcel, ese terror escrito con sangre de hombres y mujeres esclavizados y apaleados.

Entrada la madrugada, varios carceleros y el director entraron en la celda donde se encontraba Juan y lo apalearon. Sentía auténtico miedo y dolor, en la oscuridad de la celda, escuchando los gritos de mi amigo y los golpes secos de las porras al chocar con su cuerpo. Juanjo, desde la celda de abajo, también los escuchaba y se acercó a la ventana para insultarles y decirles de todo. Dejaron a nuestro compañero y abrieron la puerta de la celda que yo ocupaba:

—¿Qué, te aprietan los grilletes?

—Algo... —dije asustado.

Entonces, el carcelero que había hablado se agachó y me las apretó todavía más, clavando el acero en mis muñecas.

—Ahora estás mejor, más cómodo, ¿verdad? —se mofó.

Pasamos el resto de la noche como pudimos. A Juan le habían atado de pies y manos a la cama con correas de cuero. Por la mañana el dolor era insoportable, pero no nos quitaron los grilletes ni nos dieron de desayunar ni de comer. A la tarde me soltaron y a Juan le colocaron de nuevo en la cancela con los grilletes, igual que a Pedro. Tras golpear repetidamente la puerta de la celda, conseguí hablar con el jefe de Servicios para que por lo menos les cambiaran las esposas adelante a mis compañeros. Para conseguirlo, amenacé con romper la celda de nuevo. Accedió. Juan y Pedro fueron esposados con las manos adelante, lo que les evitaba, cuanto menos, el suplicio de la postura forzada. También les dieron unos bocadillos para comer. Dos días después los soltaron y subieron a Juanjo y a Barrot de nuevo a la galería.

Retomamos la actividad cotidiana allí. Nos dieron acceso a periódicos a través de un maestro de escuela que nos proporcionaba libros. Me apunté para terminar EGB, que había dejado en séptimo curso. Me facilitaron libros de estudio sin problemas. El dolor había quedado atrás, pero a mi mente acudía la actitud de los presos de El Dueso ante los gritos de Juan. Pronto supe el porqué de aquella pasividad. El sesenta por ciento de la población de El Dueso eran violadores y traficantes, pura escoria. Nadie quería saber nada de lo que ocurría allí, aunque todos lo sabían. Nuestra situación era conocida en todas las prisiones del Estado español, sobradamente conocida, pero nadie hacía nada. Todos aquellos que nos habían hablado de amistad, compañerismo y lucha desaparecieron y se ocultaron entre los demás para pasar desapercibidos, cuando lo que la situación requería era un levantamiento popular en las cárceles para lograr las mejoras que habían sido reivindicadas. Nadie quería saber nada ya de APRE(r) ni de solidaridad ni de lucha. La Administración penitenciaria había logrado su objetivo: separarnos del resto de reclusos y meterles, con nosotros de ejemplo, el miedo en el cuerpo. Y la verdad era que tenían razones para temer aquello. ¿Quién no había de temer la hora de la paliza y pasarse días engrilletado a los barrotes de una cancela soportando el dolor y el frío? Nosotros también estábamos asustados, más asustados que nadie.

El día 30 se produjo una noticia que nos animó, pues en cierta medida nos sentíamos vengados. Lo leímos en el periódico. Había sucedido en la prisión de Huesca: Manuel Jesús Castillo Jurado y Carlos Manuel Esteve García habían retenido a cinco carceleros, un maestro y un jefe de Servicios. Después de negociar que pusieran un coche en la puerta de la prisión y les facilitaran la salida, esto les fue denegado, por lo que Carlos M. Esteve asestó una treintena de cuchilladas al jefe de Servicios. A cambio de que no lo rematasen, la Dirección prometió ponerles el coche a la entrada. Los dos presos, entonces, permitieron que se llevasen al jefe de Servicios al hospital y retomaron la negociación. El director del presidio, Otal Tolosama, les proporcionó su propio coche con el depósito lleno de combustible y les abrieron todas las puertas hasta la calle, facilitándoles la huida. Con dos rehenes y saliendo de uno en uno, los dos presos abandonaron la cárcel y se introdujeron en el coche, dándose a la fuga. Una vez libres de sus perseguidores, soltaron a los rehenes sin hacerles ningún daño. ¡Lo habían logrado!, se habían burlado de la Administración en sus propias narices. Aplaudimos la decisión de aquellos dos valientes, cuya evasión celebramos y comentamos por las ventanas. Juan y yo conocíamos a Carlos Esteve de otras ocasiones en las que habíamos coincidido en prisión. Cuando la muerte en prisión de Manuel Sevillano, preso de los GRAPO muerto durante una huelga de hambre, Esteve y

Juan fueron los únicos en amotinarse en un tejado con una pancarta denunciando las torturas que estaban padeciendo entonces estos presos políticos.

Los medios de comunicación tachaban la acción de Huesca como acto propio de una pareja de psicópatas desalmados, pero la realidad de aquella acción dura y contundente, cruel como lo era el sistema que la había parido, era bastante más que una mera manifestación de psicopatía. Ambos presos huidos se encontraban enfermos de SIDA y huían de una muerte segura en prisión. Querían morir libres y eso era algo que la Administración no les concedería nunca.

En las cárceles hay cerca de 35.000 personas portadoras del virus del SIDA, de las cuales una buena parte muere en prisión, muchas más de las que admite la Administración penitenciaria. Ésta manipula las estadísticas, liberando a los enfermos un par de días antes de morir o bien —más de un caso se conoce— concediéndoles la libertad una vez muertos, mediante la práctica de tomar las huellas dactilares al cadáver con el fin de que no conste como encarcelado en la hora del fallecimiento. Las enfermerías y los hospitales penitenciarios se encuentran repletos de cadáveres ambulantes, sacos de pellejo que vagan con los ojos hundidos y la mirada perdida por los pasillos carcelarios, condenados irremediablemente a morir encarcelados y lejos del amor de los suyos. Los patios carcelarios están inundados por la droga y los enfermos seropositivos día a día se van consumiendo hasta que una noche salen para el hospital y no regresan jamás; eso cuando no los encuentran muertos en el recuento de la mañana o sentados en la silla de la sala del módulo. Es terrible. Lo que acontece en la cárcel con los enfermos de SIDA da náuseas.

En diciembre trasladaron a Pedro a la prisión de Logroño, pero en El Dueso todo seguía igual. El director, Moreta, al que habíamos apodado con el sobrenombre de «el Mofeta», continuó junto a su colega Enrique Acín, subdirector médico, permitiendo la aplicación de rayos X por la fuerza. Los días iban pasando monótonamente. Terminaron de instalar las cámaras de circuito cerrado de televisión y encima de cada ventana pintaron el número de la celda para identificarnos mejor. A partir de entonces, un ojo mecánico, «el inquisidor», mandaba constantemente imágenes de todo aquel que se asomase a la ventana. Pusieron también placas metálicas entre ventana y ventana para impedir que pudiéramos pasarnos carros de tiras de sábanas; instalaron asimismo una doble reja de barrotes cruzados en el exterior de las ventanas. Era imposible cortar aquello, apenas si nos cabía la mano entre aquellas rejas pobladas de barrotes. Los cacheos seguían siendo a diario y nos hacían desnudarnos dos veces al día. Cuando salíamos al patio, nos traían el chándal amarillo y nos bajaban esposados con las manos en la espalda y en chancletas (pues estaba prohibido cualquier calzado que nos permitiese movernos con rapidez); una vez allí, nos retiraban los grilletes a través de los barrotes de la puerta y nos proporcionaban unas zapatillas deportivas para correr, las cuales teníamos que devolver al regresar a las celdas. También nos autorizaron una radio AM tamaño petaca a cada uno. Me dediqué a repasar el EGB y a leer a Miguel Delibes, Sthendal, Dumas, Homero y otros autores que me fascinaban por su cautivadora forma de escribir. Era increíble lo que podía un ser humano encontrar y descubrir en los libros cuando el aislamiento es absoluto; uno descubría nuevos mundos en los que se veía atrapado según la magia del escritor. Eran, sin duda, un estupendo método de evasión.

Me hice unos análisis de sangre que dieron nuevamente positivo de VIH. Mis defensas oscilaban en torno a las 500 T4, por lo que, según los matasanos, podía estar tranquilo: aún no me moriría, al menos no de SIDA. Los médicos venían a visitarnos con asiduidad, pero la relación era fría y llena de un odio evidente que impedía cualquier diálogo o acercamiento humano. ¿Cómo podíamos creer en la profesionalidad de quienes callaban las torturas y nos realizaban las placas de rayos X contra nuestra voluntad? Nos negaban todo lo que les pedíamos y se mofaban de nosotros cruelmente, dándonos a entender que estaban abiertamente de parte de la Administración y que entendían y aprobaban que se nos sometiese a aquel régimen. Cumplían órdenes, simplemente, y pensar eso limpiaba sus podridas conciencias de toda duda, eso y la posibilidad de un ascenso rápido.

Nos acostumbramos a convivir con las gaviotas. Había dos a las que bautizamos con los nombres de «la patas negras» y «la encapuchada». Juan se lo pasaba bomba con ellas:

—¡Juanjo!, mira la encapuchada, parece que viene de un atraco...

Sin embargo, la peor de todas era la de patas negras, la favorita de Juanjo. Se pasaba el día abalanzándose sobre sus congéneres y picoteándolos para posteriormente robarles la comida. De otras más grandes, a las que llamábamos «las perrancas» de forma genérica y que eran argentadas, nos burlábamos echándoles grandes trozos de carne que no podían tragar y les impedían retomar el vuelo, con lo cual se daban grandes costalazos contra el suelo de cemento. Luego vomitaban la carne y retomaban el vuelo, aturdidas y enfadadas por no poder llevarse el botín. Ellas eran para nosotros un entretenimiento importante.

Recibí una carta curiosa. Pertenecía a Ana, una asistenta social a la que habíamos utilizado de rehén en Tenerife 2. En la carta me agradecía mi humanidad durante el secuestro y el que no hubiésemos hecho daño a nadie, después de lo que me habían hecho a mí. Me pedía perdón por todo lo que había tenido que sufrir en la cárcel y se despedía diciéndome que seguramente dejaría aquel trabajo. Me gustó su carta porque en ella existía una crítica clara al sistema carcelario y un reconocimiento de nuestra lucha, aunque no estuviese de acuerdo con los métodos. Intenté escribirle una carta, pero finalmente la rompí. ¿Para qué? Nos habíamos comportado humanamente con ellos, sin abusar de nadie, sin venganza, ¿y con qué nos encontrábamos a cambio?

A finales de mes fueron detenidos Carlos Esteve y su compañero de fuga Manuel Castillo en un piso de un barrio barcelonés, donde fueron asaltados por los GEOs. A Carlos lo trasladaron a El Dueso con nosotros y a su compañero a Badajoz. Asistimos juntos a los últimos estertores de 1991.

El mes de enero comenzó con represión. Sacaban a Carlos al patio con las esposas en las manos, por lo que realizamos algunas denuncias y yo inicié un chape negándome a salir al patio. Carlos hizo lo mismo. Una tarde, varios carceleros le instaron a hacer flexiones desnudo y éste se negó, y entonces penetraron en su celda y lo aporrearon. Todos sentimos una enorme impotencia. Les insulté:

—¡Hijos de puta!, pero que abusones sois, cobardes...

Varios carceleros se acercaron a la puerta de mi celda.

—¿Te pasa algo a ti, maricón? —me gritó uno de ellos

—No me pasa nada.

—Pues mejor así.

Me callé para evitar que me pegaran a mí también. Juan me llamó:

—¿Qué ha pasado, José?

—Han pegado a Carlos.

—¿Qué tal estás, Carlos? —le preguntamos.

—Bien. Tranquilos que sólo han sido unos porrazos, no pasa nada —nos dijo intentando tranquilizarnos.

Estábamos asustados, era innegable. Si golpeabas la puerta, sabías que entrarían en tromba y te apalearían impunemente; luego, casi con toda seguridad, te pasarías esa noche, cuanto menos, esposado a la cancela, lo que era todavía peor. Sus métodos estaban pensados para dividirnos, para hacernos —a través del dolor— egoístas y temerosos de las represalias. Venían tiempos duros, momentos muy difíciles, en los que tendríamos que unirnos para evitar que lograran su objetivo o nos destrozarían.

La comida era como en todas las prisiones: pésima. Constaba de arroces, garbanzos, tocinos y sopas de sobre, en su mayoría, y muchas patatas. Los suplementos alimenticios y el acceso al economato nos estaban vedados, por lo que pasábamos bastante hambre.

Recibí autorización del Juzgado para comunicar con mi amiga Ana, pero la Administración intervino y efectuaron una llamada desde la Dirección a su casa. Hablaron con sus padres y les contaron que yo era un peligroso criminal, que quería utilizar a su hija para planear una fuga y una sarta de mentiras más. Los padres de Ana le prohibieron venir a verme. Me escribió una carta urgente en la que me lo contaba. No iba a venir a verme ni volvería a escribirme y me deseaba suerte. Habían logrado romper nuestra relación e impedir la comunicación. Aquello me dolió profundamente pues esperaba más personalidad por parte de aquella mujer. Juan lo sabía, pues habíamos compartido conversaciones sobre ella meses atrás, en Tenerife 2. Se lo comenté:

—Tranqui, José. Sé que es duro, pues sé que la querías, pero ya lo pagarán algún día.

—Sí, algún día tendrán que pagar por todo. Pero me duele por la actitud de ella, Juan.

—Las personas, a menudo, no son lo que parecen...

—Sí, será eso.

En la radio escuchamos la noticia: Antoni Asunción seguiría en libertad bajo fianza por las torturas a once presos FIES en la prisión de Sevilla 2. Asimismo se negaba la existencia de malos tratos en las prisiones españolas y se nos calificaba de incorregibles e insensibles al castigo. Éramos presos extraordinariamente peligrosos y eso hacía necesaria la medida de aislamiento adoptada, la cual se ajustaba a derecho. Era curioso, todos usaban repetidamente aquella palabra: «derecho». ¿Estábamos realmente en un Estado de derecho? Yo no lo creía. Se hablaba de la libertad de expresión de las personas y, sin embargo, yo no podía entrevistarme ni con abogados ni con familiares, a menos que me sometiera a una censura que me impedía hablar sobre el régimen FIES. Se reconocía, igualmente, el derecho a la presunción de inocencia, mientras 13.000 presos y presas —el 25% de la población encarcelada— se pudrían en mazmorras hacinadas en espera de juicio. Se reconocía el derecho a cumplir la condena impuesta en sus respectivas comunidades, cerca de sus hogares, para evitar el desarraigo familiar; y, en realidad, esos familiares tenían que hacer gastos millonarios que sangraban la economía familiar y arriesgar sus vidas en las carreteras en largos desplazamientos para ver a sus seres amados encarcelados. Se reconocía el derecho a acogerse al artículo 60 a los enfermos incurables en fase terminal (¡no muertos!), pero éstos morían en una fría celda o eran excarcelados un día antes de morir. Se había proclamado que las prisiones eran instituciones encaminadas a la reinserción de los condenados y, en realidad, se habían convertido en las leproserías del siglo XX, en sidatorios espeluznantes y en almacenes de odio donde se potencia la criminalidad.

Continué con los estudios, los cuales no me suponían ningún problema. El servicio médico nos proporcionó gafas a Juanjo, a Juan y a mí después de insistir varios meses. La lectura y el espacio cerrado devoran lentamente la vista del preso y nosotros no éramos una excepción. También me instaron a tomar medicación para fortalecer las defensas inmunitarias, pero la rehusé. Continuábamos con nuestras partidas de ajedrez a través de las ventanas —los tableros de papel ya habían desistido de quitárnoslos— y con las largas conversaciones que, a veces, culminaban en discusiones debido a la tensión que se acumulaba en nosotros. Era lógico, todos los que estábamos allí arrastrábamos años de aislamiento y éste empezaba a hacer mella; la neurosis y la esquizofrenia (no agudas) habían hecho su aparición y necesitaban de estas discusiones ocasionales como válvulas de escape para soltar adrenalina y no volvernos locos.

Trajeron nuevamente a Pedro desde la cárcel de Logroño. Le llamamos desde las ventanas.

—¿Qué te ha pasado? —le preguntó Juan.

—He hecho unas denuncias sobre vuestra situación y me han traído aquí de nuevo, por la cara.

—Pues sí que vamos bien —intervine—. ¿Y qué tal por allí?

—Imagínatelo, José, como en todos lados. La gente pasa de todo y no piensa en otra cosa que no sea la droga y en un permiso, sea como sea. ¿Quiénes seguís por aquí?

—Los mismos, más Carlos, el de la movida de Huesca, que llegó a finales de diciembre.

—¿Y esto de aquí?

—Como siempre, aunque nos dieron el colchón, una radio y algunas cosas más. Pero siguen los cacheos diarios en pelotas y con rayos X y demás perrerías —le aclaró Juanjo.

—Ya funciona la cámara, ¿no?

—Sí.

—¿Te han hecho placas al llegar? —preguntó de nuevo Juan.

—Sí, y me han pegado por negarme. Finalmente me llevaron a rastras desde el furgón a la enfermería, me esposaron a las cadenas de la mesa, me desnudaron y me las hicieron.

—Canallas. ¿Estaban los médicos? —me interesé.

—Sí, un médico y el subdirector médico, el Acín ese.

—Habría que cortarles la cabeza a todos —dijo Juan.

Luego dirigiéndose a Carlos le preguntó:

—Carlos, ¿tú crees que las gaviotillas se comerían el cadáver del cochino?

—¿Te refieres al subdirector médico? —respondió Carlos.

—Claro...

—Ya ves, en cinco minutos lo dejan en los huesos.

—Ja, ja, ja... —reímos varios a coro.

La represión era dura, desde un principio muchas de nuestras conversaciones giraban en torno al asco que sentíamos por los médicos de aquella prisión y por los carceleros. Y ellos lo sabían, pues nos escuchaban, por eso hacían de la represión una cuestión personal. Aquella situación nos embrutecía a todos día a día. No sólo nosotros nos hallábamos sometidos a una gran presión. Los carceleros también comenzaban a experimentarla. En nuestras miradas llenas de odio y rencor y en nuestras conversaciones de alguna manera veían, intuían o sabían que, si alguna vez cometían algún fallo, les devolveríamos golpe por golpe, y nos habían golpeado mucho. Tenían miedo pese a las medidas extraordinarias de seguridad. ¿Y si alguna vez uno de aquellos locos lograba burlar la seguridad y tomarlos de rehenes después de todo lo que estaban haciendo? Su temor llegaba hasta tales extremos que sólo nos permitían afeitarnos con maquinillas eléctricas y nos prohibían hasta los recipientes de yogur, vasos o bandejas de metal. Que nos recortasen los cepillos de dientes por la mitad y nos proporcionasen el gel dentífrico a la recogida de las bandejas, tras las comidas, lo evidenciaba. Incluso cuando venían jueces o agentes judiciales a traernos autos o tomarnos declaración por algún asunto, no nos sacaban de la mazmorra, hacían subir al juez o agente a la galería y nos interrogaban a través de los barrotes multiplicados de la cancela, escoltados por varios carceleros que nos impedían, desde el otro lado de la verja, aproximarnos a la misma. Aprovechábamos esas ocasiones para denunciar nuestra situación, pero hacían caso omiso de nosotros:

—Eso es competencia del Juzgado de Vigilancia Penitenciaria.

Aquello me hacía recordar el artículo 24 de la Constitución Española que garantizaba la tutela eficaz de los tribunales, sin que en ningún caso se pudiese producir indefensión. Claro que nosotros éramos un caso excepcional, una cuestión de Estado, y entonces todo valía para combatirnos. Pero ¿no era la ley igual para todos?

A Carlos, finalmente, comenzaron a bajarlo al patio sin grilletes, y ambos dejamos el chape. Comenzamos a cursar denuncias al exterior, a estamentos judiciales, sin éxito. Archivaban todas las quejas o las pasaban al Juzgado de Vigilancia Penitenciaria, lo cual era lo mismo. Los Juzgados de Instrucción, las Audiencias Provinciales, el Colegio de Abogados, el Decanato, el Consejo Superior de Justicia, todos, absolutamente todos, corrían a archivar los escritos con cualquier excusa. Nadie quería saber nada del régimen FIES porque tenían órdenes de no intervenir en la guerra sucia del sistema penitenciario contra un grupo de vándalos que habían quebrantado el orden vigente.

En el mes de febrero nos permitieron el acceso al economato, y retomé el vicio de fumar. Algunos teníamos el peculio retenido por objetos que habíamos roto de las instalaciones, pero los que no lo tenían repartían el suyo con los demás, todo a medias. El dinero entre nosotros, hubiese lo que hubiese o tocase lo que tocase, se repartía a partes iguales. Existía una gran solidaridad en éste y en otros sentidos fundamentales para sobrevivir en prisión. A la Dirección y a los carceleros no les agradaba esa solidaridad que nos hacía fuertes y decidieron prohibir que aquellos que cobraban nos pudieran pasar dinero o economato a los que no lo hacíamos. El intento fue demasiado burdo; Carlos elevó una queja al Juzgado de Vigilancia Penitenciaria y la ganó. El juez dictó un auto en el sentido de que no se podía prohibir a un interno comprar economato para otro compañero. Aun así, mientras el juez respondía a la queja, nos tuvimos que apañar pasándonos el economato con carros a través de las ventanas. Una vez más, en las peores circunstancias, la fuerza de nuestra solidaridad se imponía a la crueldad gratuita del sistema penitenciario.

Barrot comenzó a encerrarse en sí mismo y a mostrarse intratable, e incluso llegó a comentarnos en alguna ocasión su intención de suicidarse, comentario que también le hizo a la psicóloga de la prisión. Día a día el régimen se hacía duro por sí mismo, los silencios se acrecentaban y las celdas comenzaban a pesar. El proceso de embrutecimiento era lento, pero hacía su labor de manera implacable.

Mi salud empeoró visiblemente. Pese a ello, me esforzaba por correr unos minutos diariamente y mantener una dinámica de deporte que evitara la alienación. Me practicaron unos nuevos análisis y, como las defensas habían bajado, me aconsejaron que tomara Retrovir, lo cual rehusé. Los medicamentos que existían para frenar el virus eran una farsa que sólo había logrado aumentar los beneficios de las grandes empresas farmacéuticas. Se experimentaba con los presos de manera salvaje y brutal. Te daban una medicación de la que ellos desconocían a ciencia cierta la repercusión que podía tener sobre el organismo humano de un seropositivo; simplemente te la administraban como se administra una aspirina. Yo hacía tiempo que había decidido no medicarme contra el SIDA; sabía y asumía que ésta era una enfermedad irreversible y que, por lo tanto, llegado el caso, la muerte se hacía inevitable, lo cual no era más que un proceso natural de la vida, el precio que todos nosotros teníamos que pagar algún día para perpetuar la especie. No me prestaría a los experimentos de equipos médicos que colaboraban con la Administración en la negación del artículo 60 del Reglamento Penitenciario a los presos y presas gravemente enfermos.

En aquellas fechas recibí una misiva con varios meses de retraso de la compañera de mi amigo Chico. Me llegó con la comida.

Hola José:

¿Cómo te encuentras? Espero que cuando esta carta llegue a tus manos te encuentres en perfecto estado de salud, así como de ánimo, quedando yo por aquí, si te soy sincera, con la moral por los suelos, pero bueno, voy tirando...

Mira Che, antes de nada quiero decirte que me disculpes por el retraso de esta carta; hace algún tiempo que debería haber llegado a tus manos pero... créeme, no ha sido porque no lo haya intentado. Ya estando en Carabanchel, cuando venía de vuelta para aquí, intenté escribirte para ponerte al corriente de lo sucedido, en primer lugar porque yo me sentía muy mal y necesitaba desahogarme con alguien, y, como no encontraba la persona adecuada, cogí el bolígrafo en más de una ocasión y te escribí, pero finalmente no mandaba las cartas... pero no podía ni quería asumir lo que había pasado. El segundo motivo es porque yo siempre fui consciente de lo mucho que él te quería y porque sé que él hubiese querido que te enterases por mí antes que por otros: Chico ha muerto...

Verás, en septiembre, cuando yo entré presa, él estuvo unos días en el hospital con principio de neumonía, de la cual pidió el alta voluntaria. Luego lo detuvieron por unas armas en relación con un atraco a un furgón blindado y lo encerraron. Todo iba más o menos bien, pero recayó de la neumonía y ya sabes como funcionan aquí las cosas, y claro, antigripales para todo. Lo tuvieron dos semanas hecho polvo con cuarenta de fiebre y ni puñetero caso, hasta que empezó a salirle soriasis y decidieron bajarlo al hospital clínico. Pero ya era demasiado tarde, en primer lugar porque él, al verse tan mal, se dejaba «ir», y en segundo lugar porque todo se complicó con un riñón que tenía destrozado. Un mes después de tenerlo ingresado, le dieron el artículo 60, pero ya estaba medio muerto; su madre se lo llevó para casa y una mañana amaneció completamente hinchado, se lo llevaron al hospital en ambulancia, donde murió con los pulmones encharcados en sangre...

Respecto a quién estuvo a su lado, es triste, pero allí no estuvo nadie, su familia y la mía, pero, por lo demás, nada, y me duele, me duele de verdad pensarlo porque él no se merecía eso, él no. Ni siquiera se dignaron a aparecer por el velatorio, aunque sólo fuera para hacer bulto, ni el Pelirrojo, ni el Pris, ni Barato, ni Nacho, nadie, no se dignaron...

Quisiera contarte más, pero ya llevo un rato aguantando este nudo que me ahoga la garganta y no puedo más, espero que sepas entenderme y disculparme.

Con Cariño tu paisana:
SANDRA

Cuando todavía era un niño tropecé con mi primera idea de lo que era el bandidaje y me maravillé. Después del internado, donde había aflorado mi rebeldía, para mí sólo había un camino: aquél. Me fascinaba la idea del delincuente duro. Me lo imaginaba como algo admirable que todo el mundo respetaba. Emprendí junto con otros jóvenes delincuentes mi trayectoria al margen de la ley y me rodeé de amigos y jovencitas. Me gustaba aquello, lejos de comprender que era un mundo de fantasía, real en cuanto al instante, pero que pronto se desvanecería para dar paso a la dura realidad: una forma de vida prohibida y perseguida. De todo aquello, Eduardo Jean Baptiste Álvarez, sin lugar a dudas me había ofrecido lo mejor, junto con Isabel: lo demás, todo, había sido mentira e interés por parte de los demás. Poco a poco, la idea romántica que tenía sobre aquel mundo se fue diluyendo por el desagüe de la droga y conocí la miseria humana. Por eso no me sorprendió aquella carta en la que me notificaban que mi amigo había agonizado durante días, postrado en una cama de un hospital, sin que aquellos «amigos» de antaño se dignasen a hacerle una visita, a acompañarle, a despedirle. Comprendí y compartí el dolor de su compañera, sólo que en mí ese dolor se convertía en odio. Muchos de aquellos personajes, que había creído gente honesta y valiente, resultaron no ser más que simples hombres rebosantes de vanidades y egoísmos rastreros. Su actitud me rebelaba y me negaba a aceptar que todos fuesen y pensasen así. Para mí todavía existía, pese a todo, una diferencia que me hacía elegir vivir al margen de la ley y de un sistema podrido: la DIGNIDAD. La dignidad de vivir con la cabeza alta lo que uno ha elegido vivir con todas sus consecuencias; la dignidad de equivocarse uno mismo y asumir sus propios errores; la dignidad de ser un hombre libre que todavía alberga en su corazón un lugar amplio para la esperanza y la amistad.

Respondí a aquella carta con ánimos y, como saludo al que había sido mi mejor amigo, cursé varios giros al exterior para que llevasen flores a la tumba de aquel hombre que supo serlo. Su muerte, sencillamente, se llevaba un trozo de mí que rellenaría para siempre su presencia en mi alma.

Marzo se presentó con una mala noticia: el padre de Juan había muerto y se negaban a llevarle a su tierra para despedirlo por última vez. Mientras tanto, en Valladolid, el juez de Vigilancia Penitenciaria había sido ascendido al Consejo Superior del Poder Judicial para acallar sus críticas contra el régimen FIES, lo cual aceptó; lo mismo se intentó hacer con Manuela Carmena, la juez más crítica desde el sistema judicial con la Administración penitenciaria, a la cual nombraron decana de los Juzgados de Madrid. A esta mujer los presos le debíamos mucho; se había comportado con bastante humanidad con muchos de nosotros, por eso le habían dado pasaporte. La Administración limpiaba el camino y otros jueces pasaron a ocupar sus puestos. Asimismo, confirmaron en su puesto al director de la cárcel de Sevilla 2, Rafael Fernández Cubero, y llevaron a término el asenso del subdirector, Antonio de Dragó, responsable directo de las torturas en Sevilla 2, a director de la prisión de Melilla. Nos realizaron nuevas sesiones de rayos X, atándonos de nuevo a las cadenas que habían dejado fijas en la mesa de prácticas de rayos, desnudos. Nos proporcionaron nuestras propias ropas y nos retiraron el traje de penados, aunque seguían obligándonos a desnudarnos al salir de la celda y a hacerlo calzados con las chancletas de plástico. Los engrilletamientos a la espalda se mantuvieron, al igual que el resto de las medidas de seguridad, para todos excepto para Juanjo, al que empezaron a bajar al patio sin grilletes. Igualmente, comenzaron a autorizarnos las llamadas telefónicas, una al mes, para lo que instalaron un teléfono al lado de una de las cancelas de barrotes que había en el pasillo, a la que nos engrilletaban una mano, dejando libre la otra para sostener el teléfono que nos entregaban a través de los barrotes tras efectuar ellos la llamada y comprobar el número marcado.

A veces, durante algún cacheo humillante, se entablaban discusiones violentas con los carceleros. Continuaban desnudándonos dos veces al día, en las salidas al patio y en los cacheos nocturnos de barrotes, lo que unido a la ducha diaria, tras la hora de patio, nos obligaba a estar desnudos delante de ellos constantemente sin ningún tipo de intimidad. El correo continuaba retrasándose una eternidad, y la gran mayoría de las cartas se perdían rotas en las papeleras de los despachos de los que dirigían la institución. Habían cambiado algunos aspectos en cuanto a la vestimenta, las salidas al patio y las comunicaciones (aunque seguían censuradas), pero la base del régimen seguía siendo la misma en manos de experimentados verdugos (hijos de verdugos a su vez), comandados por José Antonio Moreta, un ser repelente y cobarde. El típico director de prisiones que se inflamaba de poder ante los presos sin reconocerles ningún derecho a ser o pensar más allá de sus normas. La asociación de apoyo a presos y presas Salhaketa se había presentado varias veces en la prisión por medio de sus abogados, pero no se les había permitido entrevistarse con los presos. Todo aquello, día a día, semana tras semana, mes tras mes, iba haciendo su «labor» entre nosotros.

Barrot comenzaba a tener serios problemas psicológicos y físicos. Pagaba las consecuencias de toda una vida dedicada a la drogadicción, y el hígado le jugaba a diario malas pasadas, lo cual relacionaba con el virus del SIDA del cual era portador.

Aquella situación le llevaba a pensar en esto constantemente, abocándolo al abismo de la desesperación. Había discutido con Juan y, encerrado en sí mismo, alimentaba su cerebro y su organismo con un montón de tranquilizantes que los médicos de la prisión le suministraban tres veces al día con la comida. Necesitaba huir de aquella realidad que le carcomía: el aislamiento total y la idea del SIDA. Yo conocía por experiencia propia lo que sentía; algunas temporadas también había tenido que recurrir a sedantes para dormir, al sufrir taquicardias o estados de ansiedad excepcionales que me hacían sentir verdadera claustrofobia, pero sólo temporalmente. Era un error perpetuarse en aquellas medicaciones porque con los años se adueñaban de uno; un error que a Barrot le costaría la vida. No le daban suplemento alimenticio ni le ofrecían vitaminas ni le evitaban sesiones asesinas de rayos X, pero droga, droga le daban toda la que quisiera con tal de que estuviese sedado y tranquilo. Los patios de las cárceles funcionaban igual: se dejaba entrar y circular libremente la heroína y todo tipo de drogas, de manera que la población reclusa se mantuviese tranquila y no se generasen conflictos, no se enterasen de la realidad en que vivían. Cuando no había droga, el ambiente estaba cargado y los presos se mostraban irritables, por eso existía y existiría siempre la droga en prisión. No se aplicaba el FIES a los que traficaban con drogas dentro de la cárcel; éste se reservaba a los que protestaban.

Con la llegada del mes de abril se fue el frío del invierno y llegaron los estorninos. Una tarde, leyendo el periódico, Juanjo leyó un artículo en el que ofrecían un premio de narrativa al mejor relato corto. Lo comentamos por la ventana y nos propusimos presentar unos cuantos cuentos al concurso. Pero no los finalizamos. Sin embargo, se nos ocurrió la idea de escribir un pequeño libro sobre evasiones, a instancias de Juanjo que insistía en escribir algo. Nos llamó.

—¿Qué os parece si escribimos un libro de fugas para pasar el rato? —nos dijo por la ventana.

—Por mí vale —respondió Carlos.

Yo hablé de ello con Juan.

—¿Tú que dices, Juan? —le pregunté.

—Me da igual. Si quieres, escribe nuestra pira, pero haz una mención al chivateo de los presos para que quede constancia y la gente que lo lea sea cauta.

Notifiqué a Juanjo que nosotros también estábamos de acuerdo, y él se encargó de escribir la última fuga de Barrot y Pedro escribiría la suya. Lo hicimos entonces a modo de entretenimiento, aunque pensábamos que podría publicarse en un futuro y proporcionarnos algún dinero. Carlos sugirió la idea de que uno de los estorninos que habían hecho un nido en una cavidad de uno de los muros del patio, frente a las ventanas, fuese el que relatase las historias. Dedicamos aquellos días a preparar los borradores de un libro que se titularía en un futuro *Adiós prisión* y que, efectivamente, sería publicado.* Nos hubiera gustado entonces, al menos a mí, hacerlo más extenso, de manera que recogiese todo aquello que nos estaban haciendo y venía sucediendo en las penitenciarías, pero no era factible, pues jamás pasaría la censura del cacheo diario al que sometían nuestras celdas y pertenencias. Algún día, alguno de nosotros tendría que hacer uno más completo, en el que se explicase el porqué de fugas y situaciones como aquéllas.

Al margen de todo esto, Carlos escribía poesía, las cuales me leía a veces. Era curioso que un hombre tachado de desalmado por la Administración penitenciaria albergase tan lindos sentimientos dentro de sí. Eran poemas bellos de amor o en los que denunciaba la injusticia humana de hombres poderosos oprimiendo a otros hombres. Yo continuaba con los estudios y la elaboración constante de pensamientos y leyendo libros de todo tipo de autores. Juanjo estudiaba historia, la cual le apasionaba. Nos echábamos horas hablando de historia, especialmente de la guerra civil, los griegos o de mi tema favorito: los celtas y los *irmandinhos*. Entonces Juanjo se burlaba de mí cariñosamente, recordándome mis ideas sobre Galicia, cuando nos conocimos en Daroca y soñaba con liberar mi tierra.

* Juan José Garfia, *Adiós Prisión. El relato de las fugas más espectaculares*, Txalaparta, Tafalla 1995.

—Tú sí que estás hecho un *irmandinho*, con esa cara de aldeano —me decía.

—Y tú un imperialista castellano de Valladolid, tierra de fachas.

Luego nos echábamos a reír. Juan, sumido en un seguimiento político de todo cuanto vomitaba la radio, se pasaba todas las horas en punto y las medias horas escuchando el receptor de radio. Tras ello, se asomaba, a veces, a la ventana a informarnos de las noticias con ánimo de comentar alguna o llamaba a alguno para que pusiese tal o cual frecuencia. Pedro se hallaba inmerso en escritos a los Juzgados, pero participaba en casi todas las tertulias; era un gran conversador y poseía un elevado sentido del humor. No solía leer mucho, pero estudiaba algunos libros de historia, la cual le gustaba conocer. Algunos días me enseñaba a gritos a hacer ecuaciones o me ayudaba con algunos problemas de matemáticas que se me presentaban, a veces, en esta asignatura. En cuanto a Barrot, continuaba sumido en un ostracismo interno lleno de paranoias, drogado día y noche. Ni siquiera hacía deporte. Carlos, que percibía claramente los problemas que atravesaba, intentaba hacerle comprender la situación mediante charlas que no servían para nada. Se hallaba totalmente absorto y alienado. Aquella actitud de Carlos de estar siempre pendiente de los demás y percibir perfectamente cuándo una persona necesitaba ayuda me admiraba.

La presión del régimen de aislamiento nos hacía discutir algunas veces, incluso acaloradamente, pero por encima de todo había en todos nosotros unos valores humanos intactos, unos principios básicos y una ética que todo aquello no lograría echar a perder. APRE(r) se había desmoronado, las ideas que antaño nos habían unido a muchos presos que ahora estábamos sufriendo una represión descarnada habían desaparecido, y la mayoría no quería saber nada de todo aquello y únicamente buscaba salir de esa situación cuanto antes. Entre nosotros existían distintos puntos de vista sobre esto, pero seguíamos siendo solidarios y ayudándonos los unos a los otros. Todos los que estábamos allí teníamos algo en común que nos identificaba irremediablemente: rebeldía verdadera. Los seis éramos fuguistas y los seis, estuviésemos de acuerdo en las formas o no, despreciábamos el sistema carcelario por naturaleza. Eso era innegable y era lo que nos mantenía unidos. No podrían con todos.

La Administración interpuso entre las ventanas de cada una de las celdas una enorme plancha metálica, lo cual sólo nos permitía ver lo que teníamos situado enfrente, sin que ello estorbase para nada la visibilidad de la cámara de circuito cerrado de televisión, «el inquisidor». En el patio habían suprimido el servicio, por lo que nos veíamos obligados a mear en una alcantarilla situada en medio del mismo. Había veces en que Juan me enseñaba los dedos de la mano por debajo de una de las puertas del patio que alcanzaba a ver desde la ventana de la celda. Lo hacía a modo de saludo; no era mucho, pero al menos sentía el contacto visual de una parte de un ser humano que no fuera un carcelero. Gestos como aquél o las caras de mis compañeros vistas al pasar por delante de las mirillas de cristal existentes en las puertas, escoltados siempre por cuatro matones, eran todo el contacto humano al que podíamos aspirar allí. Aquello y conversaciones a gritos. Y por si acaso nos olvidábamos por un instante del lugar en el que habitábamos, nos fueron realizadas nuevas series de rayos X. Nos opusimos, pero fuimos conducidos engrilletados con los brazos a la espalda por una decena de carceleros hasta la enfermería y, una vez más, atados a las cadenas de la mesa, sobre la cual nos bajaban los pantalones y calzoncillos y nos subían la camisa y la chaqueta para sacarnos las letales fotografías del interior de nuestros estómagos. Era la democracia.

En el mes de mayo fui trasladado a un juicio a la prisión de Bonxe. Salí de El Dueso sobre las seis de la tarde y llegué a Lugo a medianoche en una conducción especial, sin que me proporcionaran ni agua ni alimentos. Nada más llegar a la prisión de Bonxe me encerraron, tras un cacheo integral, en una de las celdas de ingresos con los grilletes puestos delante. En la celda había un par de mantas.

—Oiga, ¿qué pasa, no hay sábanas? —pregunté al jefe de Servicios.

—Para usted no, con eso le llega.

—¿Y los grilletes? —volví a preguntar.

—Se los queda puestos, pues a las seis vendrán a recogerle para llevarle a juicio a Pontevedra.

Cuando cerraron la puerta y se fueron, saqué la llave de su escondrijo y me libré de los grilletes. Me tumbé vestido sobre el colchón y me tapé con una manta a esperar la conducción. No pude dormir pese al cansancio que tenía. Cada hora un carcelero encendía la luz de la celda y comprobaba que estuviese dentro. Yo pensaba para mí que, definitivamente, aquellos tipos eran imbéciles, auténticos acéfalos, viéndoles hacer cosas así, recreándose tan bajamente en hacer mal innecesariamente a las personas que tenían bajo su poder. ¿Era posible creerse que a las dos horas de haber llegado a una prisión alguien pudiera escaparse sin conocerla de nada? Absurdo.

Aguardé a las cuatro de la madrugada en que el carcelero pasó un nuevo recuento para levantarme a mear. Mientras meaba a gusto sobre el inodoro, con la mano izquierda apoyada sobre la pared, me fijé en un tubo metálico que servía de conducto del agua para la cisterna. Tras mear, me subí a ella y toqué el tubo: era resistente. Me quedaban dos horas por delante, así que cerré el conducto del agua girando una pequeña manivela soldada al mismo y con un pequeño trozo de sierra, que me había regalado Juan en El Dueso y que había conseguido salvar de todos los cacheos, corté el tubo metálico. Sin más demora, lo aplasté de manera que quedara completamente plano y le practiqué un corte vertical para sacarle punta. Luego lo afilé. Me metí de nuevo en la cama y aguardé el próximo recuento para darle los últimos retoques a aquel improvisado cuchillo. Una vez hubo pasado el carcelero, lo recorté de manera que pudiera introducírmelo en el ano sin que me hiciese excesivo daño. Después de envolverlo en una bolsa de basura que había por allí y darle una forma cilíndrica, calenté el plástico con un mechero para que no se soltase y se quedase sin arrugas. Luego lo unté con jabón y me lo introduje dentro, no sin dolor. Ahora tenía un arma, aunque ésta fuese rudimentaria, y por lo tanto tenía una oportunidad, lo cual era mejor que nada. Entre todos nosotros, los fuguistas, empetarse era algo natural y obligado, una cuestión de supervivencia que se hallaba por encima de la cursilada de «ser virgen».

A las seis de la mañana escuché los pasos de los carceleros, inconfundibles en los pasillos carcelarios, encaminarse hacia la celda. Me coloqué los grilletes y escondí la sierra y la llave. Cuando la puerta se abrió, un numeroso grupo de carceleros y varios guardias civiles me sacaron al pasillo y me registraron. Luego me cambiaron los grilletes por otros y me condujeron hasta un furgón policial en el que me introdujeron. Antes de salir de Bonxe expulsé el cuchillo y, tras quitarle el plástico, me lo guardé. Me limpié las manos de la mierda con unos trozos de papel higiénico húmedo que había traído en uno de los bolsillos para la ocasión. Partimos hacia la prisión de Monterroxo en la que tendríamos que recoger a mi amigo Izquierdo Trancho. Trancho era un tío valiente, por lo tanto podía contar con él para lo que tenía en mente llevar a cabo. Cuando llegamos a Monterroxo tuve que aguardar unos minutos a que trajeran a Trancho, el cual llegó sonriente y se sentó a mi lado. Arrancamos de nuevo con destino al Juzgado nº 2 de Pontevedra.

—¿Qué pasa, José?

—Yo estoy bien, ¿y tú qué?

—Bien también. A ver si podemos hacer algo por allá, ¿no?

—Sí —y sonriendo añadí, tras sacar el cuchillo—, mira qué tengo.

—Mola. ¿Cómo lo pasaste? —preguntó mientras lo sopesaba en la mano.

—Pues en el culo, ¿dónde si no? Lo hice aplastando un tubo de hierro de una cisterna. No es gran cosa, pero servirá si cogemos al juez durante el juicio. ¿Qué dices?

—Por mí ya sabes que no hay problema. Eso sí, tendremos que dejarnos los grilletes abiertos, si no, no hacemos nada.

—Bien —le respondí—. ¿Y qué tal por Jaén?

—Una mierda, aunque no tanto como en El Dueso, pues me he enterado de que os tienen fatal por allí, ¿no?

—Bastante mal, sí.

—Pues allá en Jaén, bronca todos los días con los carceleros.

Continuamos hablando sobre todo aquello hasta llegar a Pontevedra. Allí nos abrimos los grilletes y metiendo trozos de cartón entre los dientes de los mismos, los cerramos de nuevo, sólo que el cartón impedía que se enganchasen al cierre. No nos hacía falta más que dar un fuerte tirón para que éstos se abriesen.

Nos sacaron escoltados hasta el interior del Juzgado entre periodistas y fotógrafos. Nos metieron en una pequeña sala de espera vigilados por un considerable número de agentes de la Guardia Civil y de la Policía Nacional. Las horas previas a la acción son las peores y las pasamos fumando y charlando. Se me hacía agradable la presencia de mi amigo y me tranquilizaba contar con él. Llegó la hora del juicio y ocurrió algo con lo que no contábamos: varios guardias civiles engrilletaron sus manos a las nuestras con otros grilletes. Nos habían jodido.

Pasamos a la sala y nos celebraron el juicio por un delito de desacato derivado de una carta que habíamos enviado a un juez, insultándole. Intentamos denunciar la situación por la que atravesábamos en prisión, pero hicieron oídos sordos a nuestras declaraciones. El juez me preguntó en tono paternalista:

—¿Cómo es que usted, siendo tan joven, se mete en complicaciones como ésta?

—Porque la justicia la dirigen hijos de puta como tú —le espeté.

Se puso de todos los colores, pues no esperaba una respuesta así. Trancho intervino.

—A vosotros —dijo dirigiéndose al juez y al fiscal— sí que os hace falta una sesión de rehabilitación, pues estáis podridos. ¿Cómo queréis pasar por jueces si ni siquiera llegáis a gusanos? Sois vosotros y vuestro jodido sistema los que necesitáis rehabilitaros, ¡cabrones!...

Entre insultos y burlas a la ley y a la justicia, nos echaron de la sala y nos introdujeron de nuevo en el furgón.

—¡Qué hijos de puta! —exclamó mi amigo una vez dentro del furgón.

—Ya ves, nos han dejado con el caramelo en la boca —le dije. Luego me reí y añadí—. Si supiese el gilipollas del juez lo cerca que ha estado de ser nuestro rehén.

—Lo nuestro es mala suerte, macho.

Nos deshicimos del cuchillo, pues ya no lo íbamos a necesitar para nada, y regresamos a prisión conversando y aprovechando aquel tiempo que podíamos estar juntos antes de entrar de nuevo en el aislamiento de la celda de castigo. En Monterroxo nos despedimos con un fuerte abrazo. Ya en Bonxe me llevaron a la celda que había ocupado la noche anterior, me retiraron los grilletes y me proporcionaron sábanas limpias y comida, en un trato más amable que a mi llegada.

A la mañana siguiente regresé a El Dueso. Me recreé en los paisajes de mi tierra y sentí cierta nostalgia, pues me inundaban los recuerdos. Sin duda me encontraba enamorado de aquel trozo hermoso del mundo, y veía con simpatía la lucha armada que en sus entrañas se llevaba a cabo por parte de militantes del *Exercito Guerrilheiro*, aunque la gran mayoría de estas mujeres y hombres se encontrasen detenidos y encarcelados en las prisiones estatales del poder que combatían. Ellos y ellas recordaban viejas historias de resistencia antifascista, nombres de *guerrilheiros* como Foucelhas, Piloto o Reboiras, asesinados por el franquismo. En aquellos montes se había llevado a cabo una de las más cruentas resistencias al fascismo, tras la victoria de los militares golpistas en la guerra civil; resistencia heroica traicionada por el Partido Comunista de Carrillo y Pasionaria. En aquel pueblo se había gestado una de las mayores revoluciones campesinas de la historia de la Europa feudal: la revolución *irmandinha*, en la que miles de campesinos se alzaron en armas contra la opresión y la miseria de los tiranos de la época. Admiraba al *Exercito Guerrilheiro*, y hasta mis oídos habían llegado las torturas de las que estaban siendo objeto en prisiones como la de Alcalá-Meco, en la que se negaban a acatar las normas o a pasar por los recuentos de pie, por lo que recibían terribles palizas. Sabía poco de política, pero lo suficiente como para entender que España era un Estado centralista edificado sobre la libertad de otros pueblos históricos y creado a partir de la conquista, abuso y explotación. Admiraba a aquella gente porque ellos se habían enfrentado abiertamente al narcotráfico, a los crápulas babeantes que exterminaban a la juventud con drogas adulteradas; los mismos que habían conducido a la muerte a la inmensa mayoría de amigos y amigas con los que había jugado de niño en los campos de aquella tierra antes de que la inundasen de drogas y miserias. Y siempre recordaría con cariño a Xose Vilhar Regueiro y Lola Castro Lama, muertos en el intento de liberarnos de aquella lacra amparada en la justicia insana de una democracia que se abría de piernas al mejor postor.

En el cielo gris de nuestro sencillo pueblo,
se ven estrellas rojas, cruzadas de azul,
almas aladas de guerrilheiros muertos,
libertades llenas de luz.

Llegamos por la tarde. Como me esperaba, fui conducido recién salido del furgón en volandas hasta la enfermería, en la cual me realizaron nuevas placas. Tras asegurarse de que no traía nada que pudiese constituir un peligro para el buen y ordenado funcionamiento del presidio, me llevaron hasta la celda del departamento. Allí me desnudaron y registraron las ropas. Cuando se marcharon, me asomé a la ventana y saludé a los compañeros, con los que comenté algunos detalles del viaje, pero poco más, dada la situación de escucha continua a la que nos sometían.

El día 23 cumplí veinticuatro años. A veces mi edad me traicionaba: todavía era un chaval, aunque jugase a ser un hombre, y había cosas que sólo la experiencia y el tiempo me enseñarían. Mi carácter era bastante violento y terco, sobre todo cuando creía tener razón en algunos aspectos en los que sinceramente me costaba reconocer mi ignorancia. Pero aprendería. Aprendería lo que debiera ser una asignatura obligatoria en el aprendizaje de todos los seres humanos: humildad y humanidad. Quería lograr que mi evolución y emancipación social se viese acompañada por una revolución humana en mi interior que me hiciese mejor, más tolerante y humano. Agradecía a mis compañeros su paciencia conmigo y sus esfuerzos por aceptarme con mi forma de ser: introvertido y desagradable, pero capaz de una entrega noble por cualquiera de ellos. Nos pusimos motes cariñosos: a Carlos pasamos a llamarlo «Simpson», a Juanjo «Doctor», Pedro se quedó con «Cansado», Juan con «Burbujas» y a mí me tocó el de «Norman». Barrot seguía metido en su mundo particular y apenas se asomaba a la ventana, a no ser para un tema puntual como, por ejemplo, proporcionarle datos a Juanjo para que novelase su última evasión e incluirla en *Adiós Prisión*.

Por lo demás, el régimen allí seguía siendo el mismo y se hacía tan monótono como insoportable. Llevábamos meses juntos y algunos nos conocíamos desde hacía años, lo cual unido a los pocos temas serios que podíamos tratar, al estar intervenidos, hacía que la mayor parte de las charlas fuesen insulsas y sin contenido, sin profundidad. Realmente se hacía agobiante. Lo único que rompía la rutina era observar desde la ventana una pareja de estorninos construir un nido encima de uno de los muros; verlos ir y venir con pequeñas ramitas en el pico o trozos de algodón, o caminar por el patio picoteando alguna fruta. También existía una paloma que debía pertenecer a algún preso y a la que echábamos migas de pan que picoteaba con la tranquilidad habitual en estas aves. Hasta las gaviotas parecían aburridas con aquel tedio.

En junio se produjo un motín en la prisión de Alcalá-Meco durante el cual murió uno de los presos a causa de las puñaladas que, en un ajuste de cuentas, le había asestado Moisés Caamáñez Álvarez, un joven de veintidós años. Le trajeron varios días después del motín y le metieron en la primera de las celdas, junto a Juan. Con él ya éramos siete. El mismo día de su llegada, Carlos le preguntó la razón de que, una vez más, un preso muriera en el transcurso de un motín, y la respuesta fue, más o menos, la historia que sigue.

El muerto había sido el causante de la caída en la droga y en la prostitución de una hermana menor de Moisés. Hacía unos meses que la chica había muerto a causa de una sobredosis.

Cuando Moisés se enteró de que aquel preso era el causante de la caída de su hermana y que se encontraba en el mismo módulo de Alcalá-Meco que él, secuestró al carcelero del módulo y fue a por el otro. Lo mató y, antes de rendirse y entregar al guardia secuestrado, exigió la presencia del juez de Vigilancia Penitenciaria y denunció palizas y malos tratos a los jóvenes de Alcalá-Meco. Para ilustrar esto, obligó al juez a que se entrevistase con un compañero suyo que se encontraba en aislamiento con un brazo roto y escayolado y marcas que delataban la agresión de que había sido víctima a manos de los carceleros. Tras esto se rindió, y días después fue trasladado a El Dueso. Ésta es la historia que contó, lo que no significaba que no sonasen otras versiones del incidente.

Por esos días a Juan le dio un siroco y, harto de soportar la presión que generaban las celdas, arrancó la ventana y se lió a golpes con la celda, destrozándola por completo. Acudieron los carceleros en tropel, lo redujeron y lo engrilletaron a la cancela con los brazos a la espalda. Acudió el subdirector médico.

—Ahora mismo te vamos a poner un inyección para que se te calmen los nervios, ¡pedazo de cabrón! —le amenazó.

Juan nos llamó a Carlos y a mí a gritos:

—¡José, Carlos...!

Me asomé a la ventana.

—¿Qué pasa, Juan? —le pregunté alterado.

En el módulo se palpaba la tensión acrecentada por un silencio que dolía.

—Me quieren inyectar... —me respondió asustado.

Y no era ninguna broma que te pusieran una de aquellas inyecciones de modecate que eran capaces de dejar a un hombre quince días tumbado, sin fuerza ni capacidad para pensar. Era peligroso, pues una inyección de aquéllas en una persona sana podría ocasionarle graves secuelas psicológicas. Yo estaba tan asustado como él, pero era mi amigo y me dirigí a la puerta para golpearla con fuerza. Carlos me llamó:

—¿Qué vas a hacer?

—Hablar con éstos para que no se la pongan, por supuesto.

Entonces seguí golpeando, y Carlos conmigo, hasta que vino el jefe de Servicios a la celda. Abrieron la puerta.

—¿Qué pasa? —me preguntó.

—El subdirector médico ha amenazado a mi compañero con ponerle una inyección por la fuerza, y qué va, eso no es así —le expliqué con calma—. Si Juan ha roto la celda es porque el régimen es duro, ustedes lo saben, y es lógico que a uno se le crucen los cables un día. No hace mucho se le ha muerto su padre, creo que es lógico y normal que se sienta así.

—Eso es cosa del subdirector médico y no nuestra, Tarrío.

—Bueno, pero sepan que si le ponen una inyección a mi compañero, el que va a romper la celda voy a ser yo, y luego el resto de mis compañeros, y vais a tener que entrar a esposarme, pues no me voy a dejar.

—Bueno, bueno, no amenaces, ¿eh? Tranquilo. Vamos a hablarlo con Don Enrique, a ver si podemos dejarlo por esta vez, ¿vale?

—Vale. Y otra cosa —añadí—, que le quiten los grilletes.

—Ya veremos.

Carlos le comentó algo parecido. Le comuniqué a Juan lo que habíamos hablado, para tranquilizarlo:

—Tranquilo, Juanito, a ver si te quitan los grilletes y no trasciende la historia. ¿Qué tal estás?

—Bien. Se me cruzaron los cables...

No vinieron a ponerle la inyección y unas horas después le quitaron los grilletes y le cambiaron de celda. Todo había quedado en un susto.

Pedro ganó algunos autos en el Juzgado de Vigilancia y se nos autorizó a salir una hora más al patio. En el exterior, la asociación Salhaketa y la Asociación Pro Derechos Humanos de España preparaban informes sobre nuestra situación, a raíz de un montón de copias de denuncias e instancias que habíamos conseguido hacerles llegar a través de abogados.

Recibí una carta de Musta desde el Puerto de Santa María:

Querido Xosé:

Cuando me presto a esgrimir el bolígrafo divago con el tiempo y las ideas y casi nunca concluyo lo que empiezo...

todo me parece poco o imperfecto. No acaban de asentarse las bases certeras de lo que me gustaría decir, transmitir. Creo que el verso se me hace pequeño, que estoy confuso, y que más que decir algo quiero transmitir mucho que no lo consigue este abstracto medio.

Amado irman do alma... ¿me entiendes? Bien sabe ese sentimiento comprimido y profundo llamado amistad lo mucho que te añoro y lo poco que por ti puedo hacer... Bien sabe esa furia apasionada lo que para mí representas y sin embargo como las olas bravías se estrellan contra las rocas de las orillas de mis límites... ¡qué triste!... ¡qué rabia!

Algunas veces, cuando camino por la idea del narrador de turno me sustraigo tanto de este mísero mundo, me adentro tanto en el que me cuentan, que cuando «despierto» del viaje me siento desconocido, extraño. Me siento desprendido de todo lo material, de todo lo frívolo, y mi antigua vanidad ha sucumbido a los encantos de la dignidad digna.

Nunca podrán, *irman meu*, encerrar el amor que siento por la justicia y la vida digna, como tampoco podrán silenciar lo que hablo desde mi púlpito interior. Mi cuerpo es un leal soldado al servicio de la humanidad y las ideas libertarias de mi amado Piotr Kropotkin. No concibo la vida sin una aspiración de legar a la humanidad un recuerdo de dignidad y lucha en nuestras personas y acciones.

En la vida existen millones de personas que por su falta de carácter no dejan de ser más que millones de personas, y tan sólo conocemos por su legado a centenares de mujeres y hombres muy singulares por sus revolucionarias ideas o acciones. Y haciendo un somero repaso por las revoluciones de los mortales singulares, he comprobado (con sumo pesar) que nunca han reparado en los eternos esclavos de las sociedades: los presos. Ni comunistas, ni socialistas, ni republicanos... ¡nada! Organizaciones supuestamente vanguardistas en la progresión del allanamiento secular de las clases sociales, no han reparado en la clase social más reprimida, a las cuales decían y dicen representar. Es triste oír el grito desgarrado y silencioso de un colectivo que por sus características homogéneas en algunos aspectos no sabe encauzar su justa rebeldía, entre otras por su ignorancia, temor y cobardía.

En fin... quisiera hablarte y abrazarte para sentir que lo que pienso y digo es fruto de una idea común, para así delegar un poco de mis anhelos y tristezas en tus fraternos hombros de camarada y afrontarlo todo con la idea de quien no está solo en la guerra contra lo injusto.

Con amor libertario, tuyo:
GABRIEL POMBO

La carta de mi amigo me hizo pensar. Me alegraba de que hubiese abrazado la anarquía como filosofía humana desde la cual encarar el sistema. La anarquía, la cultura libertaria, era a largo plazo la esperanza de la sociedad, especialmente la esperanza de los más oprimidos.

Continué corriendo alrededor del pequeño patio, mejorando de manera ostensible mi forma física. Solía correr una hora al día, ahora que nos habían aumento el horario, y practicar ejercicios de elasticidad. Aquello me animaba y me propuse dejar de fumar. Hacía tiempo que las drogas habían quedado atrás para mí, y el único vicio que albergaba era el del tabaco; estaba obsesionado con dejarlo, pues significaba mucho para mí, además de que me ayudaría a mantener la salud en mejores condiciones, dejándome más dinero para comer, ya que el tabaco se llevaba prácticamente la mayor parte del peculio. Después de aquellas sesiones de deporte, espiado siempre por un carcelero que se ocultaba tras los barrotes de una garita colindante con el patio, me pasaban esposado atrás a las duchas, donde me aseaba y me cambiaba de ropa. No nos permitían tener de ropa en la celda más que lo puesto y una toalla, así que guardaban nuestras pertenencias al lado de las duchas, de manera que pudiésemos cambiarnos en ellas. Luego se encargaban de mandar la ropa sucia a la lavandería y de colocarla de nuevo en las bolsas con nuestro número.

Llegó julio y con él el calor y la visita de mi madre y de su marido. Estaba hermosa, pero triste por como me tenían allí, lo cual una madre siempre nota.

—Hola, hijo —me saludó.

—Hola, madre...

—¿Cómo te tratan, cariño?

—Como en todas partes, ya sabes.

—Sí. He estado llamando por teléfono estos meses aquí y me lo colgaban —me comentó—. Pedí hablar con el director, quien me dijo, de malas maneras, que estabas incomunicado y que no se podía hablar contigo.

—No llames más aquí, ¿vale? —le dije—. Tú tranquila, que yo sé cuidarme bien.

—Te hemos traído algo de ropa y comida, pero la comida no nos la dejaron pasar...

Conversamos durante veinte minutos. Me alegró mucho verlos a los dos. Quería mucho a mi madre y me alegraba de que hubiese encontrado un compañero que era bueno con ella. Se lo merecía. Después de unos besos estampados contra el cristal y de unas miradas, en las que el destello de sus ojos castaños, entristecidos y húmedos, cruzaron poesía de amor con los míos, me esposaron a la espalda para regresarme de nuevo al módulo y a la celda. ¿Cómo explicarle a ella todo aquello? ¿Cómo decirle que era seropositivo y que la sola idea de causarle el dolor de mi pérdida se me hacía insoportable? ¿Cómo definir el dolor que en momentos como aquél me hacía capaz de cometer cualquier locura? El sistema no se conformaba con mantenernos ahogados y suspendidos de la vida; también se recreaba causándole dolor a nuestras familias y castigándolas a ellas como hacían con nosotros: de manera vengativa y cruel.

Días después de aquella comunicación, Moisés se clavó un trozo de hierro en el pecho, a la altura de los pulmones. Avisamos a los carceleros y éstos tardaron un cuarto de hora en venir con el subdirector médico a la galería. Abrieron la puerta del compañero y lo esposaron. Desde las celdas, por el pasillo, podíamos escucharlo todo.

—A mí no me vengas con estas mariconadas, ¿eh? Si te has clavado el hierro, te jodes... —gritaba el subdirector.

Después de una serie de amenazas, finalmente le extrajeron el hierro y le curaron. Sin embargo, Moisés volvió a autolesionarse en cuanto lo dejaron solo en la celda, ésta vez cortándose con un trozo de cuchilla que tenía escondida. Entraron en tropel y le esposaron a la cama, después de pegarle algunas bofetadas. Luego el subdirector médico ordenó que le pusieran una inyección, y antes de marcharse, ante los insultos de Moisés, rociaron la celda con espray. Joven y portador del virus del SIDA, Moisés Caamáñez no soportaba el aislamiento en aquellas condiciones y se desesperaba. Era su carácter. Débil y nervioso, aquel silencio, aquellas paredes blancas que parecían estrecharse cada día más sobre todos nosotros le volvían loco y le trastornaban hasta el límite de evadir el dolor a través de la autolesión. Parecía contradictorio, pero era así: autolesionarse en aquellas circunstancias para él representaba una solución, una forma de gritar ¡basta! al aislamiento y a la soledad, de romper la monotonía y atraer la atención sobre su persona, sobre sus problemas, sobre su sufrimiento. Se lo llevaron de allí varios días después a un régimen algo menos severo en la prisión de Alicante.

No había pasado mucho tiempo cuando nos enteramos de su ahorcamiento tras su traslado a Villanubla, en Valladolid. Era normal. Una cosa era la cárcel y otra muy diferente la cárcel dentro de la cárcel. Con aquel joven, como con muchos otros, se habían equivocado. Moisés no era más que un joven drogadicto que había cometido una serie de delitos bajo los efectos de las drogas que inundaban todos y cada uno de los presidios del Estado español, todas y cada una de las ciudades, todos y cada uno de los barrios marginales que, por cierto, eran muchos.

La Administración nos permitió aquel mes tener un aparato de televisión, lo cual nos ayudó a mantenernos entretenidos. Compramos una pequeña, de cinco pulgadas, para cada uno, para romper la monotonía que nos ahogaba. Como la inmensa mayoría de la población reclusa, pasamos a tragarnos las programaciones televisivas de los diferentes canales. Asistí al segundo Tour de Francia, ganado impecablemente por Miguel Indurain, aficionándome a aquel deporte que me encantaba. También hice amistad con una araña para la cual cazaba algunas moscas y mosquitos en la celda y que luego bajaba al patio en una bolsa de plástico. Se estableció en una de las esquinas del mismo y la apodé «Doña Tecla», en honor a la araña malvada que salía en los dibujos animados de «La abeja Maya», en los añorables tiempos de mi infancia. Me sentaba cerca de ella y de su magnífica tela de araña bordada de manera magistral y posaba los insectos sobre la misma. Entonces salía de su escondrijo y se abalanzaba sobre ellos envolviéndolos con su tejer de tela, para después arrástrarlos hacia su cueva donde, a modo de despensa, los guardaba y, tras inocularles su veneno, esperaba a que sus cuerpos se corrompieran para sorberlos. Tras esto se deshacía de los cadáveres, vacíos, arrojándolos al suelo desde la tela, y se escondía a esperar la caída de nuevas presas. No es que fuera mi animal preferido, pero al menos me hacía compañía y me distraía observándola. A veces le rompía trozos de tela sólo para ver cómo la elaboraba de nuevo con aquella maestría. También solía jugar con algunos escarabajos peloteros que se colaban en el patio: éramos amigos. Ni ellos me atacaban a mí ni yo a ellos; convivíamos en armonía dentro de aquel mundo de cemento. Era increíble la fauna animal que había por allí. Una tarde, mientras conversábamos por las ventanas, observamos a un aguilucho sobrevolar el patio grande, al que no salía nunca nadie y en el cual varias aves se alimentaban de la comida que les arrojábamos. La pareja de estorninos, que entonces ya había construido el nido y se encontraba incubando los huevos, se percataron de la presencia de éste y volaron a refugiarse dentro de un pequeño agujero; pero no así un pequeño y gracioso gorrión sobre el que se abalanzó la rapaz, sorprendiéndolo y capturándolo para llevárselo sin vida entre sus fuertes y poderosas garras. Seguramente serviría de almuerzo a sus polluelos hambrientos. Asistimos igualmente a la cópula de una pareja de gaviotas, sobre el muro, sin ningún pudor, lanzando gritos de placer hasta alcanzar el orgasmo, ante las risas cómplices de todos nosotros.

Agosto no hizo más que confirmar que el régimen se mantenía indefinidamente. Con la concesión de dos horas de patio diarias en soledad y la entrega de las ropas personales, así como las comunicaciones limitadas y censuradas, o el acceso al economato (aunque con productos limitados) parecía que se habían alcanzado todos los derechos posibles para nosotros, incluida la televisión.

José Antonio Moreta fue ascendido por su meritoria labor en El Dueso, especialmente con nosotros, y trasladado a Carabanchel, donde tan sólo dos años después sería descubierto un desfalco y cesado de su puesto de director. ¿Era con hombres como aquél con los que pretendían hacer de nosotros y nosotras ciudadanos honrados? Para suplirlo trajeron a un viejo conocido, José Ignacio Bermúdez, desde la cárcel de Orense. Con aquel director todo continuó igual: beneficios para los cerca de quinientos violadores que había en la prisión y para los narcotraficantes. Para los que nos habíamos atrevido a alzarnos contra el poder, aislamiento, seguridad y palos.

El día 11 de septiembre, a las doce del mediodía, se produjo un motín con rehenes en la prisión de Daroca. Escuchamos las noticias por la radio. Varios compañeros: Joaquín Ángel Zamoro Durán, Luque Tamajón, José Romero González, Eduardo Camacho Chacón, Juan Manuel González Fernández y Enrique Velasco, hartos de pudrirse en prisión, tomaron varios rehenes en los módulos uno y dos. Negociaron su salida exigiendo un vehículo en la puerta y el camino despejado de policía, bajo la amenaza de ejecutar a varios carceleros. Desde la Dirección General de Instituciones Penitenciarias acudieron Ángel Yuste Castillejo, subdirector de Asuntos Penitenciarios, y también el juez de Vigilancia Penitenciaria, Luis Pérez Román, un franquista de sesenta y cinco años. Entraron dentro de la prisión para negociar con los presos, los cuales habían serrado algunos barrotes que daban acceso al pasillo desde el que se negociaba por parte de la Administración, con el fin de secuestrarlos. Y efectivamente, cayeron en la trampa y ambos pasaron a formar parte de los rehenes. Afuera se formó un enorme revuelo y las UEI (Unidades Especiales de Intervención) hicieron acto de presencia en el recinto carcelario. La televisión ofreció imágenes de Zamoro Durán y Luque Tamajón gritando, desde una de las ventanas de uno de los módulos, reivindicaciones de mejoras carcelarias a los medios de comunicación que se encontraban en el exterior.

Varias horas después se notificaba que uno de los carceleros estaba herido gravemente, al haber recibido un corte profundo a la altura de la garganta por parte de José Romero González. Desde afuera se prometió poner un coche a cambio de que no hiciesen daño a nadie más y soltasen al herido. Se le soltó. Fue un error. Con la información recibida del carcelero herido las UEI se pusieron manos a la obra, apostaron a sus hombres en los tejados y prepararon varias cargas explosivas. El asalto se produjo en cuestión de minutos; los explosivos abrieron los butrones necesarios y las Unidades Especiales penetraron en el interior de la prisión armados con pistolas, subfusiles, chalecos antibalas, cascos y todo tipo de material de guerra para enfrentarse a un grupo de presos armados de varios cuchillos. Joaquín Zamoro Durán recibió durante el asalto dos balazos, uno en una pierna, el otro en su muñeca; un preso de color que andaba por allí suelto, sin participar en el motín, recibió asimismo un balazo en el estómago.

Todos fueron reducidos en minutos y los rehenes rescatados con vida. Al resto de presos participantes en el motín les fueron quebrados los huesos de los brazos y las piernas con bates de béisbol y, desnudos, trasladados posteriormente al hospital. Luego serían dispersados por varias prisiones. A El Dueso trajeron a José Romero González, alias *el Loco*, al que pusieron de vecino mío. Venía hecho una pena, destrozado por los palos que le habían dado y con el cuerpo a ochenta de defensas, así como aquejado de soriasis, enfermedad que le carcomía la piel, llenándosela de llagas purulentas. Se la habían jugado a una carta y habían perdido: curiosamente, de todos los que habían participado en el secuestro, la mayoría eran enfermos de SIDA.

Todos fuimos llevados a nuevas prácticas de rayos X. El servicio médico seguía siendo una verdadera mierda. Únicamente se libraba una ATS nueva que había llegado recientemente, llamada María del Mar, la cual nos trataba con gran simpatía y amabilidad. Yo, pese a todo, me mostraba a menudo serio y distante con ella, pero se esforzaba por hacerme entender que no me veía como a un enemigo. A menudo me cogía estudiando.

—Seguro que copias —me decía sonriente.

—Si copiase, para qué estudiar entonces, ¿no? —le indicaba.

—Traigo la pesa, ¿quieres pesarte?

—A ver, venga.

Era una buena mujer, sólo que recelaba de ella al verla al otro lado de la verja. Finalmente, aquella mujer dejaría de trabajar allí e iría a denunciar los malos tratos a los que nos sometían al Defensor del Pueblo, el cual, como todos los demás cargos dirigentes de instituciones, haría caso omiso. Con los años se convertiría en la compañera de Juanjo. A veces el destino era así de sorprendente y revoltoso.

Una de aquellas mañanas, harto de las provocaciones de un grupo de carceleros, crucé unas palabras con uno de ellos a la hora del recuento.

—No veas si eres valiente al otro lado de la reja —le dije—. A ver si bajas al patio después, tú solo, y te das unas hostias conmigo, marica, y dejas de piarla.

—Tú no eres más que un hijo de perra —me contestó.

Después del desayuno vinieron a sacarme para el patio. El carcelero con el que había discutido minutos antes venía acompañado de otros dos carceleros y un jefe de Servicios, el cual traía una porra. Cuando me acerqué a la cancela y me pidieron la ropa para cachearla, me guardé un gargajo de los verdes en la boca y se lo escupí en pleno rostro.

—Esto es de parte de mi madre —le dije, sintiéndome realmente a gusto.

Hacía tiempo que tenía ganas de hacer aquello.

Fueron a por las llaves mientras me amenazaban. Me preparé para lo que pudiese pasar, invitándoles a entrar situado al lado de la cama. Cuando abrieron la puerta entró primero, vacilante, el carcelero al que había escupido, con el cual me enzarcé a golpes en una pelea igualada; pero no habíamos intercambiado tres puñetazos cuando el jefe de Servicios, comprobando que me defendía, entró en la celda con una porra en la mano y subido a la cama comenzó a golpearme en la cabeza. Intenté agarrarle la porra para quitársela, pero un puñetazo en la cara me lanzó contra la pared, donde se hicieron conmigo tumbándome en el suelo. Una patada impactó contra mi cara, rompiéndome la nariz, y la porra no cesaba de golpear mi cabeza impidiéndome reaccionar. Tras patearme y partirme la porra en la cabeza, me arrastraron hasta la cancela, todo ello supervisado por los otros dos carceleros prestos a intervenir. Me esposaron a la cama con los brazos a la espalda, semiconsciente, chorreando de sangre por la nariz y la boca. Luego se entretuvieron insultándome y rompiendo la televisión y la ventana con el fin de denunciar posteriormente al Juzgado que había intentado agredirles con ellas. Antes de salir de la celda, uno de los carceleros, al que conocíamos como «Caniche», me apretó los grilletes clavándomelos en las muñecas.

Horas después trajeron a un médico que ordenó ponerme una inyección. Me negué, así que me la tuvieron que poner a la fuerza tumbándome sobre la cama. Agarrándome de los brazos y las piernas, tirándome del pelo, me inmovilizaron y pusieron la inyección. Tras aquel acto de valentía, me trasladaron, siempre esposado a la espalda, hasta un furgón de la Guardia Civil encargado de trasladarme al Hospital Marqués de Valdecilla, según pude escuchar. Antes de montar pude ver por allí, oculto, al director. Cruzamos una mirada. Yo no lo conocía de vista, pero sabía que era él: lo odié. Me trasladaron a urgencias y en el hospital nos aguardaban varios inspectores de Policía de paisano. Con una más que considerable escolta policial, para el peligro que yo podía representar, me fueron recompuestos los huesos de la nariz entre dolores terribles y posteriormente me escayolaron la mitad de mi rostro. Cuando me regresaron a El Dueso, los carceleros me esposaron de nuevo a la cancela. Un jefe de Servicios vino a hablar conmigo. Mi aspecto ensangrentado y la cara escayolada, aparentemente, lo conmovieron:

—Joder, Tarrío, no aprendes, ¿eh?

—¿Aprender el qué? —le pregunté mirándole con rabia.

—¿No ves que llevas todas las de perder, hombre? Escribe, lee, pinta, pero no entres a las provocaciones que ya ves lo que pasa. Si no te lo digo por otra cosa, Tarrío —insistió—. Y no creas que es agradable verte así e irme luego a casa con esta imagen en la cabeza.

—Ya... —ironicé.

—Bueno, ¿puedo quitarte los grilletes?

—Usted verá.

—Si no vas a romper nada ni a liarme ninguna, te los quito, ¿vale?

—Vale.

Me quitó los grilletes y luego se marchó. Los compañeros me llamaron.

—Ese José —me gritó Carlos.

—Dime.

—¿Dónde estabas? Te hemos estado llamando...

—En el hospital.

—¿Y eso? —preguntó Juanjo.

—Me han estado escayolando la nariz, pues me la rompieron.

—Pues a mí, al subir del patio, me han pegado y a Juanjo también —me explicó Juan—. Ya ves, les dije que eran unos cobardes y, cuando me subieron del patio, engrilletado atrás, pues me dieron unas hostias. A Carlos le entraron en el chabolo.

—Nada, tranquilos.

A Barrot se lo habían llevado de conducción a Villanubla hacía varios días. Yo había estado metido en la cama una semana sin bajar al patio, así que aquella mañana bajé a correr un poco. Me encontraba corriendo por el patio cuando, a través de una ventana de la oficina de los carceleros, se asomó el jefe de

Servicios con el que había tenido la bronca anteriormente, el cobarde de la porra.

—Eres duro de pelar, ¿eh? —me gritó.

Lo miré con asco y seguí corriendo indiferente; pero siguió con una sonrisa en los labios:

—¿Sabes que ha muerto vuestro compañero esta mañana?...

Me detuve un instante:

—¿Qué compañero?

—Barrot. Se ha ahorcado esta noche pasada en Valladolid.

Continué corriendo, pensando en aquello e ignorando la presencia de aquel puerco. No sentía nada por Barrot pues no era precisamente alguien con el que me llevase bien; pero sentía rabia por el hecho en sí, por la inducción al suicidio que día a día iban construyendo esos que se llamaban a sí mismos funcionarios del Estado y que no eran más que verdugos torturadores.

Una vez en la celda, comenté la noticia al resto de compañeros. Luego me tumbé en la cama. Sentía una gran incomodidad por la escayola, así que me la quité y la arrojé a la esquina de la mazmorra. Encendí un cigarro. Era el último que me fumaría: me recreé en su sabor observando el humo.

¿Nunca te has sentido como un animal herido mientras en el cielo se recortan las siluetas de los buitres? Aunque la arquitectura literaria no fuese mi fuerte, tendría que narrar aquello algún día; explicar aquellos sentimientos que nos convertían a todos en víctimas y verdugos del monstruo carcelario.

Epílogo

Cuando decidí escribir *Huye, hombre, huye*, deseaba simplemente dar a conocer una realidad del mundo carcelario desde el conocimiento profuso que me ha proporcionado la experiencia directa. Quise que mi narración fuera apodíctica, acercarme a la verdad (pues no me vanaglorio de poseerla) para que cada uno de vosotros sacase sus propias conclusiones, según su ideología y humanidad. Cuando escribí las páginas que habéis leído y que conforman *Huye, hombre, huye*, por mi mente desfilaron todos los amigos, compañeros y hombres que en la cárcel y en la huida constituyeron mi familia, en su mayoría muertos por el SIDA. Cada frase, cada palabra y cada pensamiento constituyen un homenaje a su memoria: lágrimas que mis ojos no habituados al llanto jamás derramaron hasta hoy en forma de letras. Por eso tan sólo pido una cosa a los lectores y lectoras de este libro, afines o críticos, y es que entiendan que para poder escribir este documento fueron necesarios muchos sufrimientos, dolor y muertes. Por ello, pienso firmemente que merece cuanto menos respeto y atención, pero sobre todo, y como objetivo primordial, una profunda reflexión. Todas las personas encarceladas en prisión han sido ya juzgadas de una u otra manera, así que no abordéis un nuevo juicio contra estas mujeres y hombres, sino contra vosotros mismos: ¿es deseable este sistema o hay que cambiarlo e intentar uno mejor? Vosotros elegís: pasar de largo o detenerse a pensar. Eso sí, sois responsables directos de todo aquello que pagáis y sostenéis con vuestros impuestos, y a vosotros os toca decidir qué cosas se hacen con ellos.

Huye, hombre, huye no constituye una historia excepcional, sino una historia tristemente repetida en las cárceles españolas. Es también el humilde intento de un neófito de transmitir una realidad cruda, plasmada al papel con los límites del Graduado Escolar. Consideré que en este sentido y en mi primer ensayo lo más que podía ofreceros era mi sinceridad. Por lo demás, nunca pretendí adornar un tema tan serio con florituras literarias; he pretendido ser sencillo, crudo, duro y crítico como el tema lo exige, sin caer en el victimismo, pero sin renunciar tampoco a relatar unos hechos palpables, que los medios de comunicación oficiales se han esforzado en acallar, y asumiendo los riesgos y consecuencias que se puedan derivar del relato, puesto que escribo desde una celda en la que me encuentro a merced de los excesos de las personas a las que abiertamente critico en este libro. Es más, creo que necesitaré escribir una segunda parte para apuntar cuestiones que se me han quedado en el tintero: muertes como las de José Romero González por SIDA en la prisión de Picassent (Valencia), aparentemente normal si no fuese porque los últimos días de su vida agonizó en una cama del hospital penitenciario engrilletado a la cama (los carceleros se cobraban así, con la colaboración del juez Alberola Carbonell, una venganza particular por el secuestro de Daroca); como la muerte de Juan Luis Sánchez González, después de varios apaleamientos por parte de los carceleros de Jaén 2, en cuya prisión se ahorcó el 29 de noviembre de 1995 (era entonces mi vecino y tuve que escuchar día a día las palizas y los gritos de dolor, hasta que un día se lo llevaron muerto; tenía veintidós años, se había atrevido a agredir a un carcelero y lo pagaba con la vida); como la muerte de José Luis Iglesias Amaro (alias *Mastinato*), ahorcado, tras varias palizas, en la prisión de Picassent el 27 de febrero de 1994; como la de Juan Luis López Montero en septiembre de 1993 en la cárcel de Almería; o la de Moisés Caamáñez en la cárcel de Villanubla (Valladolid) por ahorcamiento en julio de 1994 (los carceleros llegaron a tiempo, pero por miedo a que fuera un simulacro lo dejaron morir colgado de un trozo de sábana); como la de Isabel Soria Camino, fallecida por inasistencia médica en 1994 en Villanubla; como tantas otras muertes ocurridas en prisión por negligencia e inducción de

Instituciones Penitenciarias. No se debe olvidar que cuatro de estos presos muertos estaban incluidos en un régimen especial ilegal—el régimen FIES, no contemplado en ninguna de las leyes en vigor—, ni que en la actualidad medio centenar de presos sufren este régimen brutal en las prisiones de Badajoz, Jaén, Villanubla, Valdemoro, Picassent, Sotoreal y Villabona, lo que supone una conculcación de los derechos humanos más elementales.

Escribir este libro me llevó cerca de dos años (dadas las complicaciones que me supuso sacarlo poco a poco, a escondidas, a través de ciertos abogados) y en todo este tiempo he asistido a sucesos que dan para otro libro, sinceramente. No quise incluirlo todo aquí por no hacerlo excesivamente extenso o repetitivo. Es cierto que durante todo el libro he hablado sólo de los presos en régimen cerrado, y lo he hecho por dos razones: en primer lugar, porque el régimen cerrado y el FIES son los únicos regímenes que he conocido en prisión, por lo tanto los que conozco; y en segundo lugar, porque estas personas aisladas son, junto con los enfermos y enfermas terminales en prisión, las más necesitadas de que se conozcan sus circunstancias y sus problemas. Desde luego no son personas perfectas y sin duda la mayoría son violentas, pero... ¿por qué lo son? Las claves se encuentran en este libro. Yo no voy a negar la brutalidad que existe en la cárcel entre presos, desafortunadamente, y por ello he relatado pasajes estremecedores en este sentido, intentando ser fiel a la realidad sin añadirle ni sustraerle nada.

Después de muchos años de aislamiento uno aprende muchas cosas de los hombres, y es verdad que muchas de esas cosas no son más que fruto de nuestra propia brutalidad; sin embargo, es incuestionable la entrega, el valor y la increíble solidaridad que muchos de estos personajes albergan en sus corazones y que no debe empañar la actitud de unos pocos. Conozco hombres y mujeres en prisión con una dignidad tal que uno no puede menos que sentirse impresionado; presos y presas con una conciencia tan linda que ya la quisieran para sí muchos de vosotros, y yo mismo. La mayoría de los mensajes de este libro los he aprendido de ellos y ellas, de sus cartas y sonrisas, de sus motines y rebeldías, de su tremenda humanidad que me ha aportado lo mejor de mí mismo.

No quise hacerlo público por respetar su intimidad, pero la inmensa mayoría de los personajes de este libro son portadores del virus del SIDA y aguardan la muerte a corto plazo. De todas formas les sobra dignidad y solidaridad con los demás. Igualmente tengo que advertiros que puedo haberme equivocado en algunas fechas y que algunos diálogos que aparecen en el relato no son una fiel reproducción del diálogo original, pues ¿cómo recordar intactos diálogos mantenidos hace años? Eso sí, los temas son los mismos, igual que el tono utilizado, propio de mi carácter.

En cuanto a mí, poco hay que decir. Me he utilizado para narrar unos sucesos ocurridos en prisión y que marcan la trayectoria penitenciaria del PSOE en el Estado español, hechos que he visto, escuchado o a veces protagonizado. He aprovechado la oportunidad para decir claramente parte de lo que pienso sobre un sistema podrido, inhumano, carente de inteligencia, al que aborrezco con todo mi corazón.

Ahora sólo espero contribuir con este texto a edificar algo mejor. Siempre he creído en el ser humano libre e independiente, no en las instituciones. Espero que estas letras sean de alguna ayuda y puedan salvar al menos una esperanza, alimentar una utopía (la sustitución de las cárceles por colegios, por ejemplo) o evitar alguna injusticia contra cualquier hombre o mujer, en cualquier lugar del mundo, en un futuro inmediato que voraz me sucede. Ojalá que sirvan para evitar que cualquier niño de barrio venga a ocupar la celda que deje libre una vez la prisión escupa mi cadáver, y para el cual ya se están forjando nuevos grilletes. Si fuese así me sentiría satisfecho, feliz. Pero mientras se avecina el futuro preñado de sucesos que todavía han de ver la luz, mi bolígrafo murmura entre las frías paredes de esta fría tumba de cemento, edificada sobre vuestra fría conciencia. Murmullos que erizan el vello y ante los que también siento frío, un frío moral y humano... No dejaré que maten mis sentimientos ni mis opiniones, ni apagar mis gritos ni mi sentirme niño ni la libertad que siento palpitar dentro de mí. No permitiré que encadenen mis valores con mentiras: ellos constituyen la sal de mi existencia, mi alimento. No soy un gemido: soy un grito de guerra desde la interminable noche de las tinieblas carcelarias.

Xosé Tarrío González
Prisión de Topas (Salamanca),
18 de marzo de 1996

Agradecimientos

A la Asociación de Madres contra la Droga, a la señora Manoli Navas (que tan bien se portó con nosotros), a Salbaketa (que lucha por los derechos de los presos y presas), a CASCO, la Plataforma y todas aquellas asociaciones que apoyan a los enfermos y enfermas de SIDA en prisión, a Javier Ávila Navas y Carlos Esteve García (que me ayudaron a mecanografiar muchas de estas líneas), a Santiago Izquierdo Trancho, a Carlos García Lago y su hermano Óscar, a Juan José Garfia Rodríguez (que me corrigió el primer borrador y me ayudó a mejorarlo), a Joaquín Zamoro Durán (que sea libre y feliz), a Edmundo Balsa Franco, a Patric de San Pedro (que más que editor fue un compañero que supo ver la realidad carcelaria y darnos voz) y demás compañeros de Virus, a Gloria, Marian, Sefa, Karmele y Usune (que llenaron celdas de castigo con sus sonrisas), a Juan Manuel González Fernández (que me ofreció su mano cuando la necesité: ¡que pronto seas libre, amigo!), a María del Mar Villar (que se portó con humanidad con nosotros), a la mujer que me regaló el amor verdadero y la dicha de experimentarlo, Mª Alexandra de Queirós Vaz Pinheiro, a los que de alguna manera me ayudaron en prisión, a los que ya no están, a los que se sienten ante una máquina de escribir para dar a luz un nuevo libro que aporte todo aquello que yo por ignorancia no he sabido... y, sobre todo, a aquellas personas que luchan en prisión y cuyos nombres no son conocidos, pero cuya pelea tantos beneficios nos han deparado. A Toni, un joven de veintiún años que me lo recordó en el decimosexto día de huelga del mes de marzo...

A todos y todas un abrazo libertario

ANEXO I

Escrito del fiscal de Sevilla, Luis Fernández Arévalo

AL JUZGADO DE INSTRUCCIÓN NÚMERO NUEVE DE SEVILLA:

El FISCAL, en las Diligencias Previas número 4.024/1991 seguidas en ese Juzgado, evacúa el trámite para el que ha sido emplazado, de conformidad con lo previsto en el artículo 790.6 de la Ley de Enjuiciamiento Criminal, formulando el escrito aludido en dicho precepto legal, en base a las conclusiones siguientes:

PRIMERA.- 1. A raíz de los violentos incidentes acaecidos en el Centro Penitenciario Puerto-I el día 11 de agosto de 1991, que culminaron con la muerte de un interno de dicho establecimiento, supuestamente a manos de uno o varios reclusos, ANTONIO ASUNCIÓN HERNÁNDEZ, Secretario General de Asuntos Penitenciarios, y GERARDO MÍNGUEZ PRIETO, en aquellas fechas Subdirector General responsable de la Inspección General Penitenciaria, determinaron de común acuerdo la aplicación de un especial programa de actuación y seguimiento respecto a un grupo de internos, clasificados todos en primer grado de tratamiento o sujetos al régimen especial previsto en el artículo 10 de la L.O.G.P., y conceptuados como muy peligrosos, en razón a su anterior participación en motines, secuestros de funcionarios, fugas, y otras diversas graves alteraciones regimentales.

Este grupo de internos había sido previamente incluido en un denominado «fichero de internos de especial seguimiento», como subgrupo primero, conocido como de «régimen especial» (en adelante internos «FIES RE»), cuyo control venía atribuido a la Subdirección General de Gestión Penitenciaria, dependiente de la Dirección General de Instituciones Penitenciarias (en lo sucesivo D.G.I.P.), y específicamente a su Servicio —después elevado a Área— de Régimen, lo que se correspondía a la propia naturaleza orgánica y funcional de esta unidad, y además venía establecido de manera reglada por la Instrucción de 6 de marzo de 1991 impartida por la D.G.I.P.

La primera decisión de ANTONIO ASUNCIÓN HERNÁNDEZ y GERARDO MÍNGUEZ PRIETO, fundamento de toda una serie de medidas subsiguientes, consistió en traspasar el programa de especial seguimiento de los internos FIES RE a la Inspección General Penitenciaria. Esta decisión fue adoptada como una simple medida de hecho, pese a que atribuía a la Inspección funciones ajenas a las estrictamente auditoras e inspectoras que de suyo le correspondían, y además revocaba de facto la Instrucción de 6 de marzo de 1991 impartida por la D.G.I.P., y todo ello sin un mínimo soporte normativo ni documental escrito.

2. A partir de esta decisión, ANTONIO ASUNCIÓN HERNÁNDEZ y GERARDO MÍNGUEZ PRIETO diseñaron un programa de actuación y seguimiento de los internos FIES RE, que substancialmente se resumía en los siguientes puntos:

a) Cualesquiera incidencias que protagonizaran los internos FIES RE deberían ser inmediatamente comunicadas a la Inspección General Penitenciaria por las Direcciones de sus respectivos Centros de destino por vía telefónica y telefax, a fin de que por la Inspección se adoptaran las decisiones que se juzgaran oportunas, y que a su vez eran impartidas de manera verbal y por teléfono a la respectiva Dirección, sin un mínimo soporte documental escrito.

b) Toda la correspondencia de los reclusos FIES RE quedaba sujeta a censura, debiendo ser remitida a la Inspección, sin cuyo previo visto bueno no podría cursarse.

c) Y finalmente, un amplio abanico de mediadas regimentales inspiradas en razones de seguridad, que modificaban de modo muy substancial el programa de actuación originalmente previsto por la D.G.I.P. para este grupo de reclusos, a su vez recogido en su Circular de 2 de agosto de 1991. Algunas de esas nuevas medidas regimentales constituían abiertas revocaciones de las reglas previstas en la aludida Circular.

Una parcial materialización escrita del programa de actuación diseñado por ANTONIO ASUNCIÓN HERNÁNDEZ y GERARDO MÍNGUEZ PRIETO se concretó en un documento denominado «Orientaciones Complementarias a las normas Comunes Tipo para internos de primer grado (primera fase) específicas para el Departamento Especial del Centro Penitenciario de Badajoz» (en adelante «Orientaciones Complementarias»), que pese a su denominación y finalidad aparentemente específicas para Badajoz, donde se recibieron por fax el día 14 de agosto, fueron igualmente transmitidas a otros Centros, entre otros a Sevilla-2. Dichas Orientaciones Complementarias fueron aprobadas por ANTONIO ASUNCIÓN HERNÁNDEZ.

3. El día 19 de agosto de 1991 el C.P. Sevilla-2 recibió un fax de la Directora General de Instituciones Penitenciarias, en el que se comunicaba a su Director la próxima llegada de un grupo de doce internos FIES RE, conceptuados como extraordinariamente peligrosos, y se le ordenaba que se sujetara su régimen a lo previsto en la Orden Circular de la D.G.I.P. de 2 de agosto de 1991, relativa a internos clasificados en primer grado y sujetos al régimen previsto en el art. 10 de la L.O.G.P.

El primer interno ingresado en el Centro, procedente de Almería, fue JUAN CARLOS BELLO CEVA, y llegó sobre las 13.00 horas del día 22 de agosto. A este interno, en el curso de las primeras horas de la tarde, se le retiraron todos sus enseres personales, lo que motivó las consiguientes protestas del recluso, «que no quería quedarse sin nada de ropa», según el Libro de Incidencias.

Es ese mismo turno de la tarde llegaron al Centro, trasladados desde Puerto-1, en una segunda conducción, los reclusos SANTIAGO IZQUIERDO TRANCHO, VÍCTOR LLOPIS CATALÁN y CARLOS MUÑOZ VIVO.

Los internos ERNESTO PÉREZ BARROT, FERNANDO VÁZQUEZ AYUDE, BENITO TOLEDANO SILLERO, ANTONIO LÓPEZ SANTIAGO, JUAN JOSÉ PÉREZ LLORENTE, SALVADOR ESTARLICH MORANT, JOSÉ AGUSTÍN RIESGO SÁNCHEZ y HÉCTOR GUILLEN SERRA llegaron a Sevilla-2, procedentes de Badajoz, sobre las 1.00 horas del día 23 de agosto. A diferencia de las dos conducciones precedentes, cuyas llegadas se produjeron sin que conste incidencia alguna, la llegada de ésta fue extremadamente violenta, ya que varios reclusos se habían quitado las esposas, y capitaneados por BARROT, se negaron a descender del furgón de la Guardia Civil, llegando el interno citado a amenazar de muerte a cualquier funcionario que pretendiera subir al vehículo, finalmente este grupo de internos pudo ser reducido y desalojado, haciéndose uso de la fuerza necesaria para ello por los funcionarios del turno de noche presentes, al frente de los cuales se encontraban en persona ANTONIO DE DIEGO MARTÍN, Director accidental, e ISIDRO COLÓN DURÁN, Subdirector de la Unidad de Cumplimiento.

A su llegada, y por orden de la Inspección, se sometió a los internos a radiografías, para la detección de eventuales objetos peligrosos que pudieran traer ocultos en sus cuerpos, con resultados positivos en los casos de JUAN CARLOS BELLO CEVA, que llevaba en el recto una sierra, SANTIAGO IZQUIERDO TRANCHO, que ocultaba en el recto una navaja y una llave de esposas, VÍCTOR LLOPIS CATALÁN, que escondía una papelina de sustancia estupefaciente, HÉCTOR GUILLEN SERRA, quien llevaba «empetada» una sierra, y BENITO TOLEDANO SILLERO, que portaba escondido dentro del recto seis hilos de sierra y un trozo de sierra.

No se detectó sin embargo objeto peligroso alguno oculto a los restantes siete reclusos trasladados.

Constatado que portaban objetos escondidos en el cuerpo se aplicó a esos cinco internos reseñados contención mecánica, hasta que voluntariamente accedieron a extraérselos, haciendo entrega de los mismos. Estas medidas no duraron en ningún caso sino horas, y fueron comunicadas el día 27 de agosto al Juzgado de Vigilancia Penitenciaria de Sevilla, cuya resolución estimó ajustada a derecho tanto la adopción como la duración de las medidas aplicadas.

Los reclusos fueron destinados en celdas individuales ubicadas en el Departamento de Ingreso y en el Departamento de Aislamiento de la Unidad de Cumplimiento, conocido como «Módulo 9», en compañía de otros dos internos clasificados en primer grado destinados previamente en Sevilla-2, y también conceptuados como muy peligrosos, JULIÁN MUÑOZ CUESTA y LISARDO GONZÁLEZ REYES. Estos dos internos serían separados del grupo de los doce recién llegados, en días posteriores.

4. Durante la tarde del propio día 22 de agosto de 1991, fecha de la llegada de las dos primeras conducciones de internos FIES RE, el Centro Penitenciario Sevilla-2 recibió por fax las aludidas «Orientaciones Complementarias».

Tales Orientaciones Complementarias fueron intervenidas judicialmente en la carpeta de archivo de Circulares e Instrucciones de la Secretaría General de Asuntos Penitenciarios, y como consta en acta levantada por la Sra. Secretaria de dicho Juzgado, localizadas en un apartado específico de la propia Secretaría General, diferenciado de los correspondientes a Órdenes y Circulares de la D.G.I.P., de la D.G. de Administración Penitenciaria, de las respectivas Subdirecciones Generales, dependientes de dichas DD.GG., y de las dos Subdirecciones Generales directamente dependientes de la Secretaría General.

Aunque dicho documento carecía de firma ni identificaba la Autoridad que impartía sus instrucciones, presentaba los siguientes signos identificadores de ser aquella la propia Secretaría General de Asuntos Penitenciarios:

a) El membrete del propio documento, en el que se reseñaba textualmente «Secretaría General de Asuntos Penitenciarios» por única mención, de uso reservado para dicha Secretaría o su titular, no utlilizable en ningún caso por ninguna de sus unidades administrativas subordinadas, Direcciones o Subdirecciones Generales, ni organismos dependientes jerárquicamente inferiores.

b) El aparato de telefax transmisor del documento, que en el fax recibido se identificaba como «Unidad de Apoyo», denominación que corresponde al Gabinete Técnico, organismo que, juntamente con la Inspección, constituyen las dos únicas Subdirecciones Generales que en el organigrama del Ministerio de Justicia dependen directamente de la Secretaría General de Asuntos Penitenciarios, y no de ninguna de las dos Direcciones Generales subordinadas a la mencionada Secretaría general.

c) El que su contenido revocara la instrucción personalmente impartida por la Directora General de Instituciones Penitenciarias contenida en un fax recibido en Sevilla-2 el día 19 de agosto de que el régimen a aplicar a estos internos era el previsto en la Circular de 2 de agosto de 1991, siendo el Sr. Secretario General de Asuntos Penitenciarios la única autoridad superior a la Directora General con potestad para revocar esa orden, así como la propia Instrucción de 6 de marzo de 1991, y Circular de 2 de agosto del mismo año, dimanantes de la DGIP.

5. En las citadas «Orientaciones Complementarias», al margen de atribuirse la exclusiva competencia de la Inspección General Penitenciaria para el control y seguimiento de los doce internos FIES RE del Módulo 9, que de suyo correspondía a la Subdirección General de Gestión Penitenciaria, se establecía un haz de medidas regimentales extraordinariamente restrictivas para la vida cotidiana de los internos citados, entre las que pueden destacarse como más significativas, las siguientes:

a) Los productos de economato a los que los internos FIES RE podían tener acceso, limitados exclusivamente a «tabaco, agua, leche, productos higiénicos, zumos y material de escritorio, un bolígrafo, sobres y folios».

Fuera de dichos productos los reclusos no podrían realizar ninguna otra adquisición, quedando de este modo excluidos refrescos y café, entre otros.

Con posterioridad, por el Juzgado de Vigilancia Penitenciaria de Sevilla se revocó dicha restricción, que se limitó judicialmente a los supuestos de productos que se facilitaran en envases susceptibles de ser transformados en objetos peligrosos, estimando las quejas de los internos y reconociendo su derecho a adquirir productos de economato sin más restricciones que estas señaladas.

b) Los efectos que podían tener consigo los reclusos en sus celdas, limitados a «dos camisetas, dos pares de calcetines, un pantalón corto y uno largo, una camisa o similar, un par de zapatillas deportiva o playera, dos libros de lectura, dos revistas y/o periódicos, y los que cursen estudios además libros y material didáctico necesario. Calzado: 1 par de zapatillas de casa o baño. (Se excluyen zapatilla deportiva o playera (sic)

c) La regulación de la ducha. «Los servicios de ducha funcionarán diariamente de forma individualizada y con la frecuencia de uno a tres días por semana, debiendo establecerse los turnos horarios correspondientes. El interno acudirá a la ducha desnudo, cubierto con una toalla, y portando el jabón de baño».

d) Prohibición de comunicaciones telefónicas: « Se prohiben por tanto las comunicaciones telefónicas..., salvo las excepciones que en su momento puedan determinar los servicios centrales, atendido cada caso y cada circunstancia concreta».

6. Durante la madrugada del día 23 se detectó en el Módulo un anormal vocerío de internos, que se mostraban amenazadores y desafiantes con los funcionarios.

A las 9.00 horas de la mañana, se reanudaron las alteraciones regimentales, con violento aporreo de puertas, y amenazas e insultos a los funcionarios, quienes procedieron a la inmovilización mecánica de TOLEDANO, IZQUIERDO y GUILLÉN, por intentar destrozar ventanas y mesas de su respectiva celda. Este esposamiento duró el tiempo estrictamente necesario para superar la alteración, retirándoseles la inmovilización a las 14.00 horas, lo que ha sido considerado ajustado a derecho por el Juzgado de Vigilancia Penitenciaria.

Los internos mantuvieron esa actitud de escándalo, voces y aporreo de puertas durante los días inmediatos, y de manera más esporádica durante el resto de su permanencia en el Centro Penitenciario. Estas reacciones obedecían en gran medida a su desconocimiento de los motivos por los que no salían al patio, ni se les daba café, o se les estaban aplicando las restantes medidas regimentales restrictivas que más adelante se reseñarán, según se desprende del libro de incidencias, turno de mañana del 24 de agosto (al aclarar que era este el motivo por el que los internos FIES RE reclamaban la presencia del Director), y del parte que JESÚS BÉJAR, Jefe de Servicios, ese mismo día elevaba a Dirección (donde señalaba textualmente que «se encuentran alterados, preguntando por qué no salen al patio, no tienen ducha ni sus enseres en las celdas»).

Irritados por dichas medidas regimentales restrictivas cuya razón ignoraban, los internos del Módulo 9 protagonizaron diversos actos violentos a lo largo de estos primeros días.

Así, los intentos de arrancar mesas de FERNANDO VÁZQUEZ AYUDE y ERNESTO PÉREZ BARROT, el día 24 de agosto, atajados mediante las oportunas inmovilizaciones mecánicas, cuya duración se ajustó al tiempo imprescindible para restablecer la normalidad, y por ello fueron declaradas ajustadas a derecho por el Juzgado de Vigilancia.

Idéntico intento lo protagonizó JUAN CARLOS BELLO CEVA el día 26 de ese mismo mes, recluso que al ser reducido se autolesionó golpeándose la cabeza contra una arista de la pared, manteniéndosele esposado a este último durante cinco días, pese a no constar incidencia violenta alguna ni partes en libro de incidencias, turnos de tarde y noche del 26, mañana, tarde y noche del 27, mañana, tarde y noche del 28, mañana y noche del 29, haciéndose expresa mención en muchos turnos de constar situación de normalidad aparente, y que la situación de esposamiento obedecía a orden expresa del Director, que en esos momentos lo era accidentalmente el acusado ANTONIO DE DIEGO, quien puso término a esta inmovilización la mañana del 30, sorprendentemente tras un parte al interno por insultos y amenazas a funcionario.

Sin embargo, las acciones más violentas fueron protagonizadas por determinados internos el día 11 de septiembre, en circunstancias que se explicarán más adelante.

Los internos protagonizaron además varios «plantes» en relación con las duchas, y en relación al horario de patio, en las circunstancias que también se desarrollarán avanzado este escrito.

Además fueron frecuentes expresiones amenazadoras contra los funcionarios, internos con destinos de limpieza en el Módulo, e insultos contra los mandos, funcionarios, y máximas Autoridades Centrales Penitenciarias, con especiales y frecuentes menciones descalificadoras contra el titular de la Secretaría General de Asuntos Penitenciarios.

Finalmente, y de manera prácticamente unánime e ininterrumpida, los reclusos FIES RE del Módulo 9 infringieron su deber de pasar en pie los recuentos en celda durante toda su estancia en el Centro Penitenciario de Sevilla-2.

7. Cumpliendo fiel y escrupulosamente las instrucciones contenidas en la Orientaciones, ANTONIO DE DIEGO MARTÍN (en esa fecha Subdirector de Régimen del Centro Penitenciario Sevilla-2 en comisión de servicios, responsable de su Unidad de Preventivos, y accidentalmente Director del Centro), el día 23 de agosto de 1991 impartió la Orden de Dirección 77/91, mero trasunto de las citadas Orientaciones Complementarias, donde además se fijaban otras diversas restricciones regimentales.

Así, quedaba suspendido «sine die» el derecho de los doce internos recién llegados a disfrutar del horario de patio que conforme a la vigente normativa les correspondía, y a hacer uso de la ducha en tanto duraran unas obras de refuerzo de seguridad de las dependencias del Módulo 9.

a) La suspensión «sine die» del disfrute del horario de patio se traducía en que los reclusos permanecían las 24 horas diarias encerrados en su celda, sin disfrutar de un solo minuto de patio.

Dicha suspensión «sine die», que había sido verbalmente anticipada por el propio DE DIEGO en la tarde del día 22 de agosto, la misma en que recibió por fax las Orientaciones Complementarias, fue expresa y reiteradamente ratificada telefónicamente desde la Inspección e incluso personalmente por algunos Inspectores llegados desde Madrid al Centro, que invocaron la autoridad de los acusados ASUNCIÓN y MÍNGUEZ; y además telefónicamente por el propio ANTONIO ASUNCIÓN en persona, en diversas conversaciones mantenidas con el Director accidental del Establecimiento, llegándose al punto de ordenar que tal medida no podría ser alzada sin previa orden del propio Secretario General o de la Inspección como consta señalado en el ya señalado INFORME DE DIEGO.

b) La suspensión de la posibilidad de ducharse, aunque no consta directamente acreditado que fuese instada por órganos penitenciarios centrales (ya que aparentemente quedaba explicada por la conveniencia del propio Centro de reforzar la seguridad de las dependencias y servicios del Módulo 9), necesariamente fue conocida por la Inspección General, que se abstuvo de ordenar cualquier medida subsanatoria que posibilitara la higiene de los internos hasta tanto se concluyera la ejecución de las obras proyectadas de reforzamiento de seguridad del módulo.

8. Durante el período comprendido entre los días 22 de agosto y 3 de septiembre de 1991, en el que ANTONIO DE DIEGO desarrolló accidentalmente las funciones de Director del Centro, los reclusos del Módulo 9 referenciados vieron su vida regimental sujeta a las siguientes restricciones:

a) Se retiró de cada una de las celdas las mesas y las sillas, que constituían elementos fijos empotrados en el cemento, con la disculpa de que podían se arrancados por los reclusos para utilizarse como instrumentos contundentes de potencial agresión contra los funcionarios, o como medios para facilitar eventuales intentos de fugas.

Esta medida se realizó por Orden de Dirección, durante la mañana del día 26 de agosto, según consta en el libro de incidencias, ya se aplicó indiscriminadamente a todos los internos del Módulo 9, pese a que tan sólo fueron AYUDE y BARROT, en la mañana del día 24 de agosto, los que realizaron intentos de arrancar las mesas.

La medida se complementó además con retirada de todos los demás accesorios existentes en las celdas, como tablones de corcho y espejos.

b) Se retiraron los cristales de la ventana, con la disculpa de que podían ser utilizados por los reclusos como instrumentos punzantes contra los funcionarios.

No se instaló sin embargo material plástico sustitutivo de dichos cristales hasta bien entrado el otoño de 1991, por lo que con las primeras lluvias, en la primera quincena de octubre, llegó a penetrar agua en las celdas, lo que obligaba a determinados internos a dormir en el suelo, ya que sus camas se situaban bajo las ventanas.

c) No se entregó a los reclusos ninguno de los enseres que traían consigo desde sus Centros de origen.

d) No se adoptó solución alguna para el corte de pelo ni uñas de los reclusos hasta noviembre de 1991; además, al tener éstos retirados todos sus enseres personales, no pudieron peinar su cabello por carecer de peines ni cepillos, ni tampoco limpiar su dentadura, al tener igualmente retirados sus cepillos de dientes. Durante amplios períodos no pudieron afeitarse, lo que necesariamente aconteció en los períodos en los que no se les permitió ducharse.

e) No se les permitió hacer uso de su derecho a comunicar a sus respectivas familias haber sido trasladados al Centro Penitenciario Sevilla-2.

f) No se les permitió efectuar comunicaciones telefónicas con su familia, hasta mediados de octubre, según se desprende del libro de incidencias, y de instancias denegadas de modo inmotivado, facilitadas por los propios presos, y obrantes adjuntadas a algunas de sus declaraciones judiciales.

g) No tuvieron posibilidad de disfrutar de un solo minuto de patio, situación que se prolongó desde su llegada hasta el 1 de octubre, con la excepción que posteriormente se reseñara.

Para dar cobertura jurídica a la decisión de suspensión del horario de patio a los reclusos, el día 23 de agosto se adoptó acuerdo de Junta de Régimen y Administración por el que se aplicaba aislamiento provisional a los doce reclusos citados, en base a la participación de estos internos en diversos motines, secuestros de funcionarios y otras graves alteraciones regimentales en sus Centros de origen, y se amparó en el artículo 263 c) del R.P.

El acuerdo ha sido considerado no ajustado a derecho por el Juzgado de Vigilancia Penitenciaria, al que no llegó a comunicarse por la Dirección su adopción hasta el día 8 de septiembre.

h) Desde su llegada al Centro los días 22 y 23 de agosto, hasta el día 29 del citado mes, los internos se vieron privados de su derecho a hacer uso de la ducha, sin más posibilidad alternativa que refrescarse con el agua de los lavabos de sus respectivas celdas.

Desde el día 29 de agosto se les permitió, una vez concluidas las obras de los servicios del Departamento, que los internos se ducharan dos veces cada semana, conforme a un cuadrante elaborado al efecto.

Las condiciones en que los reclusos se duchaban eran las siguientes: se les trasladaba desde sus celdas respectivas individualmente por dos funcionarios, con un tercero en funciones de control visual; no salía de su celda a ducharse ningún preso en tanto no la hubiera concluido el anterior, y se le hubiera reintegrado a su celda; el traslado del interno se realizaba esposado con las manos a la espalda, y desnudo, cubriéndose durante el trayecto con una toalla; y el interno debía ducharse en presencia de los funcionarios.

El Juzgado de Vigilancia Penitenciaria, que con carácter general con posterioridad proscribió que el mero hecho de salir de celda, sin concurrencia de motivos del art. 45 L.O.G.P., pudiera posibilitar la adopción de esta medida, jamás tuvo conocimiento de que los internos se les sometía a tales esposamientos, pues nunca se le comunicó por la Dirección del Establecimiento.

i) El día 30 de agosto se les retiró a todos los internos del Módulo 9 su propia vestimenta, facilitándose a cambio una única prenda tipo «mono», sin permitírseles en lo sucesivo el uso de su propia indumentaria personal. Dicho mono tenía los bolsillos con cremalleras, lo que impedía el normal uso de raquetas detectoras de metales para el cacheo personal de los reclusos.

Los internos tuvieron por única prenda el mono suministrado hasta principios de octubre, salvo en el caso de SANTIAGO IZQUIERDO TRANCHO y BENITO TOLEDANO SILLERO, a quienes el día 26 de septiembre se les facilitó un segundo mono en sustitución del primero, a fin de mejorar su apariencia física, cara a la entrevista que debían celebrar con dos Fiscales que realizaban una visita ordinaria al Centro.

Durante todo este período el mono suministrado a cada interno no fue renovado ni aun para proceder a su lavado.

A los reclusos no se les facilitó ropa interior alguna.

Tales medidas fueron directamente ordenadas por la Inspección General Penitenciaria.

j) El día 29 de agosto les fue retirado igualmente su calzado personal, haciéndosele entrega de un único juego de chanclas.

k) En ningún momento se permitió a los reclusos la lectura de prensa escrita, que no les fue facilitada sino hasta la segunda semana de octubre, y aun entonces al arbitrio de cada funcionario, pese a que por el Establecimiento se adquirían periódicos con un fondo económico de reclusos.

l) También se les impidió disponer de sus propios aparatos de radio, pese a que algunos internos los habían traído consigo, y a que se ajustaban al tipo que por su tamaño se reconoce como de «petaca» autorizado.

En el curso de finales de noviembre y primeros días de diciembre de 1991 se hizo entrega de los aparatos, permitiéndose su uso a los reclusos que los tenían entre sus enseres.

ll) Diariamente se cacheaba a cada recluso, verificándose además una llamada requisa o registro de sus celdas.

Este registro se ajustaba a las reglas siguientes: el interno, al abrirse la mirilla, debía situarse al fondo de la celda; acto seguido, y una vez comprobado que no portaba ningún objeto peligroso, los funcionarios procedían a la apertura de la puerta de la celda, separados del interno por el denominado «cangrejo», o reja que tras la puerta reforzaba la seguridad de la celda; tras ello, el interno debía acercarse a la reja, y situándose de espaldas, colocar sus muñecas a disposición de ser esposado, procediéndose por los funcionarios entonces a la colocación de las esposas; seguidamente se procedía a la entrada de dos funcionarios; mientras un tercero permanecía fuera en funciones de control visual.

En ocasiones se llegó a colocar a los internos unas segundas esposas, que sujetaban el primer juego a un punto fijo, para incrementar aún más si cabía la inmovilización mecánica de sus personas.

Jamás llegó a participarse al Juzgado de Vigilancia Penitenciaria la colocación de grilletes en los casos expuestos, pese a que se verificaba con una periodicidad al menos diaria.

m) No se cursó denuncia alguna que de su situación pretendían trasladar los reclusos a las Autoridades Judiciales, Fiscales, Penitenciarías Centrales, ni Defensor del Pueblo. Las primeras fueron cursadas a mediados de septiembre, pese a constar en muchos casos firmadas los primeros días de su llegada.

n) Además, y en numerosas ocasiones, de las instancias entregadas por los reclusos no se les devolvió a éstos debidamente registrados sus duplicados, con lo que los internos carecían de garantías de control de su efectiva tramitación.

ñ) Las ya referidas restricciones de acceso a productos de economato, respecto de las que damos por reproducidas las indicaciones antes señaladas.

o) Y finalmente, no se les permitió actividad deportiva ni recreativa ninguna, ni cualesquiera otra de tipo común.

Todas estas medidas fueron ordenadas por ANTONIO DE DIEGO MARÍN e ISIDRO COLÓN DURÁN, este último Subdirector en comisión de servicios, responsable de la Unidad de Cumplimiento, y encargado de su directa ejecución y control.

Consta absolutamente acreditado que aquellas medidas que no fueron directamente instadas por la Inspección, fueron sobradamente conocidas y tácitamente aprobadas por dicho organismo, al que se participaba diariamente por fax toda la documentación concerniente a los internos referenciados.

9. Tras ser detenido por la policía después de su evasión en Cádiz del ferry que le trasladaba a la Península desde las Islas Canarias, el día 1 de septiembre fue ingresado en el Centro Penitenciario Sevilla-2 el interno JUAN REDONDO FERNÁNDEZ, quien también fue asignado al Módulo 9 de la Unidad de Cumplimiento, atendida su condición de FIES RE, conceptuado como fuguista y extremadamente peligroso, y clasificado en primer grado de tratamiento.

Ingresó bajo la identidad de ANTONIO RUIZ RUIZ, como se refleja en el Libro de Incidencias; por orden de la Inspección se le sometió a radiografías que permitieron detectar la presencia de un objeto metálico en el recto, por lo que permaneció esposado hasta que voluntariamente accedió a extraerse el objeto, lo que ocurrió en la tarde del día 2 de septiembre; en ese momento reconoció ser JUAN REDONDO FERNÁNDEZ. La medida coercitiva ha sido considerada plenamente ajustada a derecho por el Juzgado de Vigilancia.

10. El día 3 de septiembre de 1991 se reincorporó a sus funciones como Director —en comisión de servicios— del Centro Penitenciario Sevilla-2 RAFAEL FERNÁNDEZ CUBERO, quien al tener conocimiento de la situación

descrita, ordenó la inmediata salida al patio de manera sucesiva de determinados reclusos del Módulo 9, y ello pese a tener constancia de que existía orden expresa de que los mismos no podían disfrutar de ese derecho sin previo visto bueno de los acusados ANTONIO ASUNCIÓN, GERARDO MÍNGUEZ, o de algunos de sus inspectores subordinados.

La salida al patio se realizó de manera individual; no llegó a beneficiar a todos los reclusos del Módulo 9, pues alguno rehusó disfrutar de su derecho ante la forma que se pretendía llevar a efecto: duración limitada a quince minutos (pese a que conforme a la Circular vigente de 2 de agosto de 1991 correspondía dos horas), en forma individual, acompañado cada interno de al menos dos funcionarios y con las manos esposadas a la espalda. Este esposamiento tampoco fue comunicado al Juzgado de Vigilancia Penitenciaria.

11. El día siguiente 4 de septiembre, RAFAEL FERNÁNDEZ CUBERO recibió terminantes órdenes de la inspección en el sentido de que los internos del Módulo 9 debían cesar de salir al patio, continuando en aislamiento absoluto, y se le prohibió reanudar dichas salidas a patio en lo sucesivo sin previo visto bueno de las Autoridades Penitenciarias Centrales ya reseñadas en el párrafo primero del apartado 10 anterior.

RAFAEL FERNÁNDEZ se plegó a estas órdenes, aun en contra de su propia convicción sobre la inoportunidad de las señaladas instrucciones.

12. JORGE CASTEJÓN CASADO, que igualmente se había reincorporado el 3 de septiembre tras su período de vacaciones reglamentario a sus funciones como Subdirector (en comisión de servicios) encargado de la Unidad de Mujeres, a partir del día 5 de septiembre asumió las funciones de Subdirector responsable de la oficina de régimen y comunicó oficialmente al Juzgado el acuerdo de la Junta de Régimen del día 23 de agosto de aplicar la medida de aislamiento provisional, adjuntando certificación comprensiva de TRECE INTERNOS, pues incluía a JUAN REDONDO FERNÁNDEZ, pese a que dicho interno había permanecido evadido hasta el día 1 de septiembre, y pese a que las dudas acerca la auténtica identidad de este interno no se despejaron absolutamente hasta el día 2 de septiembre.

JORGE CASTEJÓN fechó el día 1 de septiembre el oficio remisorio de la certificación indicada, pese a que hasta el día 5 no había asumido sus tareas como subdirector de régimen, y a que en la fecha del registro de salida se señalaba el día 8 de septiembre, decimoséptimo tras la llegada de los reclusos al Centro.

13. A partir de primeros de septiembre la situación mental de los internos del Módulo 9 se mantuvo en los términos reflejados en el apartado 8, con las matizaciones que seguidamente se expresarán:

a) Los días 5 y 6 se les comunicó a los internos del Módulo 9 diversos acuerdos sancionadores.

b) A mediados de septiembre comenzaron a cursarse algunas denuncias dirigidas al Juzgado de Guardia y al de Vigilancia Penitenciaria. Tales denuncias cursadas se limitaban a reseñar que los denunciantes venían siendo objeto de tortura y malos tratos, en forma genérica y abstracta; y como además no iban cursadas en sobre cerrado, con las mismas la Dirección del Centro Sevilla-2 adjuntó informes indicativos de la participación del respectivo interno denunciante en motines, secuestros, eventuales asesinatos, u otras graves alteraciones regimentales, y afirmaba su condición de reclusos FIES RE extraordinariamente peligrosos.

—Consta, sin embargo, que no se cursaron otras denuncias, como un telegrama dirigido por ERNESTO PÉREZ BARROT al Excmo. Sr. Fiscal General del Estado, en que denunciaba su situación, y acababa suplicando la presencia de algún Fiscal para constatar lo que venía ocurriendo en el Establecimiento.

—Consta igualmente haberse intervenido y abierto correspondencia en sobre cerrado dirigida por estos internos a diversas Autoridades Judiciales, en Valencia, Burgos y Santiago de Compostela, entre otras.

—Llegó a intervenirse, fundándose en pretendidas razones de seguridad, un telegrama dirigido por BARROT a sus padres, en cuyo texto les solicitaba que le mandaran un abogado porque le estaban matando. Dicha intervención fue declarada no ajustada a derecho por el Juzgado de Vigilancia.

—Finalmente, prosiguió la absoluta falta de garantía de curso de instancias, cuyos duplicados seguían entregándose en muchos casos sin número de registro.

c) Esporádicamente se retiró los colchones a determinados internos.

14. Ante la relatada situación de restricciones regimentales, tan prolongada en el tiempo, y tan carente de justificación, los internos del Módulo 9 solicitaron de modo reiterado pero infructuoso información de la Dirección del Centro, que sin embargo no les facilitó explicación alguna: seguidamente los reclusos iniciaron un plante de unos diez días de duración, rehusando mayoritariamente ducharse y ello pese a las altas temperaturas reinantes en período estival, como forma de protesta ante las condiciones en que la ducha se desarrollaba.

Finalmente los internos del Módulo 9 se concertaron durante la madrugada del día 10 al 11 de septiembre para no someterse al engrilletamiento que se les venía aplicando durante los cacheos y requisas diarios, conviniendo en resistirse si era necesario incluso con la violencia física a la actuación de los funcionarios, que se limitaban a cumplir instrucciones impartidas por sus mandos.

Durante la jornada del día 11 de septiembre se sucedieron efectivamente diversos incidentes violentos, al poner en práctica diversos reclusos su plan de resistencia, lo que determinó la inmediata aplicación de contención mecánica a varios de ellos, medidas cuya adopción ha sido considerada ajustada a derecho por el Juzgado de Vigilancia.

Sin embargo la duración de estos esposamientos fue desmesurada en algunos casos, ya que en dos supuestos se extendió cuatro días, no cesando hasta el día 14 de septiembre (PÉREZ LLORENTE e IZQUIERDO TRANCHO), y en uno, concretamente el de ERNESTO PÉREZ BARROT, se prolongó siete días, no cesando hasta el día 17 de septiembre, lo que determinó por su excesiva prolongación que fuesen declarados no ajustados a derecho en su duración por el Juzgado de Vigilancia. Consta además en el libro de incidencias en numerosos turnos la absoluta inexistencia de alteración regimental alguna protagonizada por este interno pese a lo cual se mantenía su esposamiento.

15. Las condiciones a que se veían sometidos los reclusos se endurecieron muy considerablemente con nuevas medidas, que se les aplicó durante este período comprendido entre los días 11 y 17 de septiembre.

a) En primer lugar, se les retiró inmediatamente todos los colchones durante el día, y se les devolvía por la noche.

Sin embargo no se entregaban los colchones a los reclusos que se encontraban esposados en tanto duró su engrilletamiento. Estos internos, pues, durmieron, directamente sobre una plancha metálica sin colchón durante varias noches. En el caso de BARROT, hasta el día en que se le retiró la inmovilización mecánica.

b) En segundo lugar, se suspendió para todos los reclusos del Módulo 9 su derecho a hacer uso de la ducha, hubiesen o no participado en los incidentes del día 11.

Si durante los días anteriores de septiembre la mayor parte de los reclusos habían voluntariamente renunciado a ducharse en el marco de un plante asumido por ellos, como forma de protesta, entre los días 11 y 17 no tuvieron dicha opción, por expresa prohibición de RAFAEL FERNÁNDEZ CUBERO e ISIDRO COLÓN DURÁN.

c) Y en tercer lugar, los mandos citados dieron orden expresa de que los internos del Módulo 9 no podrían efectuar adquisición alguna de productos de economato, ni siquiera de los productos limitados autorizados por las Orientaciones y por la Orden de Dirección 77/91, con indiscriminación de haber o no participado en los actos violentos del día 11.

16. El día 18 de septiembre de 1991 se adoptó acuerdo de Junta de Régimen por el que se basaba la medida de aislamiento provisional, pese a lo cual ningún interno llegó a disfrutar de patio ese día.

El día 19 de septiembre de 1991 se adoptó por dicha Junta nuevo acuerdo por el que se aplicaba de nuevo aislamiento provisional al grupo de reclusos del Módulo 9, acuerdo que no se comunicó al Juzgado de Vigilancia hasta el día 11 de octubre.

17. Como consecuencia de una visita ordinaria realizada por la Fiscalía de Sevilla al Centro Penitenciario Sevilla-2 el día 26 de septiembre, los internos

SANTIAGO IZQUIERDO TRANCHO y BENITO TOLEDANO SILLERO lograron denunciar diversos aspectos de su situación, lo que determinó la inmediata coacción de Diligencias Informativas con la Fiscalía de Sevilla, y que se pusieran los hechos en conocimiento del Juzgado de Vigilancia, al que se instó que dictara dos pronunciamientos concretos, relativos al derecho de los internos a disfrutar del horario que conforme a la vigente normativa penitenciaria respectivamente le correspondiera, y a disponer de su propia y personal indumentaria.

El Juzgado dictó el día 28 de septiembre un auto en el que reconocía el derecho de los reclusos a disfrutar del horario de patio que les correspondiese conforme a la normativa penitenciaria vigente, e interesó explicación sobre la voluntariedad en el uso de la indumentaria de los reclusos a la Dirección.

El Centro autorizó inmediatamente la entrega de sus prendas personales a los reclusos, bien que una sola muda, en sustitución de los monos, sin aguardar expreso pronunciamiento al respecto del Juzgado.

Y respecto al horario del patio, por Orden de Dirección 92/91, de 30 de septiembre, y por acuerdo de Junta de Régimen de 1 de octubre de 1991, se estableció que, en supuesto cumplimiento del auto de 28 de septiembre, los internos disfrutarían de una hora de patio cada dos días, pese a que la Circular del 2 de agosto de 1991 entonces en vigor concedía dos horas diarias a los internos clasificados en primer grado o sujetos al régimen del art. 10 de la L.O.G.P., primera fase, si no estaban sancionados, y una hora si se encontraban cumpliendo sanción de aislamiento.

La Dirección estableció además en Orden y Acuerdo reseñados que los internos saldrían de uno en uno, esposados con las manos a la espalda, controlados por dos funcionarios en el patio, más otro en funciones de control visual.

Los internos mayoritariamente convinieron y mantuvieron un plante, negándose a disfrutar del horario de patio en esas condiciones.

El Juzgado de Vigilancia Penitenciaria dictó sendos autos por los que respectivamente se dispuso que a los internos no se les aplicaría contención mecánica sino por razón de los supuestos previstos en el art. 45 de la L.O.G.P., sin que fuese hecho de salir de celda motivo suficiente y determinante del esposamiento, y reiterando la orden de que el horario de patio correspondiente a la vigente normativa penitenciaria era a todas luces a diario, y no en días alternos.

El cumplimiento de ese auto fue retardado por el Centro hasta el día 17 de octubre, y se hizo necesario además un nuevo auto, a mediados de enero de 1992, señalando que la legalidad penitenciaria en vigor se encontraba contenida en la Circular de 2 de agosto de 1991, en cuanto al horario de patio.

18. Las demás medidas restrictivas fueron diluyéndose durante el mes de octubre y noviembre de 1991, hasta que a mediados de ese mes la Junta de Régimen del Centro Penitenciario Sevilla-2 adoptó el acuerdo expreso de que la vida regimental de los internos del Módulo 9 se sujetaría a los contenidos de la Circular de 2 de agosto de 1991, donde se recogía la legalidad penitenciaria

en vigor concerniente a los internos clasificados en primer grado o sujetos al régimen especial del artículo 10 de la L.O.G.P.

19. La D.G.I.P. se vio en la necesidad de impartir una nueva Circular, de fecha 2 de octubre de 1991, en la que se señalaba la competencia de la Subdirección General de Gestión Penitenciaria, y concretamente su área de régimen, para el programa de control y seguimiento de los internos FIES, acusando así recibo de la anormal situación precedente, en la que había quedado en suspenso la atribución de competencias en esta materia fijada por su Instrucción de 6 de marzo de 1991, que en ningún momento había sido formalmente revocada.

20. La Secretaría General de Asuntos Penitenciarios confirmó mediante nombramiento publicado en el B.O.E. de mediados de octubre la titularidad en sus respectivos puestos de Director y Subdirectores a los mandos del Centro Penitenciario Sevilla-2 identificados en los apartados precedentes, que hasta esa fecha venían desempeñando sus responsabilidades en comisión de servicios, pese a tener constancia de la existencia de una investigación criminal en marcha en relación a los hechos antes relatados; ANTONIO DE DIEGO ha sido incluso designado Director del Centro Penitenciario de Melilla.

SEGUNDA.- Tales hechos no son constitutivos de delito alguno.

TERCERA.- No es posible por consiguiente aludir a autoría ni a ningún otro grado de participación.

CUARTA.- Huelga por ello hablar de circunstancias modificativas de la responsabilidad criminal.

QUINTA.- En consecuencia procede la libre absolución de las personas mencionadas en este escrito respecto de las que se haya formulado escrito de acusación y decretado apertura del juicio oral.

1° OTROSÍ: El Ministerio Fiscal propone como pruebas de las que intenta valerse en el juicio oral las siguientes:

1ª. Confesión e interrogatorio de los acusados.

2ª. Testifical, mediante declaración de los testigos que se relacionan en la lista adjunta, y cuyos datos figuran en la numeración de los folios correspondientes al sumario, que se reseñan a continuación de su identificación respectiva.

1. BENITO MANUEL GARCÍA MÁRQUEZ. F. 450.
2. CARLOS GALBIS RUEDA. F. 453.
3. ANACLETO AVILÉS REGODÓN. F. 460.
4. JOSÉ MARÍA BLÁZQUEZ MATEOS. F. 464.
5. JESÚS MANUEL GUTIÉRREZ DOMÍNGUEZ. F. 467.
6. JESÚS BÉJAR MARTÍN. F. 471.
7. ANTONIO CASTILLO TALAVERÓN. F. 473.
8. FRANCISCO ROMERO ARAZOLA. F. 499.
9. RODOLFO CACARES GONZÁLEZ. F. 501.
10. ELOY DELGADO REDONDO. F. 505.
11. VICTORIANO SÁNCHEZ LÓPEZ. F. 508
12. MARCIANO MARTÍN SANDÍN. F. 509.
13. SANTIAGO PEÑA PEÑA. F. 512.
14. JOAQUÍN MARÍN COTE. F. 513.
15. ÁNGEL PÉREZ GARCÍA. F. 515.
16. JOAQUÍN PÉREZ JIMÉNEZ. F. 518.
17. MIGUEL ÁNGEL VICENTE HERNÁNDEZ. F. 528.
18. IGNACIO SEVILLA LÓPEZ. F. 614.
19. JUAN CARLOS PUEBLA LAGUNO. F. 616.
20. MIGUEL ÁNGEL GARCÍA AGRA. F. 620.
21. ANDRÉS MARTÍNEZ BRAVO. Funcionario de prisiones identificado en pieza separada de funcionario de servicio —específicamente en el Módulo 9—, a partir del día 22 de agosto de 1991. Al igual que los que le siguen se le interrogará sobre hechos significativos presenciados en determinados turnos de su respectivo servicio; no ha prestado declaración durante la instrucción.
22. LEÓNIDES RAMÍREZ TALAVERA. Ídem.
23. MIGUEL ÁNGEL GONZÁLEZ ALONSO. Ídem.
24. JOSÉ ANTONIO GONZÁLEZ ANTÓN. Ídem.
25. JOSÉ MANUEL VELÁZQUEZ MALLOFRET. Ídem.
26. JOAQUIN ESTEBAN PASAN. Ídem.
27. MILLÁN RODRÍGUEZ ALONSO. Ídem.
28. RODRIGO GIL RUIZ. Ídem.
29. JOSÉ MANUEL VICENTE NICOLÁS. Ídem.
30. JOSÉ MANUEL GARCÍA GARCÍA. Ídem.
31. IGNACIO MARTÍNEZ FUERTES. Ídem.
32. JOSÉ LUIS MARTÍNEZ MARTÍNEZ. Ídem.
33. ANTONIO MARTÍNEZ ALONSO. Ídem.
34. JOSÉ ANTONIO PAVÓN PÉREZ. Ídem.
35. JOSÉ FERNANDO GARCÍA GARCÍA. Ídem.
36. FRANCISCO LÓPEZ CRUCES. F. 530.
37. TERESA NOSAL GANSEDO. Médico de prisiones que atendía a los reclusos del Módulo 9 en el periodo comprendido entre el 22 de agosto a 3 de septiembre de 1991. No ha prestado declaración sumarial.

38. SOLEDAD GARCÍA RAMÍREZ. Subdirectora Médico del C.P. Sevilla-2 durante el periodo correspondiente a autos, actualmente con idéntico cargo en el C.P. de Badajoz. Aunque ha emitido numerosos informes (certificaciones sobre indumentaria, estado físico de los reclusos, consumo de productos concretos por dichos reclusos), no ha prestado declaración sumarial.
39. TERESA MARTÍNEZ, SUBDIRECTORA DE TRATAMIENTO EN LA FECHA DE LOS HECHOS. No ha prestado declaración sumarial.
40. FRANCISCO ESPEJO HUERTAS, FUNCIONARIO DE PRISIONES DESTINADO EN EL C.P. SEVILLA-2, ACTUALMENTE SUBDIRECTOR DE DICHO ESTABLECIMIENTO. Como la anterior.
41. RAMÓN GIL ESPADA. Ídem. Como el anterior.
42. JOSÉ MANUEL BERMUDO CASTELLANO. F. 536.
43. RUFO MARTÍN ESPADA. F. 625.
44. CARLOS DE FRUTO IZQUIERDO. F. 627.
45. MARCELO VÁZQUEZ HERNÁNDEZ. F. 629.
46. FERNANDO ROMERO ANGULO. F. 659.
47. JAVIER ALONSO FERRERAS. F. 661.
48. FRANCISCO JAVIER SANCHO GONZÁLEZ. F. 662.
49. ÁNGEL YUSTE CASTILLEJO. F. 1.016.
50. JUAN ANTONIO MARÍN RÍOS. F. 1.021.
51. MARÍA ÁNGELES GRANADOS POVEDA. F. 1.123.
52. JOSÉ TARRÍO GONZÁLEZ. F. 916. (Instancia drigida al Juzgado, no ha prestado declaración sumarial; recluso evadido en el ferry que le traía desde Canarias, en compañía de JUAN REDONDO).
53. JULIÁN MUÑOZ CUESTA. Recluso presente en el Módulo 9 los días 22 de agosto de 1991 y siguientes, según Libro de Incidencias del Módulo citado. No ha presentado declaración sumarial.
54. LISARDO GONZÁLEZ REYES. Ídem.
55. JULIÁN MUÑOZ RODRÍGUEZ. Recluso con destino de limpieza en el Módulo 9 el día 18 de septiembre de 1991. Sí ha prestado declaración sumarial.
56. JOSÉ GARCÍA MARTÍNEZ. Como el anterior.
57. JUAN CARLOS BELLO CEVA. F. 193.
58. SANTIAGO IZQUIERDO TRANCHO. F. 204.
59. VÍCTOR LLOPIS CATALÁN. F. 202.
60. ERNESTO PÉREZ BARROT. F. 198.
61. VÍCTOR GUILLÉN SERRA. F. 202.
62. SALVADOR ESTARLICH MORANT. F. 211.
63. ANTONIO LÓPEZ SANTIAGO. F. 192.
64. BENITO TOLEDANO SILLERO. F. 210.
65. JUAN JOSÉ PÉREZ LLORENTE. F. 203.
66. JOSÉ AGUSTÍN RIESGO MUÑOZ. F. 197.
67. CARLOS MUÑOZ VIVO. F. 946.

68. JUAN REDONDO FERNÁNDEZ. F. 949.
69. FERNANDO VÁZQUEZ AYUDE. F. 194.

3ª Pericial médica, mediante informe de los sres. médicos forenses D. SANTIAGO RODRÍGUEZ MERINO (F. 322), Y d. FRABRICIANO CID FONTÁN (F. 334).

4ª. Documental, por lectura de los folios 1 al final de las actuaciones, y en espcecial, folios 12, 13, 17, 20 y 223, 235 a 275, 282, 294 a 300, 303 a 332, 334, 336 a 342, 344 a 347, 351 a 353, 355 a 364, 383 a 405, 450 a 476, 484 a 490, 499 a 519, 528 a 530, 556 a 560, 563 a 569, 579 a 586, 614 a 617, 620 a 622, 625 a 630, 638 a 662, 666 a 676, 690 a 716, 722, 736, 751 a 753, 762 a 765, 790 a 810, 815 a 819, 825 a 831, 855 a 882, 894 a 900, 915 y 916, 925 a 929, 932 a 936, 946 a 952, 970, 980, 986, 1005 y siguientes, 1010, 1011, 1016 a 1035, 1050 a 1074, 1077, 1080 a 1127, 1148 a 1153 de los autos principales; 1 a 352 de la pieza separada (en adelante P.S.) de relación de funcionarios de servicios en el Módulo 9 e informe de sucesos hasta el día 1.9.91 del Director del C.P. Sevilla-2; 1 a 251 de la P.S. de BELLO CEVA; 1 a 190 de la P.S. de LLOPIS CATALÁN; 1 a 183 de la P.S. de GUILLÉN SIERRA; 1 a 91 de la P.S. de MUÑOZ VIVO; 1 a 62 de la P.S. de REDONDO; 1 a 124 de la P.S. de TOLEDANO; 1 a 127 de la P.S. de RIESGO; 1 a 210 de la P.S. de IZQUIERDO TRANCHO; 1 a 274 de la P.S. de PÉREZ BARROT; 1 a 215 de la P.S. de VÁZQUEZ AYUDE; 1 a 183 de la P.S. de PÉREZ LLORENTE; 1 a 116 de la P.S. de ESTARLICH MORANT; 1 a 119 de la P.S. de LÓPEZ SANTIAGO; la totalidad de los folios de los Libros de Incidencias del Módulo 9 de la Unidad de Cumplimiento del C.P. Sevilla-2 intervenidos; 1 a 184 de la P.S. de informes sobre situación penal y penitenciaria, uso de grilletes, alimentos y racionados; 1 a 216 de la P.S. del Libro de Incidencias de Jefatura del Servicio de la Unidad de Cumplimiento y del Libro de Aislamientos; 1 a 229 de la P.S. de expedientes testimoniados remitidos por el Juzgado de Vigilancia Penitenciaria; 1 a 143 de la P.S. de Documentos y Libros de Instancia a Autoridades y documentación médica; 1 a 403 de las dos P.S. de Órdenes Circulares de la Secretaría General de Asuntos Penitenciarios correspondientes a 1991 intervenidas en los archivos de Dirección del C.P. Sevilla-2; y 1 al final de las dos piezas de documentos intervenidos en los archivos de Dirección del C.P. Sevilla-2.

2º OTROSÍ: Las citaciones de los testigos y peritos propuestos por el Ministerio Fiscal deberán ser realizadas por la oficina judicial.

Sevilla, a 8 de enero de 1992

EL FISCAL.

ANEXO II

Informe de la ASOCIACIÓN PRO DERECHOS HUMANOS DE ESPAÑA

Situación de los FIES RE en la Cárcel del Dueso (Santoña)

En la cárcel del Dueso se encontraban internados a principios de febrero de 1993 siete presos catalogados como FIES RE (ficheros de internos de especial seguimiento, conocido como régimen especial). Son clasificados en este grado los presos de conductas peligrosas en el interior de las prisiones. La confección de este catálogo queda reservada a la Inspección General Penitenciaria, directamente subordinada al Secretario General de Asuntos Penitenciarios. De hecho no existe ningún control, ni verificación sobre si son adecuados los criterios por los que cada recluso es integrado en este grupo. Los equipos de tratamiento de las cárceles no tienen acceso a seguir la evolución de estos presos, y carecen de competencias para estudiar su posible reclasificación.

La pertenencia a esta tipificación tiene por tanto carácter indefinida. Por supuesto, tampoco existe ninguna competencia judicial en lo que se refiere a la catalogación de estos presos. Las cárceles en las que están los FIES son Sevilla, Dueso, Villanubla (Valladolid), Badajoz, Jaén...

Condiciones y régimen de estos presos

Habitan en celdas de aproximadamente 2 x 3 metros. Están provistas de la manera más elemental. Tienen un camastro fijo, sin sábanas ni mantas. Se acepta que se las envíen los familiares. Estas celdas, en una cárcel de construcción antigua, cerca del mar, son frías y extremadamente húmedas. Carecen de calefacción. En estas circunstancias los presos pasan en ellas 22 horas al día. Están, por tanto, abocados al gradual deterioro físico. Se encuentran en estado de permanente incomunicación, pues sólo les es permitido salir por separado a un patio exclusivo para esta categoría de presos durante dos horas diarias. El patio mide aproximadamente unos 10 metros cuadrados. Uno de estos presos hace tiempo que renunció a salir al patio.

Seis de los reclusos llevaban en estas condiciones más de dos años, el otro cerca de uno. Cuatro de ellos tienen la enfermedad del SIDA en fase declarada. Uno de ellos en estado muy avanzado.

Malos tratos y torturas

Además de estas condiciones inhumanas de vida, que inexorablemente deterioran la salud y destruyen la personalidad, estos presos sufren graves agresiones y vejaciones añadidas. Con alguna frecuencia son objeto de palizas por parte de algunos funcionarios. También esto ocurre durante un traslado breve. Cuando requieren por ello atención médica, el médico que les atiende eleva un parte de erosiones leves, sin notificar al Juzgado. Uno de estos presos como consecuencia de una de estas palizas tuvo que ser hospitalizado en un establecimiento clínico próximo. Estos internos carecen de tratamiento psiquiátrico, cuando existen síntomas que lo requieren. Por ejemplo, uno de ellos pierde alguna vez el autocontrol y se golpea violenta y reiteradamente la cabeza contra los muros. Otro de ellos, aquejado de lumbalgia, enfermedad previsible en las condiciones reseñadas, recibió atención médica 20 días después de los primeros síntomas. Otro de estos reclusos con enfermedad hepática no recibe la dieta adecuada. Entre ellos, uno necesitado de gafas ha solicitado en vano que le sean proporcionadas. Los enfermos de SIDA no toman las medicinas prescritas. Además, habitualmente la comida se les sirve cuando se ha enfriado.

Son también frecuentes las injurias verbales de algunos funcionarios del tipo «os vais a pudrir aquí», «de aquí no saldréis vivos», acompañados de constantes insultos. Algunas veces han sido esposados varios días en sus celdas, vestidos con un mono, sin ropa interior, obligados a hacerse dentro de ellos sus necesidades. Se les hacen frecuentes radiografías, hasta 20 seguidas. Para ello son atados con cadenas de ganado a los aparatos y sin protección adecuada a las radiaciones.

A finales de febrero, uno de estos presos que acababa de ser trasladado a la prisión de Villanubla, apareció ahorcado en su celda, en condiciones extrañas.

Otras circunstancias

El tiempo de visitas concedido es una vez al mes de 5 a 10 minutos. Las familias suelen venir de lugares lejanos, por lo que también es una injuria para ellos tan corto espacio de contacto. Tienen prohibida toda relación vis a vis. La correspondencia les es habitualmente abierta. No se cursan las quejas que hacen a autoridades extracarcelarias. Por razones desconocidas se les ha negado la asistencia del capellán de la prisión.

Nombre de los reclusos FIES del Dueso:

Juan Redondo Fernández
Pedro Vázquez García (muerto)
Juan José Garfia Rodríguez
Carlos Manuel Esteve García
José Tarrío González
Ernesto Pérez Barrot (suicidado recientemente)
José Romero González (muerto en prisión)
Moisés Caamáñez Álvarez (suicidado en prisión)

Todos en El Dueso desde el 91, excepto Romero desde el 92.

Madrid, febrero de 1993
Asociación Pro Derechos Humanos de Madrid

ANEXO III

Escrito de EDUARDO MILLÁN ALBA

Aislamiento en celda durante veintidós horas al día, por lo menos; incomunicación absoluta con familiares y abogados; esposamientos en la cama; prohibición de salida al patio durante largos periodos de tiempo ininterrumpidos; malos tratos físicos y psicológicos; inducciones al suicidio; en suma, todo tipo de torturas sobre la persona. Ésta es la experiencia diara que en las cárceles del Estado español siguen sufriendo todavía los presos FIES/RE, régimen hoy día denominado Control Directo, y que les aplica Instituciones Penitenciarias. Y todo ello, ante la pasividad, cuando no la complicidad, de la mayoría de los órganos judiciales de Vigilancia Penitenciaria, que consienten este tipo de conductas viles y se niegan a tutelar los derechos de los presos, obligación que recoge la Ley General Penitenciaria. Sirvan estas líneas para mostrar nuestro apoyo, a estos resistentes al sistema socio-político que padecemos, que día a día sufren "la cárcel dentro de la cárcel".

EDUARDO MILLÁN ALBA*
Sevilla, 18-9-97

* Abogado y miembro de la Asociación Pro Derechos Humanos de Andalucía, en cuyo nombre dirigió la acusación popular contra la Dirección del C.P. de Sevilla-2 y de Instituciones Penitenciarias por la situación de los presos FIES en aquella prisión.

Mumia Abu-Jamal

Desde la galería de la muerte

Antiguo militante de los Panteras Negras, conocido por su trabajo como periodista radiofónico como "la voz de los sin voz", Mumia Abu-Jamal llegó a ser el presidente de la Asociación de Periodistas Negros de Filadelfia. En 1982 se vio envuelto en un oscuro suceso a resultas del cual murió un policía y que, en un juicio relámpago y plagado de irregularidades, le valió la pena de muerte. Desde aquella fecha Mumia ha luchado sin descanso por la revisión de su caso.
La presente selección de ensayos constituye un sangrante testimonio de la dureza, arbitrariedad y racismo imperante en los pabellones de la muerte de los centros penitenciarios y en el sistema judicial estadounidense, así como una denuncia brillante y apasionada de la pena de muerte.

Ensayo, 1996, 190 págs. 1.500 pts.
ISBN 84-88455-27-5

Vari@s autor@s

Extranjeros en el paraíso

Cualquier debate que quiera tratar en profundidad y con seriedad un modelo de sociedad abierta, que excluya por sí mismo cualquier forma de racismo o discriminación, deberá fundamentarse sobre la crítica de todos los racismos: los de la calle, los institucionales y los estructurales; y apuntar a los verdaderos responsables de los problemas políticos, económicos y sociales, de tal manera que éstos no se puedan apropiar del discurso antirracista. Las colaboraciones que recogemos en este libro no dan, ciertamente, soluciones; pero sí que pretenden contribuir a romper con ciertos tópicos, en torno a la migración y al racismo, y a reflexionar sobre estos temas más allá de las concepciones, puntos de vista y mentalidad dominantes.
Colaboraciones a cargo de: Alicia Sánchez / Ana Giménez / Angela Maria da Silva / César Manzanos / Dolores Juliano / Enrique Santamaría / Ferrán Iniesta / Gabriela Malgesini / Georg Lutz / Hanna Beneker / Eva Wichtmann / Helga Tewes / Ignasi Alvarez /Jens Christian Müller / Manon Tuckfeld /Josep Mª Navarro, Lydia Pots / Mariel (DALP) / Mikel Aramburu / Merce Zegrí / Miquel Izard / Mohamed Dahiri / Diamantino García / Necati Mert / Peter Franke / Saoka Kingolo / Saskia Sassen / Verena Stolcke.

Virus Ensayo, 1994, 302 págs., 1.500 pts,
ISBN 84-88455-15-1

Ramón García
"Historia de una ruptura"

El presente libro quiere ser una réplica, desde el sector psiquiátrico, al estado (y al Estado) general de cosas actual. "Convencidos de que durante los numerosos años de poder socialista se ha ido formalizando una clara ruptura con nuestra historia reciente", afirma Ramón García, "hemos creído oportuno aportar nuestro conocimiento directo de la realidad psiquiátrica española del último cuarto de siglo, con el fin de rescatar del olvido, al que se han visto forzadas, una teoría y unas prácticas (la antipsiquiatría y el pensamiento crítico por ella inaugurado), y devolverle, así, al presente de la disciplina —como proceso que es— su más inmediato pasado."

VIRUS, Fuentes y Frentes. 1995, 228 pjg. 1.500 PTS.
ISBN 84-88455-22-4

Jorge Larrosa y Nuria Pérez de Lara (compiladores)
Imágenes del otro

Si por el otro entendemos a la tipología de personas que conocemos por el loco, el niño, el salvaje, el extranjero, el delincuente, el marginado, el deficiente, etc., plantear el discurso sobre el *otro*, el diferente que no soy *yo*, que no somos *nosotros*, significa necesariamente reflexionar sobre cómo se fabrican esas imágenes y cómo funcionan para clasificar y excluir a las personas que no son, supuestamente, como nosotros, y para atraparlas en aparatos pedagógicos, asistenciales o terapéuticos cuya intención es integrar a ese otro en nuestra normalidad

La crítica de esta manera de abordar el otro se realiza invirtiendo la dirección de la mirada, intentando ver con la mirada del otro, puesto que el otro al mirarnos pone en cuestión tanto lo que somos como la imagen que hemos construido para clasificarlo, excluirlo y protegernos de su mirada incómoda.

Colaboraciones de: Fernando Álvarez Uría, Javier Barreiro, Colectivo Esquicie, Zeta Figa, Ramón García, Fernando González, Jorge Larrosa, Santiago López Petit, Caterina Lloret, Nuria Pérez de Lara, Joan Carles Mèlich, Héctor Salinas, y Enrique Santamaría.

VIRUS Fuentes y Frentes, 1997, 180 págs., 1.400 pts.,
ISBN 84-88455-31-3

Panóptico n.º 1, Invierno del 96

El 'nuevo' Código Penal

PRESENTACIÓN DEL MONOGRÁFICO Roberto Bergalli EL NUEVO CÓDIGO PENAL: MOTIVOS DE SU PROMULGACIÓN E IDEOLOGÍA SUBYACENTE César Manzanos Bilbao LAS MEDIDAS ALTERNATIVAS A LA CÁRCEL EN EL NUEVO CÓDIGO PENAL Iñaki Rivera Beiras EL PROYECTO DE CÓDIGO PENAL. LA PLASMACIÓN DE UNA POLÍTICA CRIMINAL DEL LIBERALISMO Y DE UN INCREMENTO PUNITIVO CARCELARIO José A. Rodríguez Sáez DELITOS CONTRA LA LIBERTAD SEXUAL Y OTROS Comisión de mujeres Intro das. Colegio de abogados de Bizkaia LA PROTECCIÓN PENAL DEL MEDIO AMBIENTE EN EL PROYECTO DE CÓDIGO PENAL Carlos Alonso Cidad EL DELITO DE TORTURA Begoña De La Cal García DELITO DE REUNIÓN Y MANIFESTACIÓN ILEGAL Arantzazu Zulueta Amutxastegia LA PERSECUCIÓN PENAL DE LA INSUMISIÓN Pedro Santisteve LA REACCIÓN ESTATAL ANTE EL FENÓMENO SOCIAL DE LA OBJECIÓN DE CONCIENCIA: REGULACIÓN DE DERECHOS Y POLÍTICA CRIMINAL Rafael Sáinz De Rozas Bedialauneta MAYORÍA DE EDAD PENAL A LOS 18 AÑOS Juan Manuel Olarieta Alberdi LOS DELITOS POLÍTICOS EN EL PROYECTO DEl CÓDIGO PENAL Juan Manuel Olarieta Alberdi LA PRISIÓN CON SIDA: UN NUEVO VALOR DEL TIEMPO, EL PRECIO DE UNA PENA Gema Calvet

Panóptico n.º 2, otoño del 96

F.I.E.S y Regímenes de Aislamiento

NUEVO REGLAMENTO PENITENCIARIO Xabier Etxebarria DEPARTAMENTOS ESPECIALES EN EL NUEVO REGLAMENTO PENITENCIARIO Angel Elías Ortega TECNOLOGÍA DE LA IRREALIDAD, CÁRCELES DE MÁXIMA SEGURIDAD, INCOMUNICABILIDAD Y SUBLIMACIÓN AUTORITARIA Ignacio Muñagorri Laguía CÁRCELES: ¿TRATAMIENTO O EXTERMINIO? Pedro Santisteve Roche INFORMES SOBRE FIES EN DIVERSAS CÁRCELES: Asturias - VILLABONA, Madrid - VALDEMORO Valladolid - VILLANUBLA, Badajoz - BADAJOZ Lugo - BONXE LA EFICACIA REPRESIVA DE LOS CASTIGOS SIMBÓLICOS (FIES 5) Movimiento de Objeción de Conciencia de Iruña LA PROBLEMÁTICA DE LOS PRESOS FIES Senideak LEGALIDAD QUE CONDUCE AL EXTERMINIO Erlantz Cantabria (AFAPP) TESTIMONIOS DE PRESOS FIES Juaquín Angel Zamoro Durán, Un Preso clasificado en FIES, Un día de cárcel de un FIES BUROCRACIA Y SALUD MENTAL TRAS LOS MUROS DE LA CÁRCEL Pedro Santisteve Roche JUICIO A ASAPA Y SUICIDIO DE UN TESTIGO ASAPA ACCIONES JUDICIALES CONTRA LA PRISIÓN DE SEVILLA II Eduardo Millán y Marta Aldanondo ACAMPADA CONTRA LA POLÍTICA CARCELARIA EN MADRID Madres Unidas Contra la Droga NUEVO CÓDIGO PENAL: LA OKUPACIÓN César Martínez

Panóptico n.º 3 , primavera del 97

Las 'nuevas' Políticas Penales: ¿un cambio hacia dónde?

LA MODIFICACIÓN DEL CÓDIGO PENAL Manuela Carmena EL ACTUAL CÓDIGO PENAL: ¿UN CÓDIGO PENAL PROGRESISTA? Iñaki Rivera Beiras LA RESPUESTA AL DELITO TRAS LA REFORMA PENAL: PENAS Y MEDIDAS DE SEGURIDAD EN EL NUEVO CÓDIGO PENAL Ignacio Muñagorri Laguía DEBATE SOBRE LA REFORMA DEL CÓDIGO PENAL Miguel Díez, Iñaki Rivera e Ignacio Muñagorri EL ACTUAL CÓDIGO PENAL: ¿UN CÓDIGO PENAL PROGRESISTA? Miguel Díaz y García Conlledo EL NUEVO REGLAMENTO PENITENCIARIO: ¿UNA HERRAMIENTA REINSERTADORA? Borja Mappelli Caffarena REESTRUCTURACIÓN DE LA INDUSTRIA PENAL PARA LA NUEVA RECONSTITUCIÓN EUROPEA César Manzanos Bilbao LA MODIFICIACIÓN DEL REGLAMENTO PENITENCIARIO Pedro Santiesteve JERINGUILLAS EN LA CÁRCEL: CRÓNICA DE UNA LEGALIZACIÓN Patricia Moreno Arraras LA PENALIZACIÓN DE LA INFANCIA (I) Enrique Martínez y Luis San Juan ¿LE SUENA A USTED ESO DE LOS PRESOS F.I.E.S.? Pedro Oliver

Panóptico n.º 4, otoño del 97

La ley penal juvenil: visiones críticas

LA JUVENTUD COMO OBJETO DE PERSECUCIÓN PENAL ALGUNOS ASPECTOS DE LA 'NUEVA' JUSTICIA DE MENORES.Victoria E. Rangugni. LA INSUMISIÓN Y EL NUEVO CÓDIGO PENAL Rafael Sainz de Rozas. LA PERSECUCIÓN POLICIAL Y PENAL A INMIGRANTES ILEGALIZADOS. Fede Garcia.OKUPA BUENO OKUPA MALO Carmen Briz. LA PENALIZACIÓN DE LA JUVENTUD DE LA "VIOLENCIA CALLEJERA" Txema Matanzas. 2. VISIÓN DESDE AL ÁMBITO INSTITUCIONAL. MENORES OBJETO DE PENALIZACIÓN: PROPUESTAS INSTITUCIONALES. Mº Jesus Conde. 3. VISIÓN DESDE EL ÁMBITO JURÍDICO LA VISIÓN DE UN JUEZ DE MENORES SOBRE LA LEY PENAL JUVENIL. Jose Jaime Tapia Parreño. LAS INNOVACIONES DE LA FUTURA LEY ORGÁNICA DE JUSTICIA JUVENIL. Mª Jose Bernuz..4. VISIÓN DESDE EL ÁMBITO EDUCATIVO ¿LA LEY PENAL JUVENIL?: MÁS EDUCACIÓN, MENOS REPRESIÓN. Amando Vega. LA PROPUESTA DE NUEVA LEY PENAL JUVENIL. Manuel Benedi. 5. VISIÓN DESDE LA EXPERIENCIA PRÁCTICA. LA PENALIZACIÓN DE LA INFANCIA Y CÁRCELES PARA NIÑOS. Enrique Martinez Reguera. LA LEY PENAL JUVENIL PENDIENTE DE PROMULGACIÓN. Albano Barriocanal. JUICIOS A MENORES.Un profesor de Enseñanza Secundaria. 6. VISIÓN DESDEL ÁMBITO CRIMINOLÓGICO MENORES EN LAS CÁRCELES. Jesus Marauri. NUESTRA LUCHA: TODOS SOMOS F.I.E.S. Joaquín Zamoro Durán.HUYE, HOMBRE, HUYE Xose Tarrío González SITUACIÓN DE LAS PRESAS NAVARRAS EN NANCLARES DE LA OCA. Manuel Ledesma Moreno

Panóptico, ISSN 1135-9838, 100 págs., 1000 ptas.